中国科学院规划教材

# 新编财务管理学教程

（第二版）

主　编　韩良智

副主编　鲍新中　李晓静

科学出版社

北　京

## 内 容 简 介

本书广泛地吸收了财务管理学领域的最新成果，系统地介绍了现代企业财务管理的基本理论和基本方法。全书共12章，主要内容包括财务管理总论、财务报表分析、资金的时间价值、风险与收益分析、证券估价、长期投资决策、长期筹资方式、资本成本与资本结构、利润分配、营运资金管理、财务预测、企业并购与重组。

本书内容新颖，结构合理；注重理论与实践相结合，例题丰富；叙述深入浅出，文字通俗易懂。各章之后附有思考题和练习题，便于读者学习。

本书既可作为高等院校经济管理类本科生以及MBA研究生的教学用书，也可以作为企业管理硕士、经济学硕士学习财务管理的参考书，还可以作为从事实际工作的相关在职人员的培训教材。

**图书在版编目(CIP)数据**

新编财务管理学教程/韩良智主编．—2版.—北京：科学出版社，2013
中国科学院规划教材
ISBN 978-7-03-037326-7
Ⅰ.①新… Ⅱ.①韩… Ⅲ.①财务管理-高等学校-教材 Ⅳ.①F275

中国版本图书馆CIP数据核字(2013)第078479号

责任编辑：刘俊来 张 宁/责任校对：朱光兰
责任印制：赵 博/封面设计：蓝正设计

科学出版社 出版
北京东黄城根北街16号
邮政编码：100717
http://www.sciencep.com
三河市骏杰印刷有限公司印刷
科学出版社发行 各地新华书店经销
*
2008年8月第 一 版 开本：787×1092 1/16
2013年4月第 二 版 印张：20 1/4
2025年4月第十次印刷 字数：466 000

**定价：48.00元**

(如有印装质量问题，我社负责调换)

# 前　言

财务管理是现代企业管理中的一个重要领域和专门学科。在社会主义市场经济条件下，企业的财务活动日益丰富，也日渐复杂，并在企业整个经营管理工作中处于举足轻重的地位，其成效如何直接关系到企业的兴衰成败。随着我国市场经济体系的逐步建立，我国的资本市场不断发展和完善，企业的理财环境发生了深刻的变化，这既为企业的理财活动提供了广阔的空间，也对企业的理财能力和水平提出了更高的要求。在复杂的经济环境下，系统地学习和运用财务管理知识并卓有成效地开展企业的财务管理工作，必然成为企业财务管理人员的一项迫切任务。

然而，社会主义市场经济条件下的企业财务管理在我国还是一个全新的课题，财务管理理论研究和财务管理实务均处于起步和探索阶段。因此，如何在教材编写的过程中确定适宜的内容体系，是一个难以把握也颇费周折的问题。本教材由北京科技大学东凌经济管理学院财务与会计系韩良智教授、鲍新中副教授和李晓静副教授共同编写，在编写教材的过程中，我们努力总结多年的教学经验，力求在广泛地吸收财务管理学领域最新成果的基础上，系统地介绍本学科的基本理论和基本方法，突出重点，详略得当，并兼顾实用性和可操作性；文字力求通俗易懂，简单明了。本教材是在 2008 年 8 月出版的《新编财务管理学教程》第一版的基础之上修订的，第一版教材自出版以后，受到了广大读者的欢迎。为了更好地满足读者的需要，我们吸收了教学和研究中出现的一些新成果，修订出版第二版教材。第二版教材的写作提纲由我们三位作者共同研究，经多次认真商讨之后最终确定。此次修订，我们对部分内容结构进行了调整，补充了一些习题，并且在每章中都以专栏的形式增加了一些阅读材料，以丰富教材的内容并提高读者的学习兴趣。

本教材共有 12 章，第 1 章至第 5 章主要介绍财务管理的基础知识，涵盖的内容包括财务管理总论、财务报表分析、资金的时间价值、风险与收益分析、证券估价；第 6 章主要介绍与长期投资决策有关的问题，涵盖的内容包括投资项目现金流量估算、长期投资决策的基本方法和投资风险分析；第 7 章至第 9 章主要介绍与长期筹资决策有关的问题，涵盖的内容包括长期筹资方式、资本成本与资本结构，以及利润分配；第 10 章和第 11 章主要介绍与日常营运活动有关的财务管理问题，涵盖的内容包括营运资金管理和财务预测；第 12 章主要介绍财务管理的专题性问题，涵盖的内容包括企业并购的财务分析、目标企业价值评估、企业财务危机预警和企业重整与清算。

为便于教学，我们在各章之后附有思考题和练习题，以便于读者理解和掌握所学内容。本教材既可作为高等院校经济管理类本科生以及 MBA 研究生的教学用书，也可以作为企业管理硕士、经济学硕士学习财务管理的参考书，还可以作为从事实际工作的相关在职人员的培训教材。

本教材由韩良智任主编，负责起草和最终审定写作提纲以及总纂定稿；鲍新中、李晓静任副主编。具体编写分工是：韩良智（第 1 章、第 3 章、第 5 章、第 7 章、第 8 章和第 9 章，以及第 10 章中的 10.2.3 和 10.2.4）、鲍新中（第 4 章、第 6 章和第 10 章）、李晓静（第 2 章、第 11 章和第 12 章）。

我们在编写本书的过程中参阅了许多文献资料，在此向这些文献资料的作者表示衷心感谢。承蒙科学出版社的大力支持，本书才得以及时出版，在此也向为本书的出版付出辛勤努力的编审人员表示诚挚的谢意。

财务管理学是一个迅速发展的学科，由于客观条件及作者水平的限制，书中难免有疏漏和不足之处，恳请广大读者批评指正。

作　者

2013 年 2 月

# 目　　录

# 第1章

# 财务管理总论

**内容提要**

财务管理是企业管理资金的艺术和科学。任何企业，无论其规模大小，无论其处于何种产业，财务管理都是其管理活动的重要组成部分，而且地位十分显要。本章主要介绍财务管理的基本概念、企业的组织形式、财务管理目标以及金融市场和利息率。通过本章的学习，读者应了解企业的组织形式，明确财务管理的概念、内容和目标，理解金融市场和利息率等财务管理环境。

## 1.1 财务管理概述

### 1.1.1 财务管理的基本概念

财务是一个与货币相联系的概念。企业财务是指以价值形态所反映的企业的资金运动以及由此所引起的企业与有关各方面之间的经济关系。企业财务管理简单地说就是指对企业财务的管理，是指企业组织资金运动、处理财务关系的一系列经济管理活动。

#### 1.1.1.1 企业的资金运动和现金循环

企业为从事生产经营活动，首先需要筹集一定数量的货币资金，以此为本钱，企业可以购建生产经营所需的各种长期资产，包括厂房、设备等固定资产，以及必要的专利权、商标权等无形资产，形成一定的生产能力，同时还需购买一定数量的原材料等物资，投入必要的人力，才能开始生产活动。企业在生产经营过程中，不断地消耗各种资产，支付劳动力工资及其他有关的费用，最终生产出产成品，再通过销售系统将产成品出售，实现销售收入，以弥补成本并获取利润，企业的利润在依法纳税后应向有关各方面进行合理的分配。由此可见，企业的生产经营过程，既是使用价值的生产和交换过程，又是价值的形成和实现过程。企业同时存在着物流和价值流两种运动。企业的价值流运动就是企业的资金运动。企业资金运动的过程如图 1-1 所示。

由图 1-1 可以看出，企业的资金运动过程以货币形态的资金为起点，最终又回到货币资金形态上来。货币资金又称为广义的现金，是企业的一种短期资产。在企业的生产

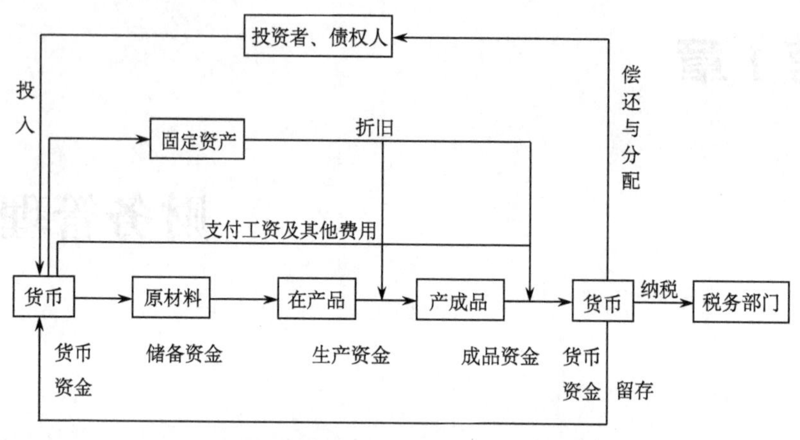


图 1-1　企业的资金运动和现金循环

经营活动中，现金资产首先变为非现金资产，非现金资产又变为现金，这种流转过程可称为现金流转。由于企业的生产经营活动连续不断地进行，所以现金的流转过程必然会周而复始地发生，这可称为现金的循环或资金循环。现金循环包括短期循环和长期循环两种基本形式。

1. 现金的短期循环

现金的短期循环主要包括以下几个步骤：①企业通过发行股票、发行债券、向银行借款或利用商业信用等方式筹集资金；②用现金购买原材料等物资并支付其他有关的费用；③将原材料投入生产过程，在生产过程中对原材料进行加工，并支付人工工资和其他有关的费用，形成在产品；④继续对在产品进行加工，并支付人工成本及其他有关的费用，生产出产成品；⑤以现金销售或赊销的方式销售产成品，在采用现金销售的情况下，会立即收到现金，如果采用赊销方式进行销售，则会形成应收账款，应收账款回收以后将收到现金；⑥用一部分收到的现金向银行或其他债权人还本付息，向投资者分配利润。其余的现金重新投入企业的生产经营活动，开始下一次循环。

在现金的短期循环过程中，现金资产首先转变为存货、应收账款、短期投资及某些待摊或预付费用等非现金资产，然后又转回到现金资产，在这个过程中，资金的形态从货币资金依次转化为储备资金、生产资金、成品资金，最后又回到货币资金形态。这个过程每一个营业周期完成一次，所需的时间一般不超过一年。一般情况下，一个生产经营活动正常进行的企业，其各种不同形态的资金会同时存在，且依次从一种形态向下一种形态转化，即各种不同形态的资金在空间上并存，在时间上继起。

2. 现金的长期循环

现金的长期循环主要包括以下几个步骤：①企业通过发行股票、发行债券或向银行借款等方式筹集资金；②用现金购建固定资产或其他长期资产；③使用固定资产对原材料进行加工，在这个过程中，固定资产或其他长期资产的价值逐步减少，减少的价值计入在产品成本；④生产出产成品，固定资产的价值以折旧的形式转移到产成品成本中；

⑤以现金销售或赊销的方式销售产成品，在采用现金销售的情况下，会立即收到现金，如果采用赊销方式进行销售，则会形成应收账款，应收账款回收以后将收到现金。

在这个过程中，折旧是一项费用，但并不需要动用现金去支付，所以不是当期的现金流出。类似地，无形资产等其他长期资产的成本以摊销费的形式计入当期费用，冲减按权责发生制原则确认的当期利润。

长期循环的起点与短期循环的起点相同，都是现金，在换取非现金资产时，参加长期循环与参加短期循环的现金分开，分别转化为各种长期资产和短期资产，最后的终点也相同，也都是现金。长期循环是一个缓慢的过程，投资于固定资产或无形资产上的资金，其循环与周转期较长，往往需要在很多年内以折旧或摊销的形式将这些资产的价值逐步地计入产成品中，分批地予以收回。即投资于这些长期资产上的资金其投入是一次性的，但其循环与周转却要在较长时期内分期地逐步完成，因此，企业作好长期投资决策具有重要的意义。

3. 影响企业现金流转的因素

企业在开展生产经营活动的过程中，经常会发生现金流转不平衡的情况，即现金流入量和现金流出量不相等，有时现金流入大于现金流出，有时现金流出大于现金流入，现金流转平衡往往只是企业不断追求的一种理想状态。导致企业现金流转出现不平衡情况的原因主要包括内部原因和外部原因两个方面。

1）影响企业现金流转的内部原因

导致企业现金流转不平衡的内部原因主要有企业盈利、企业扩充、企业亏损等。盈利的企业即可能由于收回较多的现金但投资不足或向投资者分配较少的现金而出现现金流入大于现金流出的情况，也可能由于抽出过多的资金进行投资或向投资者分配而使企业发生现金流转困难的情况，导致现金流转不平衡。处于扩充经营规模时期的企业，往往需要增加各种长期资产和短期资产的投资，使现金流出量增大，因而会遇到严重的现金短缺情况。亏损的企业可能由于积存的现金太少，导致在需要重置固定资产时没有足够的现金满足需要，严重亏损的企业甚至可能会发生现金流入远远小于现金流出、没有足够的现金用于支付各项费用的情况，因而陷入濒临破产的境地。

2）影响企业现金流转的外部原因

影响企业现金流转的外部原因主要包括市场的季节性变化、经济周期的波动、通货膨胀等。例如，企业在销售旺季到来之前大量采购存货，或者在销售旺季增加临时工而引起现金流出量大量增加，出现现金不足的情况，而销售旺季过后又出现现金过剩的情况；在经济繁荣时期，企业因增加固定资产投资及增加存货而引起现金流出量大量增加，而在经济收缩时期可能会因推迟投资而出现现金过剩的情况；在通货膨胀时期，由于原材料涨价，而引起现金流出量大量增加。在上述各种情况下，都有可能会出现现金流入与现金流出不能同步增加或减少，从而导致现金流转不平衡的情况。

#### 1.1.1.2　企业的财务关系

企业在生产经营活动中，必然与有关各方之间发生涉及资金往来的各种经济关系，这就是财务关系。企业的财务关系主要包括以下几个方面：

（1）企业与政府之间的财务关系。中央政府和地方政府作为社会管理者，担负着维持社会正常秩序、保卫国家安全和管理社会活动等任务。依据这一身份，政府有权无偿参与企业的利润分配。企业必须按照税法规定向中央和地方政府及时足额地缴纳各种税款，以保证国家财政收入的实现。依法纳税是每个企业应尽的义务，税务机关有权依法对企业的纳税情况进行税务检查。这种关系体现出一种强制和无偿的分配关系。

（2）企业与所有者之间的财务关系。投资者以所有者的身份向企业投入资金，形成企业的资本金，企业利用资本金进行经营后，向投资者分配利润，这是企业各种财务关系中最根本的财务关系。企业的所有者应按照投资合同、协议、章程的约定履行出资义务，及时缴足资本金，以保证企业生产经营活动能够正常进行。企业应有效地使用资金，努力增加利润，并进行合理分配，以保障所有者权益，力争给投资者更高的回报。

（3）企业与债权人之间的财务关系。企业为开展生产经营活动，往往还需要以各种不同的方式借入一定数量的资金，从而与债权人发生财务关系。企业的债权人包括：为企业提供借款的银行等金融机构、购买企业所发行债券的债券持有人、为企业提供租赁资产的租赁公司、为企业提供赊销的供应商等。企业对已发生的债务应做好还本付息计划，并按期归还，以降低风险，维护自己的信誉。

（4）企业与被投资单位之间的财务关系。企业为了实现一定的经营目标或获利的目的，可通过购买股票或直接投资的形式向其他单位投资，形成财务关系。这种财务关系是体现所有权性质的投资与受资的关系。企业向其他单位投资，应事先充分估计潜在的风险，作好投资决策。企业应按约定履行出资义务，参与被投资单位的利润分配或经营管理。

（5）企业与债务人之间的财务关系。企业在生产经营活动中，可以将其闲置资金以购买债券或提供借款的形式出借给其他单位，或以赊销的方式向其客户提供商业信用，从而形成债权债务关系。企业以各种方式出借资金之前，应作好对各债务单位信用状况的调查和评估；出借资金以后，应积极有效地管理好各种债权，以按时收回本金和利息。

（6）企业与职工之间的财务关系。企业以所取得的收入，向职工支付工资、津贴、奖金、劳保与福利等方面的报酬，因此，企业与职工之间会形成财务关系。这种财务关系体现着职工个人和集体在劳动成果上的分配关系。同时，因职工出差借款或企业为职工垫付某些款项等原因，也会形成企业与职工之间的财务关系。企业向职工支付劳动报酬时，应体现按劳分配的原则，即按照职工劳动的数量和质量分配劳动成果，以充分调动职工的劳动积极性。

（7）企业内部各单位之间的财务关系。企业内部各单位之间因相互提供半成品或劳务而计价结算，也会形成相互之间的财务关系。这种在企业内部形成的资金结算关系，体现了各单位之间的利益关系。企业应建立健全各项基础工作及内部经济责任制，合理制定内部结算价格，处理好内部各单位之间的利益关系。

由此可见，企业的生产经营活动离不开资金运动，资金运动表现为资金的筹集、运用、收回与分配几个方面。在企业的资金运动过程中，存在着企业与有关各方之间的经济关系。企业财务管理就是要通过合理组织资金运动和正确处理各种财务关系来促进生产经营活动的开展，因此可以说，企业财务管理是一门研究企业聚财之道、用财之道、生财之道的学科。

### 1.1.2　财务管理的内容

企业财务管理的内容是由财务活动的内容所决定的。财务活动是指企业在生产过程中的资金运动，即企业资金的筹集、投放、使用、收回及分配等一系列活动。因此，企业财务管理的内容主要包括筹资管理、投资管理、营运资金管理和利润分配四个方面。

#### 1.1.2.1　筹资管理

企业为从事生产经营活动，必须拥有一定数量的资产，而为了取得资产，必须筹措相应数额的资金。企业筹资是指企业通过各种途径筹集其生存和发展所必需的资金。企业组建设立、维持正常的运营、扩大再生产、对外投资或优化资本结构等都需要筹集资金。筹集资金是企业财务活动的起点，也是财务管理的一项重要研究内容。

企业筹资可以按多种不同的标准进行分类，从而涉及以下一些基本概念。

1. 筹资渠道与筹资方式

筹资渠道是指企业取得资金来源的通道，即表明企业的资金来自于哪里。目前我国企业的筹资渠道主要包括国家财政资金、银行信贷资金、非银行金融机构资金、其他法人单位的资金、职工和社会个人资金、企业自留资金、外商资金等。

筹资方式是指企业取得资金的具体形式，即企业以何种方式取得资金。目前我国企业的筹资方式主要包括吸收直接投资、发行股票、发行债券、银行借款、租赁、内部资本积累、商业信用等。

筹资渠道和筹资方式之间具有一定的联系，如国家财政资金只能通过吸收直接投资和发行股票方式取得，银行信贷可以通过发行股票、发行债券或借款等方式取得。研究和掌握筹资渠道和筹资方式是企业筹资的必要前提。

2. 权益资金和债务资金

企业筹集的资金按其性质不同，可分为权益资金和债务资金。权益资金又称为权益资本或自有资本，是指企业依法筹集并可长期占有、自由支配的资金，其所有权属于企业的投资者，它包括企业的资本金、资本公积金、盈余公积金和未分配利润。权益资本是企业最基本的资金来源，它体现企业的经济实力和抵御经营风险的能力，它也是企业举债的基础。债务资金又可称为借入资金，是指企业依法筹集并须按期偿还的资金，其所有权属于企业的债权人。债务资金主要包括各种借款、应付债券、应付票据等，它也是企业的主要资金来源。

3. 长期资金和短期资金

企业筹集的资金按其期限的不同，可分为长期资金和短期资金。长期资金是指使用期限在一年以上的资金。长期资金主要用于满足企业购建固定资产、取得无形资产、开展长期投资以及垫支于长期性流动资产等方面，通常可采用发行股票、吸收直接投资、发行债券、长期银行借款等方式筹集。短期资金是指企业筹集的使用期限在一年以内的资金，短期资金主要用于满足企业生产经营过程中波动性流动资产的需求以及零星技术改造的资金需求等，一般可通过短期借款、商业信用等方式筹集。

4. 内部筹资和外部筹资

企业筹资按其资金来源渠道不同，可分为内部筹资和外部筹资。内部筹资是指企业通过在生产经营过程中提取或留存资金、吸纳本企业职工的投资等方式从企业内部筹集资金。内部筹资一般具有自由、方便的特点，通常不需要花费筹资费用。外部筹资是指企业以各种不同的方式从企业外部筹集资金，如发行有价证券、银行借款、商业信用等方式筹资。外部筹资往往受金融环境的影响很大，且通常需要花费一定的筹资费用。

5. 直接筹资和间接筹资

企业筹集的资金按筹资方式的不同，可分为直接筹资和间接筹资。直接筹资是指企业不以金融机构为媒介，直接与资金供应者达成协议而取得资金，如企业通过在证券市场上发行股票和债券等方式筹集资金。直接筹资的范围很广，有利于企业大规模筹资，但往往受到有关法规制度的限制较多，因此筹资手续复杂、效率较低、筹资费用较高。间接筹资是指企业通过银行或其他金融中介机构所进行的筹资活动，如银行借款、融资租赁等。间接筹资范围较窄、方式单一，但筹资手续简便、效率较高、筹资费用较低。

资金的不同来源和不同的筹资方式，会有不同的资金成本和相应的风险。企业在筹集资金时，必须在风险和成本之间进行权衡，以选择最佳的筹资方式。企业在筹资过程中，还必然会涉及资本结构问题，即借入资金和权益资金的构成比例，不同的资本结构下，企业所有者的投资收益和风险会各不相同，这同样也涉及风险和收益的权衡。企业应合理地预测资金需求量，规划筹资渠道和筹资方式，寻求最佳资本结构，降低资金成本和筹资风险。

#### 1.1.2.2 投资管理

投资是指以收回现金并取得收益为目的而发生的现金流出。企业只有将筹集到的资金用作各种投资并积极经营，才能获得收益。

企业投资也可以按多种不同的标准进行分类，从而涉及以下一些基本概念。

1. 直接投资与间接投资

按照投资与企业生产经营的关系，企业投资可以分为直接投资与间接投资两类。直接投资又称为生产性投资，是指把资金投放于生产经营性资产，以便获取利润的投资。企业的生产性投资主要包括以下几个方面：与企业创建有关的创始性投资，如建造厂房、购置机器设备和原材料等；与维持企业现有经营有关的重置性投资，如更新已老化或损坏的设备；与降低企业成本有关的重置性投资，如购置高效率设备；与现有产品和市场有关的追加性投资，如对增加产量、扩大销售量所进行的投资；与新产品和新市场有关的扩充性投资，如为新产品和新生产线、新开拓的市场所进行的投资。间接投资又称为金融性投资或证券投资，是指把资金投放于证券等金融资产，以便取得股利或利息收入的投资，它包括企业对政府债券、金融债券、企业债券和股票等方面的投资。随着我国金融市场的完善和多种筹资渠道的形成，企业间接投资的范围将越来越广泛。

2. 短期投资和长期投资

按照投资回收时间的长短，企业投资可以分为短期投资和长期投资。短期投资又称为流动资产投资，是指能够并且也准备在一年内收回的投资，主要包括对现金、应收账款、存货、短期有价证券等资产的投资，长期有价证券若能够随时变现则也可以归类于企业短期投资的范畴。长期投资是指在一年以上能收回的投资，主要包括企业对厂房、机器设备等固定资产的投资，也包括对无形资产和长期有价证券的投资。值得注意的是，财务管理中所说的短期投资和长期投资与财务会计中所说的短期投资和长期投资有一定的区别。财务会计中所说的投资主要是指对外的短期和长期投资，而这里的投资不仅包括对外投资，还包括内部的长期投资。

3. 对内投资与对外投资

按照投资发生作用的地点不同，企业投资可以分为对内投资与对外投资。对内投资又称为内部投资，是指企业将资本投放在企业内部，以购置各种生产经营资产的投资。它主要包括旨在直接形成或提高企业生产经营能力方面的固定资产投资和流动资产投资。企业的对内投资属于直接投资的范畴。对外投资是指企业以现金、实物资产、无形资产等方式或者以购买股票、债券等有价证券方式向其他单位的投资。其目的是获得适当的投资收益或实现对其他单位的控制。企业的对外投资主要是间接投资，也可以是直接投资。随着我国市场经济的不断发展，金融市场的日趋完善，企业横向经济联系的更加广泛，对外投资对企业理财的作用和意义日显重要。

4. 战术性投资与战略性投资

按照投资对未来的影响程度不同，企业投资可以分为战术性投资与战略性投资。战术性投资是相对于战略性投资而言的，是指不影响企业全局和发展方向的投资，如更新设备、改善工作环境、提高生产效率等方面的局部性投资。此类投资一般涉及的投资量不大、风险较低、见效较快，而且发生的次数比较频繁，因此，一般由企业的部门经理研究分析后提出，经企业批准后即可实施，不必花费太多的研究、分析费用。战略性投资是相对于战术性投资而言的，它是指对企业全局及未来有重大影响的投资，如对新产品投资、转产投资、建立分企业投资等。此类投资往往表现为投资数量大、回收期限长、风险程度高等特点。因此，要求企业的理财人员从方案的提出、分析、论证、决策和实施等诸多环节按照严格的程序进行。

5. 确定性投资与风险性投资

按照投资的风险程度不同，企业投资可以分为确定性投资与风险性投资。确定性投资是指投资风险很小，且对未来收益可以进行相当准确预测的投资。企业在进行此种投资决策时，可以暂时不考虑风险问题。风险性投资是指投资风险大，未来收益难以准确预测的投资。企业的大多数战略性投资基本上属于风险性投资。企业在进行投资决策时，应充分考虑到投资的风险问题，采用科学的方法进行分析，以作出正确的投资决策。

投资决策是企业所有决策中最为重要的一项，因为它决定了企业资金的运用方向，从而决定了企业未来的收益状况。企业应根据所处行业的性质及一定的经营目标，研究投资政策，分析投资机会，确定企业投资的方向和规模，并拟定备选的投资项目，进行可行性研究，评价投资效果，选定最优投资方案。由于长期投资项目一般是在初始投资以后未来的一定年限内逐步收回投资并获得投资收益，而远期的投资收益会具有一定的不确定性，因此在评价投资项目过程中还必须充分考虑这种风险因素，研究风险的计量以及风险条件下的投资决策问题。

1.1.2.3 营运资金管理

营运资金是指企业为满足其日常生产经营活动的需要而投入使用和耗费的资金。企业在日常生产经营过程中，会发生一系列的资金收付。首先，企业要采购材料或商品，以便从事生产和销售活动，同时，还要支付工资和其他营业费用；其次，当企业把产品或商品售出后，便可取得收入，收回资金；最后，如果企业现有资金不能满足其经营的需要，还要采取某种方式来筹集所需的资金。上述各方面都会产生企业资金的收付，这种因企业经营而引起的财务活动，也称为资金营运活动。

企业为了满足其日常生产经营活动的需要，经常需要持有一定数额的现金，向客户提供赊销形成一定数额的应收账款，购买并储存一定种类的存货，这些投资于流动资产上的资金称为毛营运资金。同时，企业为了满足各种短期投资的需求，要经常性地采用不同的方式筹措短期资金，形成流动负债，流动资产与流动负债之差即为净营运资金。因此，营运资金管理涉及流动资产、流动负债及二者之间相互关系的研究。营运资金管理的目标是根据流动资产投资和流动负债筹资对企业风险及收益的影响，作出最优的短期投资和短期筹资决策，安排好日常的现金流入和流出。

1.1.2.4 利润分配

企业通过开展生产经营活动取得一定的经营成果以后，应对净利润作出合理的分配。股利分配决策主要是确定将公司的净利润中多少作为股利发放给股东，多少留存下来再投资使用。股利支付率过低，股东的近期利益可能会无法得到满足；而股利支付率过高，又可能会影响企业的正常发展。因此，企业在作出股利分配决策的过程中，既要考虑股东的近期愿望，又要兼顾企业的长远发展。

股利决策从另一个角度看也是保留盈余决策，涉及的是企业内部筹资的问题，因此也可以将其看做是筹资决策的一个组成部分。

上述四个方面的财务管理活动既相互联系、相互依存，又相互区别，构成了比较完整的企业财务管理活动，是正常经营的企业财务管理的基本内容。

除了上述的四项财务管理的基本内容之外，财务管理还包括一些扩展的内容。一方面，经营成功的企业往往会有对外扩张的需求，或者出于某些战略方面的考虑，期望通过开展并购或控股活动而实现快速增长。另一方面，经营不利的企业可能会遇到财务危机，需要采取收缩战略，通过开展重整活动来重振旗鼓，而完全经营失败的企业可能会难逃破产清算的命运。这些由企业的扩张和收缩活动引起的并购、控股、财务危机、重整、清算等财务管理活动都属于财务管理的扩展内容。

财务管理的主要功能是面向企业的未来做好各项财务决策，包括各种筹资决策、投资决策、营运资金管理决策、利润分配决策、并购决策、重组决策等，而科学合理的决策离不开企业历史和未来有关方面的信息。一般而言，对于任何一个财务管理问题，企业都可以按照预测、决策、计划、控制、分析、检查和反馈这样的工作环节来进行管理，这种循环性的工作环节也为企业进行财务管理提供了可采用的不同的方法。其中，财务分析是根据企业过去的有关资料、采用一定的方法，分析企业一定历史时期的财务状况和经营成果等有关方面，从而衡量出企业以前的投资和筹资决策的实际执行情况，并为以后时期作决策提供有用信息；财务预测是根据过去的有关资料，采用特定的方法，对目前尚未发生的事件进行推断，其目的是为了给企业作好财务决策提供科学依据。由此可见，财务分析和预测对于企业作好财务决策十分重要，因此，本书除了介绍上述的各项财务管理的基本内容和扩展内容之外，还将在单独的两章中分别介绍财务报表分析和财务预测这两部分内容。

### 1.1.3　企业的财务管理机构

不同企业的组织机构可能各不相同，但一般而言，大型企业的组织机构中财务与会计职能之间应有明确的分工。典型的西方企业组织机构中财务部门与会计部门的职责分工如图 1-2 所示。

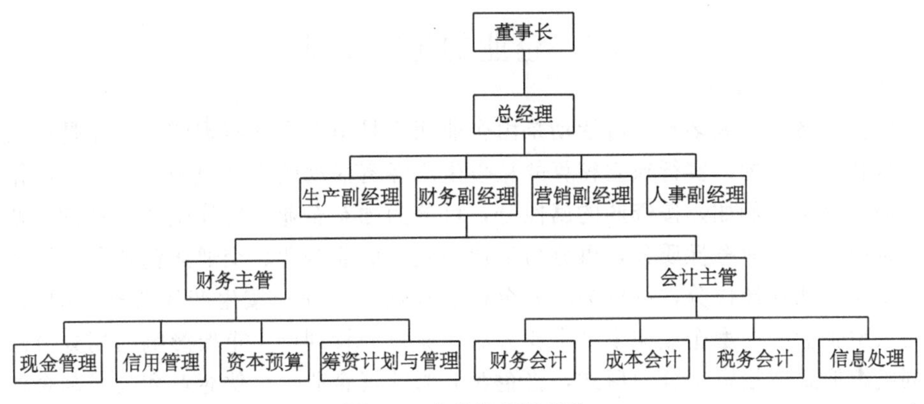


图 1-2　企业的组织机构

企业组织结构的设计，应能够满足在供产销过程中，对人、财、物资源进行有效管理的要求。由图 1-2 可以看出，在大型企业的组织机构中，财务经理所领导的财务管理机构的业务活动可划分为两个部分，分别由财务主管和会计主管负责。财务主管所领导的财务管理人员的主要职责是作好与筹资和投资有关的预测、决策、计划和日常控制等工作；而会计主管所领导的会计人员的主要职责是通过记账、算账、编制报表等手段对企业所发生的经济活动进行全面、系统、连续、真实地记录和反映，以便为企业其他的职能部门作好决策提供有用的信息。

企业的财务经理是对企业重大的投资决策和筹资决策负有责任的财务管理人员，他们在企业和外部的金融市场之间起着媒介的作用，如图 1-3 所示。

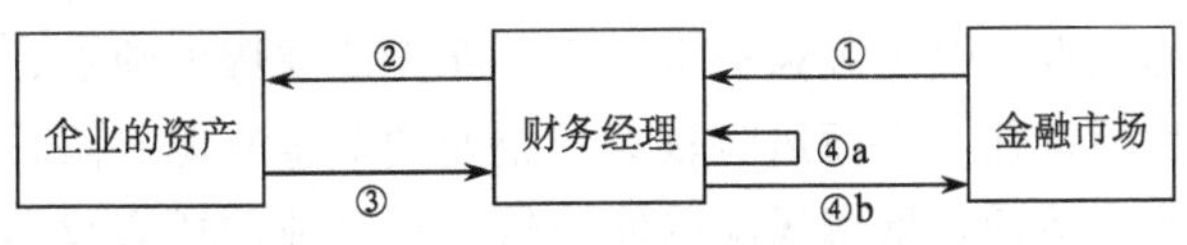


图 1-3　财务经理的作用

图 1-3 表明，资金在金融市场和企业之间流动，其中：箭线①表示向投资者出售金融资产筹集资金；箭线②表示资金投入企业用于购买真实资产；箭线③表示通过企业经营活动产生资金；箭线④a 表示资金用于再投资；箭线④b 表示资金返还给投资者。财务经理的媒介作用主要表现在两个方面：一方面，财务经理通过向金融市场中的投资者出售有价证券等金融资产为企业筹集资金，并用所筹集的资金购买企业所需的资产用于企业的经营活动；另一方面，企业的经营活动所产生的现金通过财务经理的安排作出分配：一部分返还或分配给金融市场上的投资者，另一部分可能会保留下来用于企业的再投资过程。由于财务经理所作的投资决策和筹资决策往往对企业未来的财务状况和经营成果产生重大的影响，因此他们必须具备很高的综合素质。财务经理应该能够深刻理解企业财务管理的目标，掌握现代财务管理的理论和方法，并充分认识企业内外部各种信息的价值，对瞬息万变的金融市场有敏锐的洞察力和准确的判断力，善于从企业的整体发展的战略高度来认识和处理问题。只有这样，财务经理才能够作出科学合理的投资决策和筹资决策，使企业在市场竞争中立于不败之地。

## 1.2 企业的组织形式

在现实经济中，大多数经济活动是由企业而不是由个人来实现的。企业是依法设立的、以盈利为目的的、实行独立核算的从事生产经营活动的经济组织。企业可依据不同的标准加以分类。例如，按资产的属性分，可分为国有企业、集体企业、私营企业、外商投资企业等；按业务性质分，可分为工业企业、商业企业、交通运输企业、服务企业等；按企业的法律地位分，可分为法人企业和非法人企业；按生产经营规模的大小分，可分为大型企业、中型企业和小型企业。对企业财务管理产生重要影响的划分方式是按企业的组织形式或投资组合的形式，将企业分为独资企业、合伙企业和公司制企业。

### 1.2.1 独资企业

独资企业是指由一个业主出资并独自拥有的企业。现阶段我国的独资企业主要包括个人独资企业、全民所有制企业和外商独资企业等。个人独资企业是指由一个自然人投资创办的企业，全民所有制企业和外商独资企业尽管也有一个投资主体，但从许多其他方面来看都与个人独资企业有着很大的区别。

个人独资企业这种企业组织形式具有一系列优点，主要包括：结构简单，容易组建，无须正式的章程，开办费用低，受政府的限制较少，并且由于企业的所有权、经营权和剩余索取权是统一的，所以决策效率高，容易保守秘密。此外，个人独资企业不需要缴纳企业所得税，只是业主缴纳个人所得税，因此对业主而言具有避免双重税负的好处。

尽管具有上述的优点，但个人独资企业也存在无法克服的缺点，主要包括：投资者对企业的债务承担无限责任，因而风险较大；企业的资金来源有限，筹资相对困难；企业规模有限，发展速度缓慢，抵御风险的能力较低；企业的所有权不容易转让；企业的寿命有限，企业的存续期受制于企业主本人的生命期。

由于个人独资企业主要靠业主个人出资来提供需要的资金，企业的投资和经营活动受业主一个人控制，经营成果由业主一个人独享，并且业主抽回资金也不受任何法律限制，所以个人独资企业的理财活动比较简单。

### 1.2.2　合伙企业

合伙企业是指由两个或两个以上的出资人订立合伙协议，共同出资、共同拥有、共同经营的企业。根据合伙人地位与责任的不同，合伙企业还可进一步划分为普通合伙（或一般合伙）与有限合伙两种类型。普通合伙是指每个合伙人均可代表企业，且对企业的债务都承担连带无限清偿责任；而有限合伙是指合伙企业中至少有一个合伙人对企业的债务负有无限责任，并有权代表企业，其他合伙人仅以出资额为限对企业的债务承担有限责任，并不直接参与企业经营。多数情况下，负有限责任的合伙人投入的资本占合伙企业全部资本相当大的比例，而负无限责任的合伙人投入企业的资本仅占合伙企业全部资本的很小比例。根据修订后《中华人民共和国合伙企业法》的规定，我国的合伙企业是指由自然人、法人和其他组织依法在中国境内设立的普通合伙企业和有限合伙企业；国有独资公司、国有企业、上市公司以及公益性的事业单位、社会团体不得成为普通合伙人。

合伙企业除了出资者不止一人以外，其他很多方面都与个人独资企业很相似，其主要优点包括：筹资速度相对较快，组建容易，开办费用较低，受政府的限制较少，资金和技术可能结合在一起而发挥作用，并且合伙企业不必缴纳企业所得税，只是合伙人缴纳个人所得税，使业主能避免双重税负。

合伙企业的缺点主要包括：筹集大量资金十分困难，规模有限；当一个一般合伙人死亡或撤出时，企业将随之终结，寿命有限；一般合伙人对企业所有债务承担无限责任。

由于合伙企业主要由几个合伙人共同出资来提供企业需要的资金，企业的投资和经营活动受几个合伙人共同控制，经营成果需要在几个合伙人之间进行分配，因此合伙企业的理财活动比个人独资企业的理财活动复杂。

### 1.2.3　公司制企业

公司制企业简称公司，是指依照《中华人民共和国公司法》（以下简称《公司法》）组建并登记的以盈利为目的的企业法人。根据我国《公司法》的规定，目前在我国组建的公司包括有限责任公司和股份有限公司两种形式。

（1）有限责任公司。有限责任公司是指由符合法律规定的股东出资组建，股东以其出资额为限对公司承担责任，公司以其全部资产对公司的债务承担责任的企业法人。有限责任公司的主要特点包括：股东人数符合法定人数；股东出资达到法定资本最低限额；资本不划分为等额股份，不发行股票，公司只向股东签发出资证明书；股东的出资不能随意转让。

依照我国《公司法》的规定，我国的有限责任公司由 50 个以下股东出资设立。有限责任公司的注册资本为在公司登记机关登记的全体股东认缴的出资额。有限责任公司注册资本的最低限额为人民币 3 万元。法律、行政法规对有限责任公司注册资本的最低限额有较高规定的，从其规定。公司全体股东的首次出资额不得低于注册资本的 20%，也不得低于法定的注册资本最低限额，其余部分由股东自公司成立之日起两年内缴足；其中，投资公司可以在 5 年内缴足。股东可以用货币出资，也可以用实物、知识产权、土地使用权等可以用货币估价并可以依法转让的非货币财产作价出资；但是，法律、行政法规规定不得作为出资的财产除外。全体股东的货币出资金额不得低于有限责任公司注册资本的 30%。一人有限责任公司的注册资本最低限额为人民币 10 万元。股东应当一次足额缴纳公司章程规定的出资额。一个自然人只能投资设立一个一人有限责任公司。

（2）股份有限公司。股份有限公司是指其全部资本分为等额股份，股东以其所持股份为限对公司承担责任，公司以其全部资产对其债务承担责任的企业法人。股份有限公司的主要特点包括：发起人符合法定人数；发起人认购和募集的股本达到法定资本最低限额；全部资本划分为等额股份，通过发行股票筹集资金，股东人数无上限限制，股票可自由转让。

依照我国《公司法》的规定，设立股份有限公司，应当有 2 人以上 200 人以下为发起人，其中须有半数以上的发起人在中国境内有住所。股份有限公司采取发起设立方式设立的，注册资本为在公司登记机关登记的全体发起人认购的股本总额。公司全体发起人的首次出资额不得低于注册资本的 20%，其余部分由发起人自公司成立之日起两年内缴足；其中，投资公司可以在 5 年内缴足。在缴足前，不得向他人募集股份。股份有限公司采取募集方式设立的，注册资本为在公司登记机关登记的实收股本总额。股份有限公司注册资本的最低限额为人民币 500 万元。法律、行政法规对股份有限公司注册资本的最低限额有较高规定的，从其规定。以发起设立方式设立股份有限公司的，发起人应当书面认足公司章程规定其认购的股份；一次缴纳的，应即缴纳全部出资；分期缴纳的，应即缴纳首期出资。以非货币财产出资的，应当依法办理其财产权的转移手续。以募集设立方式设立股份有限公司的，发起人认购的股份不得少于公司股份总数的 35%；但是，法律、行政法规另有规定的，从其规定。

与个人独资企业和合伙企业相比较，公司制企业有许多方面的优点，主要表现在：投资者的责任有限，仅以出资额为限对公司债务负责；筹集资金相对比较容易，从而使公司具有较多的发展机会，规模可以较大；具有无限寿命，能永久存在；所有权与经营权分离，能聘请专家管理企业，从而提高经营管理效率。

公司制企业与个人独资企业和合伙企业相比较也存在一些缺点，主要表现在：组建程序复杂，开办费用高，受政府限制多；股份有限公司的股份自由转让，可能导致公司易为少数人控制；所有权与经营权高度分离，使得所有者与经营者之间的委托代理关系复杂化，从而使代理成本加大；公司必须缴纳企业所得税，公司的股东在收到股利时还要缴纳个人所得税，对投资者而言存在着双重税负。

从世界各地许多国家的情况来看，尽管独资企业和合伙企业的数量占全部企业数量的很大比重，但从营业资产、收入、利润等经济指标来衡量，公司制企业一般都占据主导地位，并且与个人独资企业和合伙企业相比，公司制企业的筹资、投资、资金营运和分配等财务活动也更为复杂，因此企业财务管理学主要研究的是公司制企业的财务管理。本书将以现代组织形式的公司制企业为背景，系统地介绍财务管理的基本理论和基本方法。

**➢专栏 1-1　高盛投资银行企业组织形式的转变**

美国的高盛公司是一家从事投资银行业务的企业，1999 年之前，该公司是由 221 个合伙人组成的合伙制企业。由于合伙制具有所有权与经营管理权合二为一、能充分调动管理者积极性的优点，因而曾一度被认为是投资银行最理想的组织形式。在美国，早期的投资银行绝大多数采用这种企业组织形式。从 20 世纪 90 年代中期开始，高盛公司的管理层和员工花了很长的时间讨论企业是应该公开上市还是继续保持私有的合伙制形式的问题。反对公开上市的人认为，企业过去一直运作良好，能够从内部产生足够的资本，同时还能从私募资本市场上筹集到资金来支持企业的增长；保持私有的合伙制形式可以保留控制权，并使合伙人与企业的目标保持一致，还有助于使企业具有独特性和保持神秘感，从而可形成与竞争对手之间具有差别化的优势，也有助于增强企业的文化优势。赞成公开上市的人认为，企业需要在财务和战略方面具有更大的灵活性以实现积极的增长和在市场中居领导地位的目标，公开上市可以获得更多的权益资金来支持企业的增长，同时也能增强大规模举债的能力，借此可以开展并购活动，扩大企业的业务规模并分散风险，并且还可以奖励和激励企业的员工。经过数年的激烈讨论之后，直到 1999 年，高盛公司才最终做出了公开上市的决定。美国合伙制投资银行曾保持了 100 多年的辉煌历史，直到高盛公司上市之后这种组织形式的投资银行才完全退出了历史舞台。

2008 年，随着美国贝尔斯登公司垮台、雷曼兄弟公司破产以及美林证券公司的出售，金融危机席卷美国及世界上许多其他国家，致使很多公司遭受重创。高盛公司的财务总监及运营、技术和财务部主管戴维·维尼尔表示，正是由于高盛公司适时地选择了上市，获得了永久性的资本来支持其增长，才得以幸运地在经济周期的波动中处于有利的竞争地位，安然地渡过了金融危机。

# 1.3　财务管理目标

## 1.3.1　财务管理目标的含义

企业的财务管理目标又可称为理财目标，是指企业通过组织财务活动和处理财务关系所要达到的根本目的，它决定着企业财务管理的基本方向。企业为了有效地进行财务管理，必须明确财务管理的目标，财务管理目标是一切财务活动的出发点和归宿。从根本上说，财务管理目标取决于企业目标，财务管理目标必须为企业总目标服务，是企业总目标在财务上的具体体现。任何一个企业都有它自己特定的目标，现代企业所追求的目标一般是生存、发展和获利，确保投资者所投入的资金保值和增值，企业财务管理目标应围绕着企业的这一总体目标来设定。

关于企业的财务管理目标，在理论界有几种不同的提法，也一直存在一些争论。随着财务管理学科的发展和财务管理实践的变革，财务管理的目标也在不断地演化。目前在理论和实践中具有广泛的影响、最具代表性的财务管理目标有以下几种提法。

#### 1.3.1.1 利润最大化

传统的观点认为，企业的财务管理目标应是利润最大化。虽然利润是一个综合性的指标，它能用来评价企业的经营成果，反映企业为社会新创造财富的多少，也是体现市场竞争条件下优胜劣汰规则的一个起作用的衡量尺码，但利润最大化目标存在着不容忽视的缺陷，具体表现在以下几个方面。

（1）忽略了风险因素。高利润伴随着高风险，如果仅以利润最大化为目标追求高利润，而不考虑所冒的风险大小，很容易作出错误的决策。

（2）可能会导致一些短期行为。利润指标总是与一定的时期相联系的，而利润最大化目标并未指明利润产生的阶段，即是多长时期的利润最大化。企业可以通过提高产品售价、购买低质量的原材料、过度使用机器设备或购置效率很高但投资额很大的先进设备在短期内增加利润，但这些做法往往对企业的长期利益产生不利的影响。

（3）未考虑收益的时间分布。一个从现在起 5 年内每年能产生 1 万元利润的项目和一个从第 5 年起至第 10 年每年能产生 2 万元利润的项目相比较哪一个更有价值？不考虑资金的时间价值就无法对这样的问题作出决策。仅以当年利润最大化作为目标或以每年利润的平均值最大化作为目标显然都是不合理的。

（4）忽视了投入与产出的关系。利润是一个总量性指标，不能反映所得与所费之比。股份公司通过发行股票筹集资金并投资于国库券显然会增加公司的利润，但由于投资增加可能使股东的投资报酬率低于原来的水平。追求利润最大化有可能会导致有损股东利益的后果。

由于利润最大化目标存在上述的缺陷，所以现代财务管理理论和实践并不把它作为企业财务管理目标的最佳选择。

#### 1.3.1.2 资本利润率或每股利润最大化

资本利润率是税后利润和投入资本额的比率，每股利润是指股份公司的税后利润与普通股股份数之比。这两个指标都是衡量效率的相对值指标，反映了企业所获得的税后利润与所投入的资本或股份数之间的对比关系。

资本利润率或每股利润能够说明企业的盈利水平，可以在不同资本规模的企业或同一企业的不同期间之间进行比较，揭示其盈利水平的差异，从这方面而言，资本利润率或每股利润最大化目标能够弥补利润最大化目标忽视投入产出关系的不足。但从其他方面分析，资本利润率或每股利润最大化目标与利润最大化目标具有同样的缺陷，即它同样未能考虑资金的时间价值和风险因素，也不能避免企业的短期行为。

由此可见，资本利润率或每股利润最大化目标也存在着一定的片面性，并不是一个完整的财务管理目标。

#### 1.3.1.3 股东财富最大化

投资者建立企业的重要目的，在于创造尽可能多的财富。股东财富最大化目标是指企业通过有效地经营和理财，最终给股东带来最多的财富。股东是股份公司的所有者，股东财富表现为其所拥有的公司净资产的市场价值，即表现为股东拥有的股票数量与每股市价的乘积。在股东持有的普通股数量一定的情况下，普通股每股市场价格越高，股东的财富就越多，因此，股东财富最大化具体表现为普通股每股市场价格最大化，股东财富最大化也可称为普通股市场价格最大化。

以股东财富最大化作为财务管理目标具有以下几个方面的优点：

(1) 反映了企业的盈利能力。股票价格受预期每股盈利的影响，反映了资本的获利能力。在有效的资本市场上，普通股市场价格反映了投资公众对企业价值所作出的客观评价，一家公司的盈利能力越强，其股票价格会越高。

(2) 考虑了资金时间价值因素。股票价格的高低不仅受到公司未来的盈利水平和股利政策等因素的影响，也受到盈利发生时间的影响，因此以股东财富最大化为财务管理目标能够体现资金时间价值观念的要求。

(3) 考虑了风险因素。市场对股票价值的评价，不仅反映了公司未来预期的报酬水平，也反映了公司为获取一定的报酬所冒风险的大小。在预期报酬水平和其他因素一定的情况下，风险越高，股票价格会越低，反之亦然。股票价格最大化应是风险与报酬均衡的结果。

(4) 能克服短期行为。投资者不仅关注公司的目前盈利水平，更重视公司未来的发展前景和预期的盈利水平，因此，股东财富最大化目标在一定程度上能够克服公司在追求利润过程中的短期行为，使公司重视处理好短期利益与长期发展之间的关系。

(5) 具有客观性。通过市场来评价公司的财务管理工作业绩，具有客观性，可促使企业有效经营。就整个社会而言，股东财富最大化目标有利于引导资金流向那些经营业绩良好的企业，实现资源的优化配置。

以股东财富最大化作为财务管理目标也存在以下一些缺点：

(1) 对非上市公司难以适用。股东财富最大化目标表现为股票价格最大化，这对上市公司来说是可以适用的，但非上市公司并没有比较公允客观的股票市场价格，所以这个目标对非上市公司很难适用。

(2) 忽视了其他关系人的利益。股东财富最大化目标只强调股东的利益，而对公司其他关系人的利益重视不够。

(3) 股票价格受公司不可控因素的影响。现实世界中，股票价格受多种因素的影响，其中不仅包括公司业绩方面的影响，也包括外部社会经济环境方面等因素的影响，这些影响因素并非公司所能全部控制的，而把不可控因素引入财务目标是不合理的。

以股东财富最大化作为财务管理目标的观点，具有十分广泛的影响，是目前国内外财务管理教科书中提及最多的主流观点。虽然在理论上还存在有争议，但股东财富最大化目标还是为越来越多的人所接受和认同。

#### 1.3.1.4　企业价值最大化

企业价值最大化，又称公司价值最大化，是指企业在综合考虑报酬和风险等因素的条件下，通过采用最优的财务策略，千方百计地改进经营管理，使企业总的市场价值达到最大。

现代企业除了股东以外，还有众多其他的利益相关者，包括债权人、客户、供应商、员工、社区等。从企业长远发展来看，不能只强调某一利益集团的利益，而忽视其他集团的利益。因此企业的理财目标就不应仅仅追求股东财富最大化，而应是满足各利益相关者的不同需求和利益。企业价值最大化目标是股东财富最大化目标的进一步演化。股东财富最大化目标考虑的是企业净资产的市场价值，而企业价值最大化目标考虑的是企业总资产的市场价值，包括公司股票市场价值和债务市场价值之和。从理论上来说，企业价值可以通过未来现金流量的现值来体现，并通过预期报酬和风险之间的关系来近似地描述，它可以体现为一定风险条件下的预期报酬最大，或一定预期报酬条件下的风险最小，或预期报酬和风险之间的最优匹配关系等方面。

以企业价值最大化作为财务管理的目标，体现了以股东财富最大化作为财务管理目标所具有的优点，即这一目标同样考虑了企业的获利能力、资金的时间价值和投资的风险因素，有利于企业克服管理上的片面性和短期行为，反映了对企业资产保值增值的要求，并且有利于社会资源合理配置，引导社会资金流向企业价值最大化的企业或行业，有利于实现社会效益最大化。除此以外，企业价值最大化目标还弥补了股东财富最大化目标仅仅考虑股东利益的缺陷，充分考虑了企业各方利益的关系。

企业价值最大化目标也有其局限性，即在应用过程中难以合理计量的问题。目前理论上常用现金流量贴现法来估计企业的价值，而利用这种方法估计企业的价值时，由于未来的现金流量和风险等都包含着不确定因素，因此如何确定有关的参数还没有一个统一的标准。另外，上市公司的企业价值可以利用市场上交易的股票和债券的价值之和作为参考，但对于非上市公司则难以通过这种方式较为准确地衡量其价值。而且，如果缺乏一个公平合理的有效市场，那么无论是股票和债券的市场价值还是企业资产的市场价值都将是难以获得的，在这种情况下，确定企业价值和股东财富都会遇到较大的困难。

企业的财务管理目标除了上述的四种观点以外，还有不少其他的提法，如经济效益最大化、产值最大化、市场份额最大化、收入最大化、社会利益最大化、就业最大化、承担社会责任等。这些目标中有些属于中间目标而不是终极目标，如产值最大化、市场份额最大化、收入最大化，而中间目标与终极目标并不一定总是一致的；有些目标则属于政府企业或非营利组织的目标，如社会利益最大化、就业最大化等，这些目标一般都不具有普遍意义。但企业在追求价值最大化目标的同时，还应该考虑承担相应的社会责任，包括保护消费者权益、向雇员支付工资、创造安全的工作环境、保护生态平衡、防治公害污染、支持社区文化教育和福利事业等。强调企业的社会责任，并在此基础上追求企业价值最大化目标，这是许多经济学家和管理学家所持的共同观点，也是当前国际上许多著名的大公司所奉行的理念之一。在许多情况下，承担社会责任与承担法律和其他形式的义务一样重要。而从另一方面来说，适当从事一些公益活动，往往有助于提高公司的知名度，进而提高股票市价，并增加公司的价值和股东财富。

实际上，企业的财务管理目标并不是孤立存在的，它还应该与企业其他方面的目标有机地结合起来。例如，企业在以价值最大化作为财务管理的主导目标的同时，可能还要兼顾在市场竞争中保持一定的优势地位，寻求适当的发展速度，承担相应的社会责任等方面。只有这样，才能使企业得以生存并健康地发展，企业的理财目标和企业的总目标才能得以实现。

**➢专栏 1-2 三鹿集团漠视社会责任的后果**

三鹿集团曾经是一家集奶牛饲养、乳品加工、科研开发为一体的大型企业集团，是中国食品工业百强、中国企业500强、农业产业化国家重点龙头企业，也是河北省、石家庄市重点支持的企业集团，曾先后获得过全国轻工业十佳企业、全国质量管理先进企业、科技创新型星火龙头企业、中国食品工业优秀企业等多项荣誉，“三鹿”商标也曾被认定为“中国驰名商标”，经中国品牌资产评价中心评定，三鹿的品牌价值达149.07亿元。

从2008年3月开始，三鹿集团就陆续接到消费者的反映，称有些婴幼儿食用三鹿婴幼儿奶粉后，出现尿液变色或尿液中有颗粒现象，但是对于消费者的这些反映，三鹿集团没有给予足够的重视。随着反映这方面问题的消费者不断增多，三鹿集团才对其生产的奶粉的质量进行检验。经过多层次、多批次的检验，在2008年8月1日查出了奶粉中含有三聚氰胺物质，但三鹿集团并没有及时将这一检测结果对外公布。面对消费者的质疑，三鹿集团的相关管理人员还信誓旦旦地表示，企业生产的奶粉完全符合国家配方奶粉的标准，企业的所有奶粉产品质量都没有问题。直到2008年9月11日21时30分，三鹿集团才迫于社会舆论的压力对外宣布，经公司自检发现2008年8月6日前出厂的部分批次三鹿婴幼儿奶粉受到三聚氰胺的污染，市场上大约有700吨，为对消费者负责，公司决定立即对该批次奶粉全部召回。但是显然这样的决定做出的太晚了，一切都变得无法挽回。面对众多消费者的索赔要求，三鹿集团不得不多方筹集资金以履行赔偿责任，在宣告破产之前，三鹿集团的净资产已降低至－11.03亿元，达到严重资不抵债的程度。2008年12月下旬，债权人石家庄商业银行和平西路支行向石家庄市中级人民法院提出了对债务人石家庄三鹿集团股份有限公司进行破产清算的申请，2008年12月23日，石家庄市中级人民法院宣布三鹿集团破产。一家曾经头戴很多荣誉光环的大型企业就这样因漠视社会责任而不得不自食苦果，最终遭受灭顶之灾。

### 1.3.2 财务管理目标的协调

现代组织形式的企业由于所有权与经营权相分离而会产生委托—代理关系。股东作为企业的所有者，往往不亲自管理企业，而是以委托人的身份聘用代理人，通过授予代理人一定的权利，让其代表委托人的利益及从事企业的经营管理。现代企业中的委托代理关系主要有两种：一是股东与经营者之间的代理关系；二是股东与债权人之间的代理关系。由于有这两种代理关系的存在，相应的在股东与经营者以及股东与债权人之间往往会存在一些矛盾。企业在理财活动中应解决好这些矛盾，协调有关各方之间的关系，以确保财务管理目标的实现。

#### 1.3.2.1 股东与经营者的矛盾与协调

经营者作为股东选出的代理人拥有企业的经营权，但他们一般没有企业的所有权或仅拥有一部分所有权，这就使得他们在作决策时有可能并不是以企业价值最大化或增加股东财富为目标，从而使股东与经营者之间出现矛盾。二者之间的矛盾可能表现在三个方面：一是经营者过分关注自身的利益。为了增加报酬，经营者可能会甘愿接受高风险的投资项目，或为了保住自身的地位和回避风险而拒绝一些有利的投资机会。二是经营者千方百计地设法增加闲暇时间或追求豪华享受，因为经营者若增加工作时间所创造的财富，经营者自己可能分享不到或仅能分享其中的一小部分，而追求豪华享受所增加的开支，却是由全体股东共同分担的。三是经营者实施杠杆赎买。经营者有可能为了拥有对本公司的实际控制权而借钱收购本公司的股票，当他们持股的比例达到一定程度时，就剥夺了原股东的控制权，并且经营者在收购本公司股票之前，还可能恶意地采取一些行动打压股票价格，从而使股东财富遭受损失。

有两种极端的办法可以解决股东和经营者之间的矛盾：一是用公司的股票作为支付给经营者的报酬，这样经营者所获得报酬的多少直接取决于股票市价的高低，因而能起到促使经营者为企业价值最大化目标而努力的作用。但从经营者的角度来看，是很难愿意接受这种做法的。因为股票的市价受众多因素的影响，其中的很多因素并不是经营者能直接控制的。经营者所获得的报酬受很多自身无法控制的因素影响，显然也有失公允。因此，实践中不会有哪个企业采用这种办法。二是由股东严密地监视经营者的各种行为。这种办法在实践中也同样是难以奏效的。股东对经营者的严密监督，极易引起经营者的抵触情绪，他们会千方百计地躲避监督，而使得股东的监督行动不产生任何效果，或者尽管有一点效果，但却要花费大量的监督费用。此外，在这种情况下，股东赋予经营者的权限往往很小，这使得经营者有时会丧失选择投资项目以获利的机会，从而给股东带来机会损失。这些与解决股东和经营者之间的矛盾有关的费用被称为第一种代理成本。

实践中，对协调股东与经营者之间的矛盾起作用的机制主要有以下四个方面。

（1）解雇威胁。这是一种通过股东约束经营者的做法。如果经营者感到当他们采取偏离或违背企业价值最大化目标的行动时，会受到被股东解雇的危险，那么他们将会努力地为增加企业价值和股东财富而工作。在公司股权非常分散的情况下，股东要想解雇不称职的经营者并不是轻而易举就能办到的。但是，随着股权逐渐集中到一些大的机构投资者手中，股东的要求就不难实现了。在这种情况下，被解雇对经营者来说实实在在地构成了一种威胁。

（2）收买威胁。这是一种通过市场约束经营者的做法。经营管理不善的公司，股票的市场价格会下降，而股票的市价低于其合理的价值的公司，极易成为市场上其他公司所收购的目标。被恶意收购的公司的经营者往往会失去原有的职位，或被降级使用，因此，经营者一般是不愿意让本公司被其他公司收购的。而抵制被收购的最好的做法就是努力地提高本公司股票的市价，不要让潜在的购买者感到本公司的股票价格低廉、有利可图。从股东的角度来说，应理智地看待经营者所采取的抵制被收购的行为。有些情况下，经营者为抵制被收购而采取的一些行动，会损害股东的利益。

（3）经理人才市场。因工作业绩出色而闻名的经营者在经理人才市场上会有较高的身价，不断地会有一些公司愿意以高薪聘用杰出的经营者。因此，有了经理人才市场，会促使经营者努力地改善经营管理，提高股票市价，同时也实现其自身的价值。

(4) 激励计划。适当的激励计划，能有效地将经营者的报酬同其业绩挂钩，从而起到促使经营者为企业价值最大化目标和增加股东财富而努力工作的作用。

实践中常见的激励计划主要有以下两种形式：①股票选择权。股票选择权是公司制企业创造的一种选择权，它允许持有者按事先确定的价格购买一定数量的本公司股票。股票选择权价值的大小取决于股票市价的高低，当股票市价高于预先确定的认股价时，获得股票选择权的经营者行权认股并出售股票就可获利，股票市价越高，经营者所获得的报酬就越多，这样会促使经营者为提高公司股票市价和公司价值而努力经营。然而，经营者并不能直接控制股票的市价，股票市价并不一定总是反映公司的经营业绩，股市低迷时期，股价往往难以升高到认股价以上，此时股票选择权会变得毫无价值。因此，某些情况下，股票选择权作为一种激励手段是存在一定缺陷的。②绩效股。绩效股是基于公司绩效而给予经营者的股份。通常是事先确定业绩考核标准，在一定的考核期内，根据考核指标的完成情况，给予不同层次的经营者不同数量的绩效股作为奖励。绩效股激励方式的优点主要表现在，只要经营者完成规定的考核指标，就可获得一定数量的股票，即使是在股市低迷时期，这些股票仍然是有价值的，而且股价越高，经营者可获得的报酬越多，因此，往往能比股票选择权更好地起到激励作用。

总之，适当的激励计划能使经营者努力实现股票市价和公司价值最大化，并有助于公司吸引和保留住优秀的管理人才。

#### 1.3.2.2　股东与债权人的矛盾与协调

债权人在综合考虑公司的投资风险和筹资风险的条件下，按一定的利率向公司出借资金，并期望按期收回本金和利息。但公司在借入资金后，股东可能凭借手中的权力，迫使经营者采取某些行动，剥夺债权人的利益，这主要包括以下两种情况。

(1) 股东迫使经营者作出决定，投资于比债权人预期风险更高的项目。如果高风险的投资项目成功，债权人无法与股东共同分享所增加的利润，只能按事先确定的利率领取利息；而如果高风险的投资项目失败，债权人却要与股东共同分摊损失，遭受无法按期收回本息的风险。

(2) 股东在未征得债权人同意的情况下，迫使经营者作出决定发行新债，从而增大了公司破产的风险，使旧债价值降低，债权人因此会遭受损失。

实践中，债权人可以通过采取以下措施来防止股东剥夺自己的利益。

(1) 债权人在向公司出借资金时，要求在借款合同中加入某些限制性条款，如限制借债的公司投资于比债权人预期风险更高的项目；限制公司在偿还旧债之前再借新债；要求公司必须保持一定的偿债能力等。

(2) 当察觉公司有意为增加股东财富而剥夺其利益时，债权人可拒绝同公司继续合作，要求提前收回债权，或要求提高利率以补偿所承担的更高的风险。

因此，股东要实现企业价值最大化目标并增加自己的财富，必须公正地处理好与经营者和债权人之间的关系，同时，也要处理好公司与雇员、客户、供应商及所处社区等方方面面的关系。如果试图通过剥夺某一方的利益来增加自己的财富，那么股东必然要为此付出代价，最终遭受损失的只能是股东自己。

**➢专栏 1-3　中国平安高管“天价薪酬”引争议**

自 2008 年 1 月中国平安高调宣布 1200 多亿再融资计划以来，2008 年 3 月 20 日中国平安发布 2007 年年报之后，媒体再次聚焦中国平安。年报数据显示，2007 年该公司实现归属母公司净利润 150.86 亿元，同比增长 105.5%。与利润同步增长的是该公司的董事及高管的薪酬。数据显示，中国平安的董事及高管中，有 3 人税前薪酬超过 4000 万元。其中，董事长兼 CEO 马明哲税前报酬 4616.1 万元，另有 2000 万元奖金直接捐赠给中国宋庆龄基金会，累计 6616.1 万元，折合每天薪酬为 18.12 万元；常务副总经理梁家驹税前报酬为 4813 万元；执行董事兼总经理张子欣税前薪酬为 4770.4 万元。一时间，坊间议论纷纷：2007 年 10 月以来中国平安 A 股价格从最高 149.28 元暴跌到 2008 年 3 月 21 日收盘的 56.06 元，市值缩水近 2/3，平安高层拿高薪有何根据？

据中国平安方面的相关人士介绍，中国平安于 2004 年 6 月 24 日在香港上市时，就建立了虚拟股票增值权形式的长期奖励计划制度，对绩效优秀的高级管理人员及若干主要员工实施长期奖励计划。该长期奖励计划是以虚拟股票增值权形式设计的，公司并不根据此计划发行股份。为避免过度激励及追求短期利润，公司还对期权的兑付规定了不少限制条件，如规定每一年的期权奖励总额不得超过当年净利润（国际财务报告准则）的 4%；另外，首批获得的虚拟期权兑现也分 3 年进行，每年只能兑现其中的 1/3。因此，2007 年管理层收入的增长，主要来源有两部分，一是四年前设置的与 H 股股价挂钩的虚拟期权长期奖励计划的兑现，二是 2007 年业绩高速增长产生的绩效奖金。

中国平安人力资源部门有关负责人认为，平安实行绩效导向的薪酬体系，高管的薪酬由固定底薪和业绩考核奖励两部分构成，其个人收入与其本人表现及对公司经营业绩、绩效的贡献挂钩。与此同时，作为率先引入海外高管的国内金融企业，平安前 100 名高级管理层，有近 60%来自海外，这部分高管实行与国际接轨的薪酬体制。平安在 1988 年成立之初，总收入只有 418 万元，利润 190 万元。但到 2007 年年底，平安保险集团的个人客户数量达到 4000 多万名，资产总值达 6511 亿元人民币。在近 20 多年的时间里，公司取得了长足发展，与这种激励不无关系。在马明哲眼中，对海外军团如此高薪显然也物有所值，马明哲曾说：“他们给平安带来的，足够让平安给他们发 500 年的工资。”

尽管平安方面的相关人士对于高管薪酬做出了看似合理的解释，但仍有不少人对于平安高管获得如此高的薪酬是否物有所值持怀疑态度，有人称之为“天价薪酬”、“匪夷所思的年薪”。对于类似这样的高管人员薪酬水平是否合理的问题，也许每个人心中各有自己的答案。

资料来源：本文根据“刘瑞，卜春艳．年薪 6600 万 平安马明哲凭的什么．每日经济新闻，2008 年 3 月 24 日”改编

## 1.4 金融市场与利息率

### 1.4.1 金融市场

金融市场是金融性商品交易的场所。金融性商品包括存单、票据、债券、股票等有价证券，一般具有流动性、收益性和风险性的特点，这些商品是金融市场的交易对象。金融市场的参与者包括资金的供给者、资金的需求者和中介机构。

金融市场是企业最重要的外部理财环境，对企业财务活动会产生直接的影响。金融市场既为企业提供了以各种不同的方式筹集所需资金的场所，也为企业提供了多种投资获利以及分散风险的机会。金融市场还能够为企业理财提供有意义的信息，例如反映资金供求状况变化的利率水平、反映投资公众对企业综合评价情况的股票市价等信息，而这些信息是企业作出投资和筹资决策的重要依据。完善、发达的金融市场对于调节资金供求和流通，促进经济发展也具有重要意义。

金融市场一般可按期限标准，分为货币市场和资本市场，广义的金融市场还包括外汇市场和黄金市场。

#### 1.4.1.1 货币市场

货币市场是指融资期限在一年以内的短期资金市场。货币市场主要包括票据贴现市场、资金拆借市场和短期证券市场。

(1) 票据贴现市场。票据是在信用活动中反映债权债务关系的书面凭证。商业票据的持有人在票据到期之前可到银行办理贴现，即将商业票据转让给银行，银行在按一定的贴现率计算贴现息之后，将票据到期值扣除贴现息之后的余额支付给持票人，使持票人实现短期融资。

(2) 资金拆借市场。资金拆借主要是在银行以及其他金融机构同业之间为相互调剂资金余缺而进行的短期借贷交易。资金拆借的期限很短，往往只有几天，有时甚至是隔夜拆借或半日拆借。

(3) 短期证券市场。短期证券的发行者可以是政府、金融机构和企业。信誉较好的企业在有大量的短期资金需求时，可通过发行短期融资券筹措资金，以满足生产经营活动的需要，而临时拥有闲置资金的企业，可灵活地选择不同的短期证券进行投资，以充分有效地利用资金。

#### 1.4.1.2 资本市场

资本市场是指融资期限在一年以上的长期资金市场。资本市场主要包括长期借贷市场和长期证券市场。

(1) 长期借贷市场。在长期借贷市场上，银行等金融机构主要以向社会各方吸收的存款作为资金来源，向企业或其他单位提供贷款，从而实现资金从供给者手中转移到需求者手中。

(2) 长期证券市场。证券市场是指各种有价证券的发行与流通转让的场所的总称。

证券市场按横向结构不同，可划分为股票市场和债券市场。筹资者通过发行股票或债券可筹集相对稳定的长期资金，投资者通过买卖股票或债券可获得投资收益。证券市场按纵向结构不同，可划分为证券发行市场和证券流通市场。证券发行市场又称“一级市场”或“初级市场”，是指新证券发行的场所，它是一个抽象的市场。证券流通市场又称“二级市场”或“次级市场”，是指已发行的证券通过买卖交易实现流通转让的场所。证券流通市场还可按组织方式的不同划分为场内交易市场和场外交易市场两部分。

场内交易市场即证券交易所市场，是专门的、有组织地进行证券交易的场所。证券交易所主要具有以下五个方面的特点：①有集中的、固定的交易场所和交易时间；②有严密的组织和管理规则；③有完备的交易设施和较高的操作效率；④交易采取经纪制；⑤采用公开竞价的方式进行交易。

场外交易市场是指在证券交易所之外进行证券交易的市场，场外交易市场主要包括柜台市场或称“店头市场”，是指在证券交易所之外由众多分散的、各自独立的证券商分别组织的证券交易市场，一般没有固定的交易场所和交易时间，交易规则也比较灵活，是一个松散的、非组织化的无形市场。有些国家的场外交易市场还包括第三市场和第四市场。第三市场是指已在证券交易所挂牌上市的证券而在交易所以外进行交易所形成的市场，第四市场是指投资者之间不通过经纪人而是直接通过计算机网络或其他通信设施进行大宗证券交易所形成的市场。

证券发行市场是证券流通市场的基础，证券流通市场反过来又成为证券发行市场正常发展的必要条件，二者紧密相连，互相依存，相辅相成，共同构成了一个完整的证券市场。

### 1.4.2 利息率

利息率或称利率，是指在借贷期内所形成的利息额与所借贷金额的比率，常用的年利率是指年利息与借贷金额之比。利率可看做是资金使用权的价格，它直接反映了信用关系中债务人使用资金的代价，对债权人而言它反映的是出让资金使用权的报酬。

利率可以按照不同的标准进行分类。例如，按利率之间的变动关系分，利率可分成基准利率和套算利率，基准利率是指在多种利率并存的条件下起决定作用的利率，套算利率是指根据基准利率和借贷款项的特点而换算出的利率。按利率变动与市场的关系分，利率可分成市场利率和官定利率，市场利率是指由资金市场上的供求关系所确定的利率，官定利率是指由国家有关主管部门所确定的利率。一般来说，有关部门在确定利率时，既要考虑国家的宏观经济发展状况及政府运用货币政策进行宏观调控的需求，也要考虑资金市场的供求状况，因此，官定利率与市场利率不会出现显著脱节的现象。

一般而言，市场利率可表示为

$$K = K_0 + \mathrm{IP} + \mathrm{DP} + \mathrm{LP} + \mathrm{MP} \tag{1-1}$$

式中，$K_0$ 为纯利率；IP 为通货膨胀风险补偿率；DP 为违约风险补偿率；LP 为流动性风险补偿率；MP 为期限风险补偿率。式（1-1）中各组成项目的含义如下所述：

（1）纯利率。纯利率是指无通货膨胀、无风险情况下的平均利率。它主要受资金供求关系和国家宏观经济调控的影响。若资金的供给不变，当经济高涨时，资金的市场需求增加，利率升高；当经济衰退时，资金的市场需求减少，利率下降。类似地，若政府为防止经济过热，通过中央银行减少货币供应量，则资金的供应减少，利率上升；若政府为刺激经济发展，增加货币发行，则资金的供应增加，利率下降。一般情况下，在无通货膨胀时，可用短期国库券的利率近似地代替纯利率。

（2）通货膨胀风险补偿率。当预期有通货膨胀存在时货币将发生贬值，投资者的真实报酬率将会下降。在这种情况下，资金的供应者必然要求提高利率以补偿其购买力损失。实践中，无风险利率一般用短期国库券的利率表示，而短期国库券尽管没有其他风险存在，但是通货膨胀的风险是无法避免的，因此，实践中的无风险利率等于纯利率加上通货膨胀风险补偿率，即 $K_0+\mathrm{IP}$，可称之为名义无风险利率。

（3）违约风险补偿率。违约风险是指债务人无法按期支付贷款利息或偿还本金而给投资者带来的风险。违约风险越大，投资者要求的报酬率越高。违约风险补偿率是对投资者所承担违约风险增大的一种补偿。

（4）流动性风险补偿率。流动性风险是指由于资产变现能力较差导致不能将其迅速转变成现金而使投资者无法随时收回投资的风险。各种不同的资产变现能力是不尽相同的。政府发行的债券很容易被众多的投资者所接受，故其具有很好的流动性。若投资者购买大公司发行的已公开上市的证券，所承担的流动性风险就比较小。反之，若投资者购买小公司发行的未公开上市的证券，则难以随时出售证券收回投资，所承担的流动性风险就比较大，为此，投资者会要求提高报酬率以得到风险补偿。

（5）期限风险补偿率。期限风险是指由于投资者进行期限较长的投资，在收回投资前因利率变动导致所投资的资产价值降低而使投资者遭受损失的风险。一般而言，投资者无法准确预测未来的利率，投资期限越长，利率变动的可能性就越大，不能安全收回本息的可能性也越大，投资者所承担的期限风险就越大，因而长期资金的利率往往高于短期资金的利率。但期限短的投资也存在有再投资风险，即当投资者购买短期债券时，在到期收回本息后有可能按降低了的利率进行再投资，导致未来的利息收入减少，有时可能会出现短期债券的再投资风险大于长期债券的期限风险的现象。在这种情况下，短期利率也有可能高于长期利率。

总之，市场利率水平受无风险利率和各种风险溢价因素的影响。资金市场上的供求关系以及政府为进行宏观调控所实施的货币政策，对利率水平的高低起着决定性的作用。在此基础上，各种风险的增大，都会使投资者要求得到的投资报酬率提高，相应的使利率水平升高。

### ➢专栏 1-4　中国基准利率雏形 Shibor 亮相

金融市场盼望已久的中国基准利率雏形于 2007 年 1 月 4 日亮相，这个由全国银行间同业拆借中心发布的“上海银行间同业拆放利率”（Shanghai Interbank Offered Rate，简称 Shibor）正式运行。有了 Shibor 这杆“标尺”，央行的金融宏观调控措施能更精准有效，也可以作为统一度量衡的工具，推动利率市场化，为央行货币政策转向价格型调控创造条件。

Shibor 是由信用等级较高的银行组成报价团自主报出的人民币同业拆出利率计算

确定的算术平均利率，是单利、无担保、批发性利率。目前对社会公布的Shibor品种包括隔夜、1周、2周、1个月、3个月、6个月、9个月及1年。Shibor报价银行团现由16家商业银行组成。报价行是公开市场一级交易商或外汇市场做市商，在中国货币市场上人民币交易相对活跃、信息披露比较充分的银行。Shibor的形成是这样的：每个交易日全国银行间同业拆借中心根据各报价行的报价，剔除最高、最低各2家报价，对其余报价进行算术平均计算后，得出每一期限品种的Shibor，并于11：30对外发布。

对于多个金融市场而言，作为基准利率培育的Shibor有着多方面意义，一方面，Shibor的推出加速了我国利率市场化进程；另一方面也为央行的金融调控从数量型转向价格型调控创造条件，即将现行的以货币供应量为中介目标的货币政策框架，转变为以通货膨胀或利率为中介目标的框架。同时，对于市场经济下央行的货币政策调控而言，Shibor将是一个极为重要的变量，它能在整个利率体系中起主导作用、核心作用，并能制约其他利率。央行以后可通过公开市场操作来调整基准利率，形成合理的市场预期，进而传导并影响微观经济行为，使其调控更加精准和有效。

资料来源：本文根据“禹刚．中国基准利率雏形亮相．上海证券报，2007年1月4日”改编

**➢思考题**

1. 企业的资金运动经历哪些阶段？加速资金的循环和周转对企业有何意义？
2. 现金的短期循环和长期循环各有什么特点？影响现金循环的因素有哪些？
3. 企业的财务关系有哪些？如何处理好企业与各方面的财务关系？
4. 企业财务管理包括哪些基本内容？加强财务管理对企业有什么意义？
5. 企业筹资和投资活动主要涉及哪些基本概念？各有什么含义？
6. 企业的组织形式有哪几种？不同组织形式的企业各有什么特点？
7. 利润最大化和股东财富最大化以及企业价值最大化目标有什么区别和联系？
8. 什么是委托代理关系？现代企业在实现理财目标的过程中，应怎样调和股东与经营者、股东与债权人之间的潜在矛盾？
9. 金融市场是怎样构成的？金融市场对于企业理财有什么作用和意义？
10. 利息率的高低主要受哪些因素的影响？

# 第 2 章

# 财务报表分析

**内容提要**

财务报表是企业竞争的结果，是一部充满悲伤或欢笑的财务历史。近年来国内外若干臭名昭著的财务报表舞弊案，也表明学习财务报表分析手段的必要性。本章以财务报表为主要分析对象，介绍财务报表分析常用比率的计算，并进一步介绍现金流量分析和综合财务报表分析的方法。通过本章的学习，读者应掌握对企业财务状况进行整体分析的思维能力，进而根据分析结论进行决策。

## 2.1 财务报表分析概述

### 2.1.1 财务报表分析的含义及目的

财务报表分析是指以财务报表和其他资料为依据，采用专门的方法，系统地分析和评价企业的经营成果、财务状况。做好财务报表分析工作，可以评价企业的财务状况和经营成果，为股东、投资者、债权人和经营者的决策提供有用的帮助。

财务报表分析的对象主要是财务报表，财务报表所记载的是各种数据，在这些数据的背后都包含着企业全面、系统的经营情况。进行财务报表分析除了应对财务报表分析以外，还要求掌握财务报表以外的情况，要把搜集财务报表以外的各种情况和信息作为财务报表分析的重要内容。对财务报表进行的分析，其作用有时只是对评价企业的经营状况和财务状况提供一些依据，为发现问题提供初步线索，许多深层次问题，仅靠分析财务报表很难得出肯定的结论。因此，财务报表的分析只是分析问题的起点，并不能找到解决问题的答案。

公司财务报表的主要使用人包括所有关心公司运营情况的利害关系集团，如股权投资人、债权人、内部经理人员和职员、供应商、政府、注册会计师等，都从不同的角度关注公司的财务报表。例如，股权投资人为决定是否投资，需要分析公司的盈利能力；为决定是否转让股份，需要分析盈利状况、股价变动和发展前景；为考察经营业绩，需要分析资产的盈利水平、破产风险和竞争能力；为决定股利分配政策，需要分析筹资状况。注册会计师为减少审计风险需要评估公司的盈利性和破产风险；为确定审计的重点，需要分析财务数据的异常变动。

### 2.1.2 财务报表分析的主要方法

财务报表分析的方法有多种分类，但主要的方法有以下几种。

#### 2.1.2.1 比率分析法

在财务报表分析中，比率分析法应用比较广泛。比率分析法是用同一期内的有关数据相互比较，得出它们的比率，以说明财务报表所列各有关项目的相互关系，来判断企业财务和经营状况的好坏。比率分析法是用相关项目的比率作为指标，以揭示数据之间的内在联系，同时也能克服绝对值给人们带来的误区。

比率分析法的优点是计算简便，计算结果容易判断，而且可以使某些指标在不同规模的企业之间进行比较，甚至也能在一定程度上超越行业间的差别进行比较。但采用这一方法时对比率指标的使用应该注意对比口径应一致和对比项目的相关性。

比率分析中常用的财务比率包括相关比率、结构比率和动态比率。相关比率是同一时期报表及有关财会资料中两项相关数值的比率。这类比率包括：反映偿债能力的比率和反映营运能力的比率。结构比率是报表中某项目的数值与各项目总和的比率。这类比率揭示了部分与整体的关系，通过不同时期结构比率的比较还可以揭示其变化趋势。存货与流动资产的比率、流动资产与全部资产的比率等都属于这类比率。动态比率是报表及有关财会资料中某项目不同时期的两项数值的比率。这类比率又分为定基比率和环比比率，可分别从不同角度揭示某项财务指标的变化趋势和发展速度。

#### 2.1.2.2 比较分析法

比较分析法是指报表的比较和通过某项财务指标与性质相同的指标评价标准进行对比的比率比较。报表的比较是将连续数期的报表的金额并列起来，比较其相同指标的增减变动金额和幅度，据以判断企业财务状况和经营成果发展变化的一种方法。会计报表的比较，具体包括资产负债表比较、利润表比较、现金流量表比较等。比较时，既要计算出表中有关项目增减变动的绝对额，又要计算出其增减变动的百分比。

比率比较也是比较分析法中的重要方法，比率比较常用的指标评价标准通常有：

(1) 公认标准，是对各类企业不同时期都普遍适用的指标评价标准。

(2) 行业标准，是反映某行业水平的指标评价标准。在比较分析时，既可以用本企业财务指标与同行业平均水平指标对比，也可以用本企业财务指标与同行业先进水平指标对比，还可以用本企业财务指标与同行业公认标准指标对比。通过行业标准指标比较，有利于揭示本企业在同行业中所处的地位及存在的差距。

(3) 目标标准，是反映本企业目标水平的指标评价标准。当企业的实际财务指标达不到目标标准时，应进一步分析原因，以便改进财务管理工作。

(4) 历史标准，是反映本企业历史水平的指标评价标准。在财务报表分析中，运用历史标准的具体方法有三种，即期末与期初对比，本期与历史同期对比，以及本期与历史最高水平对比。财务报表分析中采用历史标准，有利于揭示企业财务状况和经营成果的变化趋势及存在的差距。

#### 2.1.2.3 结构分析法

结构分析法是利用会计报表提供的数据资料，将各期实际指标与历史指标进行对比，揭示企业财务状况和经营成果变化的一种分析方法。采用结构分析法通常要编制绝对数比较会计报表和相对数比较会计报表。编制绝对数比较会计报表，即将一般会计报表的“金额栏”划分成若干期的金额，以便进行比较分析；编制相对数比较会计报表，即将会计报表上的某一关键项目的金额当做100%，再计算出其他项目对关键项目的百分比，以显示各项目的相对地位，然后把连续若干期按相对数编制的会计报表合并为一张会计报表，以反映各项目结构上的变化。

结构分析法主要指会计报表项目构成的比较，它是以会计报表中的某个总体指标为100%，再计算出其各组成项目占该总体指标的百分比，从而来比较各个项目百分比的增减变动，以此来判断有关财务活动的变化趋势。这种方法比前述两种方法更能准确地分析企业财务活动的发展趋势，它既可用于同一企业不同时期财务状况的纵向比较，又可用于不同企业之间的横向比较。同时，这种方法能消除不同时期（不同企业）之间业务规模差异的影响，有利于分析企业的耗费水平和盈利水平。

为了保证财务报表分析的有效性和权威性，企业进行财务报表分析要遵循一定的科学程序和步骤。一般的做法是：首先，确定财务报表分析范围和对象，搜集有关经济信息和情况；其次，选择适当的分析方法，提出分析方案；再次，对分析对象进行分解、剖析，抓住主要矛盾，发现问题，总结经验，作出评价；最后，提出改进措施和建议。

## 2.2 财务比率分析

财务比率主要包括债务偿还能力比率、资产管理效率比率和获利能力比率三类，分别从不同的角度反映企业经营管理的各个层面和状况。

### 2.2.1 债务偿还能力比率

债务偿还能力比率是指债务和资产、净资产的关系，它反映企业偿付债务的能力。分析一个企业的偿债能力，主要是为了确定该企业偿还债务本金与支付债务利息的能力。具体的分析方法是：通过财务报表中的有关数据来分析权益与资产之间的关系，分析不同权益之间的内在关系，计算出一系列的比率，可以看出企业的资本结构是否健全合理，评价企业的偿债能力。

#### 2.2.1.1 流动比率

流动比率是企业流动资产与流动负债的比值，其计算公式为

$$流动比率 = 流动资产 \div 流动负债$$

流动比率可以反映企业短期偿债能力。企业能否偿还短期债务，要看有多少短期债务，以及有多少可变现偿债的流动资产。流动资产越多，短期债务越少，则偿债能力越

强。流动比率是个相对数，排除了企业规模不同的影响，更适合企业之间以及本企业不同历史时期的比较。

为了便于说明，各项财务比率的计算将以兴业股份有限公司为例，该公司的资产负债表如表 2-1 所示、利润表如表 2-2 所示。

**表 2-1　资产负债表**

单位名称：兴业股份有限公司　　2012 年 12 月 31 日　　单位：元

| 资产 | 期末数 | 期初数 | 负债和所有者权益 | 期末数 | 期初数 |
|---|---|---|---|---|---|
| 流动资产： | | | 流动负债： | | |
| 货币资金 | 1 641 490 | 2 812 600 | 短期借款 | 100 000 | 600 000 |
| 交易性金融资产 | | 30 000 | 应付票据 | 200 000 | 400 000 |
| 应收票据 | 92 000 | 492 000 | 应付账款 | 1 907 600 | 1 907 600 |
| 应收股利 | | | 预收款项 | | |
| 应收利息 | | | 应付职工薪酬 | 200 000 | 200 000 |
| 应收账款 | 1 196 400 | 598 200 | 应付福利费 | 160 000 | 20 000 |
| 其他应收款 | 10 000 | 10 000 | 应付股利 | 64 431.70 | |
| 预付款项 | 200 000 | 200 000 | 应交税费 | 410 688 | 60 000 |
| 存货 | 5 149 400 | 5 160 000 | 其他应交款 | 13 200 | 13 200 |
| 一年内到期非流动资产 | | | 其他应付款 | 100 000 | 100 000 |
| 其他流动资产 | | 200 000 | 一年内到期长期负债 | | 2 000 000 |
| 流动资产合计 | 8 289 290 | 9 502 800 | 其他流动负债 | | 2 000 |
| 非流动资产： | | | 流动负债合计 | 3 155 919.70 | 5 302 800 |
| 可供出售金融资产 | | | 非流动负债： | | |
| 持有至到期长期投资 | | | 长期借款 | 2 320 000 | 1 200 000 |
| 长期应收款 | | | 应付债券 | | |
| 长期股权投资 | 500 000 | 500 000 | 长期应付款 | | |
| 投资性房地产 | | | 专项应付款 | | |
| 固定资产原价 | 4 802 000 | 3 000 000 | 递延所得税负债 | | |
| 减：累计折旧 | 340 000 | 800 000 | 其他非流动负债 | | |
| 固定资产净值 | 4 462 000 | 2 200 000 | 非流动负债合计 | 2 320 000 | 1 200 000 |
| 在建工程 | 1 156 000 | 3 000 000 | | | |
| 工程物资 | 300 000 | | 负债合计 | 5 475 919.70 | 6 502 800 |
| 固定资产清理 | | | | | |
| 生产性生物资产 | | | | | |
| 油气资产 | | | | | |
| 无形资产 | 1 080 000 | 1 200 000 | 所有者权益： | | |
| 开发支出 | | | 实收资本 | 10 000 000 | 10 000 000 |
| 商誉 | | | 减：已归还投资 | | |
| 长期待摊费用 | 400 000 | 400 000 | 资本公积 | | |
| 递延所得税资产 | | | 盈余公积 | 271 370.30 | 200 000 |
| 其他非流动资产 | | | 未分配利润 | 440 000 | 100 000 |
| 非流动资产合计 | 7 898 000 | 7 300 000 | 所有者权益合计 | 10 711 370.3 | 10 300 000 |
| 资产总计 | 16 187 290 | 16 802 800 | 负债和所有者权益总计 | 16 187 290 | 16 802 800 |

**表 2-2　利润表**

编制单位：兴业股份有限公司　　　　2012 年度　　　　单位：元

| 项　　目 | 本年数 | 上年数 |
|---|---|---|
| 营业收入 | 2 500 000 | 2 230 000 |
| 减：营业成本 | 1 500 000 | 1 300 000 |
| 营业税金及附加 | 4 000 | 2 300 |
| 销售费用 | 40 000 | 50 000 |
| 管理费用 | 316 000 | 300 000 |
| 财务费用 | 83 000 | 52 000 |
| 资产减值损失 | | |
| 加：公允价值变动收益 | | |
| 投资收益 | 63 000 | 20 000 |
| 营业利润 | 620 000 | 545 700 |
| 加：营业外收入 | 100 000 | 50 000 |
| 减：营业外支出 | 39 400 | 30 000 |
| 利润总额 | 680 600 | 565 700 |
| 减：所得税费用 | 204 798 | 180 680 |
| 净利润 | 475 802 | 385 020 |

该公司年初、年末流动比率可计算如下：

$$年初流动比率=\frac{9\ 502\ 800}{5\ 302\ 800}=1.792$$

$$年末流动比率=\frac{8\ 289\ 290}{3\ 155\ 919.70}=2.627$$

一般认为，较为合理的流动比率为 2，这是因为流动资产中变现能力最差的存货金额约占流动资产总额的一半，剩下的流动性较大的流动资产应等于流动负债，企业的短期偿债能力才会有保证。人们长期以来的这种认识，因其未能从理论上证明，还不能成为一个统一标准。例如，DELL 公司近年来的流动比率都在 1 左右，而 DELL 公司是世界公认的资金管理能力相当优秀的公司之一。计算出来的流动比率，只有和同行业平均流动比率、本企业历史的流动比率进行比较，才能知道这个比率是高还是低。这种比较通常并不能说明流动比率为什么这么高或低，要找出过高或过低的原因还必须分析流动资产和流动负债所包括的内容以及经营上的因素。一般情况下，营业周期、流动资产中的应收账款数额和存货的周转速度是影响流动比率的主要因素。

#### 2.2.1.2　速动比率

速动比率，是从流动资产中扣除存货部分，再除以流动负债的比值，又称酸性测验比率，它反映企业短期内可变现资产偿还短期内到期债务的能力。速动比率是对流动比率的补充，其计算公式为

$$速动比率=速动资产\div 流动负债=(流动资产-存货)\div 流动负债$$

速动资产是企业在短期内可变现的资产，等于流动资产减去存货后的金额，包括货币资金、短期投资和应收账款。在计算速动比率时要把存货从流动资产中剔除的主要原因是：①在流动资产中存货的变现速度最慢；②由于某种原因，部分存货可能已损失报废还没作处理；③部分存货已抵押给某债权人；④存货估价还存在着成本与合理市价相差悬殊的问题。因此，在分析中将存货从流动资产中减去，可以更好地表示一个企业偿还短期债务的能力。根据表 2-1 所举兴业股份有限公司 2012 年 12 月 31 日资产负债表的资料，可计算该公司年初、年末的速动比率如下：

$$\text{年初速动比率}=\frac{\text{流动资产}-\text{存货}}{\text{流动负债}}=\frac{9\ 502\ 800-5\ 160\ 000}{5\ 302\ 800}=0.819$$

$$\text{年末速动比率}=\frac{\text{流动资产}-\text{存货}}{\text{流动负债}}=\frac{8\ 289\ 290-5\ 149\ 400}{3\ 155\ 917.70}=0.995$$

通常认为正常的速动比率为 1，低于 1 的速动比率被认为是短期偿债能力偏低。这仅是一般的看法，因为行业不同，速动比率会有很大差别，没有统一标准的速动比率。例如，采用大量现金销售的商店，几乎没有应收账款，大大低于 1 的速动比率则是很正常的。相反，一些应收账款较多的企业，速动比率可能要大于 1。在对速动比率进行分析时，还要注意对应收账款变现能力这一因素的考虑。

尽管速动比率较之流动比率更能反映出流动负债偿还的安全性和稳定性，但并不能认为速动比率较低的企业的流动负债到期绝对不能偿还。实际上，如果企业存货流转顺畅，变现能力较强，即使速动比率较低，只要流动比率高，企业仍然有望偿还到期的债务本息。

#### 2.2.1.3 资产负债率

资产负债率，是指负债总额对全部资产总额之比。资产负债率反映在总资产中有多大比例是通过借债来筹资的，也可以衡量企业在清算时保护债权人利益的程度。其计算公式为

$$\text{资产负债率}=(\text{负债总额}\div\text{资产总额})\times 100\%$$

式中的负债总额不仅包括长期负债，还包括短期负债，资产总额则是扣除累计折旧后的净额。

根据兴业股份有限公司的资料，可计算年初、年末资产负债率如下：

$$\text{年初资产负债率}=\frac{6\ 502\ 800}{16\ 802\ 800}\times 100\%=38.70\%$$

$$\text{年末资产负债率}=\frac{5\ 475\ 919.70}{16\ 187\ 290}\times 100\%=33.83\%$$

从以上计算可见，该公司资产负债率年末较年初低。一般来讲，企业的资产总额应大于负债总额，资产负债率应小于 100%。不同的投资者对资产负债率的期望截然不同：从债权人的立场看，他们最关心的是贷给企业的款项的安全程度，也就是能否按期收回本金和利息，因此，他们希望债务比例越低越好，以便企业偿债有保证，贷款不会有太大的风险；从股东的角度看，由于企业通过举债筹措的资金与股东提供的资金在经

营中发挥同样的作用，所以，股东所关心的是全部资本利润率是否超过借入款项的利率，即借入资本的代价。在企业所得的全部资本利润率超过因借款而支付的利息率时，股东所得到的利润就会加大。如果相反，运用全部资本所得的利润率低于借款利息率，则对股东不利，因为借入资本的多余的利息要用股东所得的利润份额来弥补。因此，从股东的立场看，在全部资本利润率高于借款利息率时，负债比例大一些好，否则反之；从经营者立场看，如果举债很大，超出债权人心理承受程度，则认为是不保险的，企业就借不到钱。如果企业不举债，或负债比例很小，说明企业畏缩不前，对前途信心不足，利用债权人资本进行经营活动的能力很差。从财务管理的角度来看，企业应当审时度势，全面考虑，在利用资产负债率制定借入资本决策时，必须充分估计预期的利润和增加的风险，在二者之间权衡利害得失，作出正确决策。

**➢专栏 2-1　西北第一棉纺织厂的破产**

创建于 1951 年的西北国棉一厂有着光荣的历史，隶属于省纺织工业总公司，有职工 5000 多人，曾在 1994 年被评为全国质量效益型先进企业，被授予“重合同、守信用”称号。1997 年开发生产的喷气斜纹系列导电布被列为国家级开发项目；2000 年开发生产的特高织高密织物 80 支、90 支、100 支系列，被列入国家级新产品目录。产品以全棉仿羽布、涤棉导电布和高织高密仿羽布为主，出口到日本、韩国、欧共体及东南亚等国家和地区。2008 年 10 月，西北第一棉纺织厂因严重亏损，不能清偿到期债务，经过其上级主管部门省国有资产监督管理委员会同意，向咸阳市中院申请破产。经过审查，西北国棉一厂资产负债率达 346.54%之多，亏损严重，已不能清偿到期债务，扭亏无望，依照《中华人民共和国企业破产法》，被宣告破产。

资料来源：本文根据“http://news.163.com/08/1021/03/4OOH91UK0001124J.html”改编

2.2.1.4　产权比率

产权比率，又称负债对权益的比率，是衡量企业长期偿债能力的指标之一。这个指标是负债总额与所有者权益总额的比率。其计算公式为

$$产权比率=(负债总额\div 所有者权益总额)\times 100\%$$

这一指标反映企业在偿还债务时对债权人的保障程度，同时也反映了企业的财务结构是否稳定。一般来说，股东资本大于借入资本较好，但也不能一概而论。产权比率高，是高风险、高报酬的财务结构；产权比率低，是低风险、低报酬的财务结构。该比率越低，说明企业偿债能力越强，债权人越有安全感。但从投资人的角度看，如果企业经营状况良好，则过低的产权比率会影响其每股利润的扩增能力。

产权比率与资产负债率具有共同的经济意义，两个指标可以相互补充。因此，对产权比率的分析可以参见对资产负债率指标的分析。

现根据兴业股份有限公司的资料，计算年初、年末产权比率如下：

$$年初产权比率=\frac{6\ 502\ 800}{10\ 300\ 000}\times 100\%=63.13\%$$

$$年末产权比率=\frac{5\ 475\ 919.70}{10\ 711\ 370.30}\times 100\%=51.12\%$$

计算结果表明，该公司产权比率年末较年初下降了12.01个百分点。债权人投入的资金受到所有者权益保障的程度提高了12.01个百分点，这对债权人来说显然是有利的。

2.2.1.5 已获利息倍数

已获利息倍数，又称为利息保障倍数，是指企业息税前利润与利息费用的比率，是衡量企业长期偿债能力的指标之一。其计算公式为

已获利息倍数＝息税前利润÷利息费用＝(利润总额＋利息费用)÷利息费用

式中利息费用是支付给债权人的全部利息。包括财务费用中的利息和计入固定资产的利息。已获利息倍数反映企业用经营所得支付债务利息的能力。倍数足够大，企业就有充足的能力偿付利息。

一般来说，已获利息倍数至少应等于1。这项指标越大，说明支付债务利息的能力越强。就一个企业某一时期的已获利息倍数来说，应与本行业该项指标的平均水平比较，或与本企业历年该项指标的水平比较，评价企业目前的指标水平。

现根据兴业股份有限公司的资料（假定该利润表中的财务费用全部为利息费用），计算上年、本年已获利息倍数如下：

$$上年已获利息倍数=\frac{利润总额+利息费用}{利息费用}=\frac{565\ 700+52\ 000}{52\ 000}=11.88$$

$$本年已获利息倍数=\frac{利润总额+利息费用}{利息费用}=\frac{680\ 600+83\ 000}{83\ 000}=9.20$$

### 2.2.2 资产管理效率比率

资产管理效率是企业的经营运行能力，反映企业经济资源的开发、使用以及资本的有效利用程度。它是通过企业的资金周转状况表现出来的。资金周转状况良好，说明企业经营管理水平高，资金利用效率高。企业的资金周转状况与供、产、销各个生产经营环节密切相关，任何一个环节出现问题，都会影响到企业资金的正常周转。资金只有顺利地通过各个生产经营环节，才能完成一次循环。资产管理效率比率包括应收账款周转率、存货周转率和总资产周转率等。

2.2.2.1 应收账款周转率

应收账款和存货一样，在流动资产中有着举足轻重的地位。及时收回应收账款，不仅可以增强企业的短期偿债能力，也反映出企业管理应收账款方面的效率。

反映应收账款周转速度的指标是应收账款周转率，也就是年度内应收账款转为现金的平均次数，它说明应收账款流动的速度。用时间表示的周转速度是应收账款周转天数，也叫应收账款回收期或平均收现期，它表示企业从取得应收账款的权利到收回款项、转换为现金所需要的时间。其计算公式为

应收账款周转率＝销售收入÷平均应收账款

应收账款周转天数＝360÷应收账款周转率

＝(平均应收账款×360)÷销售收入

式中的“销售收入”数据来自利润表，是指扣除折扣和折让后的销售净额。以后的计算也是如此，除非特别指明，“销售收入”均指销售净额。“平均应收账款”是指未扣除坏账准备的应收账款金额，它是资产负债表中“期初应收账款余额”与“期末应收账款余额”的平均数。

以兴业股份有限公司表中的数据为例，则可计算该公司 2012 年应收账款周转率和周转天数如下：

$$应收账款周转率=\frac{2\ 500\ 000}{(600\ 000+1\ 200\ 000)\div 2}=2.78(次)$$

$$应收账款周转天数=\frac{360}{2.78}=129(天)$$

应收账款周转率是分析企业资产流动情况的一项指标。应收账款周转次数多，周转天数少，表明应收账款周转快，企业信用销售严格。反之，表明应收账款周转慢，企业信用销售放宽。信用销售严格，有利于加速应收账款周转，减少坏账损失，但可能丧失销售商品的机会，减少销售收入。信用销售放宽，有利于扩大商品销售，增加销售收入，但应收账款周转会减慢，更多的营运资金会占用在应收账款上，还可能增加坏账损失。衡量应收账款周转率的标准是企业的信用政策。如果实际收账期与标准收账期有较大的不利差异，说明企业有过多的营运资金占用在应收账款上，而且可能发生较多的坏账损失，此时，企业应加强应收账款的管理。

#### 2.2.2.2　存货周转率

在流动资产中，存货所占的比重较大。存货的流动性将直接影响企业的流动比率，因此，必须特别重视对存货的分析。存货的流动性一般用存货的周转速度指标来反映，即存货周转率或存货周转天数。存货周转率是衡量和评价企业购入存货、投入生产、销售收回等各环节管理状况的综合性指标。它是销售成本被平均存货所除而得到的比率，或叫存货的周转次数。用时间表示的存货周转率就是存货周转天数。计算公式为

存货周转率＝销售成本÷平均存货

存货周转天数＝360÷存货周转率

根据兴业股份有限公司的有关资料，可计算该公司 2012 年度的存货周转率和周转天数如下：

$$存货周转率=\frac{1\ 500\ 000}{(5\ 160\ 000+5\ 149\ 400)\div 2}=0.291(次)$$

$$存货周转天数=\frac{360}{0.291}=1237(天)$$

由上述计算可知，除非是一些生产周期很长的造船、航空等行业，兴业公司的存货

周转情况表现很差。

一般来讲，存货周转速度越快，存货的占用水平越低，流动性越强，存货转换为现金或应收账款的速度越快。提高存货周转率可以提高企业的变现能力，而存货周转速度越慢则变现能力越差。存货周转率是分析企业存货流动情况的一项指标。存货周转次数多，周转天数少，说明存货周转快，企业实现的利润会相应增加；否则，存货周转缓慢，往往会造成企业利润下降。存货周转加快，可能是由于商品适销、质量优良、价格合理，从而增加了销售数量；也可能是由于企业生产和存货政策变更，致使存货库存减少，存货资金占用降低。如果存货周转速度缓慢，企业应采取必要的措施，加快存货的周转。

存货周转分析的目的是从不同的角度和环节上找出存货管理中的问题，使存货管理在保证生产经营连续性的同时，尽可能少占用经营资金，提高资金的使用效率，增强企业短期偿债能力，促进企业管理水平的提高。

#### 2.2.2.3 总资产周转率

总资产周转率是销售收入与平均资产总额的比值。其计算公式为

总资产周转率＝销售收入÷平均资产总额×100％

根据兴业股份有限公司的有关资料，可计算该公司2012年度的总资产周转率如下：

平均资产总额＝(16 802 800＋16 187 290)÷2＝16 495 045

总资产周转率＝2 500 000÷16 495 045×100％＝15.16％

该项指标反映资产总额的周转速度。周转越快，反映销售能力越强。企业可以通过薄利多销的办法，加速总资产的周转，带来利润绝对额的增加。

### 2.2.3 获利能力比率

一个企业不但应有较好的财务结构和较高的资产管理效率，更重要的是要有较强的获利能力。盈利是企业最重要的经营目标，是企业生存和发展的物质基础，它不仅关系到企业所有者的利益，也是企业偿还债务的一个重要来源。获利能力分析主要是分析企业赚取利润的能力及投资效益。在分析获利能力时，应排除非正常因素影响，比如证券买卖等非正常项目、会计准则和财务制度带来的累积影响等。

#### 2.2.3.1 成本费用利润率

成本费用利润率是企业利润总额与成本费用总额的比率。可以用公式表示为

成本费用利润率＝(利润总额÷成本费用总额)×100％

式中，成本费用总额包括制造成本和期间费用，成本费用是企业为了取得利润而付出的代价。成本费用利润率也可以看做是投入产出的比率，其配比关系反映了企业每投入单位成本费用所获取的利润额。这一比率越高，说明企业为获取收益而付出的代价越小。企业投入产出比率高，经济效益好。因此，该比率不仅可以用来评价企业获利能力的高低，还可以评价企业对成本费用的控制能力和经营管理水平。

现根据兴业股份有限公司的资料，计算 2012 年成本费用利润率如下：

$$成本费用利润率 = 680\ 600 \div (1\ 500\ 000 + 4000 + 40\ 000 + 316\ 000 + 83\ 000) \times 100\% = 35.03\%$$

### 2.2.3.2　毛利率

$$毛利率 = (营业毛利 \div 营业收入) \times 100\%$$

$$营业毛利 = 营业收入 - 营业成本$$

这个比率用来计量管理者根据产品成本进行产品定价的能力，也就是企业的产品还有多大的降价空间。但是要注意由于各个企业所处行业和会计处理方式的不同，产品成本的组成有很大的差别，所以在用这个指标比较两个企业时要注意分析具体情况。毛利率的变动原因可以分部门、分产品、分顾客群、分销售区域或分推销员进行分析，视分析的目的以及可以取得的资料而定。根据兴业股份有限公司的资料，计算 2012 年毛利率如下：

$$毛利率 = 996\ 000 \div 2\ 500\ 000 \times 100\% = 40\%$$

### 2.2.3.3　销售净利率

销售净利率是企业净利润与销售收入净额的比率。其计算公式为

$$销售净利率 = (净利润 \div 销售收入净额) \times 100\%$$

其中，净利润＝利润总额－所得税费用。

从指标关系看，净利润与销售净利润率成正比关系，而销售收入净额与销售净利润率成反比关系。因此，企业在增加销售收入的同时，必须相应地获得更多的净利润，才能使销售净利率保持不减或有所提高。这项指标越高，说明企业从销售收入中获取利润的能力越强。通过分析销售净利率的升降变动，可以促使企业在扩大销售的同时，注意结合具体情况，改进经营管理，提高盈利水平。现根据兴业股份有限公司的资料，计算 2011 年、2012 年销售净利率如下：

$$2011 年销售净利率 = \frac{385\ 020}{2\ 230\ 000} \times 100\% = 17.27\%$$

$$2012 年销售净利率 = \frac{475\ 802}{2\ 500\ 000} \times 100\% = 19.03\%$$

计算表明，该公司 2012 年的销售净利润率比上一年有所增加，说明企业的获利能力正在上升。

### 2.2.3.4　资产净利率

资产净利率是企业净利润与资产平均总额的比率。其计算公式为

$$资产净利率 = (净利润 \div 平均资产总额) \times 100\%$$

把企业一定期间的净利与企业的资产相比较，表明企业资产利用的综合效果。该指

标越高，表明资产的利用效率越高，说明企业在增加收入和节约资金使用等方面取得了良好的效果，否则相反。资产净利率是一个综合指标，企业的资产是由投资人投入或举债形成的。净利的多少与企业资产的多少、资产的结构、经营管理水平有着密切的关系。为了正确评价企业经济效益的高低、挖掘提高利润水平的潜力，可以用该项指标与本企业前期、与计划、与本行业平均水平和本行业内先进企业进行对比，分析形成差异的原因。现根据兴业股份有限公司的资料，计算 2012 年资产净利率如下：

$$2012\text{ 年资产净利率}=\frac{475\ 802}{(16\ 802\ 800+16\ 187\ 290)\div 2}\times 100\%=2.88\%$$

2.2.3.5　所有者权益报酬率

所有者权益报酬率反映所有者对企业投资部分的获利能力，也叫净资产收益率或净值报酬率。其计算公式为

所有者权益报酬率＝(净利润 ÷ 所有者权益平均余额)×100%

根据兴业股份有限公司的资料，计算 2012 年所有者权益报酬率如下：

$$\text{所有者权益报酬率}=\frac{475\ 802}{(10\ 300\ 000+10\ 711\ 370.30)\div 2}\times 100\%=4.53\%$$

所有者权益报酬率越高，说明企业所有者权益的获利能力越强。影响该指标的因素，除了企业的获利水平以外，还有企业所有者权益的大小。对所有者来说，这个比率很重要。该比率越高，投资者投入资本获利能力越强。在我国，该指标既是上市公司对外必须披露的信息内容之一，也是决定上市公司能否配股的重要依据。

### 2.2.4　上市公司财务比率分析

上市公司是指股票在证券交易所挂牌上市的股份有限公司。前面所讨论的财务比率分析的内容与方法对公开发行股票公司固然适用，但是，由于公开发行股票公司有其特殊性，所以这里将对这类公司的财务报表分析做特别介绍。衡量上市公司市场价值的财务比率主要包括以下内容。

2.2.4.1　每股收益

每股收益是指本年净收益与年末普通股份总数的比值，它是衡量上市公司获利能力最重要的财务指标。其计算公式为

每股收益＝净利润 ÷ 年末发行在外的普通股股数

该公司当年净利润 475 802 元，发行在外的普通股为 1000 万股，因此

每股收益＝475 802 ÷ 10 000 000＝0.05(元 / 股)

计算每股收益时应注意的问题是：

(1) 如果公司发行了优先股，则计算时要扣除优先股股数及其分享的股利，以使每股收益反映普通股的收益情况。在这种情况下，其计算公式为

每股收益 =（净利润 − 优先股股利）÷（年末股份总数 − 年末优先股股数）

（2）证监会规定，公式中的分子是该年度的净利润，分母是年末的普通股份总数。因而该公式主要适用于本年度未发生普通股数增减变化的情况。对于有变化的情况，应该保持分子与分母计算口径的一致。因此，分母应使用按月计算的加权平均发行在外的普通股股数。

加权平均发行在外普通股股数 = $\sum$（发行在外普通股股数 × 发行在外月份数）÷ 12

### 2.2.4.2　市盈率

市盈率指标是以普通股每股的现行市价除以每股收益所得出的一个倍数。其计算公式为

市盈率 = 每股市价 ÷ 每股收益

兴业股份有限公司市盈率 = 1.01 ÷ 0.05 = 20（倍）

该比率是将上市的股票、每股当天成交价的加权平均数与上年每股收益之比计算得出。由于影响市盈率高低的因素既有证券市场的供求关系，又有公司本身的获利能力，所以这一比率一方面可证实该普通股被看好的程度，另一方面也体现出一定的风险程度。

市盈率比较高，表明投资者对公司的未来充满信心，愿意为每一元盈余多付买价。一般情况下，平均市盈率为 10～20 倍。当股市受到不正常因素干扰时，某些股票的市价被哄抬到不应有的高度，市盈率会过高。过高的市盈率被认为是不正常的，很可能是股价下跌的前兆，风险很大。股票的市盈率比较低，表明投资者对公司的前景缺乏信心，不愿为每一元盈余多付买价。一般认为，市盈率较低的股票，其前景暗淡，持有这种股票的风险比较大。不同行业股票市盈率的正常值是不相同的，而且会经常发生变化。当人们预期将发生通货膨胀或提高利率时，股票的市盈率会普遍下降；当人们预期公司利润将增长时，市盈率会上升。此外，债务比重大的公司，股票市盈率较低。

但是市盈率也有一定的局限性：一是该比率是以某一时点的股票市价与某一时期的每股收益进行比较，信息在时间上的差异为投资分析带来一定的遗憾；二是由于各公司的税负、价格、还贷等政策不尽相同，所以每股收益确定的口径也就不一致，这就为运用该指标在各公司之间进行比较带来一定的困难。

与市盈率相对应的另一财务指标为股票价格收益率，它实际是市盈率的倒数，反映股票的投资收益率。

### 2.2.4.3　每股股利

每股股利是指股利总额与期末普通股股份总数之比。其计算公式为

每股股利 = 股利总额 ÷ 年末普通股股份总数

兴业股份有限公司每股股利 = 64 431.70 ÷ 10 000 000 = 0.0064（元 / 股）

式中的股利总额是指用于分配普通股现金股利的总额。

一般而言，每股股利越多，说明每股获利能力越强。影响该指标的因素有两个方面：一是企业的获利水平，二是企业的股利发放政策。

#### 2.2.4.4 股利支付率

股利支付率是以每股现金股利除以每股收益而得，反映每股收益中实际支付现金股利的水平。其计算公式为

股利支付率＝(每股现金股利 ÷ 每股收益)×100％

兴业股份有限公司股利支付率＝(0.0064 ÷ 0.05)×100％＝12.8％

股利支付率与公司的盈利状况并不存在必然的联系，因为尽管盈利额逐年递增，但公司管理当局可能还在逐年把资金投入经营过程以扩大经营规模，只是股利支付率呈现下降趋势。所以说，股利支付率取决于公司的业务性质、经营成果、财务状况、发展前景和公司管理当局的股利发放政策等。

股利支付率的倒数称为股利保障倍数，倍数越大，支付股利的能力越强。股利保障倍数是一种安全性指标，可以看出净利润减少到何种程度公司仍能按目前水平支付股利。

#### 2.2.4.5 留存盈利比率

留存盈利是指净利润减去全部股利的余额。留存盈利与净利润的比率，称为留存盈利比率。其计算公式为

留存盈利比率＝(净利润－全部股利)÷净利润×100％

兴业股份有限公司留存盈利比率＝(475 802－64 431.70)÷475 802×100％＝86％

留存盈利比率的高低，反映企业的理财方针。如果企业认为有必要从内部积累资金，以便扩大经营规模，经董事会同意可以采用较高的留存盈利比率。如果企业不需要资金或者可以用其他方式筹资，为满足股东取得现金股利的要求可降低留存盈利的比率。显然，提高留存盈利比率必然降低股利支付率。

#### 2.2.4.6 每股净资产

每股净资产，是年度末股东权益与年度末普通股份总数的比值，也称为每股账面价值或每股权益。其计算公式为

每股净资产＝年度末股东权益÷普通股股数

兴业股份有限公司每股净资产＝10 711 370.30÷10 000 000＝1.07(元/股)

这里的“年度末股东权益”是指扣除优先股权益后的余额。将该指标与股票市价进行比较，可以用来判断以当前的投资代价换取该股票既定的会计账面价值是否值得。

#### 2.2.4.7 市净率

把每股净资产和每股市价联系起来，可以说明市场对公司资产质量的评价。反映每

股市价和每股净资产关系的比率，称为市净率。其计算公式为

$$市净率 = 每股市价 \div 每股净资产$$

$$兴业股份有限公司市净率 = 1.01 \div 1.07 = 0.94(倍)$$

市净率可用于投资分析。每股净资产是股票的账面价值，它是用成本计量的；每股市价是这些资产的现在价值，它是证券市场上交易的结果。投资者认为，市价高于账面价值时企业资产的质量好，有发展潜力；反之，则资产质量差，没有发展前景。优质股票的市价都超出每股净资产许多，一般说来市净率较高时，可以树立较好的公司形象。市价低于每股净资产的股票是否有购买价值，取决于该公司今后是否有转机，或者购入后经过资产重组能否提高获利能力。

## 2.3　现金流量分析

现金流量表是以现金为基础编制的，用来反映企业某一期间内现金流入和流出的数量。报表使用者利用现金流量表的信息，同时辅之以其他财务报表和有关媒介披露的信息，可以评估企业以下几个方面的事项：①企业偿还债务及支付企业所有者的投资补偿（如股利）的能力以及对外筹资的需要；②企业的净利润与经营活动所产生的净现金流量发生差异的原因；③预测企业未来获取或支付现金的能力，有助于评价公司的流动性；④有助于评价公司的财务弹性。下面以兴业股份有限公司 2012 年的现金流量表为例，说明现金流量分析的主要内容，如表 2-3 所示。

**表 2-3　现金流量表**

填制单位：兴业股份有限公司　　2012 年度　　单位：万元

| 项　　目 | 金额 |
|---|---|
| 一、经营活动产生的现金流量： | |
| 　销售商品、提供劳务收到的现金 | 26 850 |
| 　收到的税费返还 | 0 |
| 收到其他与经营活动有关的现金 | 0 |
| 现金流入小计 | 26 850 |
| 　购买商品、接受劳务支付的现金 | 9 846 |
| 　支付给职工以及为职工支付的现金 | 6 000 |
| 　支付的各项税费 | 1 982 |
| 　支付的其他与经营活动有关的现金 | 1 400 |
| 现金流出小计 | 19 228 |
| 　经营活动产生的现金流量净额 | 7 622 |
| 二、投资活动产生的现金流量： | |
| 　收回投资所收到的现金 | 330 |
| 　取得投资收益所收到的现金 | 600 |
| 　处置固定资产、无形资产和其他长期资产所收回的现金净额 | 6 006 |

续表

| 项　目 | 金额 |
|---|---|
| 现金流入小计 | 6 936 |
| 购建固定资产、无形资产和其他长期资产所支付的现金 | 9 020 |
| 投资支付的现金 | 0 |
| 现金流出小计 | 9 020 |
| 投资活动产生的现金流量净额 | −2 084 |
| 三、筹资活动产生的现金流量： | |
| 吸收投资收到的现金 | 0 |
| 借款所收到的现金 | 8 000 |
| 现金流入小计 | 8 000 |
| 偿还债务所支付的现金 | 25 000 |
| 分配股利、利润或偿付利息所支付的现金 | 250 |
| 现金流出小计 | 25 250 |
| 筹资活动产生的现金流量净额 | −17 250 |
| 四、汇率变动对现金的影响 | 0 |
| 五、现金及现金等价物净增加额 | −11 712 |

| 补充资料 | 金额 | 备注 |
|---|---|---|
| 1. 将净利润调节为经营活动现金流量： | | |
| 净利润 | 4 758 | |
| 加：计提的资产减值准备 | 18 | 没有支付现金的费用5 218万元 |
| 固定资产折旧 | 2 000 | |
| 无形资产摊销 | 1 200 | |
| 长期待摊费用摊销 | 2 000 | |
| 待摊费用减少（减：增加） | 2 000 | |
| 预提费用增加（减：减少） | 0 | |
| 处置固定资产、无形资产和其他长期资产的损失（减：收益） | −1 000 | 与经营活动无关的非经营净收益806万元 |
| 固定资产报废损失 | 394 | |
| 财务费用 | 430 | |
| 投资损失（减：收益） | −630 | |
| 递延税款贷项（减：借项） | 0 | |
| 存货的减少（减：增加） | 106 | 经营资产净增加874万元，收益不变而现金减少，收益质量下降，应查明原因 |
| 经营性应收项目的减少（减：增加） | −980 | |
| 经营性应付项目的增加（减：减少） | −674 | |
| 其他 | 0 | |
| 经营活动产生的现金流量净额 | 7 622 | |
| 2. 不涉及现金收支的投资和筹资活动 | （略） | |
| 3. 现金及现金等价物净增加情况 | −11 712 | |

### 2.3.1　现金流量的结构分析

现金流量的结构分析包括流入结构、流出结构和流入流出比分析。

该公司的现金总流入中经营现金流入占 64%，投资现金流入占 17%，筹资现金流入占 19%。经营活动现金流入中销售收入占了 100%；投资活动的现金流入中，股利占 9%，投资收回和处置固定资产占 91%，大部分是回收资金而非获利；筹资活动的 8000 万元全部是借款，占 100%。

该公司的现金总流出中经营活现金动流出占 36%，投资活动现金占 17%，筹资活动现金占 47%，说明公司现金流出中偿还债务占很大比重并使负债大量减少。经营活动现金流出中，购买商品和劳务占了 51%，支付给职工的以及为职工支付的占 31%，比重较大；投资活动现金流出全部是购置固定资产；筹资现金流出中偿还债务本金占 99%，占绝大部分。

经营活动现金流入流出比为 1.4，表明公司 1 元的流出可换回 1.4 元的现金。此比值越大越好；投资活动现金流入流出比为 0.77，表明公司处在扩张时期，发展时期此比值小，而衰退或缺少投资机会时此比值大；筹资活动现金流入流出比为 0.32，表明还款明显大于借款。

对于一个正在成长的公司来说，经营活动现金流量应是正数，投资活动的现金流量应是负数，筹资活动的现金流量应是正负相间的。

### 2.3.2　流动性分析

根据资产负债表确定的流动比率虽然也能反映流动性，但有很大局限性。许多公司有大量的流动资产，但现金支付能力却很差，甚至因无力偿债而破产清算。真正能用于偿还债务的是现金流量。现金流量和债务的比较可以更好地反映公司偿还债务的能力。下面介绍三个现金债务比：

$$现金流动负债比 = 经营现金净流量 \div 流动负债$$

$$现金到期债务比 = 经营现金净流量 \div 本期到期的债务$$

本期到期的债务，是指本期到期的长期债务和本期应付票据。

$$现金债务总额比 = 经营现金净流量 \div 债务总额$$

上述三个比率越高，表明公司承担债务的能力越强。

### 2.3.3　收益质量分析

评价收益质量的财务比率是营运指数。其计算公式为

$$营运指数 = 经营活动现金流量净额 \div 经营所得现金$$

有关收益质量的信息，列示在表 2-3 的“补充资料”部分。

$$经营活动净收益 = 净利润 - 非经营净收益 = 4758 - 806 = 3952(万元)$$

$$经营所得现金 = 经营活动净收益 + 非付现费用 = 3952 + 5218 = 9170(万元)$$

$$营运指数 = 7622 \div 9170 = 0.83$$

营运指数小于1，说明收益质量不够好。质量不好的原因是有17%的经营收益已实现而未能收回现金。应收款增加和应付款减少使收现数减少。应收款如不能收回，已实现的收益就会落空；即使能延迟收现，其收益质量也低于已实现的收益。

### 2.3.4 获取现金能力分析

获取现金能力，是指经营现金净流入和销售收入、总资产、净营运资金、净资产或普通股股数等的比值。

(1) 销售现金比率。其计算公式为

销售现金比率＝(经营现金净流量÷销售额)×100%

假设兴业股份有限公司2012年销售额为28 416万元，则

销售现金比率＝(7622÷28 416)×100%＝26.82%

该比率反映每1元销售得到的净现金，其数值越大越好。

(2) 每股营业现金净流量。其计算公式为

每股营业现金净流量＝经营现金净流量÷普通股股数

假设兴业股份有限公司有普通股100 000万股，则

每股营业现金净流量＝7622÷100 000＝0.076(元/股)

该指标反映公司最大的分派股利能力，超过此限度，就要借款分红。

(3) 全部资产现金回收率。其计算公式为

全部资产现金回收率＝(经营现金净流量÷全部资产)×100%

假设兴业股份有限公司的全部资产为176 046万元，则

全部资产现金回收率＝(7622÷176 046)×100%＝4.33%

该指标反映公司资产产生现金的能力，若同业平均全部资产现金回收率为5%，说明该公司资产产生现金的能力较弱。

### 2.3.5 财务弹性分析

财务弹性分析是指公司适应经济环境变化和利用投资机会的能力。现金流量超过需要，适应性就强。

(1) 现金股利保障倍数。其计算公式为

现金股利保障倍数＝每股经营现金净流量÷每股现金股利

该比率越大，说明支付现金股利的能力越强。

(2) 现金满足投资比率。其计算公式为

现金满足投资比率＝近3年平均经营现金净流量÷(近3年平均资本支出、存货增加、现金股利之和)。

该比率越大，说明资金自给率越高，达到1时，说明公司可以用经营获取的现金满足扩充所需现金；若小于1，则说明公司是靠外部融资来补充的。

**➢专栏 2-2 万科 A 的现金流量分析**

2005～2008 年，万科 A 展开了圈地运动，依靠银行的巨额贷款，不断购买土地和开发新项目。2008 年，由于国家限购等一系列政策的出台，房地产市场转冷，令资金回笼速度雪上加霜。同时，万科 A 在 2006 年以来同一些境外资金进行合作，这些高利息投资也已陆续进入兑现周期。公司 2008 年业绩快报显示，依靠“快速开发、快速销售”回笼资金的万科也与其他房地产企业一样，正在遭遇销售放缓的困境。

**2005～2008 年万科 A 的现金流量情况**

单位：元

| | 2008 年 | 2007 年 | 2006 年 | 2005 年 |
|---|---|---|---|---|
| 经营现金流量净额 | −34 151 830.40 | −10 437 715 816 | −3 024 121 482 | 843 439 135 |
| 投资现金流量净额 | −2 844 137 431.91 | −4 604 035 225 | −1 551 820 845 | −377 757 219 |
| 筹资现金流量净额 | 5 866 340 622.01 | 21 361 001 830 | 12 064 160 297 | −353 321 939 |

在一个扩张期企业的现金流量表上，经常可以看到经营和投资活动现金流都为负数的情况。2006～2008 年万科经营活动现金流、投资活动现金流的净流量均为负数，2007 年经营活动现金流的负值已经达到 104 亿元，达到顶峰，其经营活动所需现金流完全依靠负债融资。经营现金流为负是因为企业业务规模扩张，全国买土地，投资活动现金流为负是因为企业投资了多家子公司，扩大了合并报表的合并范围。资产负债表中显示的资产负债率进一步加大，与筹资现金流大幅增长也是相一致的。2009 年，是我国房地产行业的拐点，万科 A 三类现金流又将如何呢？答案是：经营为正，投资少量负数，筹资巨额负数。房地产项目陆续回款，行业低迷，迅速减缓投资速度，推迟原有投资计划，原来年度的本息到期，集中偿付债务。

# 2.4 综合财务分析

## 2.4.1 综合财务分析概述

### 2.4.1.1 综合财务分析的含义

个别财务指标和个别财务报表，均不能全面系统地对企业的财务状况和经营成果作出评价，而财务报表分析的目的就是要全方位表达和披露企业的经营理财状况，进而对企业经济效益作出正确合理的判断，为企业资金的筹集、投入、运用、分配等一系列财务活动的决策提供有力的支持。因此，必须进行多种指标或比率之间的相关分析或者采用适当的标准对企业状况进行综合的评价，才能得出整体意义上的对企业财务状况和经营成果的客观评定。

所谓的综合财务分析，就是将企业的资产管理效率、偿债能力和获利能力等诸方面的分析纳入一个有机体中，认真分析其相互关系、全方位评价企业财务状况和经营成果的经济活动，这对判断企业的综合财务情况具有重要作用。

2.4.1.2 综合财务分析的特点

综合财务报表分析的特点，体现在其财务指标体系的要求上。一个健全有效的综合财务指标体系必须具备三个基本素质：①指标要素齐全适当；②主辅指标功能协调匹配；③提供信息的多维性。

指标要素的齐全性，意味着所设置的评价指标必须能够涵盖企业获利能力、偿债能力及资产管理效率诸方面总体考核的要求。

所谓主辅指标功能的协调匹配，实质上在于强调两个方面：①在确立获利能力、偿债能力、资产管理效率诸方面评价主辅地位；②不同范畴的主要考核指标应反映企业经营状况、财务状况的不同侧面与不同层次的信息，应当能够全面、详实地揭示出企业经营理财的业绩。

提供信息的多维性，要求评价指标体系必须能够提供多层次、多角度的信息资料，既能满足企业内部管理当局实施决策的需要，又能满足外部投资者和政府经济管理机构等相关利害集团据以决策和实施宏观调控的要求。

要想对企业财务状况和经营成果有一个总的评价，就必须采用适当的标准进行综合性的评价。综合分析的方法有很多，其中应用比较广泛的有杜邦分析法和财务比率综合分析法。

### 2.4.2 杜邦分析法

以股东权益净利率为起点的杜邦分析法（Du Pont analysis）是传统财务报表分析体系的经典代表。杜邦分析法起源于20世纪20年代的美国杜邦公司。当时是杜邦公司的一批非财务专业的经理人为了避免专业报表的烦琐，而自行设计的财务报表分析框架。整套分析层层递进，环环相扣，既联系资产负债表与利润表，又将经营分析指标串联了起来，既表现了个体，又体现了关联性，从而满足了通过财务报表分析进行绩效评价的需要，在经营目标发生异动时经营者也能层层分解到末梢，及时查明原因并加以修正。

企业每月的股东回报率实际上是跟每月每个部门的经营绩效指标挂钩在一起的，这样就变成了财务指标和绩效考核指标的衔接。也就是说，让经理人每个月的工作绩效与财务指标的结果牢牢地联系在一起。比方说，存货周转率这个指标，实际上就会牵扯到在产品的增长率、原材料的增长率、产成品的增长率，同时这个指标再延伸下去就是产品的损耗率、工时的消耗率、订单完成率，还有质量。这样就可以不断往下延伸，管理和财务整个就被打通了。

但是，作为绩效评价的一个工具，杜邦公司将其进化得越来越复杂，其实用性反而大大降低了。杜邦分析法的框架如图2-1所示，其中数据均假设为已知。

$$\text{股东权益净利率} = \text{总资产净利率} \times \text{权益乘数}$$

$$\text{权益乘数} = \frac{\text{资产总额}}{\text{所有者权益}} = \frac{\text{资产总额}}{\text{资产总额} - \text{负债总额}} = 1 \div (1 - \text{资产负债率})$$

$$总资产净利率=\frac{净利润}{资产总额}=\frac{净利润}{销售收入}\times\frac{销售收入}{资产总额}$$
$$=营业净利率\times总资产周转率$$

式中的资产负债率是指全年平均资产负债率，它是企业全年平均负债总额与全年平均资产总额的百分比。而“总资产净利率＝营业净利率×总资产周转率”这一等式被称为杜邦等式。

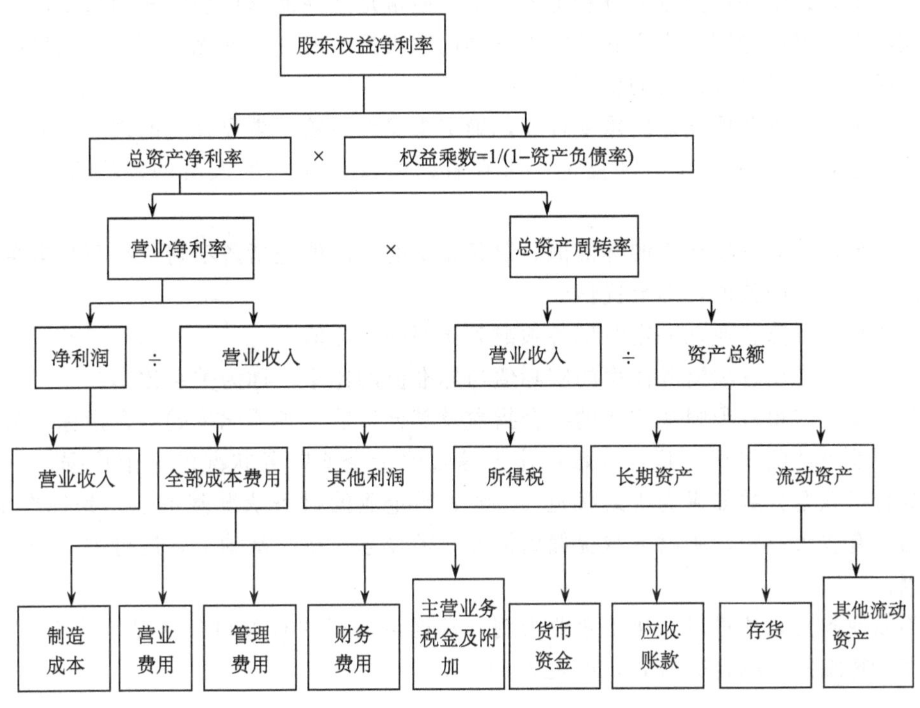

图 2-1　杜邦分析框架图

权益乘数反映所有者权益同企业总资产的关系，它主要受资产负债率的影响。负债比例大，权益乘数就高，说明企业有较高的负债程度，既可能给企业带来较多的杠杆利益，也可能带来较大的财务风险。因此，对于经营状况良好的企业，运用较高的负债比率可以给企业带来较多的经济利益，但同时也要承受较大的财务风险。

企业使资产运作起来可以产生收入，总资产周转率则反映了资产周转能力的大小，并对股东权益净利率的大小产生影响。再进一步通过流动资产周转、存货周转、应收账款周转等影响资产周转的各个因素进行分析，能够判定哪些因素使得资产周转率发生变化，即找出“症结”所在。

营业净利率的高低受收入和利润的影响，实际上是由收入和成本的大小来决定的。通过分析这两个因素，可得出营业净利率的变化情况，进而分析其对股东权益净利率的影响。

因此对于不同的企业，即使它们的股东权益净利率相等，影响其大小的三个主要因素却不一定完全相同，则对于具有不同生产和销售特点的企业就需要根据实际情况作出细致具体的分析，从不同角度达到相同目的。

### 2.4.3 财务比率综合分析法

为了进行综合的财务报表分析，可以编制财务比率汇总表，将反映偿债能力、资产管理效率和获利能力的比率进行归类，得出各方面的状况。综合分析法常采用的一种方法称为指数法，运用指数法编制综合分析表的步骤如下：

第一步，选定评价企业财务状况的比率。通常是选择能够说明问题的重要比率，并且偿债能力、资产管理效率和获利能力三类比率因反映财务状况侧重面不同，故应分别从中选择若干项具有代表性的比率。

第二步，根据各项比率的重要程度，确定重要性系数。重要程度的判断，需根据企业经营财务状况、发展趋势以及企业所有者、债权人和管理人员的态度等具体情况而定。

第三步，确立各项比率的标准值。财务比率的标准值是指各项财务比率在本企业现实条件下最理想的数值，即最优值。

第四步，计算企业在一定时期各项财务比率的实际值。

第五步，求出各项财务比率的实际值与标准值的比率，称为关系比率。

第六步，求得各项财务比率的综合指数及其合计数。各项比率的综合指标是关系比率和重要性系数的乘积，其合计数可作为综合评价企业财务状况的一个依据。一般而言，综合指数合计数如果为 1 或接近 1，则表明企业的财务状况基本上达到标准要求；如果与 1 有较大差距，则财务状况偏离标准要求较远。在此基础上，还可进一步分析具体原因。

为简便起见，这里以某化工企业为例，根据该公司的有关财务信息，选用 10 个财务比率计算编制成综合分析表，如表 2-4 所示。

**表 2-4 某化工企业财务比率综合分析表**

| 指 标 | 实际值 1 | 标准值 2 | 关系比率 3=1/2 | 重要性系数 4 | 综合指数 5=3×4 |
|---|---|---|---|---|---|
| 流动比率 | 2.33 | 2 | 1.165 | 0.15 | 0.175 |
| 速动比率 | 1.94 | 1 | 1.940 | 0.10 | 0.194 |
| 资产负债率 | 53% | 40% | 1.325 | 0.10 | 0.133 |
| 应收账款周转率 | 10 次 | 12 次 | 0.833 | 0.05 | 0.042 |
| 存货周转率 | 11.88 次 | 15 次 | 0.792 | 0.10 | 0.079 |
| 总资产周转率 | 1.63 次 | 1.88 次 | 0.867 | 0.15 | 0.130 |
| 销售净利率 | 4.53% | 4% | 1.133 | 0.10 | 0.113 |
| 成本费用利润率 | 4.77% | 4.52% | 1.055 | 0.15 | 0.158 |
| 所有者权益报酬率 | 14.95% | 15% | 0.997 | 0.10 | 0.100 |
| 合计 | | | | 1.00 | 1.124 |

在表 2-4 中，各项财务比率综合指数的合计数为 1.124，近似于 1，这说明该企业的财务状况基本良好，但应看到反映企业资金周转状况的存货周转率、应收账款周转率、总资产周转率还不够理想，比率尚需提高等。

采用指数法综合分析评价企业财务状况，关键在于求得各项财务比率的重要性系数和标准值。这两项指标的确定带有很大的主观性，应根据历史经验和现实情况，合理地判断确定，才能得出正确的结果。

## ➢思考题

1. 财务报表分析的主要方法有哪几种？各自的内容是什么？
2. 反映偿债能力的指标有哪些？
3. 反映资产管理效率的指标有哪些？
4. 反映获利能力的指标有哪些？
5. 衡量上市公司市场价值的财务比率主要包括哪些？

## ➢练习题

1. 某公司 2011 年销售净收入为 400 000 元，实现净利润 48 000 元，资产平均总额500 000元，资产负债率为 50%。2012 年销售净收入为 480 000 元，实现净利润为 72 000 元，资产平均总额为 640 000 元，资产负债率为 60%。

要求分别计算：2011 年、2012 年的销售净利率、总资产周转率、权益乘数。

2. 某公司为上市公司，2012 年股东权益总额 60 000 万元，净利润额为 8000 万元，没有优先股，发行在外的普通股数为 2000 万股，年底每股市价 50 元，当年分配股利总额为 2400 万元。

要求：据以上资料计算该公司 2012 年度的①每股盈余；②市盈率；③每股股利；④留存盈利比例；⑤股利支付率；⑥每股净资产。

3. ABC 公司 2011 年实现销售收入 12000 万元，2012 年比 2011 年销售收入增长 20%；假设该公司无投资收益和营业外收支，所得税率保持不变，该公司资产由流动资产和固定资产组成，其他有关数据如下表所示：

| 项目 | 2011 年 | 2012 年 |
|---|---|---|
| 资产总额 | 7000 | 8000 |
| 固定资产 | 4000 | 4000 |
| 资产负债率 | 40% | 50% |
| 流动负债/所有者权益 | 0.6 | 0.5 |
| 速动比率 | 0.7 | 0.8 |
| 净利润 | 1200 | 1500 |

要求：分别计算该公司 2011 年和 2012 年的流动负债、流动比率、资产净利率、权益乘数和权益净利率。

# 第3章

# 资金的时间价值

**内容提要**

资金的时间价值是贯穿企业财务活动过程中的一条红线。理解、掌握和应用资金时间价值的概念，对企业理财具有重要的意义。本章主要介绍资金时间价值的基本概念，复利终值与现值的计算，年金终值和现值的计算，以及隐含利率和投资期等参数的计算。通过本章的学习，读者应理解资金时间价值的概念，熟练掌握与资金时间价值有关的各种计算方法。

## 3.1 资金时间价值的概念

资金时间价值又称为货币时间价值，是指资金在使用过程中随着时间的推移所发生的货币增值。投资者要进行投资就必须推迟消费，即牺牲现在使用或消费一笔资金的机会或权利，这种牺牲的代价以时间为自变量进行计算就是资金的时间价值。资金时间价值有两种表现形式：一种是绝对数形式，即一笔资金一定时期后的增值额——利息；另一种是相对数形式，即一定时期的利息与初始投入金额的比率——利率。

资金具有时间价值是商品经济和借贷关系高度发展的产物，是资本所有者和使用者分离的结果。在商品经济高度发展的条件下，资本所有者将资本“租借”给使用者，由其将资本投入再生产过程以获取利润。资本使用者在获取利润后，要将其中一部分作为使用权费（即利息）付给资本所有者。由此可知，资金的时间价值并不是由时间创造的，而是劳动者在生产过程中创造的。资金时间价值的实质是货币经历了投资转化为资本，资本周转使用而产生了增值。从本质上看，资金在一定时期的增值额是劳动者在生产过程中所创造的剩余价值。资金在使用过程中，占用的时间越长，所获利润越多，其价值增值量越大。

通常情况下，资金的时间价值相当于没有风险和没有通货膨胀条件下的社会平均资金利润率，这是利润平均化规律作用的结果。在市场经济条件下，各部门的投资利润率趋于平均化。在利润平均化规律的作用下，投资者将资金投入生产过程后，所获得的投资收益可划分为三个部分，即社会平均利润、通货膨胀补偿价值和风险价值。社会平均资金利润率由资金的供求关系所决定；通货膨胀补偿价值是对因通货膨胀造成资金贬值进行的价值补偿；风险价值是投资者冒风险进行投资所获得的额外收益。所以，一般而言，投资收益率并不等于资金的时间价值。只有在没有风险和没有通货膨胀的条件下，投资收益率才能代表资金的时间价值。资金时间价值应是投资收益率的最低限度，因而它也是衡量企业经济效益、考核经营成果的重要标准。

资金时间价值原理揭示了在不同时点上货币之间的换算关系及一定时空条件下运动中的货币具有增值的规律性。由于资金具有时间价值，一定量的资金存入银行，经过一定时期后会获得利息，而积压起来的闲置资金则会遭受损失。因此，在不同时点上的等量货币具有不同的含金量，其经济价值是不同的；而在一定的利率水平之下，两笔数额不等的资金在不同的时点上彼此的经济价值却有可能是相等的，既彼此等值。正因为如此，在考虑资金时间价值因素的情况下，不同时点上的货币不能直接比较和简单汇总，只有借助于资金时间价值的有关计算公式换算为同一时点上的价值，才能汇总、比较和分析。

资金时间价值是一个客观存在的经济范畴，只要有商品关系存在，只要有借贷关系存在，它必然要发生。资金具有时间价值是财务管理中的一个基本观念，是企业在财务管理过程中必须考虑的重要因素。理解和掌握资金时间价值观念有利于企业正确进行投资决策和筹资决策，调控企业经营活动，提高经济效益，以实现企业价值最大化的目标。

## 3.2　一笔款项的终值与现值的计算

终值是指现在的一笔资金按给定的利率计算所得到的未来某一时刻的价值，也称未来值。现值是指未来的一笔资金按给定的利率计算所得到的现在时刻的价值。在给定利率和一定期限的情况下，计算终值和现值有单利和复利两种计算方法。利用这两种方法计算终值和现值的基本原理和具体方法如下所述。

### 3.2.1　单利终值与现值的计算

#### 3.2.1.1　单利终值

单利是指仅对本金计算利息，以前各期所产生的利息不再计算利息的利息计算方式。

设 $P$ 为现在投入的一笔资金；$i_s$ 为单利年利率；$n$ 为年限；$F_s$ 为单利计算方法下 $n$ 年末的终值。现在投入的一笔资金，$n$ 年末的终值相当于 $n$ 年末的本利之和，其计算公式为

$$F_s = P + P \cdot i_s \cdot n = P \cdot (1 + i_s \cdot n) \tag{3-1}$$

**【例 3-1】**　小王现在存入银行 1000 元，存期 5 年，银行按 10% 的年利率单利计息，问 5 年末小王可从银行取出本息多少元？

**解**　根据式（3-1）可得

$$F_s = 1000 \times (1 + 10\% \times 5) = 1500(元)$$

即5年末小王可以从银行取出本息合计1500元。在这里，现在的1000元与5年年末的1500元资金的数额不相等，但彼此的经济价值相等，即二者是等值的。

由式（3-1）可以看出，单利计息时，一定利率之下，终值与计息期数之间具有线性关系，如图3-1所示。

3.2.1.2 单利现值

如果已知一笔现在的存款一定时期后按单利计息的终值，则可求出其等值的现值。由终值求现值的过程叫做贴现或折现，贴现时所使用的利率又称贴现率或折现率。

由式（3-1）可得

$$P=\frac{F_s}{1+i_s \cdot n} \tag{3-2}$$

式中各符号的含义如前所述。

**【例 3-2】** 小李3年前存入银行一笔钱，现在可取出税前本息合计2300元，银行按5%的年利率单利计息，问小李3年前存入银行多少钱？

**解** 根据式（3-2）可得

$$P_s=2300\div(1+5\%\times 3)=2000(\text{元})$$

单利计息时，一定的贴现率水平之下，现值与贴现期数之间呈反方向变化，如图3-2所示。

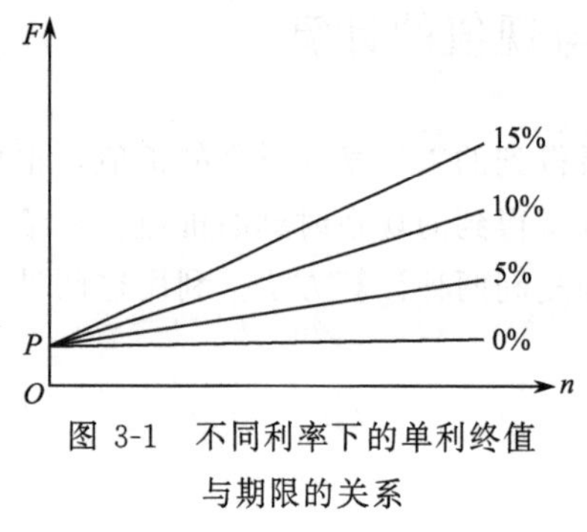


图 3-1 不同利率下的单利终值与期限的关系

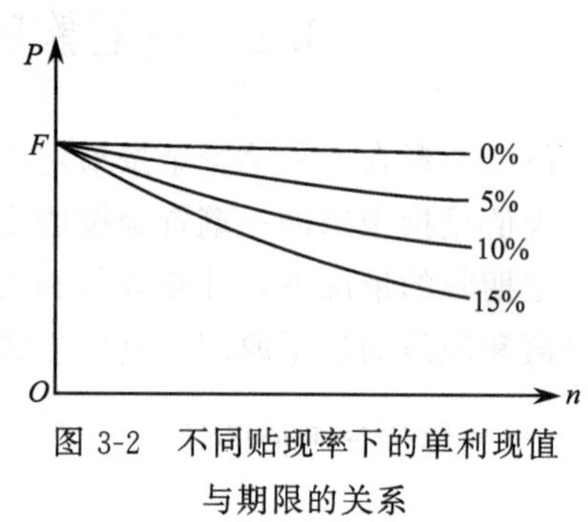


图 3-2 不同贴现率下的单利现值与期限的关系

### 3.2.2 复利终值与现值

复利是指不仅对本金计算利息，而且对以前各期所产生的利息也计算利息的利息计算方式。

3.2.2.1 复利终值

复利终值是指一笔资金按一定的利率复利计息时，未来某一时刻的本利和。设 $P$ 为现在的一笔本金，$i$ 为复利年利率，$n$ 为计息年数，$F$ 为 $n$ 年末的复利终值，即 $n$ 年末本利之和，其计算如表3-1所示。

表 3-1　$n$ 年末的复利终值

| 年 | 年初本金 | 本年利息 | 年末本利和 |
|---|---|---|---|
| 0 | $P$ | | |
| 1 | $P$ | $P \cdot i$ | $P \cdot (1+i)$ |
| 2 | $P \cdot (1+i)$ | $P \cdot (1+i) \cdot i$ | $P \cdot (1+i)^2$ |
| 3 | $P \cdot (1+i)^2$ | $P \cdot (1+i)^2 \cdot i$ | $P \cdot (1+i)^3$ |
| … | … | … | … |
| $n-1$ | $P \cdot (1+i)^{n-2}$ | $P \cdot (1+i)^{n-2} \cdot i$ | $P \cdot (1+i)^{n-1}$ |
| $n$ | $P \cdot (1+i)^{n-1}$ | $P \cdot (1+i)^{n-1} \cdot i$ | $P \cdot (1+i)^n$ |

因此，可得复利终值计算公式

$$F = P \cdot (1+i)^n \tag{3-3}$$

或

$$F = P \cdot (\mathrm{FVIF}_{i,\,n}) \tag{3-4}$$

式中，$\mathrm{FVIF}_{i,n}$ 为复利终值系数，且 $\mathrm{FVIF}_{i,n} = (1+i)^n$。通过本书附表 1 即复利终值系数表可以查得利率为 $i$、计息期数为 $n$ 时所对应的复利终值系数。由式（3-3）可以看出，在一定的利率水平下，复利终值 $F$ 与计息期数 $n$ 之间具有指数关系，如图 3-3 所示。

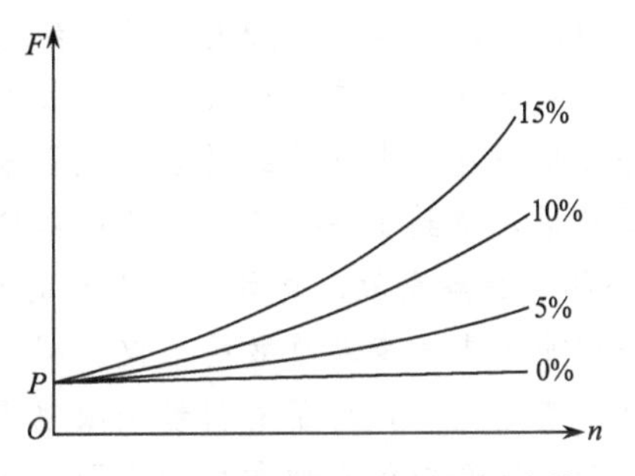


图 3-3　不同利率下的复利终值与计息期数之间的关系

在计算资金时间价值的过程中，往往借助于现金流量图来分析现金流入和流出的情况。现金流量图是一种以时间为横轴、配以纵向的箭线所组成的图形。横轴的时间刻度多数情况下以年为单位标示，根据实际需要也可以不到一年或几年为单位标示，纵向的箭线根据现金流量的大小近似地按比例反映现金流量的发生情况。一般情况下，假定资金的收付均发生在年初或年末某一时点上，向下的箭线表示现金流出，向上的箭线表示现金流入。

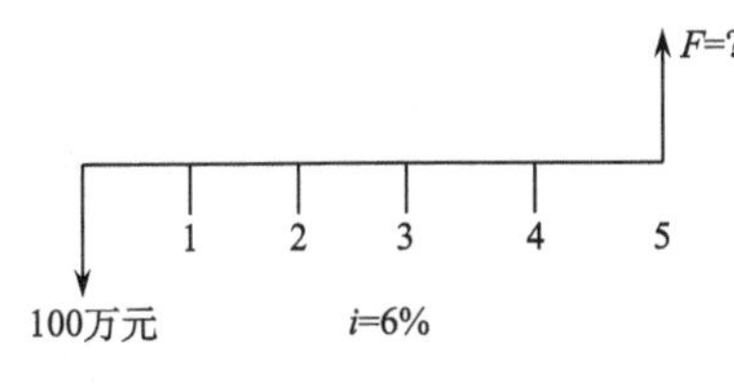


图 3-4　银行的现金流量图

**【例 3-3】**　某银行贷出一笔 100 万元的款项，贷款期为 5 年，贷款的年利率为 6%，复利计息。问该银行 5 年后可收回这笔贷款的本利和共多少？

**解**　从银行的角度分析，可画出现金流量图，如图 3-4 所示。

由式（3-3）可得

$$F = 100 \times (1+6\%)^5 = 133.8(\text{万元})$$

或由式（3-4）得

$$F = 100 \times (\mathrm{FVIF}_{6\%,\,5}) = 100 \times 1.3382 = 133.82(\text{万元})$$

即银行 5 年后可收回贷款的本利和为 133.82 万元。

**➢专栏 3-1　与国际象棋有关的故事**

西方人把国际象棋称为“国王的游戏”。相传国际象棋是由古波斯王国的一个人发明的。国王为这种名叫“国王之死”的游戏问世深为喜悦。当时该国正在与邻国交战，谁也无法战胜谁。于是两国国王决定下一盘国际象棋，谁赢了棋就算打赢了战争。最后，发明国际象棋的这个国家的国王赢了。国王非常高兴，于是决定重赏国际象棋的发明者，他让发明者自己提出所需要的奖赏。发明者很谦卑地说：“我不要您的重赏，陛下，只要您在我的棋盘上赏一些麦子就行了。在棋盘的第 1 个格子里放 1 粒，在第 2 个格子里放 2 粒，在第 3 个格子里放 4 粒，在第 4 个格子里放 8 粒，依此类推，以后每一个格子里放的麦粒数都是前一个格子里放的麦粒数的 2 倍，直到放满第 64 个格子就行了”。国王听到发明者提出这样的要求，心里感到十分高兴，因为他认为轻而易举就可以满足其要求，所以他非常痛快地答应了发明者的要求。

计数麦粒的工作开始了，第一格内放 1 粒，第二格内放 2 粒，第三格内放 4 粒，……还没有到第二十格，一袋麦子就已经空了。一袋又一袋的麦子被扛到国王的面前来，但是麦粒数却在一格接一格飞快地增长着。国王很快就看出，即便拿出全国的粮食，也兑现不了他对发明者许下的诺言。他召来全国最聪明的数学家，他们打着算盘计算着，几番周折后，得到了一个不可思议的结论，他们最后发现如果按照发明者的要求在棋盘的 64 个格里放满麦粒，总共需要麦粒的数量将会是 $1.845\times10^{19}$ 粒，而这些麦子总数相当于当时全世界的麦粒总数的十倍。国王知道自己犯了个极大的错误，他不得不终止这个游戏并表示妥协，给了发明者一项他不可能拒绝的赏赐：如果他放过国王，发明者将得到上千公顷富饶的土地和乡村庄园。发明者高兴地接受了赏赐，他幸福地住在这片土地上，享受了许多年舒适的生活。

读完这个故事以后，你是否理解了其中所蕴含的与资金时间价值有关的道理？

3.2.2.2　复利现值

复利现值是指未来时期的一笔资金按一定的利率复利计算折合成现在时刻的价值。贴现是复利的反过程。根据式（3-3），在已知复利终值、贴现率和贴现期数的条件下，可求得复利现值，其计算公式为

$$P=\frac{F}{(1+i)^n} \tag{3-5}$$

或

$$P=F\cdot(\mathrm{PVIF}_{i,\,n}) \tag{3-6}$$

式中，$\mathrm{PVIF}_{i,n}$为复利现值系数，且 $\mathrm{PVIF}_{i,n}=1/(1+i)^n$。由本书附表 2 即复利现值系数表可以查得贴现率为 $i$、贴现期数为 $n$ 所对应的复利现值系数。

**【例 3-4】**　小刘希望在 10 年后获得 50 000 元款项，若银行存款的年利率为 8%，且复利计息，那么小刘现在应一次性存入银行多少钱？

**解**　根据题意可画出现金流量图，如图 3-5 所示。

由式（3-5）可得

$$P=\frac{50\ 000}{(1+8\%)^{10}}=23\ 160(元)$$

或由式（3-6）得

$$P=50\ 000\times(\mathrm{PVIF}_{8\%,\ 10})=50\ 000\times0.4632=23\ 160(元)$$

在一定的利率水平下，复利现值与贴现期数之间呈反方向变化，如图 3-6 所示。

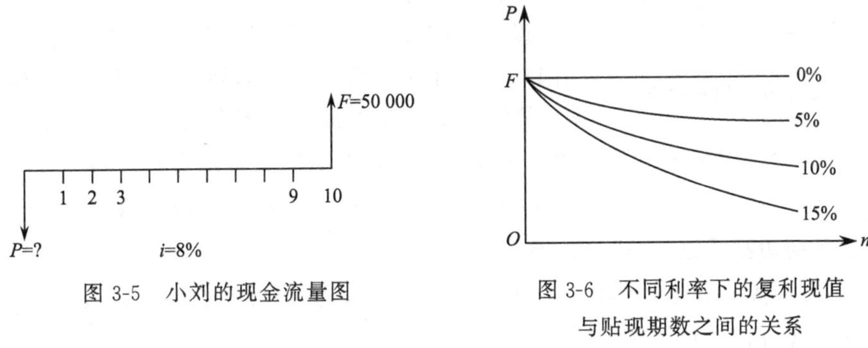


图 3-5　小刘的现金流量图

图 3-6　不同利率下的复利现值与贴现期数之间的关系

**➢专栏 3-2　曼哈顿岛价值几何**

曼哈顿岛地处美国纽约市中心，它的面积约为 57.7 平方公里。在这个小岛上，云集了许多世界著名的大公司、大银行、大保险公司，著名的原纽约证券交易所（已于 2006 年与泛欧证券交易所合并组成纽约—泛欧证交所公司）和美国证券交易所（已于 2008 年被纽约—泛欧交易所集团收购）也都设立于此。2000 年 1 月 1 日，曼哈顿岛的价值被评估为 2.5 万亿美元。然而，这样一个价值连城的岛屿，却是荷兰人 PeterMinuit 在 1626 年以价值约为 60 荷兰盾（相当于 24 美元）的小物件从当地印第安土著人的手里买下的。一定有人会觉得印第安人当时以如此低的价格将曼哈顿岛出售这种做法很傻，但是换一个角度考虑这个问题，人们会发现 PeterMinuit 也许并没有占到便宜。如果当时的印第安人拿着这 24 美元去投资，按照 11%的年投资收益率（美国近 70 年股市的平均投资收益率）计算，这 24 美元到 2000 年的价值将会远远高于曼哈顿岛 2.5 万亿美元的价值。如果印第安人真有这样的投资机会，你能计算出他们今天手中拥有的钱是曼哈顿岛 2000 年初价值的多少倍吗？如果年投资收益率达不到 11%那么高，而是只有 8%，那么情况又会怎样？

## 3.3　年金终值与现值的计算

年金是指一定期限内每期都有的一系列等额的收付款项。年金可按照发生的时间和期限的不同分为四种类型：一是普通年金，又称后付年金，指一定期限内每期期末发生的一系列等额收付款项；二是先付年金，又称即付年金，指一定期限内每期期初发生的一系列等额收付款项；三是永续年金，即无限期发生的普通年金；四是延期年金，即一定时期以后才发生的普通年金。年金终值和年金现值的计算方法如下所述。

### 3.3.1 普通年金的终值与现值

#### 3.3.1.1 普通年金的终值

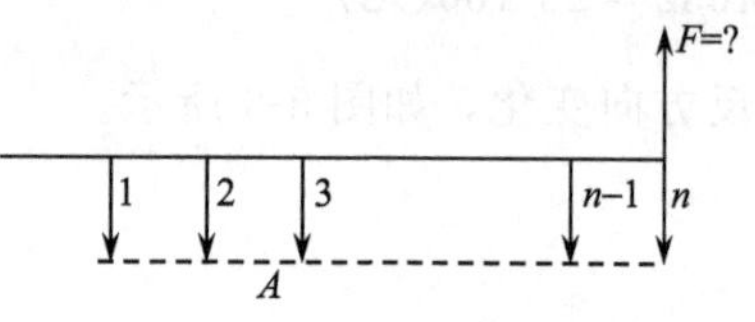

图 3-7 普通年金终值示意图

普通年金发生在每一期的期末。已知一定期限内的普通年金系列，求其终值的问题可用现金流量图示意，如图 3-7 所示。

设 $A$ 为年金；$i$ 为复利年利率；$n$ 为年金发生的期限；$F$ 为年金终值。在已知年金 $A$、期限 $n$ 和年利率 $i$ 的情况下，为求得普通年金的终值，可将第 1 至第 $n$ 年年末的年金逐笔向后计算相当于第 $n$ 年年末的复利终值并加总，可得

$$F = A \cdot (1+i)^{n-1} + A \cdot (1+i)^{n-2} + \cdots + A \cdot (1+i) + A \tag{1}$$

将式（1）等号两边都乘以（$1+i$），得

$$F \cdot (1+i) = A \cdot (1+i)^{n} + A \cdot (1+i)^{n-1} + \cdots + A \cdot (1+i)^{2} + A \cdot (1+i) \tag{2}$$

将式（2）减去式（1），得

$$F \cdot i = A \cdot (1+i)^{n} - A,$$

即

$$F = A \cdot \frac{(1+i)^{n} - 1}{i} \tag{3-7}$$

或

$$F = A \cdot (\mathrm{FVIFA}_{i,\ n}) \tag{3-8}$$

式中，$\mathrm{FVIFA}_{i,n}$ 为年金终值系数，且 $\mathrm{FVIFA}_{i,n} = \frac{(1+i)^{n}-1}{i}$。由本书附表 3 即年金终值系数表可以查得利率为 $i$、期限为 $n$ 所对应的年金终值系数。

**【例 3-5】** 若小张在 10 年的期限内每年年末等额地向银行存入 1000 元，银行按 5%的年利率复利计息，那么，小张在 10 年末可一次性从银行取出本息多少钱？

**解** 根据题意可画出现金流量图，如图 3-8 所示。

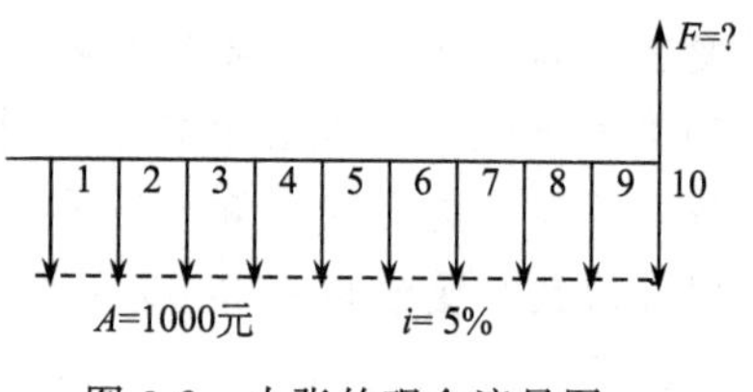

图 3-8 小张的现金流量图

由式（3-7）可得

$$F = 1000 \times \frac{(1+5\%)^{10} - 1}{5\%} = 12\ 578(\text{元})$$

或由式（3-8）得

$$F = 1000 \times (\mathrm{FVIFA}_{5\%,\ 10}) = 1000 \times 12.5779 = 12\ 578(\text{元})$$

3.3.1.2　普通年金的现值

式（3-7）已将普通年金系列款项计算为 $n$ 年末等值的年金终值，将此年金终值向前贴现 $n$ 期，即乘以系数 $\frac{1}{(1+i)^n}$，就可得到普通年金的现值，其计算公式为

$$P = A \cdot \frac{(1+i)^n - 1}{i \cdot (1+i)^n} \tag{3-9}$$

或

$$P = A \cdot (\text{PVIFA}_{i,\ n}) \tag{3-10}$$

式中，$\text{PVIFA}_{i,n}$ 为年金现值系数，并且 $\text{PVIFA}_{i,n} = \frac{(1+i)^n - 1}{i \cdot (1+i)^n}$。通过本书附表 4 即年金现值系数表可以查得利率为 $i$、期限为 $n$ 所对应的年金现值系数。

**【例 3-6】**　小赵打算在今后的 4 年中每年等额从银行取出 2000 元，在银行按 10% 的年利率复利计息的情况下，小赵现在应一次性存入银行多少钱？

**解**　根据题意可画出现金流量图，如图 3-9 所示。由式（3-9）可得

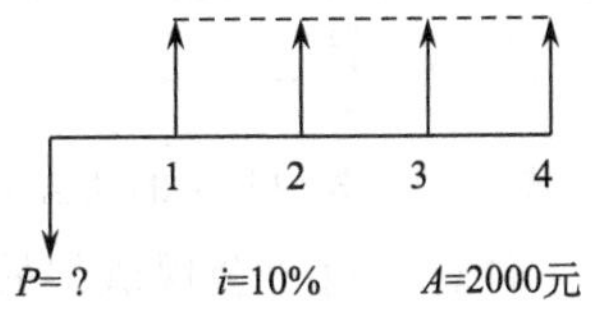

$$P = 2000 \times \frac{(1+10\%)^4 - 1}{10\% \times (1+10\%)^4} = 6340(\text{元})$$

图 3-9　小赵的现金流量图

或由式（3-10）得

$$P = 2000 \times (\text{PVIFA}_{10\%,\ 4}) = 2000 \times 3.1699 = 6340(\text{元})$$

## 3.3.2　先付年金的终值与现值

3.3.2.1　先付年金的终值

先付年金发生在每期的期初，若直接按普通年金终值公式计算终值，相当于计算到了（$n-1$）年末时刻的终值，再向后复利一期，即乘以系数（$1+i$），就可得到先付年金的终值 $V_n$（图 3-10），其计算公式为

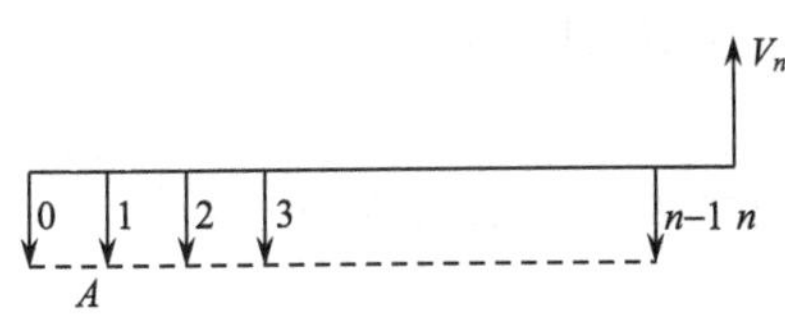


图 3-10　先付年金的终值示意图

$$V_n = A \cdot (\text{FVIFA}_{i,\ n}) \cdot (1+i) \tag{3-11}$$

或者，先在第 $n$ 年末虚设一笔年金 $A$，这样可得到（$n+1$）期的普通年金。根据普通年金终值公式计算 $n+1$ 期普通年金的终值，再减去 $n$ 年末虚设的一笔年金 $A$，也可得到先付年金的终值 $V_n$，其计算公式为

$$V_n = A \cdot (\text{FVIFA}_{i,\ n+1}) - A = A \cdot (\text{FVIFA}_{i,\ n+1} - 1) \tag{3-12}$$

式中，（$\text{FVIFA}_{i,n+1} - 1$）可以看做是先付年金终值系数，由此可以看出，先付年金终值系数相当于是在普通年金终值系数的基础上期数加 1 系数减 1 调整之后的结果。

**【例 3-7】** 小谢准备在今后的 5 年中每年年初等额存入银行 8000 元钱，如果银行按 4%的年利率复利计息，那么第 5 年年末小谢可一次性从银行取出多少钱？

**解** 由式（3-11）可得

$$V_5 = 8000 \times (\mathrm{FVIFA}_{4\%,\ 5}) \times (1+4\%)$$
$$= 8000 \times 5.4163 \times (1+4\%) = 45\ 064(\text{元})$$

或

$$V_5 = 8000 \times (\mathrm{FVIFA}_{4\%,\ 6} - 1) = 8000 \times (6.663 - 1) = 45\ 064(\text{元})$$

3.3.2.2 先付年金的现值

先付年金的现值 $V_0$ 可以通过两种不同的方法计算得到。一种方法是可以先按普通年金现值公式将 $n$ 期的普通年金折算到第 0 期前一期即第−1 期时刻的价值，再乘以系数 $(1+i)$ 向后复利一期，则得到先付年金的现值 $V_0$（图 3-11），其计算公式为

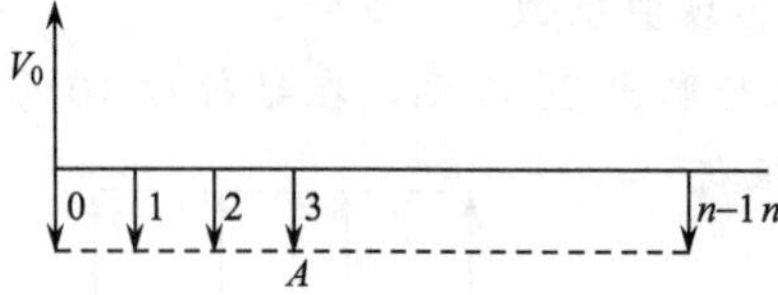

图 3-11 先付年金的现值示意图

$$V_0 = A \cdot (\mathrm{PVIFA}_{i,\ n}) \cdot (1+i) \qquad (3\text{-}13)$$

计算先付年金现值的另外一种方法是，先将第 1 期末至第 $(n-1)$ 期末的年末按照普通年金现值公式折算为第 0 期的现值，再加上第 0 期的一笔年金 $A$。这样也可得到先付年金的现值 $V_0$，其计算公式为

$$V_0 = A \cdot (\mathrm{PVIFA}_{i,\ n-1}) + A = A \cdot (\mathrm{PVIFA}_{i,\ n-1} + 1) \qquad (3\text{-}14)$$

式中，$(\mathrm{PVIFA}_{i,n-1}+1)$ 可以看做是先付年金现值系数，由此可以看出，先付年金现值系数相当于是在普通年金现值系数的基础上期数减 1 系数加 1 调整之后的结果。

**【例 3-8】** 某企业准备在今后的 3 年期限内租用一台设备，按租赁合同的约定，每年年初需要支付租金 6000 元钱，若贴现率为 10%，那么全部租金的现值是多少？

**解** 由式（3-13）可得

$$V_0 = 6000 \times (\mathrm{PVIFA}_{10\%,\ 3}) \times (1+10\%)$$
$$= 6000 \times 2.4869 \times (1+10\%) = 16\ 413.54(\text{元})$$

或由式（3-14）可得

$$V_0 = 6000 \times (\mathrm{PVIFA}_{10\%,\ 2} + 1) = 6000 \times (1.7355 + 1) = 16\ 413(\text{元})$$

### 3.3.3 永续年金和延期年金的现值

3.3.3.1 永续年金的现值

永续年金是无限期的普通年金，因此不会有终值。永续年金的现值可由期限 $n$ 趋于无穷大时的普通年金现值公式得到。

由式（3-9）可知，普通年金的现值公式为

$$V_0 = A \cdot \frac{(1+i)^n - 1}{i \cdot (1+i)^n} = A \cdot \frac{1 - \dfrac{1}{(1+i)^n}}{i}$$

当 $n \to \infty$ 时，$\frac{1}{(1+i)^n} \to 0$，因此，可得永续年金的现值为

$$V_0 = \frac{A}{i} \tag{3-15}$$

**【例 3-9】** 某学校拟建一项永久性的奖学金，准备每年用 5000 元奖励学习优秀的学生。如果银行存款的年利率为 5%，且复利计息，那么该校现在应存入银行多少钱？

**解** 由式（3-15）可得

$$V_0 = \frac{5000}{5\%} = 100\ 000(\text{元})$$

### 3.3.3.2 延期年金的现值

延期年金是一定时期以后才开始有的年金，其终值可直接根据普通年金终值公式计算。延期年金的现值可采用两种不同的方法计算。

假设前 $m$ 期没有年金，$m+1$ 至 $m+n$ 期有 $n$ 期普通年金 $A$，如图 3-12 所示。

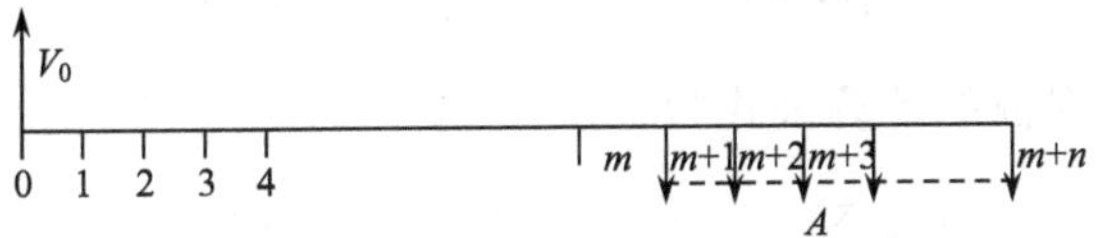


图 3-12　延期年金的现值示意图

根据普通年金现值公式先将 $n$ 期的普通年金折算为 $m$ 年年末时刻的价值，然后再向前贴现 $m$ 期，即可得到延期年金的现值 $V_0$，其计算公式为

$$V_0 = A \cdot (\text{PVIFA}_{i,\ n}) \cdot (\text{PVIF}_{i,\ m}) \tag{3-16}$$

或者，先假设前 $m$ 期也有普通年金 $A$，这样可得到（$m+n$）期的普通年金。根据普通年金现值公式计算（$m+n$）期普通年金的现值，再减去虚设的前 $m$ 期普通年金的现值，也可得到延期年金的现值 $V_0$，其计算公式为

$$\begin{aligned} V_0 &= A \cdot (\text{PVIFA}_{i,\ m+n}) - A \cdot (\text{PVIFA}_{i,\ m}) \\ &= A \cdot (\text{PVIFA}_{i,\ m+n} - \text{PVIFA}_{i,\ m}) \end{aligned} \tag{3-17}$$

**【例 3-10】** 小林准备现在存入银行一笔钱，希望能够今后在第 5 年至第 10 年年末每年等额从银行取出 1000 元钱。如果银行存款的年利率为 8%，且复利计息，那么小林现在应当存入银行多少钱？

**解** 根据题意可画出现金流量图，如图 3-13 所示。

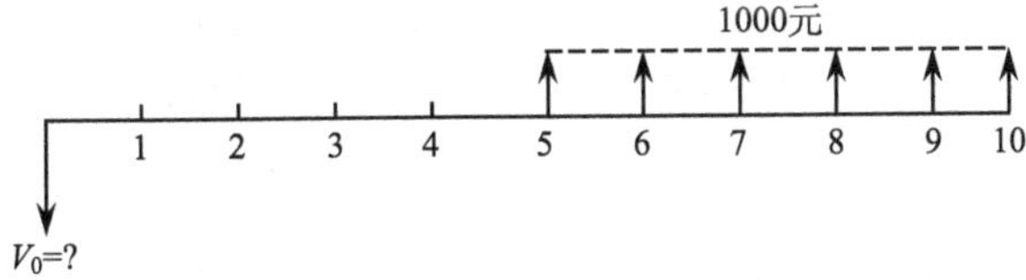


图 3-13　延期年金的现值示意图

由式（3-16）得

$$V_0 = 1000 \times (\text{PVIFA}_{8\%,6}) \times (\text{PVIF}_{8\%,4}) = 1000 \times 4.6229 \times 0.735 = 3398(\text{元})$$

或由式（3-17）得

$$\begin{aligned} V_0 &= 1000 \times (\text{PVIFA}_{8\%,10}) - 1000 \times (\text{PVIFA}_{8\%,4}) \\ &= 1000 \times 6.7101 - 1000 \times 3.3121 = 3398(\text{元}) \end{aligned}$$

## 3.4 资金时间价值计算的特殊问题

### 3.4.1 终值和现值计算中的特殊问题

#### 3.4.1.1 不规则现金流量的终值和现值的计算

不规则现金流量是指各期发生的一系列金额不相等的现金流量，其终值的计算公式为

$$F = \sum_{t=1}^{n} A_t (1+i)^{n-t} = \sum_{t=1}^{n} A_t \cdot \text{FVIF}_{i,\,n-t} \tag{3-18}$$

不规则现金流量现值的计算公式为

$$P = \sum_{t=1}^{n} \frac{A_t}{(1+i)^t} = \sum_{t=1}^{n} A_t \cdot \text{PVIF}_{i,\,t} \tag{3-19}$$

式中，$A_t$ 为第 $t$ 期的现金流量；$n$ 为发生现金流量的期数；$i$ 为期利率。

**【例 3-11】** 小高准备在未来的第 1～5 年中，每年年末存入银行金额不等的款项，如表 3-2 所示。如果银行存款的年利率为 6%，求这一系列存款的现值以及在第 5 年年末的终值。

**表 3-2 各年存款的现金流量**

| 年/$t$ | 1 | 2 | 3 | 4 | 5 |
|---|---|---|---|---|---|
| 存款额/元 | 2 000 | 2 500 | 2 800 | 3 000 | 3 500 |

**解** 根据题意，这一系列不等额存款的终值和现值的计算过程和结果如表 3-3 所示。

**表 3-3 存款的终值和现值的计算**

| 年/$t$ | 1 | 2 | 3 | 4 | 5 | 合计 |
|---|---|---|---|---|---|---|
| 存款额/元 | 2 000 | 2 500 | 2 800 | 3 000 | 3 500 | |
| **终值的计算** | | | | | | |
| $\text{FVIF}_{6\%,5-t}$ | 1.2625 | 1.1910 | 1.1236 | 1.0600 | 1.0000 | |
| 现金流量的终值 | 2 525.00 | 2 977.50 | 3 146.08 | 3 180.00 | 3 500.00 | 15 328.58 |
| **现值的计算** | | | | | | |
| $\text{PVIF}_{6\%,t}$ | 0.9434 | 0.8900 | 0.8396 | 0.7921 | 0.7473 | |
| 现金流量的现值 | 1 886.80 | 2 225.00 | 2 350.88 | 2 376.30 | 2 615.55 | 11 454.53 |

由计算结果可以看出，这一系列存款在第 5 年末的终值为 15 328.58 元，第 0 年的现值为 11 454.53 元。

### 3.4.1.2 含有年金的不规则现金流量终值和现值的计算

在年金和不规则现金流量混合发生的情况下，可以首先利用年金终值计算公式或年金现值计算公式计算年金的终值或现值，再计算其他不规则现金流量的终值和现值，最后将全部计算结果加总得到最终的结果，这样可以简化计算。

**【例 3-12】** 小文准备在未来的 10 年中分期在银行账户中存入一系列款项，第 1～3 年每年年末等额存入银行 1000 元，第 4～6 年每年年末等额存入银行 2000 元，最后 4 年每年年末等额存入银行 2500 元。如果银行存款的年利率为 5%，且复利计息，求这一系列存款的现值。

**解** 这一系列存款可以看作是由三个系列的现金流量构成的，即第 1～3 年的普通年金 1000 元、第 4～6 年的延期年金 2000 元以及第 7～10 年的延期年金 2500 元。因此，全部存款的现值可按下式求得

$$
\begin{aligned}
P &= 1000 \times PVIFA_{5\%,3} + 2000 \times PVIFA_{5\%,3} \times PVIF_{5\%,3} + 2500 \times PVIFA_{5\%,4} \times PVIF_{5\%,6} \\
&= 1000 \times 2.7232 + 2000 \times 2.7232 \times 0.8638 + 2500 \times 3.546 \times 0.7462 \\
&= 2723.00 + 4704.6 + 6615.06 \\
&= 14\ 042.86(\text{元})
\end{aligned}
$$

### 3.4.1.3 每年多次计息时终值和现值的计算

在每年多次计息的情况下，计算终值和现值时，应保持终值和现值计算公式中的计息期数和期利率口径一致。例如，若年利率为 $i$，每年计息 $m$ 次，则每个计息期的期利率应为 $r=i/m$，$n$ 年内计息的总次数应为 $t=m\times n$ 次。在这种情况下，以 $r$ 为复利或贴现的期利率，以 $t$ 为复利或贴现的总期数，代入终值和现值的计算公式中，即可以求得相应的终值和现值。

**【例 3-13】** 小杨现在存入银行 5000 元钱，若银行存款的年利率为 8%，且每半年计息一次，复利计息，则 3 年后这笔存款的终值是多少？

**解** 3 年后的终值可通过下式求得

$$
\begin{aligned}
F &= 5000 \times (1 + 8\%/2)^{2\times 3} \\
&= 5000 \times FVIF_{4\%,6} = 5000 \times 1.2653 = 6326.5(\text{元})
\end{aligned}
$$

在每年多次计息的情况下，计算终值和现值的另外一种方法是，首先根据给定的名义年利率和一年计息的次数求出一年的有效年利率，再以有效年利率为复利或贴现的期利率，以给定的年数为复利或贴现的总期数，代入终值和现值的计算公式中，也可以求得相应的终值和现值。关于有效年利率的问题，将在下面介绍。

### 3.4.2 隐含利率的计算

#### 3.4.2.1 名义年利率与有效年利率

在计算资金时间价值的过程中，通常情况下给定年利率，并且以年为计息周期，每年计息一次，这时并不存在名义年利率和有效年利率问题。但在实际经济活动中，有时会出现以半年、季度、月度或更短的时间周期为计息周期，即每年计息 2 次、4 次或 12 次等情况。如果每年计息的次数超过一次，那么给定的年利率仅是名义年利率，按一年实际获得的年利息与本金之比所计算的年利率为有效年利率。这种情况下，有效年利率会与给定的名义年利率不一致。

假设 $r$ 表示有效年利率；$i$ 表示名义年利率；$m$ 表示一年内计息的次数，则每个计息周期的期利率为 $i/m$，目前的一笔资金 $P$ 在一年中按期利率计息 $m$ 次所得到的一年末的终值为

$$F=P\cdot\left(1+\frac{i}{m}\right)^{m}$$

按有效年利率一年计息一次所得到的一年末的终值为

$$F=P\cdot(1+r)$$

所以

$$P\cdot(1+r)=P\cdot\left(1+\frac{i}{m}\right)^{m}$$

由此可得

$$r=\left(1+\frac{i}{m}\right)^{m}-1 \tag{3-20}$$

**【例 3-14】** 企业存入银行资金 100 万元，年利率 12%，在分别按年、半年、季度、月度为计息周期的情况下，分别计算一年末的本利和以及有效年利率。

**解** 计算过程及结果如表 3-4 所示。

**表 3-4 计息周期与有效年利率**

| 计息周期 | 一年计息次数 | 本金/万元 | 每期利率 | 年末本利和/万元 | 有效年利率 |
|---|---|---|---|---|---|
| 每年一次 | 1 次 | 100 | 12% | 100×（1+12%）=112 | 12/100=12% |
| 半年一次 | 2 次 | 100 | 6% | $100\times(1+6\%)^{2}=112.36$ | 12.36/100=12.36% |
| 每季一次 | 4 次 | 100 | 3% | $100\times(1+3\%)^{4}=112.55$ | 12.55/100=12.55% |
| 每月一次 | 12 次 | 100 | 1% | $100\times(1+1\%)^{12}=112.68$ | 12.68/100=12.68% |

也可以直接利用式（3-20）来计算有效年利率。例如，在每季度计息一次的情况下，有效年利率可直接通过下式计算得到

$$r=\left(1+\frac{12\%}{4}\right)^{4}-1=12.55\%$$

由此可见，当计息周期短于一年时，有效年利率大于名义年利率，而且一年内计息的次数越多，有效年利率越高。

#### 3.4.2.2　现值和终值对应的隐含利率的计算

在已知一笔款项的现值及其一定时期后的终值时，要求其对应的隐含年利率，可根据复利终值公式或复利现值公式，求解其中的未知数年利率，其计算公式为

$$i=\sqrt[n]{\frac{F}{P}}-1 \tag{3-21}$$

**【例 3-15】**　小马现在存入银行 70 000 元钱，期望可以在 5 年末从银行取出 100 000元钱以便购买一辆汽车，那么需要有多高的复利年利率才能满足小马的这项要求？

**解**　这项投资的隐含年利率可通过下式得出

$$i=\sqrt[n]{\frac{F}{P}}-1=\sqrt[5]{\frac{100\ 000}{70\ 000}}-1=7.39\%$$

即需要有 7.39%的复利年利率才能满足小马的这项要求。

#### 3.4.2.3　年金及其终值或现值对应的隐含年利率的计算

在已知年金及相应的终值或现值时，可利用年金终值公式或年金现值公式，并借助于年金终值系数表或年金现值系数表，通过试算，利用插值法求解对应的隐含年利率。下面举例说明利用插值法解决这类问题的具体做法。

**【例 3-16】**　小孙向银行贷款 10 万元购买住房，在今后的 5 年中，每年年末要向银行交还 2.34 万元，问银行贷款的年利率是多少？

**解**　根据年金现值公式，可得

$$10=2.34\times \text{PVIFA}_{i,\ 5}$$

$$\text{PVIFA}_{i,\ 5}=4.2735$$

在本书附表 4 即年金现值系数表中年限为 5 年的那一行中查找与 4.2735 相近的数字，可查得

$$\text{PVIFA}_{5\%,\ 5}=4.3295$$

$$\text{PVIFA}_{6\%,\ 5}=4.2124$$

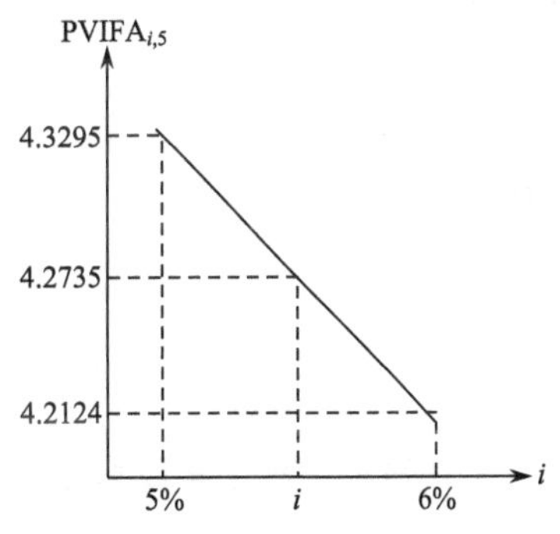


图 3-14　利率与年金现值系数之间的关系

将利率与年金现值系数之间的关系画到坐标图中，在利率较小的区间内，近似认为二者之间有线性关系，如图 3-14 所示。

根据相似三角形的比例关系，可得

$$\frac{i-5\%}{6\%-5\%}=\frac{4.3295-4.2735}{4.3295-4.2124}\qquad i=5.48\%$$

即银行贷款的年利率约为 5.48%。

插值法实际上是一种近似计算方法。利用这种方法还可以解决在资金时间价值计算过程中遇到的很多其他的问题。例如，在计算资金时间价值的过程中，如果给定的年利率是 1%的整数倍，年限是整数年时，往往可以直接通过查本书附表找到所需要的有关

系数。但有时可能会出现给定的年利率不是1%的整数倍，年限不是整数年的情况，或反过来，已知现值、终值、年金等，需要求未知的利率或相应的年限，则借助于插值法可以比较方便地解决类似的问题。例如，前述的例 3-15 中的问题同样也可以利用插值法来解决。

#### 3.4.2.4 通货膨胀条件下的实际年利率

通货膨胀时期，商品价格普遍上涨，货币的购买力相应降低，利率水平会随之升高。这种情况下，没有扣除通货膨胀影响的年利率称为名义年利率，而扣除通货膨胀影响之后的年利率称为实际年利率。

假定银行存款的名义年利率为 $r_n$，年通货膨胀率为 $r_i$，实际年利率为 $r_r$。现在存入银行一笔资金 $P$，那么在没有扣除通货膨胀影响的情况下，这笔资金在第 $t$ 年年末的名义终值为 $P(1+r_n)^t$，扣除通货膨胀影响后，这笔资金在 $t$ 年末的实际终值应为 $\frac{P(1+r_n)^t}{(1+r_i)^t}$；另外，按扣除通货膨胀影响后的实际年利率 $r_r$ 计算的 $t$ 年年末的实际终值为 $P(1+r_r)^t$。按以上两种方法计算的 $t$ 年年末的实际终值应相等，因此有下列等式成立：

$$\frac{P(1+r_n)^t}{(1+r_i)^t}=P(1+r_r)^t$$

由此可得

$$r_r=\frac{1+r_n}{1+r_i}-1 \tag{3-22}$$

或者

$$1+r_n=(1+r_r)(1+r_i)$$

即

$$r_n=r_r+r_i+r_r\cdot r_i \tag{3-23}$$

在利率水平和通货膨胀率都不是很高的情况下，可得以下的近似公式

$$r_n\approx r_r+r_i$$

或

$$r_r\approx r_n-r_i \tag{3-24}$$

**【例 3-17】** 小张在现在存入银行 2000 元钱，银行存款的年利率为 8%，预计当年的通货膨胀率为 3%。那么第 1 年年末小张能从银行取出多少钱？其第 1 年年末货币的购买力增加的幅度是多少？

**解** 第 1 年年末小张能够从银行取出的资金为

$$2000(1+8\%)=2160(元)$$

按精确公式计算，在第 1 年年末小张的货币的购买力增加的幅度为

$$r_r=\frac{1+r_n}{1+r_i}-1=\frac{1+8\%}{1+3\%}-1=4.85\%$$

若按近似公式计算，在第 1 年年末小张的货币的购买力增加的幅度为

$$r_r \approx 8\% - 3\% \approx 5\%$$

### 3.4.2.5 单利年利率与复利年利率的转换

如前所述，计算资金时间价值有单利和复利两种计算方法。现实经济生活中，银行存款的年利率一般是按单利年利率给出的，而银行贷款的年利率一般是按复利年利率给出的。实际上，根据已知的单利年利率可求出与其等价的复利年利率，或反过来，根据已知的复利年利率也可求出与其等价的单利年利率。

假定银行存款的单利年利率为 $r_s$，与其等价的复利年利率为 $r_c$。现在存入银行一笔资金 $P$，那么在第 $n$ 年年末，按单利年利率计算的终值为 $P(1+r_s \cdot n)$，按等价的复利年利率计算的终值为 $P(1+r_c)^n$，所以应有

$$P(1+r_s \cdot n) = P(1+r_c)^n$$

由此可得

$$r_c = \sqrt[n]{1+r_s \cdot n} - 1 \tag{3-25}$$

或

$$r_s = \frac{(1+r_c)^n - 1}{n} \tag{3-26}$$

**【例 3-18】** 根据表 3-5 所给的中国工商银行整存整取储蓄的单利年利率表，计算等价的复利年利率。

**表 3-5 定期存款利率表**

| 存款期限 | 三个月 | 半年 | 一年 | 二年 | 三年 | 五年 |
|---|---|---|---|---|---|---|
| 单利年利率/% | 2.88 | 3.42 | 3.87 | 4.50 | 5.22 | 5.76 |

**解** 计算过程和结果如表 3-6 所示。

**表 3-6 单利与复利年利率的换算**

| 存款期限 | $n$/年 | 单利年利率（$i_s$） | 等价的复利年利率（$i_c$） |
|---|---|---|---|
| 三个月 | 0.25 | 2.88% | $r_c = \sqrt[0.25]{1+2.88\% \times 0.25} - 1 = 2.91\%$ |
| 半年 | 0.5 | 3.42% | $r_c = \sqrt[0.5]{1+3.42\% \times 0.5} - 1 = 3.45\%$ |
| 一年 | 1 | 3.87% | $r_c = (1+3.87\%) - 1 = 3.87\%$ |
| 二年 | 2 | 4.50% | $r_c = \sqrt[2]{1+4.5\% \times 2} - 1 = 4.40\%$ |
| 三年 | 3 | 5.22% | $r_c = \sqrt[3]{1+5.22\% \times 3} - 1 = 4.97\%$ |
| 五年 | 5 | 5.76% | $r_c = \sqrt[5]{1+5.76\% \times 5} - 1 = 5.19\%$ |

从表 3-6 的计算结果中可以看出，当存款期限为一年时，单利年利率与其等价的复利年利率是相等的；当存款期限为短于一年时，复利年利率高于等价的单利年利率；而当存款期限大于一年时，复利年利率低于等价的单利年利率。

### 3.4.3 投资期的计算

#### 3.4.3.1 已知现值和终值求投资期

在已知利率、终值和现值的情况下，要求其对应的投资期限，可根据复利终值公式或复利现值公式，求解其中的未知数期限，其计算公式为

$$n = \ln(F/P)/\ln(1+i) \tag{3-27}$$

**【例 3-19】** 小刘现在存入银行 5000 元钱，假定银行存款的年利率为 6%，且复利计息，那么需要经过多长时间才能使这笔存款的本利和翻一番？

**解** 使这笔存款翻一番所需要的期限可通过下式得出：

$$n = \ln(F/P)/\ln(1+i) = \ln(10\,000/5000)/\ln(1+6\%) = 11.9(\text{年}) \approx 12(\text{年})$$

一般地，使一笔投资翻一番所用的年限可根据“72 法则”近似地求出。根据“72 法则”，使一笔投资翻一番所用的年限近似地等于 72 除以年利率的百分数。例如，例 3-19 中，$n \approx 72/6 \approx 12$（年）。

#### 3.4.3.2 已知年金及其终值或现值求投资期

在已知年金及相应的终值或现值时，可利用年金终值公式或年金现值公式，并借助于年金终值系数表或年金现值系数表，通过试算，利用插值法求解对应的投资期。下面举例对此加以说明。

**【例 3-20】** 某公司拟对原有的一台设备进行更新改造，预计现在需一次支付 10 万元，未来可使公司每年节约成本 2.5 万元。若年贴现率为 6%，那么，更新这项设备至少使用几年才合算？

**解** 根据年金现值公式，可得

$$10 = 2.5 \times \text{PVIFA}_{6\%,\,n}$$

$$\text{PVIFA}_{6\%,\,n} = 4$$

在本书附表 4 即年金现值系数表中利率为 6% 的一列中查找与 4 相近的数字，可查得

$$\text{PVIFA}_{6\%,\,4} = 3.4651$$

$$\text{PVIFA}_{6\%,\,5} = 4.2124$$

将年限 $n$ 与年金现值系数之间的关系画到坐标图中，在年限 $n$ 较小的区间内，近似认为二者有线性关系，如图 3-15 所示。

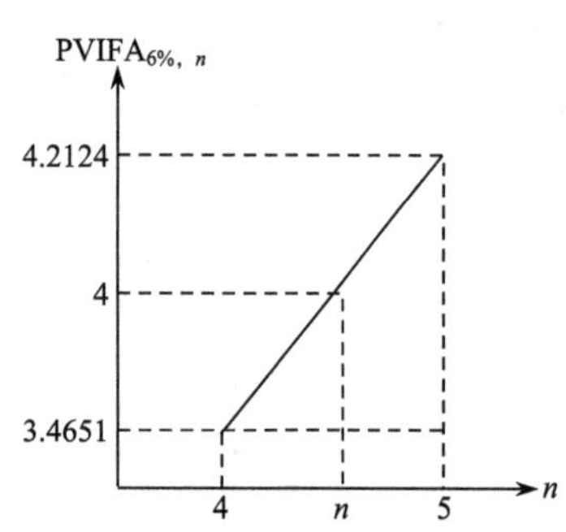

图 3-15 期限与年金现值系数之间的关系

根据相似三角形的比例关系，可得

$$\frac{n-4}{5-4}=\frac{4-3.4651}{4.2124-3.4651} \qquad n=4.72(\text{年})$$

### 3.4.4　等值年金及分期偿还贷款问题

#### 3.4.4.1　等值年金的计算

在企业或个人理财活动中，有时需要根据已知的年利率以及一定时期发生的年金的终值或现值，计算各期的等值年金，这就是等值年金的计算问题。根据不同类型的年金终值和年金现值公式，可以很方便地计算出各种不同类型的等值年金。

在已知年利率以及年金终值的情况下，计算每期等值的普通年金的公式为

$$A=F/\text{FVIFA}_{i,\,n} \tag{3-28}$$

在已知年利率以及年金终值的情况下，计算每期等值先付年金的公式为

$$A=F/(\text{FVIFA}_{i,\,n+1}-1)$$

或

$$A=F/[\text{FVIFA}_{i,\,n}\cdot(1+i)] \tag{3-29}$$

在已知年利率以及年金现值的情况下，计算每期等值的普通年金的公式为

$$A=P/\text{PVIFA}_{i,\,n} \tag{3-30}$$

在已知年利率以及年金现值的情况下，计算每期等值先付年金的公式为

$$A=P/(\text{PVIFA}_{i,\,n-1}+1)$$

或

$$A=P/[\text{PVIFA}_{i,\,n}\cdot(1+i)] \tag{3-31}$$

**【例 3-21】**　小李现在从银行取得住房抵押贷款 200 000 元，贷款期限为 10 年，贷款的年利率为 6%。银行要求借款人以每年等额还本付息的方式偿还贷款。如果小李要在未来的 10 年内每年年末等额还款，则每年应还款多少？若改在每年年初等额还款，则每年应还款多少？如果银行要求按月等额还本付息，每月在月末等额还款，那么小李每月月末应等额还款多少？

**解**　每年年末等额还款的数额可通过下式得出：

$$A=P/\text{PVIFA}_{i,\,n}=200\,000/\text{PVIFA}_{6\%,\,10}=200\,000/7.3601=27\,173.54(\text{元})$$

每年年初等额还款的数额可通过下式得出：

$$\begin{aligned}A&=P/[\text{PVIFA}_{i,\,n}\cdot(1+i)]=200\,000/[\text{PVIFA}_{6\%,\,10}\cdot(1+6\%)]\\&=200\,000/[\text{PVIFA}_{6\%,\,10}\cdot(1+6\%)]=200\,000/[7.3601\times(1+6\%)]\\&=25\,635.42(\text{元})\end{aligned}$$

在按月等额还本付息的情况下，期利率 $=6\%/12=0.5\%$，总的计息期数 $=10\times12=120$ 个月，则每月月末等额还款的数额可通过下式得出：

$$\text{PVIFA}_{i,\,n}=\frac{(1+0.5\%)^{120}-1}{0.5\%\times(1+0.5\%)^{120}}=90.0735$$

$$A = P/\text{PVIFA}_{i,\ n} = 200\ 000/\text{PVIFA}_{0.5\%,\ 120} = 200\ 000/90.0735 = 2220.41(\text{元})$$

#### 3.4.4.2 等额分期偿还贷款问题

无论是企业还是个人，在向银行取得贷款以后，如果采用等额还本付息的方式偿还贷款，则每期还本付息的总额是相等的，但每期偿还的本金数额和利息数额却各不相等。在这种情况下，可以计算出各期还款的总金额中本金和利息的数额。

**【例 3-22】** 仍以例 3-21 中的数据资料为例，假定小李从银行取得 200 000 元贷款以后，在未来的 10 年中每年年末等额还款，银行贷款的年利率依然为 6%，那么小李每年年末的还款额中本金和利息分别是多少？

**解** 在例 3-21 中已计算出小李每年年末等额还款的金额为 27 173.54 元，这个数额是在年金现值系数保留 4 位小数情况下的计算结果。为了降低计算的误差，计算年金现值系数时应多保留几位小数。在年金现值系数保留 6 位小数的情况下，小李每年年末等额还款的金额为 27 173.59 元，而每年年末的还款额中本金和利息的数额计算过程和结果如表 3-7 所示。

**表 3-7 贷款等额分期偿还情况**

| 年末 | 各年等额还款 | 支付利息 | 偿还本金 | 剩余本金 |
|---|---|---|---|---|
| | ① | ② | ③ | ④ |
| | $=200\ 000/\text{PVIFA}_{6\%,10}$ | =上年④×6% | =①－② | =上年④－③ |
| 0 | — | — | — | 200 000.00 |
| 1 | 27 173.59 | 12 000.00 | 15 173.59 | 184 826.41 |
| 2 | 27 173.59 | 11 089.58 | 16 084.01 | 168 742.40 |
| 3 | 27 173.59 | 10 124.54 | 17 049.05 | 151 693.35 |
| 4 | 27 173.59 | 9 101.60 | 18 071.99 | 133 621.36 |
| 5 | 27 173.59 | 8 017.28 | 19 156.31 | 114 465.05 |
| 6 | 27 173.59 | 6 867.90 | 20 305.69 | 94 159.36 |
| 7 | 27 173.59 | 5 649.56 | 21 524.03 | 72 635.34 |
| 8 | 27 173.59 | 4 358.12 | 22 815.47 | 49 819.86 |
| 9 | 27 173.59 | 2 989.19 | 24 184.40 | 25 635.46 |
| 10 | 27 173.59 | 1 538.13 | 25 635.46 | 0.00 |
| 合计 | 271 735.92 | 71 735.92 | 200 000.00 | |

从本例的计算结果中可以看出，在等额分期偿还贷款的情况下，各期的还款额中偿还的本金呈逐期增加趋势，而随着本金的不断偿还，各期偿还的利息呈逐期减少趋势。

### 3.4.5 连续复利情况下资金时间价值的计算

#### 3.4.5.1 连续复利情况下的有效年利率

如前所述，在计算资金时间价值的过程中，如果计息周期短于一年，有效年利率会与名义年利率不一致，并且随着每年计息次数的增加，有效年利率有逐步升高的趋势，但是这种升高趋势并不是没有限度的。特别地，在大银行的业务活动或理论研究中，有时会用到连续复利率，即允许每日、每时、每分、每秒……连续地计算复利。如果每年复利次数 $m$ 趋近于无穷，则这种情况下的复利称为连续复利。

根据式（3-20），当一年内计息的次数 $m$ 趋于无穷大时，就得到了连续复利时的有效年利率

$$r=\lim_{m\to\infty}\left(1+\frac{i}{m}\right)^m-1=\mathrm{e}^i-1$$

即

$$r=\mathrm{e}^i-1 \tag{3-32}$$

式中，$i$ 为名义年利率；e 为自然对数的底数，e≈2.71828。

**【例 3-23】** 给定的名义利率为 12%，若按日计息，即一年内 365 次计息时，有效年利率是多少？如果连续计息，有效年利率是多少？

**解** 按日计息时的有效年利率为

$$r=\left(1+\frac{12\%}{365}\right)^{365}-1=12.7475\%$$

连续计息时，有效年利率为

$$r=\mathrm{e}^{0.12}-1=12.7497\%$$

由此可见，按日计息情况下的有效年利率与连续计息情况下的有效年利率已经很接近，均约等于 12.75%。

#### 3.4.5.2 连续复利情况下终值与现值的计算

假设 $i$ 表示名义年利率，$m$ 表示一年内计息的次数，$n$ 表示计息的年数，$P$ 表示一笔资金的现值。在连续复利的情况下，复利终值的计算公式为

$$F=\lim_{m\to\infty}P\cdot\left(1+\frac{i}{m}\right)^{mn}=P\cdot\mathrm{e}^{in}$$

或者

$$F=P\cdot[1+(\mathrm{e}^i-1)]^n=P\cdot\mathrm{e}^{in} \tag{3-33}$$

如果已知一笔资金连续复利后的终值 $F$，也可以求得对应的连续贴现的现值，其计算公式为

$$P=\lim_{m\to\infty}F\cdot\left(1+\frac{i}{m}\right)^{-mn}=F\cdot\mathrm{e}^{-in}$$

或者

$$P=F\cdot[1+(\mathrm{e}^i-1)]^{-n}=F\cdot\mathrm{e}^{-in} \tag{3-34}$$

**【例 3-24】** 若年利率为 5%，连续复利，那么现在的 2000 元在第 3 年年末的终值是多少？

**解** 第 3 年年末的终值为

$$F = 2000 \times e^{5\% \times 3} = 2323.67(\text{元})$$

**【例 3-25】** 若年利率为 8%，连续贴现，那么 5 年后收到的 10 000 元的现值是多少？

**解** 连续贴现的现值为

$$P = 10\ 000 \times e^{-8\% \times 5} = 6703.20(\text{元})$$

## ➢思考题

1. 什么是终值？复利终值与单利终值有何区别？决定终值大小的主要因素有哪些？

2. 什么是现值？复利现值如何计算？决定现值大小的主要因素有哪些？

3. 现实中哪些个人理财活动中涉及单利问题和复利问题？

4. 什么是年金？年金主要有哪些类型？各种不同年金的现值怎样计算？

5. 名义年利率与有效年利率之间具有怎样的关系？二者之间的关系对于财务管理人员作好财务决策具有什么意义？

## ➢练习题

1. M 公司为购买一台设备，向银行贷款 200 万元，贷款期限 5 年，贷款年利率 8%，银行按复利每年计息一次。若公司与银行约定到期一次还本付息，问到期后该公司应向银行还本付息共计多少钱？如果银行按复利每半年计息一次，那么该公司到期后应向银行还款多少？

2. AG 公司希望在 4 年后能有 10 万元的款项用于购买一台设备。假定目前银行存款的年利率为 5%，且每年复利一次，那么在不考虑利息税的情况下，该公司现在需要一次性存入银行多少钱？

3. 小刘准备在今后 10 年内每年年末等额存入银行 500 元，银行存款的年利率为 6%，复利计息，那么在不考虑利息税的情况下，第 10 年年末他可以从银行一次性取出多少钱？若每年的存款改为年初存入，那么第 10 年年末他可以从银行取出多少钱？

4. 威达公司租赁一台设备，租期 5 年，租期内每年年末要支付租赁费 2000 元。若贴现率为 8%，租赁费的总现值是多少？如果租赁费改为每年年初支付 2000 元，则租赁费的总现值为多少？

5. 宏伟公司准备购置一台设备，希望获得 80 万元的贷款。某银行同意向该公司提供贷款，并要求该公司于第 3 年年末一次性还本付息 120 万元，那么银行贷款的年利率是多少？

6. 小赵为购买住房向银行贷款 6 万元，贷款的年利率为 8%。小赵准备按每年还款一次的方式，在 5 年内等额还清贷款的本息，问小赵每年应还款多少？每年的还款额中本金和利息分别是多少？

7. 王先生今年 55 岁，计划 5 年后退休。为了能在退休后的 10 年中每年年末等额从银行取出 3000 元以供消费，他准备从现在起在今后 5 年中每年年末等额存入银行一笔钱。如果银行存款的年利率为 6%，且每年复利一次，在不考虑利息税的情况下，问王先生应在今后 5 年中每年年末等额存入银行多少钱？

8. 林女士获得一项资助，在未来的 20 年中每两年可获得 3000 元资金，第一笔款项将在第 2 年年末获得。如果年利率为 6%，试求这一系列款项的现值。

# 第4章

# 风险与收益分析

**内容提要**

风险和收益是如影随形的，高收益往往伴随着高风险。而通过有效的投资组合可以适当地降低投资风险。本章首先介绍了风险的概念及投资风险的度量，然后对投资组合的风险降低原理进行了阐述，最后基于风险收益的概念提出了资本资产定价模型。通过本章的学习，读者应明确风险和收益之间的关系，并掌握通过投资组合降低风险的基本策略，掌握 $\beta$ 系数的概念以及资本资产定价模型的应用。

## 4.1　个别投资的收益与风险

企业的财务活动经常是在有风险的情况下进行的。冒风险，就要求得到额外的收益，否则就不值得去冒险。所以，应考虑到当投资者冒着风险进行投资时能否获得额外收益的问题。企业理财时，必须研究风险、计量风险并设法控制风险，分析承担风险所带来的额外收益问题，以求最大限度地扩大企业财富。

### 4.1.1　风险的概念与分类

#### 4.1.1.1　风险的概念

对风险的定义和计量是比较难的，但是，它却广泛存在于各种财务活动当中，并且对企业实现其财务目标有重要影响。如果企业的一项行动有多种可能的结果，其将来的财务后果是不肯定的，就叫有风险。反之，如果这项行动只有一种肯定的后果，就没有风险。例如，现在将一笔款项存入银行，可以确知一年后将得到的本利和，几乎没有风险。这种情况在企业投资中是很少的，它的风险固然小，但是报酬也很低，很难称之为真正意义上的投资。

一般而言，风险是指遭受损失的可能性，或者广义地说，风险是指在一定的环境条件下和一定时期内，某一事件可能发生的结果与预期结果之间的差异程度。例如，在预计一个投资项目的报酬时，不可能十分精确，也没有百分之百的把握。从财务的角度来说，风险主要指无法达到预期报酬的可能性。因此，风险也可以被定义为实际的现金流收益对其预期现金流收益的背离。例如，所期望的收益率为 20%，而实际获得的是 16%，两者的差异即反映了风险。

风险是“一定环境条件下的风险”。对于特定的投资活动而言，其风险大小是客观存在的，但是人们可以选择是否去冒风险或者冒多大风险，这是由主观决定的。例如，无论企业还是个人，投资于国库券，其收益的不确定性较小；如果是投资于股票，则收益的不确定性大得多。这种问题一旦决定下来，风险大小就无法再改变了。

同时，风险的大小随时间的延续而变化，是“一定时期内”的风险。对一个投资项目成本，事先的预计可能不很准确，越接近完工则预计越准确。随着时间的延续，事件的不确定性在缩小，事件完成，其结果也就完全肯定了。因此，风险总是“一定时期内”的风险。

风险可能给投资人带来超出预期的收益，也可能带来超出预期的损失。一般说来，投资人对意外损失的关切，比对意外收益要强烈得多。因此，人们在研究风险时，一般总是侧重于减少损失，主要从不利的方面来考察风险，经常把风险看成是不利事件发生的可能性。

#### 4.1.1.2 风险的分类

1. 从个别投资主体的角度分类

风险分为市场风险和公司特有风险两类：

（1）市场风险。市场风险又称不可分散风险或系统风险，它是指那些影响所有公司的因素引起的风险，如战争、经济衰退、通货膨胀、高利率等。这类风险涉及所有的投资对象，不能通过多角化投资来分散。例如，对于股票投资而言，不论买哪一种股票，都要承担市场风险。

（2）公司特有风险。公司特有风险又称可分散风险或非系统风险，它是指发生于个别公司的特有事件造成的风险，如罢工、新产品开发失败、没有争取到重要合同、诉讼失败等。这类事件是随机发生的，因而可以通过多角化投资来分散。例如，在进行股票投资时，买几种不同的股票，比只买一种股票的风险要小。

2. 从公司本身的财务和经营角度分类

风险可以分为经营风险和财务风险两类：

（1）经营风险。经营风险又称商业风险，是指公司各种资金运用过程中产生的风险，它包括各种生产和投资活动中带来的风险。这种风险主要来自于市场需求与市场价格的不确定性、企业内部生产成本的不确定性、生产技术以及其他外部环境条件的不确定性。经营风险使企业的收益变得不确定。

（2）财务风险。财务风险，是指因借款而增加的风险，是筹资决策带来的风险，所以也叫筹资风险。公司在资金不足的情况下，或者为了充分利用财务杠杆作用来提高公司股东的净收益，就可能运用负债的方式进行筹资。但是不论公司是否盈利，都必须按时向债权人支付利息和偿还本金，如果公司的经营收入不足以支付债务的本金和利息，公司就会陷入财务危机，严重的可能导致破产。

### 4.1.2　风险投资收益

投资者由于冒风险进行投资而获得的超过资金时间价值的额外收益，称为投资的风险价值，或风险收益。它往往可以用风险收益额和风险收益率两种形式来表示，前者是指投资者由于冒着风险进行投资而获得的超过资金时间价值的额外收益，后者是指风险收益额相对于投资额的比例。在实际工作中，对两者并不严格区分，通常以相对数——风险收益率表示。

这里，假设不考虑通货膨胀因素，投资收益率包括两个部分：一部分是资金的时间价值，它是不经受投资风险而得到的收益，即无风险报酬率；另一部分是风险收益，即风险投资收益率。用公式表示如下：

投资收益率＝无风险收益率＋风险收益率

或者

$$R = R_F + R_R = R_F + b \times V \tag{4-1}$$

式中，$R_F$ 为无风险收益率；$R_R$ 为风险收益率；$b$ 为风险报酬系数或者风险收益系数；$V$ 为风险水平。

无风险收益率一般可以用资金的时间价值加上通货膨胀贴水来确定，在财务管理实践中，往往可以把政府债券的市场收益率作为无风险收益率。

风险收益率的确定取决于风险收益系数以及风险程度的大小。对于风险程度大小的衡量以及风险收益系数的确定，将在下面作进一步的分析。

总的来说，风险和收益之间存在着一种同向变动关系，风险越高，收益也会越大。

对风险进行控制的有效方法是多角化经营和多角化筹资。多角经营主要是可以分散企业的经营风险。从统计学的角度来说，不同行业和不同商品的利润率和风险是相互独立或者不完全相关的，在这种情况下，企业的总利润率的风险能够因多种经营而减少。而多角筹资主要是可以用于减少财务风险，通过多角化的筹资，可以有效地把企业或者整个社会的风险分散给股东、债权人，甚至供应商、雇员和政府。金融市场之所以能够存在，就是它吸收社会资金投放给需要资金的企业，通过它分散风险、分配利润。

### 4.1.3　个别投资的风险和收益度量

风险和风险收益具有不易计量的特点，要计算在一定风险条件下的投资收益，可以使用概率论和统计的方法。

#### 4.1.3.1　随机事件的概率

某一事件在相同的条件下可能发生也可能不发生，这类事件称为随机事件。随机事件的概率是用来表示该事件发生可能性大小的数值。例如，企业投资报酬率为 25％的概率为 0.40，这就意味着企业获得 25％的投资报酬率的可能性为 40％。一般而言，可以把必然发生的事件的概率定为 1，而把不可能发生的事件的概率定为 0，一般随机事件发生的概率介于 0 与 1 之间。概率越大，就表示该事件发生的可能性越大。如果把某事件所有可能的结果都列示出来，对每个结果给予一定的概率，便可构成概率的分布。事件发生的概率分布可能是离散的，也可能是连续的。

4.1.3.2 预期值（数学期望值）

根据某个随机事件的概率分布情况，可以计算出其预期值。随机变量的各个取值，以相应的概率为权数的加权平均数，被称作随机变量的预期值（数学期望或均值），它反映随机变量取值的平均化。报酬率的预期值为

$$\bar{E}=\sum_{i=1}^{N}(P_i \cdot K_i)$$

式中，$P_i$ 为第 $i$ 种结果出现的概率；$K_i$ 为第 $i$ 种结果出现后的预期报酬率；$N$ 为所有可能结果的数目。

**【例 4-1】** 某公司有 A、B 两个投资项目，其中 A 项目将投资一个新兴的行业，该领域竞争也很激烈，市场前景也相对很不确定。如果经济发展迅速并且该项目搞得好，就可能取得较大的利润；否则，利润很小甚至会出现亏本。而 B 项目则是继续生产一种老产品，并且是人们的生活必需品，销售前景相对比较容易预测。假设未来的经济情况只有三种：繁荣、一般和萧条，三种经济情况有关的概率分布和 A、B 两个项目在各种情况下的预期报酬率如表 4-1 所示。

**表 4-1 项目的期望收益率分布**

| 经济情况 | 发生的概率（$P_i$） | A 项目的预期报酬率（$K_i$） | B 项目的预期报酬率（$K_i$） |
|---|---|---|---|
| 繁荣 | 0.3 | 90% | 20% |
| 正常 | 0.4 | 15% | 15% |
| 衰退 | 0.3 | −60% | 10% |

其中，概率表示每一种经济情况出现的可能性，同时也就是两个项目各种不同预期报酬率出现的可能性。例如，未来经济情况出现繁荣的可能性有 0.3，假如这种情况真的出现，A 项目可获得高达 90%的报酬率，这也就是说，采纳 A 项目获利 90%的可能性是 0.3。任何随机事件的概率 $P_i$ 都要符合以下两条规则：

$$0 \leqslant P_i \leqslant 1$$

$$\sum_{i=1}^{N} P_i = 1$$

当然，报酬率作为一种随机变量，受多种因素的影响，这里为了简化，假设其他因素都相同，只有经济情况一个因素影响报酬率。另外，可能出现的经济情况远不止三种，有无数可能的情况会出现，如果对每种情况都赋予一个概率，并分别测定其报酬率，则可用连续型分布来描述概率与报酬率的关系。当然，如果随机变量只取有限个值，并且对应于这些值有确定的概率，则称随机变量是离散型分布。在本例中，为了简化工作量，就选择了离散型分布，它有三个值。连续型分布的计算过程与这里相类似。

据此计算两个项目的预期报酬。

项目 A 的预期报酬率 $\overline{E}_A = 0.3 \times 90\% + 0.4 \times 15\% + 0.3 \times (-60\%) = 15\%$

项目 B 的预期报酬率 $\overline{E}_B = 0.3 \times 20\% + 0.4 \times 15\% + 0.3 \times 10\% = 15\%$

在本例中，两者的预期报酬率相同，但其概率分布不同。在预期报酬率相等的情况下，概率分布越集中，实际的结果就越可能会接近预期报酬率，投资的风险程度就小。反之，概率分布越分散，投资的风险程度就越高。在这里，A 项目报酬率的分散程度大，变动范围为－60%～90%；而 B 项目报酬率的分散程度小，变动范围为 10%～20%。这说明两个项目的报酬率相同，但风险程度不同。为了定量地衡量风险大小，还要使用统计学中衡量概率分布离散程度的指标。

#### 4.1.3.3　方差与标准离差率

人们一般利用方差和标准差来表示随机变量的离散程度。方差是用来表示随机变量与期望值之间离散程度的一个量，而标准差是方差的平方根，也称为均方差。两者的计算公式如下：

$$\sigma^2 = \sum_{i=1}^{N} (K_i - \overline{E})^2 \cdot P_i$$

$$\sigma = \sqrt{\sum_{i=1}^{N} (K_i - \overline{E})^2 \cdot P_i}$$

标准差是反映随机变量离散程度的一个指标，但它是一个绝对数，而不是一个相对值，只能用来比较预期报酬率相同情况下的投资项目的风险程度。在例 4-1 中，两个项目的预期报酬率是相同的，因此可以直接通过其标准差的大小来判断两个项目的风险大小。而当投资项目的预期报酬率不相等时，必须求得标准离差和预期报酬之间的比值，即标准离差率，来比较不同投资项目之间的风险程度大小。

**【例 4-2】**　沿用例 4-1 的数据，经过计算可以得到 A 项目的标准差为 58.09%，B 项目的标准差是 3.87%。这样的结果也可以定量地说明 A 项目的风险比 B 项目的风险大。

两个项目的标准离差率分别可以计算为

$$V_A = \frac{\sigma_A}{E_A} \cdot 100\% = \frac{58.09\%}{15\%} \cdot 100\% = 387.27\%$$

$$V_B = \frac{\sigma_B}{E_B} \cdot 100\% = \frac{3.87\%}{15\%} \cdot 100\% = 25.8\%$$

从标准离差率也可以看出，两个项目的平均报酬率相同，但风险大小不同。A 项目可能取得高报酬，亏损的可能性也大；B 项目取得高报酬的可能性小，亏损的可能性也小。

#### 4.1.3.4　风险收益率的确定

标准离差率可以代表投资者所冒风险的大小，反映投资者所冒风险的程度，但是它还不是收益率。标准离差率变成收益率的基本要求是：所冒的风险程度越大，得到的收益率也应该越高，投资风险收益应该与反映风险程度的标准离差率成正比例关系。收益标准离差率要转化为投资收益率，其间还需要借助于一个参数，即风险报酬系数或风险收益系数，其关系可以表示为

$$\text{风险收益率}(R_{\mathrm{R}})=\text{风险收益系数}(b)\times\text{标准离差率}(V)$$

风险收益系数是将标准离差率转化为风险收益的一种系数。至于风险收益系数的大小，可以根据历史同类项目的有关数据确定，也可以由企业领导或者有关专家确定，另外还可以由国家有关部门组织专家来确定并定期颁布，供投资者参考。总的来说，风险收益系数的确定在很大程度上取决于企业对风险的态度。一般来说，比较敢于冒风险的企业，往往把风险收益系数定得低些，而比较稳健的企业，则往往定得高些。

### 4.1.4 人们对风险的态度

人们对待风险的态度是有差别的。对于上述两个项目，愿意回避风险的人，会选择B项目；愿意冒险的人，会选择A项目；有人持中庸之道，没有偏好，认为A和B没有差别。

对于那些风险中性者而言，他们往往比较关心的是投资收益率的数学期望值，而对风险并不持有反感。而对于大部分投资者来说，一般都是风险厌恶者，他们都会希望尽量回避风险。在一般情况下，风险相同时，人们会选择报酬率高的项目；而当报酬率相同时，他们会选择风险小的项目。尤其是作为不分享利润的经营管理者，在冒险成功时报酬大多归于股东，冒险失败时他们的声望下降，职业的前景受威胁，因此，他们往往也是不愿意冒很大风险的。

**➢专栏 4-1 武钢养猪：多元化是战略还是幌子?**

2012年"两会"前夕，武钢在武汉召开新闻发布会，宣布"十二五"期间计划投资390亿元发展海外矿产资源开发、钢材深加工、国际贸易、高新技术、煤化工业、工业气体、物流产业、综合利用、后勤服务等与钢铁主业相关的非钢产业，将非钢产业的收入比例提高至集团总收入的30%。

其中，武钢集团总经理邓崎琳提到，在后勤服务方面，武钢今年将开展绿色养殖业，准备建万头养猪场。自此，"武钢养猪"成为热点话题，引来纷纷争议。

多元化，似乎是每一轮经济低潮时央企的集体选择。当年央企三九集团就是被无节制的多元化扩张拖垮，如今，三九集团盲目多元化带来的教训，依然是前国资委主任李荣融在清华课堂上的鲜活案例。

武钢似乎还令市场联想起春兰空调。20世纪90年代后期，占据市场多半份额的春兰空调风光无限，迫不及待地将触角伸进其他多个领域，摩托车、洗衣机、冰箱、汽车底盘和压缩机等项目纷纷上马，试图打造一个庞大的"春兰帝国"。如今，中国空调业的主流阵营已没有了春兰的立足之地。

不过，央企新一轮多元化与20世纪90年代的盲目多元化相比，已不可同日而语。邓崎琳也强调，武钢的多元化，是"在钢铁主业做精、做强的同时，适度多元发展相关

产业”，“相关产业也不会跳出钢铁主业这一根基”。

需要考虑的是，开展多元化的投资组合，给企业降低风险了吗？

## 4.2　投资组合的风险与收益

降低投资风险的最普遍的方法是投资分散化。以证券投资为例，若选择若干种证券加以搭配，建立证券的投资组合，则可以通过多种证券的报酬高低、风险大小的互相抵消，使证券组合在保持特定收益水平的条件下，把风险减小到最低限度，或者在将风险限制在愿意承担的特定水平条件下尽可能使收益最大化。

### 4.2.1　协方差和相关系数的计算

方差和标准差可以表示单项投资或者单个证券的收益的变动程度，如果要研究两项以上投资或两个以上证券的组合，就需要了解它们之间的协方差和相关系数。协方差和相关系数是度量两个变量之间相互关系的统计指标。下面举例来说明协方差和相关系数的含义及计算方法。

**【例 4-3】**　股票（或投资项目）A 和 B 的相关信息如表 4-2 所示。

**表 4-2　两种股票的相关信息**

| 经济情况 | 发生概率 $P$ | 股票 A 的期望收益率 $R_{At}$ | 股票 B 的期望收益率 $R_{Bt}$ |
|---|---|---|---|
| 经济繁荣 | 0.5 | 20% | 40% |
| 经济稳定 | 0.1 | 5% | 10% |
| 经济衰退 | 0.4 | −10% | −20% |

**解**　计算两种股票的期望收益率和标准差为

$$\overline{R}_A = 6.5\%, \quad \overline{R}_B = 13\%$$

$$\sigma_A = 14.15\%, \quad \sigma_B = 28.30\%$$

下面分三步计算两种股票之间的协方差和相关系数。

（1）计算离差的乘积，具体地说，就是对于每一种经济情况，将两种股票可能的收益与其期望收益之间的离差相乘。即

$$(R_{At} - \overline{R}_A) \times (R_{Bt} - \overline{R}_B)$$

式中，$R_{At}$为 A 股票在某种经济情况下的收益率；$\overline{R}_A$ 为 A 股票的期望收益率；$R_{Bt}$为 B 股票在某种经济情况下的收益率；$\overline{R}_B$ 为 B 股票的期望收益率。

（2）计算协方差。求出两种股票可能的收益与期望收益之间离差的乘积（表 4-3），与相应的经济情况发生的概率相乘，相加后就可得到协方差。

表 4-3 协方差计算表

| 经济情况 | 概率 | 股票A的期望收益率 $R_{At}$ | 收益率的离差 $(R_{At}-\overline{R_A})$ | 股票B的期望收益率 $R_{Bt}$ | 收益率的离差 $(R_{Bt}-\overline{R_B})$ | 两个离差的乘积 $(R_{At}-\overline{R_A})\times(R_{Bt}-\overline{R_B})$ |
|---|---|---|---|---|---|---|
| 经济繁荣 | 0.5 | 20% | 0.135 | 40% | 0.270 | 0.036 45 |
| 经济稳定 | 0.1 | 5% | −0.015 | 10% | −0.030 | 0.000 45 |
| 经济衰退 | 0.4 | −10% | −0.165 | −20% | −0.330 | 0.054 45 |
| 总和 | 1 | 6.5% | | 13% | | 0.040 05 |

两种股票收益的协方差可以计算为

$$\sigma_{AB}=\mathrm{Cov}(R_A, R_B)=\sum_{t=1}^{3}P_t\times(R_{At}-\overline{R_A})\times(R_{Bt}-\overline{R_B})$$
$$=0.04005$$

在本例中，当股票A的实际收益率高于其期望收益率时，股票B的收益率也高于其期望收益率，说明这两种股票收益的变动趋势是一致的，或者说是正相关的。如果两种股票的收益变动趋势是反向的，则可能得出负的协方差，说明两种股票是负相关的。当然，如果两种股票的收益之间没有关系，了解和掌握股票A的收益是否高于或低于其期望收益无助于了解股票B的收益情况，那么由于两种股票收益离差的乘积有正有负，总平均后可能相互抵消，则协方差可能为零或接近于零，则说明两种股票不相关。

(3) 计算相关系数。相关系数等于两种股票收益的协方差除以两种股票收益的标准差乘积。根据例 4-2 的数据，可以计算股票A和股票B的相关系数为

$$\rho=\frac{\mathrm{Cov}(R_A, R_B)}{\sigma_A\sigma_B}=\frac{0.04005}{14.15\%\times28.30\%}=1$$

由于标准差总是正值，所以相关系数的符号与协方差一致。如果协方差为正，则相关系数为正值，此时称两个变量之间正相关；如果协方差为负，则相关系数也为负值，称这两个变量之间负相关；如果协方差为零，则相关系数也为零，称这两个变量之间不相关。

实际上，相关系数是标准化后的协方差，相关系数的取值为−1～1。如例 4-2 中所计算的两种股票的相关系数为1时，说明两种股票完全正相关，因此从一种股票收益率的信息就可以知道另一种股票收益率的情况。在本例中，股票B的收益变动幅度是股票A的两倍。类似的，如果相关系数为−1，则称这两种股票完全负相关。

### 4.2.2 投资组合的风险分散原理

根据前面关于风险种类的论述可以知道，投资的风险包括可分散风险与不可分散风险两种。对于可分散风险来说，可以通过证券持有的多样化来抵消。即多买几家公司的股票，其中某些公司的股票报酬上升，另一些股票的报酬下降，从而将风险抵消。例如，假设W和M两种股票构成一个证券组合，每种股票在证券组合中各占50%，每种股票的报酬率和风险情况如表 4-4 所示。

**表 4-4　完全负相关（$\rho=-1$）的两种股票及它们构成的证券组合的报酬情况**

| 年份/$t$ | W 股票的收益率 $K_W$ | M 股票的收益率 $K_M$ | WM 组合的收益率 $K_P$ |
|---|---|---|---|
| 1996 | 40% | −10% | 15% |
| 1997 | −10% | 40% | 15% |
| 1998 | 35% | −5% | 15% |
| 1999 | −5% | 35% | 15% |
| 2000 | 15% | 15% | 15% |
| 平均报酬率 | 15% | 15% | 15% |
| 标准离差（$\sigma$） | 22.6% | 22.6% | 0.00% |

从表 4-4 中可以看出，如果分别持有两种股票，都会有很大的风险，但是，如果把它们组合成一个证券组合，则没有风险，而同时证券投资的平均报酬率还可以保持不变。这两种股票之所以能组合成为一个无风险的证券组合，是因为它们报酬的变化正好成相反的变动趋势。当 W 股票的报酬下降时，M 股票的报酬正好上升；反之亦然。在这里，相关系数 $\rho=-1$。

与完全负相关相反的是完全正相关（$\rho=+1$），两种完全正相关的股票的报酬将一起上升或下降，这样的两种股票组成的证券组合，不能抵消任何风险。

从以上分析可以看出，当两种股票完全负相关（$\rho=-1$）时，所有的风险都可以分散掉；两种股票完全正相关（$\rho=+1$）时，从抵减风险的角度来看，分散持有股票没有好处。实际上，大部分股票都是正相关的，但不是完全正相关。一般来说，随机取两种股票，其相关系数一般在+0.6 左右的最多，而对绝大多数两种股票而言，$\rho$ 的取值一般为+0.5～+0.7。在这种情况下，把两种股票组合成证券组合能抵减掉一部分风险，但不能全部消除风险，不过，如果股票种类较多，则能分散掉大部分风险，而当股票种类足够多时，几乎能把所有的非系统风险分散掉。

从上面的分析也可以看出，要想通过证券的组合来分散风险，可以通过寻求相关系数相对较小，甚至呈负相关的一些股票进行组合。一般来讲，可以选择不同的行业、区域和不同市场的证券作为投资组合。这种投资组合的做法是：

（1）尽可能选择足够数量的证券进行投资组合，这样可以分散掉大部分的非系统风险。根据投资专家们的估计，在美国纽约证券市场上随机地购买 40 种股票，就可以分散掉大部分非系统风险。

（2）选择证券的行业也应分散，不可集中投资于同一个行业的证券。这是为了避免因行业的不景气，而使投资遭受重大损失。

（3）选择证券的区域也应尽可能分散，这是为了避免因地区市场衰退而使投资遭受重大损失。

（4）将资金分散投资于不同的证券市场，这样可以防范同一证券市场的系统风险。虽然在经济日益国际化的情况下，各地证券市场具有较大的相关性和互动性，但不同证券市场还是有较大的独立性，即便在同一个国家，有时也可能一个市场强，一个市场弱。

### 4.2.3 现代投资组合理论

1952年，美国经济学家哈理·马柯威茨（Markowitz）发表了一篇名为“投资组合的选择”的文章，这篇文章标志着现代证券组合理论（modern portfolio theory，MPT）的开端。马柯威茨考虑的问题是，每个典型的投资者不仅希望投资的“收益高”，而且希望“收益尽可能确定”。这就意味着投资者在寻求“预期收益最大化”的同时追求“收益的不确定性最小”。马柯威茨分别用期望收益率和收益率的方差来衡量投资的预期收益水平和不确定性（风险），建立所谓的均值方差模型来阐述如何全盘考虑上述两个目标，从而进行决策。通过这样的分析，他发现了一个有趣的现象，那就是若干种证券组成的投资组合，其收益是这些证券收益的加权平均数，其风险却不是其加权平均数，而是小于个别证券风险程度的加权平均数。通过这种分析可以得到结论，投资组合可以降低风险，而投资者也应该通过同时购买多种证券而不是一种证券来进行分散化投资。这也就是投资风险分散化理论的基本原理。下面就可以通过一些简单的推导来解释这种现象。

1. *两证券组合时的期望收益与风险*

首先考察两个证券组成的证券组合的收益与风险情况。这里假设两个证券的收益及其概率分布如表4-5所示，则这两个证券组合后的收益及其概率分布也可以计算如表4-5中所示（其中，$W_1$ 和 $W_2$ 为两个证券组合时的权重）。

**表4-5 单个证券的收益及其概率分布情况**

| 经济状况 | 概率 | 证券1的收益 $R_{1i}$ | 证券2的收益 $R_{2i}$ | 证券组合的收益 $R_p$ |
|---|---|---|---|---|
| 差 | $P_1$ | $R_{11}$ | $R_{21}$ | $W_1 \cdot R_{11}+W_2 \cdot R_{21}$ |
| 一般 | $P_2$ | $R_{12}$ | $R_{22}$ | $W_1 \cdot R_{12}+W_2 \cdot R_{22}$ |
| 好 | $P_3$ | $R_{13}$ | $R_{23}$ | $W_1 \cdot R_{13}+W_2 \cdot R_{23}$ |

从以上资料可以得到两个证券的期望收益及其风险水平（风险水平用收益的标准差表示）。

$$R_1 = P_1 \cdot R_{11} + P_2 \cdot R_{12} + P_3 \cdot R_{13}$$

$$R_2 = P_1 \cdot R_{21} + P_2 \cdot R_{22} + P_3 \cdot R_{23}$$

$$\sigma_1^2 = \sum_{i=1}^{3} P_i \cdot (R_{1i} - R_1)^2$$

$$\sigma_2^2 = \sum_{i=1}^{3} P_i \cdot (R_{2i} - R_2)^2$$

当两个证券组合时，证券组合的收益期望值与风险情况也可以计算如下

$$\begin{aligned} R_P &= P_1 \cdot (W_1 \cdot R_{11} + W_2 \cdot R_{21}) + P_2 \cdot (W_1 \cdot R_{12} + W_2 \cdot R_{22}) \\ &\quad + P_3 \cdot (W_1 \cdot R_{13} + W_2 \cdot R_{23}) \\ &= W_1 \cdot (P_1 \cdot R_{11} + P_2 \cdot R_{12} + P_3 \cdot R_{13}) + W_2 \cdot (P_1 \cdot R_{21} + P_2 \cdot R_{22} + P_3 \cdot R_{23}) \end{aligned}$$

$$=W_1 \cdot R_1 + W_2 \cdot R_2$$

$$\sigma_P^2 = \sum_{i=1}^{3} P_i \cdot [(W_1 \cdot R_{1i} + W_2 \cdot R_{2i}) - R_p]^2$$

$$= \sum_{i=1}^{3} P_i \cdot [(W_1 \cdot R_{1i} + W_2 \cdot R_{2i}) - (W_1 \cdot R_1 + W_2 \cdot R_2)]^2$$

$$= \sum_{i=1}^{3} P_i \cdot [(W_1 \cdot R_{1i} - W_1 \cdot R_1) + (W_2 \cdot R_{2i} - W_2 \cdot R_2)]^2$$

$$= \sum_{i=1}^{3} P_i \cdot [W_1^2 \cdot (R_{1i} - R_1)^2 + W_2^2 \cdot (R_{2i} - R_2)^2 + 2W_1 \cdot W_2 \cdot (R_{1i} - R_1) \cdot (R_{2i} - R_2)]$$

$$= W_1^2 \cdot \sigma_1^2 + W_2^2 \cdot \sigma_2^2 + 2W_1 \cdot W_2 \cdot \sum_{i=1}^{3} P_i \cdot (R_{1i} - R_1) \cdot (R_{2i} - R_2)$$

$$= W_1^2 \cdot \sigma_1^2 + W_2^2 \cdot \sigma_2^2 + 2W_1 \cdot W_2 \cdot \rho_{12} \cdot \sigma_1 \cdot \sigma_2$$

$$= \sum_{i=1}^{2} \sum_{j=1}^{2} W_i W_j \rho_{ij} \sigma_i \sigma_j$$

式中，$\rho_{12}$为两个证券的相关系数，且有$\rho_{12}=\rho_{21}$，$\rho_{11}=\rho_{22}=1$；$\rho_{12} \cdot \sigma_1 \cdot \sigma_2$为两个证券收益的协方差。协方差$\sigma_{12}$的计算公式为

$$\sigma_{12} = \rho_{12} \cdot \sigma_1 \cdot \sigma_2 = \sum_{i=1}^{3} P_i \cdot (R_{1i} - R_1) \cdot (R_{2i} - R_2)$$

从上面的计算可以看出，当两个证券呈完全正相关即$\rho_{12}=+1$时，证券组合的标准差$\sigma_P$即为两个证券标准差的加权平均，也可以说这两个证券的组合不能分散风险。而当两个证券呈完全负相关即$\rho_{12}=-1$时，证券组合的标准差$\sigma_P$为两个证券标准差的加权差，这也可以说明，只要调整好这两个证券的组合$W_1$和$W_2$，这两个证券的组合就可以分散掉全部的风险。而当两个证券的相关系数处于（$-1$，$+1$）时，证券组合的标准差$\sigma_P$将小于两个证券标准差的加权平均数，也就是说，可以在一定程度上分散掉部分风险。

**【例 4-4】**　沿用例 4-3 的数据，若将股票 A 和股票 B 进行组合投资，假设投资者有 100 万元，其中 40%投资于股票 A，60%投资于股票 B，则该投资组合的期望收益与标准差可以计算为

$$\overline{R_p} = W_A \overline{R_A} + W_B \overline{R_B} = 0.4 \times 6.5\% + 0.6 \times 13\% = 10.4\%$$

$$\sigma_P^2 = W_A^2\sigma_A^2 + W_B^2\sigma_B^2 + 2W_A W_B \rho_{AB} \sigma_A \sigma_B$$

$$= 0.16 \times 0.020025 + 0.36 \times 0.080100 + 2 \times 0.4 \times 0.6 \times 1 \times 0.1415 \times 0.2830$$

$$= 0.051264$$

$$\sigma_P = \sqrt{0.051264} = 0.2264 = 22.64\%$$

可以看到，这里有

$$\sigma_P = 22.64\% = 0.4 \times 14.15\% + 0.6 \times 28.30\% = W_A\sigma_A + W_B\sigma_B$$

这个投资组合并没有起到降低风险的作用，原因是两种股票的相关系数等于 1，即完全正相关，如果这里$\rho_{AB}$小于 1，则必然会导致$\sigma_P < W_A\sigma_A + W_B\sigma_B$的结果。

2. *N* 种证券组合时的期望收益与风险

按照上面的推理，当 $N$ 种证券进行组合时，其收益和风险可以表示为

$$R_P = \sum_{i=1}^{N} W_i \cdot R_i$$

$$\sigma_P^2 = \sum_{i=1}^{N}\sum_{j=1}^{N} W_i W_j \rho_{ij}\sigma_i\sigma_j$$

$$= \sum_{i=1}^{N} W_i^2 \cdot \sigma_i^2 + \sum_{i=1}^{N}\sum_{\substack{j=1\\ i\neq j}}^{N} W_i W_j \rho_{ij}\sigma_i\sigma_j$$

这里，假设 $W_1 = W_2 = \cdots = W_N = 1/N$，且 $\sigma_1^2 = \sigma_2^2 = \cdots = \sigma_N^2 = \sigma^2$，并以$\overline{\rho_{ij}}$和$\overline{\sigma_{ij}}$分别表示这些证券相关系数和协方差的平均值，则有

$$\sigma_P^2 = \sum_{i=1}^{N} W_i^2 \cdot \sigma_i^2 + \sum_{i=1}^{N}\sum_{\substack{j=1\\ i\neq j}}^{N} W_i W_j \rho_{ij}\sigma_i\sigma_j$$

$$= \frac{1}{N^2} \cdot N \cdot \sigma^2 + N \cdot (N-1) \cdot \frac{1}{N^2} \cdot \overline{\sigma_{ij}}$$

$$= \frac{1}{N} \cdot \sigma^2 + \frac{N-1}{N} \cdot \overline{\sigma_{ij}}$$

当 $N \to \infty$ 时

$$\sigma_P^2 = \frac{1}{N} \cdot \sigma^2 + \frac{N-1}{N} \cdot \overline{\sigma_{ij}} \to \overline{\sigma_{ij}} = \overline{\rho_{ij}} \cdot \sigma^2$$

由于 $-1 \leqslant \overline{\rho_{ij}} \leqslant +1$，则有 $\sigma_P^2 \leqslant \sigma^2$。式中，$\frac{1}{N} \cdot \sigma^2$ 可以看成是证券组合的可分散风险，随着 $N$ 的越来越大，这种风险就越来越小。而$\frac{N-1}{N} \cdot \overline{\sigma_{ij}}$可以看成是证券组合的不可分散风险，它不能随着证券组合中证券数量 $N$ 的加大而降低。

从上面的简单分析可以看出，投资组合可以消除证券的非系统性风险，从而使得投资组合的总风险水平降低。这种风险分散效应在一定程度上取决于投资组合中各证券预期收益之间的相关程度以及证券的数量。从理论上讲，证券之间呈完全负相关时，可以完全消除证券投资的风险，而当证券之间呈完全正相关时，证券组合不能消除风险，也不扩大风险。实际上，各证券之间一般均存在一定的相关性，因此通过组合可以降低一定的风险，但不可能完全消除风险。投资组合中的证券数量越多，风险消除效应就越明显，当投资组合包含了证券市场上的所有证券时，就只承担市场风险，而可以消除全部的公司特有风险。图 4-1 反映了投资组合的风险与投资组合中股票数量之间的关系。

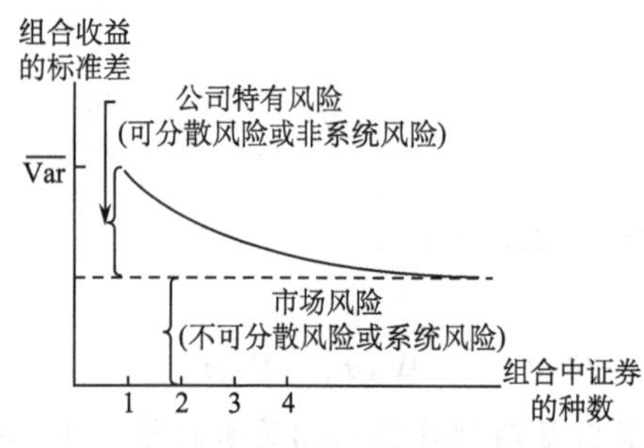


图 4-1　投资组合的风险构成

### ➤专栏 4-2　多元化经营的陷阱——巨人集团失败的财务分析

我国不少企业追求多元化经营模式，试图通过多元化经营减轻企业经营风险，使企业走上健康稳定发展的道路。然而，现实却让人们看到多元化经营使许多企业走上了加速陷入财务危机甚至破产危机之路。巨人集团的兴衰就是这许许多多例子中的一个。本文试图以巨人集团的兴衰为例，从财务管理的角度，对此问题作些分析。

(1) 巨人集团的兴衰史

1989 年 8 月，史玉柱和三个伙伴用借来的 4000 元钱承包了天津大学深圳科技工贸发展公司电脑部，通过打广告促进销售，取得飞速扩张。到 1993 年，巨人集团实现销售额 3 百亿元，利税 4600 万元，成为中国极具实力的计算机企业。

由于电脑业于 1993 年步入低谷，巨人集团也受到重创。当时，全国兴起房地产和生物保健品热，巨人集团开始迈向多元化经营之路——计算机、生物工程和房地产。巨人集团拟在珠海兴建巨人科技大厦，设计一变再变，从最初的 18 层一直涨到 70 层。1994 年，巨人集团的生物保健品巨人脑黄金在广告推动下，销售很好。1995 年 5 月 18 日，尝到广告甜头的史玉柱，以集中轰炸的方式，把产品广告同时以整版篇幅跃然于全国各大报。

多元化的快速发展使得巨人集团自身的弊端一下子暴露无遗。企业整体管理状况越来越差。而此时更让史玉柱焦急的是兴建中的巨人科技大厦。由于资金不足，造成巨人大厦施工不顺利而没有按时完工，建大厦时卖给国内的 4000 万楼花就成了导致巨人集团财务危机的导火索。巨人集团终因财务状况不良而陷入了破产的危机之中。

(2) 多元化经营的陷阱何在?

多元化经营实际上是证券投资组合理论在生产经营活动中的应用，因而，证券投资组合理论是多元化经营的理论基础。然而，证券组合投资具有其特定的条件，如果不加分析地盲目应用，必然陷入多元化经营的陷阱——丧失核心竞争能力、资金短缺和协调困难、财务失控。

运用证券投资组合理论进行分散风险的要点之一在于，只有非完全相关的证券所构成的投资组合方可分散部分投资风险。这项原理应用于生产经营活动时，就要求企业在一定程度上放弃部分原有业务（甚至可能是核心业务）的基础上从事与原有业务不相关的陌生业务。可满足这一要求的结果有时不仅不能降低风险，反而会把原来的竞争优势丧失殆尽。这与多元化经营的目的相矛盾。

另外，在财务资源有限的条件下，实行多元化投资，必须充分考虑并合理解决盈利性与流动性的有机协调等财务问题。企业资产结构性管理的目的在于，在确定一个既能维持企业的正常生产经营活动，又能在减少或不增加风险的前提下，给企业带来尽可能多利润的流动资金水平。巨人集团为追求资产的盈利性，以超过其资金实力十几倍的规模投资于一个自己生疏而资金周转周期长的房地产行业，实物资产的整体性和时间约束性，使公司有限的财务资源被冻结，从而使公司的资金周转产生困难，并因此而形成了十分严峻的资产盈利性与流动性矛盾。最后因实物资产的互斥性，生物工程因正常运作的基本费用和广告费用不足而深受影响。与此同时，巨人集团从事房地产开发和建设，却未向银行申请任何贷款，不仅使企业白白浪费了合理利用财务杠杆作用从而给企业带来效益的可能机会，而且也使企业因放弃举债而承担高额的资本成本，最后使企业在资产结构与资本结构、盈利性与流动性的相互矛盾中陷入难以自拔的财务困境。

资料来源：根据《财务与会计》2000 年第 2 期毛付根同名文章相关资料改编

## 4.3 β系数和资本资产定价模型

应用现代投资组合理论进行风险分散的分析，并据之进行投资组合的选择，需要面对大量而复杂的计算。于是人们提出了投资组合的一些简化分析模型。其中，美国经济学家威廉·夏普（William E. Sharpe）在马柯威茨投资组合理论基础上开发出来的资本资产定价模型（capital asset pricing model，CAMP）被广泛地应用在实际工作中。所谓资本资产，是指股票、债券等有价证券，它代表对真实资产所产生收益的求偿权利。资本资产定价理论的核心是对 $\beta$ 系数的分析。

### 4.3.1 β 系数及其确定

股票的风险由市场风险和公司特有风险两部分组成，但是，每种股票所承担的风险水平并不相同。在整个股市发生变动时，每种股票的反应并不一样，有的发生剧烈变动，有的只是发生较小的变动。$\beta$ 系数就是计量个别股票随着市场组合变动的反应程度的指标，它反映个别股票相对于平均风险股票（可以用股票指数来反映）的变动程度。它可以衡量出个别股票的市场风险，而不是公司的特有风险。$\beta$ 系数的含义可以用下列公式来表示：

$$\beta_i = \frac{\mathrm{Cov}(R_i, R_\mathrm{M})}{\sigma_\mathrm{M}^2} = \frac{\sigma_{i\mathrm{M}}}{\sigma_\mathrm{M}^2} \tag{4-2}$$

式中，Cov（$R_i$，$R_\mathrm{M}$）和 $\sigma_{i\mathrm{M}}$为某种股票与市场组合收益率之间的协方差；$\sigma_\mathrm{M}^2$ 为市场组合收益的方差。

实际工作中，可以通过对某种股票以及整个股票市场的历史数据进行直线回归分析，计算得到该股票的 $\beta$ 系数。其直线回归方程式为

$$Y = \alpha + \beta X + \varepsilon$$

式中，$Y$ 为个别股票在某时间间隔内的收益率；$X$ 为在该时间间隔期内的市场平均收益率（用综合指数收益率代替）；$\alpha$ 为 $Y$ 轴的截距；$\beta$ 为回归线的斜率；$\varepsilon$ 为随机因素产生的收益调整。

这样，就可以根据 $X$ 和 $Y$ 的历史数据，回归出 $\alpha$ 和 $\beta$ 的值。$\beta$ 系数和报酬率之间的关系可以用图 4-2 表示。

对于 $\beta$ 系数，应注意以下几个方面：

(1) $\beta$ 系数反映的是各种股票不同的市场风险程度。从前面的分析可以知道，公司

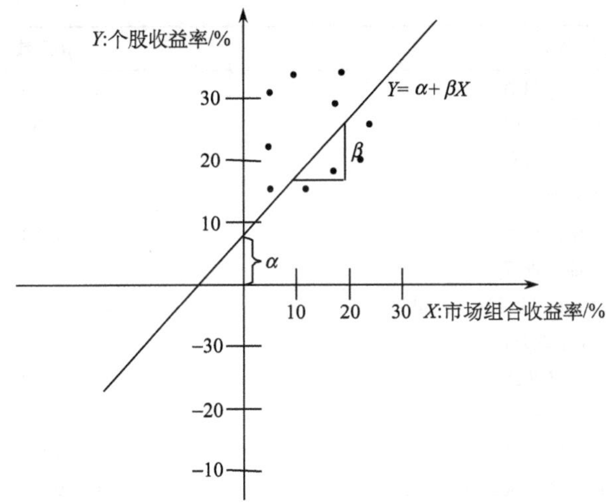


图 4-2　β 系数回归分析图

特有风险是可以通过证券的组合进行分散的，从而投资者就更应该重视股票的市场风险，因而要进行 β 系数的分析。

(2) 当某种股票的 β=1 时，说明该股票的市场风险水平与整个市场的平均风险水平相同。即当市场平均收益上涨 10%时，该股票的收益率平均也上升 10%。当某个股票的 β=2 时，说明它的市场风险程度是整个股票市场风险程度的 2 倍。当某股票的 β 系数小于 1 时，说明该股票的市场风险程度小于整个股票市场的风险程度。

(3) β 系数的一个重要特征是：当以各种股票的市场价值占市场组合中总市场价值的比重为权数时，所有证券的 β 系数的加权平均值为 1。

(4) β 系数所反映的市场风险不能通过证券组合相互抵消。投资组合的市场风险即 β 系数等于组合内所有个别股票 β 系数的加权平均数，它反映特定证券组合的风险相对于整个证券市场报酬率的变异程度。

投资组合的 β 系数是单个证券 β 系数的加权平均数，权重就是各种证券在投资组合中所占的比重。即

$$\beta_P = \sum_{i=1}^{n} W_i \beta_i$$

式中，$\beta_P$ 为投资组合的 β 系数；$W_i$ 为投资组合中第 $i$ 种证券所占的比重；$\beta_i$ 为第 $i$ 种证券的 β 系数；$n$ 为投资组合中证券的种数。

表 4-6 给出了 2006 年公布的中国和美国部分上市公司的 β 系数。

**表 4-6　中国和美国部分上市公司的 β 系数**

| 公司名称 | β 系数 |
|---|---|
| 000037 深南电 A | 1.20 |
| 000039 中集集团 | 0.56 |

续表

| 公司名称 | β系数 |
| --- | --- |
| 000045 深纺织 A | 0.86 |
| 000060 中金岭南 | 2.34 |
| 600637 广电信息 | 1.49 |
| 600641 万业企业 | 0.40 |
| 600644 乐山电力 | 1.53 |
| 600650 锦江投资 | 1.00 |
| General Motors Corp. 通用汽车公司 | 1.88 |
| Microsoft 微软公司 | 0.79 |
| Yahoo Inc. 雅虎公司 | 0.72 |
| Motorola Inc. 摩托罗拉公司 | 1.35 |
| IBM 国际商用机器公司 | 1.65 |
| AT&T 美国电话电报公司 | 0.62 |
| Du Pont 杜邦公司 | 1.33 |

资料来源：Yahoo Finance（http：//cn. finance. yahoo. com）

### 4.3.2 资本资产定价模型

按照$\beta$系数衡量个别股票风险的特点，可以得到个别股票的资本资产定价模型如下：

$$R_i = R_F + \beta_i (R_M - R_F) \tag{4-3}$$

式中，$R_i$ 为某种股票的期望收益率；$R_F$ 为无风险收益率；$\beta_i$ 为该种股票的$\beta$系数；$R_M$ 为平均风险股票的必要报酬率（证券市场平均收益率）。

当进行多种证券的组合时，证券组合的定价模型也可以表示为

$$R_P = R_F + \beta_P (R_M - R_F) \tag{4-4}$$

式中，$\beta_P = \sum W_i \beta_i$；（$R_M - R_F$）为市场的平均风险报酬率，而 $\beta_P$（$R_M - R_F$）为证券组合的风险报酬率。

资本资产定价模型可以用来确定单一证券的报酬率，进而确定投资组合的报酬率，以解决如何进行投资组合才能在满意的风险水平下取得最大的收益率。

资本资产定价模型的图示形式称为证券市场线，如图 4-3 所示。证券市场线揭示了市场上所有风险性资产的均衡期望收益率与风险之间的关系。任意证券或组合的期望收益率由两部分构成：一部分是无风险利率，它是由时间创造的，是对放弃即期消费的补偿；另一部分则是对承担风险的补偿，通常称为“风险溢价”，它与承担的风险的大小成正比。

证券市场线很清晰地反映了风险资产的预期报酬率与其所承担的系统风险$\beta$系数之间呈线性关系，充分体现了高风险高收益的原则。证券市场线的主要含义如下：

（1）纵轴为要求的收益率，横轴则是以$\beta$值表示的风险。

（2）无风险证券的$\beta=0$，无风险收益率 $R_f$ 是证券市场线在纵轴的截距。

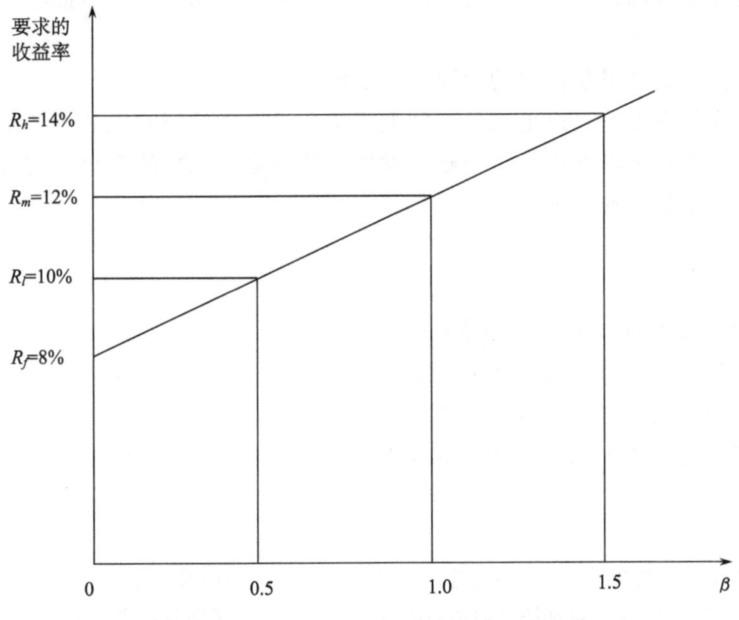


图 4-3　证券市场线：$\beta$ 值与要求的报酬率

（3）证券市场线的斜率表示经济系统中风险厌恶感的程度。一般来说，投资者对风险的厌恶感越强，证券市场线的斜率就越大，对风险资产所要求的风险补偿越大，对风险资产的要求收益率越高。

从证券市场线可以看到，投资者要求的收益率不仅仅取决于市场风险，而且还取决于无风险利率（证券市场线的截距）和市场风险补偿程度（证券市场线的斜率）。由于这些因素始终处于变动之中，所以证券市场线也不会一成不变。例如，预计通货膨胀率提高时，无风险利率水平将会随之升高，从而导致证券市场线整体向上移动；再如，市场风险厌恶感的增大，会使得证券市场线的斜率更大。

资本资产定价模型反映的是市场均衡条件下单项资产或资产组合（不论它是否已经有效地分散了风险）的期望收益与风险之间的关系。测量风险的工具是单项资产或资产组合对于整个市场组合方差的贡献程度，即 $\beta$ 系数。它告诉我们相对于市场组合而言特定资产的系统风险是多少。

资本资产定价模型建立在如下基本假设之上：

（1）所有投资者均追求单期财富的期望效用最大化，并以各备选组合的期望收益和标准差为基础进行组合选择。

（2）所有投资者均可以无风险利率无限制地借入或贷出资金。

（3）所有投资者拥有同样预期，即对所有资产收益的均值、方差和协方差等，投资者均有完全相同的主观估计。

（4）所有的资产均可被完全细分，拥有充分的流动性且没有交易成本。

（5）没有税金。

(6) 所有投资者均为价格接受者。即任何一个投资者的买卖行为都不会对股票价格产生影响。

(7) 所有资产的数量是给定的和固定不变的。

资本资产定价模型是在以上假设基础上提出的。后续的研究逐渐放开了每一个假设条件，对资本资产定价模型进行了突破与发展。特别是$\beta$系数的概念，其科学性和适用性已经得到了广泛的实践验证。

## ➢思考题

1. 简述什么是系统性风险和非系统性风险。
2. 利用风险分散理论进行证券投资的组合时，应如何选择证券种类？
3. 简述现代投资组合理论风险分散的原理。
4. 什么是$\beta$系数？如何确定某种股票的$\beta$系数？

## ➢练习题

1. 某投资人的投资组合中包括三种证券：股票A占40%，B股票占30%，C股票占30%，其$\beta$系数分别为1、1.5和2，市场全部股票的平均收益率为12%，无风险收益率为5%，试计算：(1) 投资组合的$\beta$系数；(2) 投资组合的预期收益率。

2. 两个公司股票的收益率及其概率分布预计情况如表4-7所示。

表4-7 两个公司股票的收益率及其概率分布

| 经济情况 | 经济情况出现的概率 | 预计股票收益率 | |
|---|---|---|---|
| | | A公司 | B公司 |
| 繁荣 | 0.20 | 30% | 90% |
| 一般 | 0.60 | 20% | 20% |
| 衰退 | 0.20 | 10% | −50% |

请计算：(1) 两个公司股票收益的期望值、标准差及标准离差率；

(2) 两个公司股票的协方差和相关系数。

3. 某公司正在考虑明年可能的三个资本预算项目，每个项目的寿命期都是1年，项目的收益取决于明年的经济状况，估算的有关收益率如表4-8所示。

表4-8 某公司不同经济情况下的项目的收益率

| 经济情况 | 经济情况出现的概率 | 预计投资收益率 | | |
|---|---|---|---|---|
| | | A项目 | B项目 | C项目 |
| 繁荣 | 0.25 | 10% | 9% | 14% |
| 一般 | 0.50 | 14% | 13% | 12% |
| 衰退 | 0.25 | 16% | 18% | 10% |

请计算：(1) 每个项目的期望收益率与标准差；

(2) 如果公司决定将资金均摊到各个项目中，即公司创造一个权重相等的投资组合，请计算投资组合的期望收益率和标准差。

4. 某公司的股票在 4 年期间的收益率情况以及同期上证指数收益率情况如表 4-9 所示，请计算该股票的 $\beta$ 系数。

**表 4-9　股票收益率及同期上证指数收益率**

| 年份 | 公司股票的年收益率 | 上证指数的年收益率 |
|---|---|---|
| 1 | −10% | −40% |
| 2 | 3% | −30% |
| 3 | 20% | 10% |
| 4 | 15% | 20% |

# 第5章

# 证券估价

**内容提要**

估价是财务管理中的核心问题。金融市场上的投资者极为关注证券的价值和价格，企业为筹集资金而发行证券时也必然要考虑证券的价值，理解和掌握证券估价的原理和方法对企业作好投资和筹资决策以及实现理财目标具有重要的意义。本章主要介绍证券估价的基本原理和方法、证券收益率的计算以及资本市场效率问题。通过本章的学习，读者应掌握债券和股票估价的基本方法，以及债券到期收益率和股票预期收益率的计算和应用，理解资本市场效率假说对公司理财的启示。

## 5.1 证券概述

### 5.1.1 证券的基本概念

证券是根据国家政府的有关法律法规发行的，代表财产所有权或债权，并且可以在证券市场上有偿转让的一种信用凭证或金融工具。广义的有价证券包括货币证券（支票、本票和汇票等）和资本证券，而狭义的有价证券专指资本证券，主要包括股票和债券两大类别。这里介绍的有价证券仅指狭义的有价证券。

#### 5.1.1.1 债券的概念

债券是某一社会经济主体为筹集资金依法定程序发行的，约定在一定期限内还本付息的有价证券。根据发行主体的不同，债券可分为政府债券、金融债券、企业债券和公司债券。

债券的基本要素包括面值、票面利率、还本付息方式、到期日等。

(1) 债券面值。债券面值是指设定的票面金额，它代表发行人借入并且承诺于未来某一特定日期偿付给债券持有人的金额，是计算向债权人支付利息的基础。

(2) 债券的票面利率。债券的票面利率是指债券发行者预计一年内向投资者支付的利息占票面金额的比率，是计算向债权人支付利息的标准。

(3) 还本付息方式。还本付息方式主要包括到期一次还本付息、分期付息到期一次还本等不同的情况。分期付息通常包括每年付息一次、每半年付息一次甚至是每季或每月付息一次等不同情况。

(4) 债券的到期日。债券的到期日是指偿还本金的日子。

#### 5.1.1.2　股票的概念

股票是股份公司为筹集资金而发行的有价证券，是持股人拥有公司股份的入股凭证，它代表了持股人对股份公司的资产享有相应的所有权。股票的持有者为公司的股东，股东按其所持有股票的种类和数量拥有一定的权利。

按股东拥有的权利和义务的不同，股票可分为普通股和优先股两类。普通股是公司发行的最普通的一种股票，其股东具有广泛的权利，一般包括：出席股东大会、参与公司重大的决策活动、领取股利、剩余财产分配、依法转让股票等权利。优先股是公司发行的比普通股有某些优先权利的股票，如优先领取股利、优先分配剩余财产。

股份公司发行的股票具有无期性，不会返还本金。股东投资入股后，不能要求股份公司退股来抽回资金，只能通过依法转让股票来收回投资。股东进行股票投资所获得的收益包括持有股票期限内所获得的股利收入和买卖股票的价差收入，即资本利得。

### 5.1.2　证券估价的基本原理

证券估价是指对企业为筹集资金而发行的有价证券的价值进行评估。证券价值主要有以下三种不同的含义：①账面价值，是指企业发行证券筹集资金时在会计上入账的价值；②内在价值，又称经济价值，是指在考虑了影响证券的所有因素后所确定的价值；③市场价值，是指证券的市场价格。在有效的资本市场上，证券的市场价值应该围绕其内在价值上下波动。本章介绍的证券估价方法估计的是证券的内在价值。

通常情况下，证券的价值可采用贴现现金流量方法来评估，即证券的价值等于未来各期现金流量的现值合计。因此，为了评估某种证券的价值，一方面需要估计与该证券有关的未来各期现金流量的金额以及发生的时间；另一方面，在考虑该证券投资风险大小的情况下，选择与该证券投资风险相适应的贴现率。在此基础之上，对各期的现金流量进行贴现并加总，即可得到证券的内在价值。有些情况下，证券的价值也可以利用其他方法来评估。

企业财务管理的目标是使企业的市场价值最大化，为了实现这一目标，企业必须了解投资者是如何对其证券进行评价的。投资者通过购买公司发行的有价证券为公司提供资金，其目的就是为了获取投资收益，而公司的财务管理人员所作的财务决策会直接影响公司的现金流量，从而影响投资者所获得的预期报酬。投资者对证券的估价直接反映了他们对投资期内可获得的投资报酬及所承担的投资风险的合理估计，也体现了他们对公司采取的各种管理行动所作的反映。公司的财务决策应在对于最有可能产生的对股票价格的影响进行分析的基础之上作出，因此，了解投资者如何对证券进行估价，有助于财务管理人员作出正确的财务决策。

## 5.2 债券估价

债券的价值相当于债券投资者购买债券之后所获得的全部现金流量按投资者要求得到的最低收益率作为贴现率所计算的总现值。债券还本付息的方式不同，估价公式也不尽相同。下面分别讨论债券价值评估的几种不同情况。

### 5.2.1 债券估价的基本模型

现实生活中，典型的债券是固定利率、每年付息一次、到期一次还本的债券。投资者购买这种类型的债券以后，每年可获得按债券的面值乘以票面利率所计算的利息，到期可获得按债券面值偿还的本金。

设 $P_b$ 为债券的价值；$M$ 为债券的面值；$i$ 为债券的票面年利率；$I$ 为债券的年利息；$n$ 为债券的期限；$K$ 为债券投资者要求得到的最低投资收益率，也可称其为必要报酬率或市场利率。则

$$P_b=\sum_{t=1}^{n}\frac{M\cdot i}{(1+K)^t}+\frac{M}{(1+K)^n}=I\cdot(\text{PVIFA}_{K,n})+M\cdot(\text{PVIF}_{K,n}) \quad (5\text{-}1)$$

**【例 5-1】** Y公司发行的债券面值1000元，票面年利率10%，期限5年，每年年末付息一次，到期一次还本。当同等风险投资的必要报酬率分别为8%、10%和12%时，该公司债券的价值各是多少？

**解** 根据式(5-1)可得：

当 $K=8\%$ 时，

$$P_b=\sum_{t=1}^{5}\frac{1000\times10\%}{(1+8\%)^t}+\frac{1000}{(1+8\%)^5}=100\cdot(\text{PVIFA}_{8\%,5})+1000\cdot(\text{PVIF}_{8\%,5})$$

$$=100\times3.9927+1000\times0.6806=1079.87(\text{元})$$

当 $K=10\%$ 时，

$$P_b=\sum_{t=1}^{5}\frac{1000\times10\%}{(1+10\%)^t}+\frac{1000}{(1+10\%)^5}=100\cdot(\text{PVIFA}_{10\%,5})+1000\cdot(\text{PVIF}_{10\%,5})$$

$$=100\times3.7908+1000\times0.6209=1000(\text{元})$$

当 $K=12\%$ 时，

$$P_b=\sum_{t=1}^{5}\frac{1000\times10\%}{(1+12\%)^t}+\frac{1000}{(1+12\%)^5}=100\cdot(\text{PVIFA}_{12\%,5})+1000\cdot(\text{PVIF}_{12\%,5})$$

$$=100\times3.6048+1000\times0.5674=927.88(\text{元})$$

根据债券估价公式所计算的债券价值为债券的内在价值，即考虑了各种相关因素后所确定的债券理论上的应有价值，如果债券的市场价格等于其内在价值，说明投资者按市价购买债券可获得相当于市场利率的投资报酬率。如果债券的市场价格低于其内在价值，说明该债券的市价被低估，投资者按市价购买债券投资可获得比市场利率更高的投资报酬率，这种债券值得投资者去投资；反之，若某债券的市场价格高于其内在价值，

说明该债券的市价被高估，这种债券不值得投资者去投资，即投资者若按市价购买债券，将无法获得所要求得到的最低投资报酬率。

通过债券估价的基本模型可以看出，影响债券价值的因素主要包括必要报酬率、票面利率、计息期和到期时间。

### 5.2.2　债券价值与必要报酬率

由债券估价的基本模型以及例 5-1 可以看出，当债券的面值、票面利率和期限一定时，债券的价值与必要报酬率或市场利率之间呈反方向变动关系，即当市场利率升高时，债券的价值会下降，反之亦然。而且，市场利率与债券票面利率之间的关系，决定了债券的价值与其面值之间的关系，即：当市场利率 $K<$ 债券票面利率 $i$ 时，债券的价值 $P_b>$ 债券的面值 $M$，此时的债券为升水债券；当市场利率 $K=$ 债券票面利率 $i$ 时，债券的价值 $P_b=$ 债券的面值 $M$；当市场利率 $K>$ 债券票面利率 $i$ 时，债券的价值 $P_b<$ 债券的面值 $M$，此时的债券为贴水债券。

债券的价值与市场利率和面值之间的关系如图 5-1 所示。

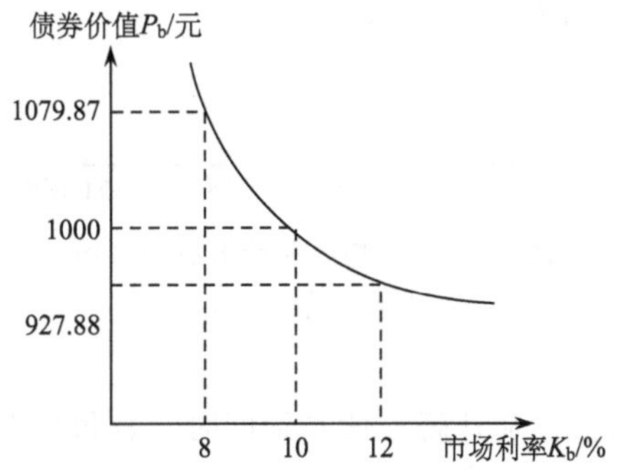


图 5-1　债券价值与市场利率之间的关系

### 5.2.3　债券价值与到期期限

对债券估价的基本模型进行深入分析，还可以发现债券的价值与债券的期限之间的关系。在例 5-1 中已经算得，面值为 1000 元、票面利率为 10%、期限为 5 年的债券，当市场利率分别为 8%、10%和 12%时，其价值分别是 1079.87 元、1000 元和 927.88 元。若其他条件不变，债券距离到期的期限还有 2 年，则：

当市场利率为 8%时，

$$P_b=100\cdot(PVIFA_{8\%,2})+1000\cdot(PVIF_{8\%,2})$$
$$=100\times1.7833+1000\times0.8573=1035.63(\text{元})$$

当市场利率为 10%时，

$$P_b=100\cdot(PVIFA_{10\%,2})+1000\cdot(PVIF_{10\%,2})$$
$$=100\times1.7355+1000\times0.8264=1000(\text{元})$$

当市场利率为 12%时，

$$P_b=100\cdot(PVIFA_{12\%,2})+1000\cdot(PVIF_{12\%,2})$$
$$=100\times1.6901+1000\times0.7972=966.21(\text{元})$$

现将距离到期还有 2 年期限和 5 年期限的债券在不同的市场利率水平下的价值进行对比，如表 5-1 所示。

表 5-1 不同期限债券的价值比较

| 市场利率 | 2 年期 | 5 年期 |
|---|---|---|
| 8% | 1035.63 | 1079.87 |
| 10% | 1000 | 1000 |
| 12% | 966.21 | 927.88 |

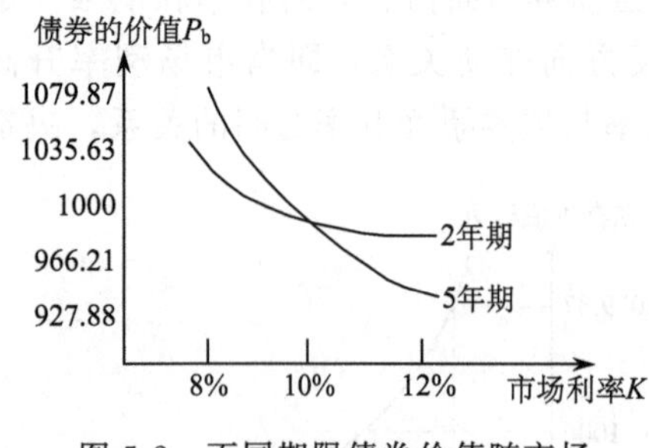


图 5-2 不同期限债券价值随市场利率变动的关系

不同期限债券的价值随市场利率变动的关系如图 5-2 所示。

由表 5-1 和图 5-2 可以看出，期限长的债券比期限短的债券的价值受市场利率变动的影响更大。由于市场利率的变动导致债券价值可能降低的风险称为债券的利率风险，因此，长期债券的利率风险大于短期债券的利率风险。

另外，在债券的存续期内，随着时间的推移，债券的价值具有向其面值回归的趋势，即升水债券的价值会逐渐降低，而贴水债券的价值会逐渐升高，债券到期时，其价值会与面值相等，如图 5-3 所示。

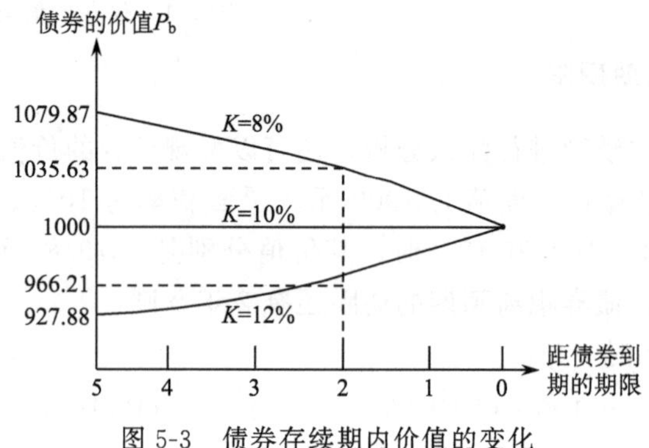


图 5-3 债券存续期内价值的变化

### 5.2.4 债券价值与利息支付频率

前面讨论的债券基本估价模型假定的是每年付息一次、到期一次还本的债券。实际上债券利息支付的方式有许多种。不同的利息支付频率也会对债券价值产生影响。根据利息支付方式的不同，债券可划分为零息债券、平息债券和永久债券三种。下面分别讨论这三种债券的估价问题。

#### 5.2.4.1 零息债券

零息债券又称为纯贴现债券或折价债券，是指票面利率为零的债券。这种债券一般以低于面值的价格发行，到期按面值偿还，因此，投资者购买这种债券后，得不到任何

利息收入，只能获得收回的面值与购买价格之间的价差收入，此时，债券的估价公式可简化为

$$P_b = \frac{M}{(1+K)^n} = M \cdot (\text{PVIF}_{k,\ n}) \tag{5-2}$$

式中各符号的含义如前所述。

**【例 5-2】** 某公司发行面值为 1000 元、期限为 5 年的零息债券，若投资者要求的最低投资收益率为 10%，则该债券应以什么价格出售？

**解** 根据式（5-2）可得

$$P_b = \frac{1000}{(1+10\%)^5} = 1000 \cdot (\text{PVIF}_{10\%,\ 5}) = 1000 \times 0.6209 = 620.9(\text{元})$$

可见，在其他条件相同的情况下，零息债券的价值要低于附息债券的价值。因零息债券不能给投资者提供利息收入，故只能按更低的价格出售，才能使投资者获得的债券买卖价差收入达到所要求的必要投资报酬率水平。

#### 5.2.4.2 平息债券

平息债券是指利息在债券的存续期内平均支付的债券。利息支付的频率可能是一年一次、半年一次或每季一次等。如果利息支付的频率是每年 $m$ 次，那么投资者购买这种类型的债券以后，每年可以得到 $m$ 次利息，且每次得到的利息为年利息的 $1/m$，即债券的面值乘以票面利率的 $1/m$，到期可得到所偿还的面值。在这种情况下，投资者对债券投资的本息均期望每 $1/m$ 年可收回一次进行再投资。因此，计算债券现值时应采用投资者所要求的最低年投资收益率的 $1/m$，即市场利率的 $1/m$ 作为贴现率，其计算公式为

$$P_b = \sum_{t=1}^{mn} \frac{M \cdot i/m}{\left(1+\dfrac{K}{m}\right)^t} + \frac{M}{\left(1+\dfrac{K}{m}\right)^{mn}} = \frac{I}{m} \cdot (\text{PVIFA}_{\frac{K}{m},\ mn}) + M \cdot (\text{PVIF}_{\frac{K}{m},\ mn}) \tag{5-3}$$

式中各符号的含义如前所述。

**【例 5-3】** 已知某债券面值 1000 元，票面年利率 12%，期限 5 年，每半年付息一次，到期一次还本。当市场利率为 10%时，该债券的价值是多少？

**解** 根据式（5-3）得

$$P_b = \sum_{t=1}^{10} \frac{1000 \times 12\%/2}{(1+5\%)^t} + \frac{1000}{(1+5\%)^{10}} = 60 \cdot (\text{PVIFA}_{5\%,\ 10}) + 1000 \cdot (\text{PVIF}_{5\%,\ 10})$$

$$= 60 \times 7.7217 + 1000 \times 0.6139 = 1077.2(\text{元})$$

#### 5.2.4.3 永久债券

永久债券是指没有到期日、无限期地支付利息的债券。英国和美国政府都曾经发行过这种债券，又称为统一公债。发行人在发行永久债券时一般会附有可赎回条款，在认为必要时将债券赎回。

永久债券的价值可利用永续年金的现值公式来计算，即

$$P_b = \frac{\text{利息额}}{\text{必要报酬率}} \tag{5-4}$$

**【例 5-4】** 已知某永久债券的面值 1000 元，票面年利率 4%，每年付息一次。当投资者所要求的必要报酬率为 5%时，该债券的价值是多少？

**解** 根据式 (5-4) 可得

$$P_b = \frac{1000 \times 4\%}{5\%} = 800(\text{元})$$

### 5.2.5 流通中的债券的价值

流通中的债券是指以前时期发行且目前在二级市场上交易的债券，这种债券距离到期日的期限小于债券的整个存续期限。对流通债券进行估价时，不必考虑债券成交日之前所发生的现金流量，而只需要估计成交日之后的现金流量，并按必要报酬率对这些现金流量进行贴现，从而得到成交日的现值。对流通债券进行估价时，往往涉及非整数计息期的问题。解决这个问题的具体方法有三个步骤：①确定要对债券进行估价的基准日；②将未来各期的现金流量按必要报酬率贴现到估价基准日之后的一个付息日的价值，并连同该付息日的利息一起加总；③将第②步的计算结果贴现到估价基准日的现值，贴现的期限等于该付息日与估价基准日之间的间隔天数除以一年的日历天数。

下面举例说明这类债券的估价问题。

**【例 5-5】** 某债券在 2005 年 7 月 1 日发行，将于 2015 年 6 月 30 日到期，债券的面值 1000 元，票面年利率 6%，每年支付一次利息，付息日为每年的 6 月 30 日。现在是 2008 年 4 月 30 日。如果投资者要求的必要报酬率为 8%，该债券的价值是多少？

**解** 该债券未来还有 8 次支付利息的机会，未来的第一个付息日是 2008 年 6 月 30 日，该债券在这一天包括当日的利息在内的价值为

$$\begin{aligned} P &= 1000 \times 6\% + \sum_{t=1}^{7} \frac{1000 \times 6\%}{(1+8\%)^t} + \frac{1000}{(1+8\%)^7} \\ &= 60 + 60 \cdot (\text{PVIFA}_{8\%,7}) + 1000 \cdot (\text{PVIF}_{8\%,7}) \\ &= 60 + 60 \times 5.2064 + 1000 \times 0.5835 = 955.88(\text{元}) \end{aligned}$$

由于 2008 年 4 月 30 日与 2008 年 6 月 30 日之间的间隔期为 2 个月，所以，2008 年 4 月 30 日该债券的价值为

$$P_b = \frac{955.88}{(1+8\%)^{2/12}} = 943.7(\text{元})$$

### 5.2.6 债券的到期收益率

债券的到期收益率（YTM）是指投资者在某一时刻购买债券并一直持有到期所获得的年投资收益率，它反映了投资者进行债券投资所获得的收益水平。

债券的到期收益率实际上是使债券的未来现金流量的现值等于其价格时的贴现率，所以可根据债券估价公式，通过试算并结合插值法来求解。下面举例说明债券到期收益

率的计算方法。

**【例 5-6】**　某债券于 4 年前发行，现在还有 6 年到期，债券的面值 1000 元，票面年利率 10%，每年付息一次。目前该债券的市场价格为 926.5 元，求其到期收益率。

**解**　根据债券的估价公式可得

$$P_b=\sum_{t=1}^{6}\frac{1000\times10\%}{(1+K)^t}+\frac{1000}{(1+K)^6}=100\cdot(PVIFA_{K,6})+1000\cdot(PVIF_{K,6})$$

经试算，当 $K=11\%$ 时，该债券的价值为

$$P_{b1}=\sum_{t=1}^{6}\frac{1000\times10\%}{(1+11\%)^t}+\frac{1000}{(1+11\%)^6}=100\cdot(PVIFA_{11\%,6})+1000\cdot(PVIF_{11\%,6})$$

$$=100\times4.2305+1000\times0.5346=957.65(\text{元})$$

当 $K=12\%$ 时，该债券的价值为

$$P_{b2}=\sum_{t=1}^{6}\frac{1000\times10\%}{(1+12\%)^t}+\frac{1000}{(1+12\%)^6}=100\cdot(PVIFA_{12\%,6})+1000\cdot(PVIF_{21\%,6})$$

$$=100\times4.1114+1000\times0.5066=917.74(\text{元})$$

由于该债券目前的价格为 926.5 元，介于 957.65 元和 917.74 元之间，所以其到期收益率应介于 11%和 12%之间，运用插值法计算到期收益率如下：

$$\begin{array}{cc} 11\% & 957.65 \\ K & 926.5 \\ 12\% & 917.74 \end{array}$$

$$\frac{K-11\%}{12\%-11\%}=\frac{926.5-957.65}{917.74-957.65}$$

由此可得，$K=\text{YTM}=11.78\%$，即该债券的到期收益率为 11.78%。

此外，债券的到期收益率还可以利用下面的近似公式来计算，即

$$K=\text{YTM}=\frac{I+(M-P)/n}{(M+P)/2} \tag{5-5}$$

式中，$I$ 为债券的年利息；$M$ 为债券的面值；$P$ 为债券目前的价格；$n$ 为投资者持有债券的期限。

式（5-5）中，分子表示的是投资者购买债券以后所获得的全部年投资收益，包括年利息收益和年平均价差收益，分母表示的是平均投资成本，所以式（5-5）反映的是投资者按 $P$ 的价格购买债券以后并一直持有到期所获得的年投资报酬率，即到期收益率。

例如，例 5-6 中的债券可按下式近似地计算到期收益率

$$K=\text{YTM}=\frac{1000\times10\%+(1000-926.5)/6}{(1000+926.5)/2}=11.65\%$$

**➢专栏 5-1　圣塔．菲债券终于在 114 年后到期了**

1995 年，圣塔．菲（Santa Fe）太平洋公司终于将 1881 年发行的流通在外的债券

偿付完毕，它所经历的历史却非同寻常。

债券发行于1881年，投资者经历了公司的两次破产重组，两次经济不景气，几次萧条，两次世界大战，以及金本位制的崩溃。但是公司依旧保持完整，具有讽刺意义的是，公司在债券到期日之前同意被 Burlington Northern 收购。

1881 年发行债券时，利率为 6%，但是随后的铁路业的竞争以及 1893 年的大萧条使得公司深受打击，在两次破产重组、两次更换管理层后，公司重新站稳，并在 1895 年以 100 年期的新债替换了旧债，新债的发行通过了破产法庭的批准，1995 年到期，利率 4%。但在 1990 年之前，如果盈利不足以偿债，管理层可以不付利息。1990 年以后，没有该选择，但是若管理层认为确实有必要延期，还是可以选择。19 世纪 90 年代后期，圣塔．菲也的确没有支付利息，结果 1896 年债券的售价达到最低点 285 美元(面值为 1000 美元)，1946 年达到最高的 1312.50 美元，因为二战后经济复苏阶段利率低。

圣塔．菲债券的还本与黄金价格挂钩，因此如果金价在到期日之前升高，债券的本金也将升高。但是这一契约在 1933 年被罗斯福总统和国会宣布无效，且高等法院以 5:4 支持该决议。只要有一位法官改变立场，那么在 1995 年到期时，圣塔．菲债券就会随着金价的上升升至 18 626 美元，而不是 1000 美元！

总之，圣塔．菲债券的经历是对美国财政体系稳定性的测试，同时也反映了投资于长期债券所要面临的各种风险。因此投资于迪斯尼、可口可乐以及其他公司 100 年期债券的投资者应该以此为鉴。

资料来源：(美) 尤金·F. 布瑞翰 (Eugene F. Brigham)．财务管理基础 (精要第三版)．东北财经大学出版社．2004 年

## 5.3 股票估价

股票的价值通常可以采用贴现现金流量的方法来估计，某些情况下，也可以采用其他方法来对股票进行估价。下面分别讨论股票估价的几种不同方法。

### 5.3.1 股利贴现模型

根据股利贴现模型对股票进行估价时，股票的价值等于股票投资者购买股票之后所获得的全部现金流量按投资者要求得到的最低收益率或必要报酬率作为贴现率所计算的总现值。下面分几种不同的情况对此加以讨论。

#### 5.3.1.1 股票估价的基本模型

股票的价值应等于各期股利的现值之和。如果股东永远持有股票，那么他所获得的现金流量为无限期的股利收入，则股票的现值为

$$P_0=\sum_{t=1}^{\infty}\frac{D_t}{(1+r)^t} \tag{5-6}$$

式中，$P_0$ 为股票的现值；$D_t$ 为股东第 $t$ 期所获得的股利收入；$r$ 为股东要求的最低投

资收益率或必要报酬率，即贴现率。

如果股东并不打算永远地持有股票，而是在第 $n$ 年年末将股票出售，那么他所获得的现金流量为第 1 年至第 $n$ 年年末的股利收入以及第 $n$ 年年末出售股票的收入，则股票的现值为

$$P_0=\sum_{t=1}^{n}\frac{D_t}{(1+r)^t}+\frac{P_n}{(1+r)^n} \tag{5-7}$$

式中，$n$ 为股东持有股票的期限；$P_n$ 为第 $n$ 期末出售股票的收入；其他符号的含义如前所述。

而实际上，股东在第 $n$ 年年末能够出售股票的价格 $P_n$ 应等于 $n$ 年以后各期股利贴现到第 $n$ 年年末的现值之和，即

$$P_n=\sum_{t=1}^{\infty}\frac{D_{n+t}}{(1+r)^t}$$

则

$$P_0=\sum_{t=1}^{n}\frac{D_t}{(1+r)^t}+\frac{P_n}{(1+r)^n}=\sum_{t=1}^{n}\frac{D_t}{(1+r)^t}+\frac{\sum_{t=1}^{\infty}\frac{D_{n+t}}{(1+r)^t}}{(1+r)^n}=\sum_{t=1}^{\infty}\frac{D_t}{(1+r)^t}$$

由此可见，即使股东持有股票一定时期之后将股票出售，只要出售股票的价格等于其内在价值，则股票在第 0 期的价值依然等于无限期股利的现值之和。

运用股票估价的基本模型对股票进行估价时，需要估计未来各年的股利，并确定贴现率。根据未来各期股利的不同情况，可相应地采用不同的公式进行计算。

#### 5.3.1.2 零增长股票的价值

零增长股票是指各期股利稳定不变、股利增长率为零的股票。现实中，优先股一般具有这样的特点。假设各期稳定不变的股利为 $D$，则这种股票的价值相当于永续年金的现值，即

$$P_0=\sum_{t=1}^{\infty}\frac{D}{(1+r)^t}=\frac{D}{r} \tag{5-8}$$

式中各符号的含义如前所述。

**【例 5-7】** 某公司发行的股票面值 100 元，按 8%的年股息率发放股息，股东要求的最低投资收益率为 10%，问这只股票的价值是多少？

**解** 该股票的价值可通过下式算得

$$P_0=\frac{100\times 8\%}{10\%}=80(\text{元 / 股})$$

#### 5.3.1.3 固定增长股票的价值

固定增长股是指未来各期的股利按某一固定的比率稳定增长的股票。

设 $g$ 为股利增长率；$D_0$为上期末（第 0 期）的股利；$D_t$为第 $t$ 期末的股利，则未

来各年的股利为

$$D_1 = D_0 \cdot (1+g)$$
$$D_2 = D_0 \cdot (1+g)^2$$
$$\cdots\cdots$$
$$D_t = D_0 \cdot (1+g)^t$$

因此，股票的价值为

$$P_0 = \sum_{t=1}^{\infty} \frac{D_0 \cdot (1+g)^t}{(1+r)^t} \tag{5-9}$$

当 $g<r$ 时，式（5-9）为无穷等比数列各项之和，且公比 $=\frac{1+g}{1+r}<1$，根据无穷等比数列的求和公式，可得

$$P_0 = \frac{\frac{D_0 \cdot (1+g)}{1+r}}{1-\frac{1+g}{1+r}} = \frac{D_0 \cdot (1+g)}{r-g} = \frac{D_1}{r-g} \tag{5-10}$$

**【例 5-8】** 某公司上期期末发放普通股股利 1 元/股，预计股利将以 2%的比率稳定增长，投资者要求的最低投资收益率为 6%，求该股票的价值。

**解** 由式（5-10）可得该股票的价值为

$$P_0 = \frac{1 \times (1+2\%)}{6\%-2\%} = 25.5(\text{元}/\text{股})$$

值得注意的是，式（5-10）成立的条件是 $g<r$；如果 $g \geqslant r$，则式（5-10）不成立。事实上，任何公司都不可能无限期地维持很高的股利增长率。如果某公司的股利增长率 $g$ 值很高，说明 $g$ 值的估计有错误，往往可能是以一定时期内的很高的股利增长率代替了无限期的股利增长率，因此在这种情况下，应对所估计的 g 值慎重对待。

#### 5.3.1.4 非固定增长股票的价值

非固定增长股是指未来各期的股利不按某一固定的比率稳定增长的股票。对非固定增长股票进行估价一般应分阶段来进行。首先根据各种预测信息将一定时期内的股利增长率预测出来，一定时期以后，一般可以认为股利将按某一固定比例稳定增长，然后再分别对各期股利以及一定时期以后的固定增长股的现金流量进行贴现计算总现值。

如果股票的股利分两个阶段增长，前 $n$ 年的股利按 $g_1$ 的比率增长，$n$ 年以后按 $g_2$ 的比率稳定增长，则股票的价值 $P_0$ 为

$$P_0 = \sum_{t=1}^{n} \frac{D_0 \cdot (1+g_1)^t}{(1+r)^t} + \frac{\frac{D_{n+1}}{r-g_2}}{(1+r)^n} \tag{5-11}$$

式中，$D_{n+1} = D_n \cdot (1+g_2)$，而 $D_n = D_0 \cdot (1+g_1)^n$。

**【例 5-9】** 某公司上年发放股利 2 元/股，预计今后 3 年内股利将以 8%的比率增

长，3 年以后股利将以 4%的比率稳定增长。若投资者要求的最低投资收益率为 10%，求该股票的价值。

**解**　前 3 年各年的股利为

$$D_1 = 2 \times (1 + 8\%) = 2.16(\text{元} / \text{股})$$

$$D_2 = 2 \times (1 + 8\%)^2 = 2.33(\text{元} / \text{股})$$

$$D_3 = 2 \times (1 + 8\%)^3 = 2.52(\text{元} / \text{股})$$

第 4 年的预计股利为

$$D_4 = 2.52 \times (1 + 4\%) = 2.62(\text{元} / \text{股})$$

3 年后开始的固定增长股相当于 3 年末的价值为

$$P_3 = \frac{2.62}{10\% - 4\%} = 43.67(\text{元} / \text{股})$$

因此，该公司股票的现值为

$$P_0 = \frac{2.16}{1 + 10\%} + \frac{2.33}{(1 + 10\%)^2} + \frac{2.52}{(1 + 10\%)^3} + \frac{43.67}{(1 + 10\%)^3} = 38.59(\text{元} / \text{股})$$

### 5.3.2　股利增长率与股票收益率

#### 5.3.2.1　股利增长率

公司实现的净利润既可以作为股利发放给股东，也可以留存在企业用于再投资。假定一家公司在不保留任何盈利用于再投资的情况下，其生产经营活动只能维持在简单再生产规模上进行；进一步假定公司的股利支付率和权益报酬率保持不变，则在公司将盈利全部作为股利支付的情况下，公司的盈利和股利都不会增长，只有在公司保留一部分盈利进行再投资的情况下，其盈利和股利才会有增长的机会。设 $E_0$ 表示本期的盈利；$D_0$ 表示本期发放的股利；$E_r$ 表示本期的保留盈利；$K_r$ 表示保留盈利的投资报酬率或权益报酬率；$R_r$ 表示盈利保留比率；$R_d$ 表示股利支付率；$\Delta D$ 表示下期增加的股利，则

$$\text{下期增加的盈利 } \Delta E = E_r \times K_r$$

$$\text{盈利增长率} = \frac{\Delta E}{E_0} = \frac{E_r \times K_r}{E_0} = R_r \times K_r = (1 - R_d) \times K_r$$

$$\text{股利增长率}(g) = \frac{\Delta D}{D_0} = \frac{\Delta E \times R_d}{E_0 \times R_d} = \frac{\Delta E}{E_0} = R_r \times K_r = (1 - R_d) \times K_r \quad (5\text{-}12)$$

由此可见，在公司的股利支付率和权益报酬率保持不变的情况下，可根据这两个比率指标来估计股利增长率。

**【例 5-10】**　某公司 2008 年的盈利是 500 万元，股利支付率为 30%，权益报酬率为 20%，预计未来该公司的股利支付率和权益报酬率将保持不变，那么该公司的股利

增长率将会是多少？2009 年的股利是多少？

**解** 由式（5-12）可得

$$股利增长率(g)=盈利增长率=(1-30\%)\times 20\%=14\%$$

$$2009\ 年的股利=500\times 30\%\times(1+14\%)=171(万元)$$

#### 5.3.2.2 股票收益率

前述的股票估价模型可以在已知近期的股利、股利增长率以及股票的必要收益率的情况下求出股票的价值。反过来，在已知股票价格及其他有关参数的情况下，可以求出相应的股票收益率。以固定增长股票为例，其估价公式为

$$P_0=\frac{D_1}{r-g}$$

由此可得

$$r=\frac{D_1}{P_0}+g \tag{5-13}$$

式中，$D_1$ 为第 1 年年末的预计股利；$P_0$ 为股票目前的价格；$g$ 为股利增长率。

式（5-13）中，$D_1/P_0$ 通常称为股利收益率，由此可见，股票收益率等于股利收益率与股利增长率之和。如果股票是被公正定价的，则股票收益率等于必要收益率，即估计股票价值时所使用的贴现率。

**【例 5-11】** 某公司股票发行时的市场价格为 32 元/股，第一年预计的股利为 1.5 元。已知该公司的股利支付率为 60%，权益报酬率为 30%，试求该公司的股票收益率。

**解** 该公司的股利增长率 $g=(1-60\%)\times 30\%=12\%$

该公司的股票收益率为

$$r=\frac{1.5}{32}\times 100\%+12\%=16.69\%$$

### 5.3.3 PVGO 模型和市盈率模型

#### 5.3.3.1 PVGO 模型

前述的股利贴现模型是通过对未来各期的股利进行贴现来估计股票的价值的，而 PVGO（present value of growth opportunity）模型的基本原理是通过分析公司未来的成长机会来估计股票的价值。

如果一家公司持续稳定地经营，没有增长机会，未来各期的每股盈利保持不变，且全部盈利都作为股利发放给股东，则其股票价值将等于永续年金的现值，即

$$P_0=\frac{\text{DPS}}{r}=\frac{\text{EPS}}{r} \tag{5-14}$$

式中，DPS 为每股股利；EPS 为每股盈利；$r$ 为股票的必要报酬率。

如果该公司有了成长的机会，并且保留一部分利润进行再投资，使每股价值增加 PVGO，则其股票价值将等于没有成长机会时的股票价值和成长机会带来的每股增加的

价值之和，即

$$P_0=\frac{\text{EPS}}{r}+\text{PVGO} \tag{5-15}$$

成长机会增加的每股价值 PVGO 可根据成长机会所带来的现金流量的现值来确定。

假定一家公司股利支付率一定，并且在每期的期末都保留一部分盈利用于再投资，再投资的收益率等于权益投资报酬率，且各期的权益报酬率保持不变。设 $\text{EPS}_t$ 表示第 $t$ 期的每股盈利；$\text{RE}_t$ 表示第 $t$ 期的保留盈利；$K_r$ 表示保留盈利的投资报酬率或权益报酬率；$R_r$ 表示盈利保留比率；$R_d$ 表示股利支付率，则根据式（5-12）可得

$$\text{每股盈利增长率}=\text{股利增长率}(g)=R_r\times K_r$$

则该公司未来各期的盈利、保留盈利以及保留盈利再投资的报酬如表 5-2 所示。

**表 5-2　各期的盈利、保留盈利以及保留盈利再投资的报酬**

| 年份 | 每股盈利（$\text{EPS}_t$） | 每股保留盈利（$\text{RE}_t$） | 保留盈利再投资的报酬（$\text{RE}_t\cdot K_r$） |
|---|---|---|---|
| 1 | $\text{EPS}_1$ | $R_r\cdot\text{EPS}_1$ | $R_r\cdot\text{EPS}_1\cdot K_r$ |
| 2 | $\text{EPS}_1$ $(1+g)$ | $R_r\cdot\text{EPS}_1$ $(1+g)$ | $R_r\cdot\text{EPS}_1$ $(1+g)$ $\cdot K_r$ |
| 3 | $\text{EPS}_1$ $(1+g)^2$ | $R_r\cdot\text{EPS}_1$ $(1+g)^2$ | $R_r\cdot\text{EPS}_1$ $(1+g)^2\cdot K_r$ |
| … | … | … | … |
| t | $\text{EPS}_1$ $(1+g)^{t-1}$ | $R_r\cdot\text{EPS}_1$ $(1+g)^{t-1}$ | $R_r\cdot\text{EPS}_1$ $(1+g)^{t-1}\cdot K_r$ |
| $t+1$ | $\text{EPS}_1$ $(1+g)^t$ | $R_r\cdot\text{EPS}_1$ $(1+g)^t$ | $R_r\cdot\text{EPS}_1$ $(1+g)^t\cdot K_r$ |
| … | … | … | … |

各期保留盈利再投资所增加的每股价值（在各投资期期初的价值）为

$$V_1=-R_r\cdot\text{EPS}_1+\frac{R_r\cdot\text{EPS}_1\cdot K_r}{r}$$

$$V_2=-R_r\cdot\text{EPS}_1(1+g)+\frac{R_r\cdot\text{EPS}_1(1+g)\cdot K_r}{r}$$

$$V_3=-R_r\cdot\text{EPS}_1(1+g)^2+\frac{R_r\cdot\text{EPS}_1(1+g)^2\cdot K_r}{r}$$

……

$$V_t=-R_r\cdot\text{EPS}_1(1+g)^{t-1}+\frac{R_r\cdot\text{EPS}_1(1+g)^{t-1}\cdot K_r}{r}$$

$$V_{t+1}=-R_r\cdot\text{EPS}_1(1+g)^t+\frac{R_r\cdot\text{EPS}_1(1+g)^t\cdot K_r}{r}$$

……

由此可见，$V_{t+1}=V_t$（$1+g$），所以

$$\text{PVGO}=\sum_{t=1}^{\infty}\frac{V_t}{(1+r)^t}=\frac{V_1}{r-g}=\frac{-R_r\cdot\text{EPS}_1+\dfrac{R_r\cdot\text{EPS}_1\cdot K_r}{r}}{r-g} \tag{5-16}$$

**【例 5-12】**　M 公司的股利支付率为 40%，预计未来将保持不变，第一年预计的每

股盈利为 3 元/股，未来各期的保留盈利再投资报酬率与权益报酬率一样，保持 18%不变，股票投资的必要报酬率为 12%。要求：(1) 利用 PVGO 模型估计该公司股票的价值；(2) 利用股利贴现模型估计该公司股票的价值。

**解** 该公司的盈利保留比率 $R_r=1-40\%=60\%$

该公司的股利增长率 ($g$) = 盈利增长率=60%×18%=10.8%

(1) 利用 PVGO 模型估计该公司股票的价值。

该公司在没有成长机会时股票的价值为

$$P_0'=\frac{3}{12\%}=25(\text{元}/\text{股})$$

每股成长机会的价值为

$$\text{PVGO}=\frac{-60\%\times3+\dfrac{60\%\times3\times18\%}{12\%}}{12\%-10.8\%}=75(\text{元}/\text{股})$$

所以，股票的价值为

$$P_0=P_0'+\text{PVGO}=25+75=100(\text{元}/\text{股})$$

(2) 利用股利贴现模型估计该公司股票的价值。

该公司的股票价值为

$$P_0=\frac{3\times40\%}{12\%-10.8\%}=100(\text{元}/\text{股})$$

由此可见，利用 PVGO 模型和利用股利贴现模型估计的该公司股票的价值是完全一样的，但这两个模型是从两个不同的角度来对公司的股票进行估价的。

#### 5.3.3.2 市盈率模型

前述的股票估价模型建立在对未来的股利以及股利增长率进行预计的基础之上，但实际上未来股利的预计很复杂，因而在很多情况下，一般的投资者难以运用这种方法估计股票的价值。现实中还有一种易于被一般投资者掌握和使用的方法可用于估计股票的价值，这就是市盈率模型。

市盈率又称价格盈利比率、本益比或 $P/E$ 比率，是指每股市价与每股盈利之比，即

$$P/E=\text{市盈率}=\text{每股市价}/\text{每股盈利}$$

市盈率表明投资者愿意花费多高的代价购买一家公司一个单位的盈利，该指标可以粗略地反映股价的高低。利用市盈率对股票进行估价的具体公式为

$$\text{某股票价格}=\text{该股票市盈率}\times\text{该股票每股盈利}$$

$$\text{某股票价值}=\text{行业平均市盈率}\times\text{该股票每股盈利}$$

利用这种方法对股票进行股价时，首先需要根据证券机构或有关刊物提供的同类股票过去若干年的平均市盈率，乘以当前的每股盈利，从而得出股票的公平价值。然后再将股票的当前市价与这个公平价值进行比较，以反映按当前市价购买股票所支付的价格

是否合理。如果计算的结果是股票价格低于其价值，则说明目前该股票有一定的吸引力。

**【例 5-13】**　R 公司的股票每股盈利 2 元，市盈率为 15，行业类似股票的平均市盈率是 16，该股票的价格和价值各是多少？

**解**　股票价格＝2×15＝30（元）

股票价值＝2×16＝32（元）

这表明市场对该股票的评价略低，该股票有一定的投资潜力。

市盈率指标的高低实际上会受到多种不同因素的影响。根据前述式（5-15），即

$$P_0=\frac{\mathrm{EPS}}{r}+\mathrm{PVGO}$$

将等式两边同时除以 EPS，可得

$$\text{市盈率}(P/E)=\frac{P_0}{\mathrm{EPS}}=\frac{1}{r}+\frac{\mathrm{PVGO}}{\mathrm{EPS}} \tag{5-17}$$

从式（5-17）可以看出，市盈率的高低主要受股票的必要报酬率、每股成长机会增加的价值，以及每股盈利的影响。当股票投资的风险较低时，股票的必要报酬率较低，市盈率会比较高；当公司的成长机会比较多时，每股成长机会增加的价值比较高，市盈率会比较高；当公司因采用比较保守的会计政策而使其每股盈利被低估时，市盈率会比较高。但另一方面，很高的市盈率往往也表明股票的投资风险比较高。

### ➢专栏 5-2　沃伦·巴菲特经典语录摘要

沃伦·巴菲特 1930 年 8 月 30 日出生于美国内布拉斯加州的奥马哈市，他从小就极具投资意识，钟情于股票和数字的程度远远超过了家族中的任何人。1941 年，刚刚跨入 11 周岁，他便跃身股海，购买了平生第一张股票。1956 年，他创建了伯克希尔·哈撒韦公司（Berkshire Hathaway Cooperation），目前该公司是美国一家世界著名的保险和多元化投资集团。在 1964 至 2006 年的 42 年期间，沃伦·巴菲特所管理的伯克希尔公司净资产的年均增长率达 21.46%，累计增长 361156%；同期标准普尔 500 指数成分公司的年均增长率为 10.4%，累计增长幅度为 6479%。沃伦·巴菲特从 100 美元起家，运用资本市场积累了 520 亿美元的巨额财富，用 42 年创造了 3600 倍收益的投资神话，他因此被喻为“当代最伟大的投资者”，成为众多投资人学习的最佳典范。在他传奇的投资历程中，蕴涵着博大精深的投资智慧。从下面列举的一些他的经典语录中可以领悟出他的一些投资理念：

- 成功的投资在本质上是内在的独立自主的结果。
- 永远不要问理发师你是否需要理发！
- 在拖拉机问世的时候做一匹马，或在汽车问世的时候做一名铁匠，都不是一件有趣的事。
- 风险来自你不知道自己正做些什么。
- 股市与上帝一样，会帮助那些自助者，但与上帝不同的是，他不会原谅那些不知道自己在做什么的人。

• 价格是你所付出去的，价值是你所得到的，评估一家企业的价值部分是艺术部分是科学。

• 要学会以40分钱买1元的东西。

• 如果你不情愿在10年内持有一种股票，那么你就不要考虑哪怕是仅仅持有它们10分钟。

• 资金筹措最难的时候，就是资产买入最佳时机。

• 在别人恐惧时贪婪，在别人贪婪时恐惧。

• 只有在退潮的时候，你才知道谁在裸泳！

## 5.4 有效资本市场假说

根据前述的股票和债券的估价模型估计的是这些证券的内在价值。那么现实中的证券市场价格受哪些因素影响，是否能够反映其内在价值呢？有效资本市场假说对此进行了阐述。

### 5.4.1 有效资本市场假说的含义

在证券投资中，每个投资者都力图获得最大的收益。如果资本市场上的证券价格能迅速、充分地反映那些影响价格变化的信息，那么这种市场就被称作是有效资本市场。

关于资本市场的有效性问题，西方有许多的经济学家曾进行过大量的研究和探讨，最终由尤金·法玛对此作了系统的总结，形成了完整的理论框架，即有效市场假说。这一理论现已成为现代金融经济学和财务学的支柱理论之一，本书第4章介绍的资本资产定价模型以及将在第7章介绍的布莱克-舒尔斯期权定价模型等都是建立在这一假说基础之上的。

根据有效市场假说，在有效的资本市场上，证券价格总是完全反映了已有的信息，证券价格的变化具有“随机游走”的特点。在证券市场上，每个人能够获得的信息都是相等的，并且每个人都是理性的投资者，他们能够确定每种证券的真实价值，并据此作最佳的投资决策。因此，无论是个人或是机构投资者，都不可能通过对证券价格走势的判断长期获得超额利润，任何人都不可能打败市场。在证券市场进行交易的证券，按照各自风险特性的不同以不同的价格出售。

### 5.4.2 有效市场假说的三种形态

根据证券价格对信息反映程度的不同情况，可以将有效市场假说分为可进行实证检验的由弱到强的三种形态，即弱式有效市场假说、半强式有效市场假说、强式有效市场假说。

#### 5.4.2.1 弱式有效市场假说

弱式有效市场又可称为弱型市场效率，该假说认为，当前的股票市场价格充分地反映了该证券的历史价格所包含的全部信息，证券价格的未来变化与其历史变化是不相关的，即相互独立，服从随机游走模式。在这种市场上，任何投资者都不能依靠对证券价格的历史信息进行分析而获得超额收益，以分析历史价格信息为基础的技术分析方法也会变得无效。该层次的假说是有效市场假说的最低层次。

弱式有效市场是否存在通常可通过对各期收益间的相关性分析来进行检验。如果每一期的收益与其前一期的收益之间的相关性很小，相关系数近似等于零，则一般可说明弱式有效市场是成立的。大量的实证检验都表明，在扣除交易成本之后，市场基本上是弱式有效的。

#### 5.4.2.2　半强式有效市场假说

半强式有效市场又可称为半强型市场效率，该假说认为，当前证券的价格不只是反映了历史股价所包含的所有信息，而是充分地反映了所有公开的可利用的信息。在所有公开的可利用的信息中，即包括了历史股价所包含的有关信息，也包括公司公布的财务报表、会计政策以及有关重大事件公告等所包含的信息。因此，该层次的假说是比弱式有效市场假说层次更高的假说，这意味着，如果一个资本市场是半强式有效的，那么它一定也是弱式有效的。在半强式有效市场中，各种信息一经公布，证券价格会迅速调整到其应有的水平上，任何投资者都无法通过分析当前的公开信息而获得超额利润，以基本的经济变量为依据进行证券投资的基本面分析的方法也会变得失效。

对于半强式有效市场是否存在进行检验的方法主要有两种：一种方法是进行事件研究，即检验证券价格对于某个事件发生时所带来的新信息所作出的反应，如果证券价格根据新信息迅速充分地作出了反应，则表明半强式效率是成立的；反之，如果证券价格对于新信息延迟地作出反应，或者对于新信息的反应过度，随后又进行调整，则表明半强式效率是不成立的。另外一种方法是研究职业分析家或基金管理人是否能获得超过市场平均水平的收益。如果这些证券投资的专业人士管理的基金没有长期获得超过市场平均水平的收益，则表明半强式有效市场是存在的。迄今为止，已有许多学者对于半强式有效市场进行了实证检验，多数证据支持半强式效率观点，但也有一些证据得出相反的结论。

#### 5.4.2.3　强式有效市场假说

强式有效市场又称为强型市场效率，该假说认为，当前的证券价格充分反映了全部可利用的信息，包括所有公开和未公开的信息，即使只有一个人知道的秘密信息也已经在证券价格中得到了反映。在这种市场中，任何人都不可能利用任何信息获得超额收益，即使拥有内幕信息也是如此。

强式有效市场是有效市场假说的最高层次，是一种近乎理想状态的市场，但现实中这种理想状态是很难达到的。实证研究的证据也表明，强式有效市场并不存在，这意味着内幕人士凭借其拥有的信息总是有机会获得超额收益的，因此各国的法律中都有关于禁止内幕交易的条款，然而，现实中利用内幕信息获取超额收益的情况仍是屡见不鲜。

### 5.4.3 有效市场假说对公司理财的启示

有效市场假说反映了经济学家和金融学家梦寐以求的理想状态，现实中还有不少例外现象对这一假说提出了挑战。但尽管如此，目前人们普遍认为，功能已经充分发挥的资本市场使轻松获利的机会几乎不复存在。因此，今天的经济学家在遇到明显不合理的市场价格时，并不会完全怀疑有效市场假说的正确性，而是会认真考虑该假说中是否忽略了某些因素。对于企业的财务经理来说，至少应以该假说为出发点，从中得到一些有意义的启示。这些启示主要包括以下几个方面：

（1）市场没有记忆。在弱式有效的资本市场上，证券价格反映了全部的历史信息，当前的价格与未来价格的变化毫无关系。市场表现出来的特点就像是随时遗忘过去发生的一切。在这样的市场上，股价不能被预测。因此，如果企业准备发行股票筹资，而财务经理在股价下跌至低位时愿意选择等待股价反弹，以期望等到股价上涨到波动周期的高位时再发行股票，然而这样的机会不可能等到。

（2）市场价格可信赖。在有效市场中，价格是可以信赖的，大多数投资者都无法获得持续的高额收益，只能获得与其承担的风险大小相适应的必要收益，而财务经理也只能按照证券的公正市场价格发行证券筹资。

（3）读取信息内涵。如果市场是有效的，那么所有信息都将在价格中得到反映，通过读取信息的内涵，就可以从证券价格中获得许多有关未来的信息。例如，利用财务报表中的信息可估计公司的破产概率，而市场对公司证券的评价也能提供有关公司前景的重要信息。

（4）没有财务分析幻觉。在有效的市场上，投资者只会关注公司的现金流量，不会被某种财务假象所迷惑。例如，公司进行股票分割、股票派息、通过改变会计政策而操纵会计利润等情况，都不会影响其股票的价值。

（5）自己动手操作。在有效的市场上，投资者不会花钱请别人来做自己也能做好的事情。例如，企业通过多元化经营可降低其经营风险，但如果投资者自己能够很方便地通过购买不同公司的股票而分散其投资风险，而且代价更低，则多元化经营的公司就不会更受投资者的欢迎。同样的道理，公司通过举债筹资，有可能提高权益报酬率，但如果投资者自己也能够通过借钱买股票的方式来复制这种效应，则举债筹资的公司也不会更受投资者的欢迎。因此，财务经理的任务就是要判断公司发行债券是否会比个人股东借债更便宜。

（6）股票具有很高的需求弹性。商品的需求弹性是指该商品的价格每增加 1 个百分点，其需求量相应变化的百分比。如果这种商品的替代性很强，那么其弹性将远小于 0，否则其弹性会接近于 0。股票的需求弹性也有同样的含义。现实中，投资者购买某种股票并不是由于其某种特质，而是为了能够获得与其风险相适应的公平合理的收益。这意味着各种不同的股票几乎是完全的替代品。因此，公司股票的需求弹性很高。只要某个人或者某个机构不被其他投资者认为其拥有一些内幕消息，那么他就可以按接近市价的价格出售大量股票。

## ➢思考题

1. 证券的内在价值与证券的市场价值有区别吗？二者之间具有怎样的关系？
2. 什么是债券？债券估价的基本原理是什么？
3. 影响债券价值的因素有哪些？债券价值与各影响因素之间具有怎样的关系？
4. 怎样估计不同类型债券的价值？
5. 什么是债券的到期收益率？怎样计算到期收益率？
6. 股票估价的股利贴现模型与增长机会现值模型有什么相同和不同之处？
7. 影响公司市盈率的因素有哪些？
8. 有效资本市场假说的三种形态各有什么含义？
9. 有效资本市场假说对公司理财有哪些启示？

## ➢练习题

1. H 公司发行的债券面值 1000 元，票面年利率 8%，期限 5 年，每年付息一次，到期一次还本。问：

(1) 当投资人要求的必要报酬率分别为 6%、8%和 10%时，债券的价值是多少？

(2) 若该债券的发行价格为 960 元，则投资者按此价格购买债券并持有到期可获得的到期收益率是多少？

2. 某公司发行的债券面值 1000 元，票面年利率 12%，期限 10 年，每半年付息一次，到期一次还本。若你希望获得 14%的收益率，那么你希望以什么价格购买该债券？

3. L 公司发行的优先股面值 100 元，年股息率 9%。若投资者要求的最低收益率为 10%，则该优先股的价值是多少？

4. 恒视公司发行的普通股上期发放股利 1.8 元/股，公司预计今后股利将以 5%的增长率稳定增长。若投资者要求的最低收益率为 15%，则该公司股票的价值是多少？

5. 兴华公司发行的普通股目前每股股利为 1 元，公司预计今后的 3 年内股利将以 10%的增长率增长，3 年后的 4 年中，股利将以 8%的增长率增长，此后，股利将以 3%的增长率稳定增长。若投资者要求的最低收益率为 12%，则该公司普通股的价值是多少？

6. 某公司第 1 年每股盈利 4.5 元/股，公司每年都将其盈利的 30%用于发放股利，70%用于投资新项目。若该公司的权益报酬率为 25%，股东要求的最低收益率为 20%，试求该公司所有增长机会带来的每股增加的价值以及股票的价值。

# 第6章 长期投资决策

**内容提要**

长期投资是提高企业价值的最基本途径，投资决策是企业最基本的财务决策。本章主要介绍长期投资项目的现金流量及其计算，以及长期投资决策的静态和动态评价方法，并讨论了不同情况下这些决策方法的应用以及风险分析方法。通过本章的学习，读者应理解现金流量在长期投资决策中的重要性，掌握长期投资项目现金流量以及各项财务决策指标的计算方法，并掌握投资项目的风险分析方法，为长期投资决策提供依据。

## 6.1 投资项目的现金流量及其计算

### 6.1.1 现金流量的概念

长期投资决策中所说的现金流量，是指与长期投资决策相关的现金流入与现金流出的数量。这里的“现金”是广义的现金，它不仅包括与项目相关的各种货币资金，还包括项目中需要投入的各种非货币资金的变现价值。例如，某一个投资项目中需要使用原有的厂房、设备和材料等，则其相关的现金流量就是这些厂房、设备和材料的变现价值，而不能用其账面价值来表示其现金流量。

现金流量是评价一个投资项目是否可行时必须事先计算的一个基础性指标。现金流量包括现金流入量、现金流出量和现金净流量三个具体概念。现金流出量是指该项目引起的企业现金支出额，而现金流入量是指该项目引起的企业现金收入的增加额。现金净流量是指在一定期间内现金流入量和现金流出量的差额。这里所说的一定期间，可以是指一年内，也可以是指投资项目持续的整个年限内。现金流入量大于流出量时，现金净流量为正值；反之，现金净流量为负值。

### 6.1.2 现金流量的构成

不同的长期投资项目，所涉及的现金流量具体项目也会有所不同。这里以企业内部固定资产长期投资决策为例，来介绍投资项目现金流量的具体构成。与固定资产投资项目相关的现金流量一般由以下三个部分组成。

#### 6.1.2.1 初始现金流量

初始现金流量是指开始投资时发生的现金流量，一般包括以下几个部分：

(1) 固定资产上的投资。这是指在新项目实施过程中，需要支付的固定资产投资额，包括固定资产的购入或建造成本、运输成本和安装成本等，这些投资可以是一次性支付，也可能是分几次支付。

(2) 流动资金的垫支。这是指实施新项目后，由于企业生产规模的扩大，需要在流动资金方面增加一定的投资额，包括对原材料、在产品、产成品和现金等流动资产的追加投资。在营业终了或者出售（报废）该固定资产时，这些流动资金的投资才能收回。

(3) 其他投资费用。这是指在新项目实施过程中与长期投资相关的职工培训费用、谈判费用和注册费用等。

#### 6.1.2.2 营业现金流量

营业现金流量是指投资项目完工投入使用之后，在其寿命周期内由于生产经营所带来的现金流入和现金流出的数量。这种现金流量一般按年度进行计算。这里的现金流入主要是指营业现金收入，而现金流出则主要是指营业现金支出和交纳的税金。如果一个投资项目的每年营业现金收入就等于销售收入，而年营业现金支出等于付现成本（指不包括折旧的成本），那么，年营业现金净流量可以用下列三个公式计算得到：

(1) 根据定义计算，其计算公式可以表示为

$$\text{年营业现金净流量}=\text{营业收入}-\text{付现成本}-\text{所得税} \tag{6-1}$$

(2) 根据企业的营业结果来计算，其公式可以表示为

$$\text{年营业现金流量}=\text{净利润}+\text{折旧}$$

这个公式与式（6-1）是一致的，也可以通过式（6-1）推导得出

$$\begin{aligned}\text{年营业现金流量}&=\text{营业收入}-\text{付现成本}-\text{所得税}\\&=\text{营业收入}-(\text{营业成本}-\text{折旧})-\text{所得税}\\&=(\text{营业收入}-\text{营业成本}-\text{所得税})+\text{折旧}\\&=\text{净利润}+\text{折旧}\end{aligned} \tag{6-2}$$

(3) 根据所得税对收入和折旧的影响计算，其计算公式可以表示为

$$\begin{aligned}\text{年营业现金流量}&=\text{税后收入}-\text{税后成本}+\text{税负减少}\\&=\text{营业收入}\times(1-\text{税率})-\text{付现成本}\times(1-\text{税率})+\text{折旧}\times\text{税率}\end{aligned} \tag{6-3}$$

这个公式也可以直接通过公式（6-1）推导得出

$$\begin{aligned}\text{年营业现金净流量}&=\text{营业收入}-\text{付现成本}-\text{所得税}\\&=\text{营业收入}-\text{付现成本}-(\text{营业收入}-\text{付现成本}-\text{折旧})\\&\quad\times\text{所得税税率}\\&=\text{营业收入}\times(1-\text{税率})-\text{付现成本}\times(1-\text{税率})\\&\quad+\text{折旧}\times\text{税率}\end{aligned}$$

式中，营业收入×（1－税率）是税后的收入；付现成本×（1－税率）为税后的成本；折旧×税率被称为“折旧抵税额”或“税收档板”。因为折旧可以起到减少税负的作用，如果企业不计提折旧，则所交的所得税就会增加许多，而折旧税盾就是由于计提了折旧而少支付的所得税税额，实际上也就是使得企业的现金流出量减少的数额。

#### 6.1.2.3 终结现金流量

终结现金流量是指投资项目完结时所发生的现金流量，主要包括：

(1) 固定资产的残值净收入或变价净收入；

(2) 原来垫支在各种流动资产上的流动资金回收；

(3) 停止使用的土地变价收入等。

### 6.1.3 现金流量的确定与计算

为了正确地评价投资项目的优劣，必须正确地估计并计算该项目的现金流量。估计某投资项目的投资支出和每年产生的现金净流量时，会涉及许多变量，所以需要企业有关部门的协同参与。例如，由销售部门负责预测售价和销量；产品开发和技术部门负责估计投资方案的资本性支出；由生产和成本部门负责估计产品的制造成本；而财务部门可以为销售、生产等部门的预测建立共同的基本假设条件，如物价水平、贴现率、可供资源的限制条件等。协同参与预测工作的各部门人员要相互衔接和配合，防止预测者因个人偏好或部门利益而高估或者低估收入或成本。

#### 6.1.3.1 相关成本与不相关成本

在确定投资项目的相关现金流量时，应遵循一条基本的原则：只有增量现金流量才是与项目相关的现金流量。所谓增量现金流量，是指接受或拒绝某个投资项目后，企业的总现金流量因此发生的变动。只有那些由于采纳某个项目引起的现金支出增加额，才是该项目的现金流出，同样，也只有那些由于采纳某个项目引起的现金流入增加额，才是该项目的现金流入。

为了正确计算投资方案的增量现金流量，需要正确地判断哪些支出会引起企业总现金流量的变动，哪些支出不会引起企业总现金流量的变动。在进行判断时，要注意考虑区分相关成本和非相关成本。

相关成本是指与特定决策有关的、在分析评价时必须加以考虑的成本。例如，差额成本、未来成本、重置成本、机会成本等都属于相关成本。与此相反，与特定决策无关的、在分析评价时不必加以考虑的成本是非相关成本。例如沉没成本、过去成本、账面成本等往往都是非相关成本。如果把非相关成本纳入投资方案的总成本，则一个有利的方案可能因此变得不利，一个较好的方案可能变为较差的方案，从而造成决策错误。

在投资方案的选择中，如果选择了一个投资方案，则可能要放弃投资于其他途径的机会。此时，其他投资机会可能取得的收益则是实行本方案所必须付出的一个代价，这也就是实行本方案的机会成本。机会成本不是普通意义上的“成本”，它不是一种支出或者费用，而是失去的收益，这种收益不是实际发生的，而是潜在的。机会成本总是针对某个具体方案的，离开被放弃的方案机会成本就无从计量确定。

另外，当采纳一个方案之后，可能还会对公司的其他部门造成有利或不利的影响。例如，若新建某车间生产的产品上市后，原有产品的销路可能会有所减少，而整个企业的销售额也许不增加甚至减少，因此，企业在进行投资分析时，不应将新车间的销售收入作为增量收入来处理，而应扣除其他部门因此减少的销售收入。当然，也有可能产生相反的情况，新产品上市后促进了其他部门的销售增长，在这种情况下，其他部门增加的销售收入当然也要在投资分析中作为增量现金流量来考虑。

#### 6.1.3.2　现金流量的计算

下面举例说明现金流量的计算过程。

**【例 6-1】**　某企业准备购置一台新设备，以扩大现有的生产能力。新设备投入使用后，不会对现有业务发生影响。现有 A 和 B 两个方案可供选择：

方案 A：新设备需要投资额 200 000 元，设备的使用寿命为 5 年，企业采用直线法计提固定资产的折旧，5 年后设备无残值。在 5 年中，每年的销售收入为 150 000 元，每年的付现成本为 80 000 元。

方案 B：新设备需投资额 220 000 元，使用寿命期也是 5 年，5 年后有设备残值 20 000元，设备的折旧也采用直线法。在未来 5 年中每年的销售收入也是 150 000 元，而在设备的使用过程中，随着设备的陈旧，每年的付现成本是逐年增长的，在未来 5 年中每年的付现成本分别是 60 000、65 000、70 000、75 000和 80 000 元。另外，在 B 方案实施过程中，还需要垫支营运资金60 000元。

假设该企业的所得税税率为 40%，请计算这两个方案的现金流量。

**解**　首先分别计算两个方案给定条件下每年的设备折旧额

$$\text{方案 A 的每年折旧额} = 200\,000/5 = 40\,000(\text{元})$$

$$\text{方案 B 的每年折旧额} = (220\,000 - 20\,000)/5 = 40\,000(\text{元})$$

这里以方案 A 为例来说明营业现金流量的计算

对于方案 A 而言，其每年的净利润和所得税可以计算为

$$\text{每年的所得税} = (150\,000 - 80\,000 - 40\,000) \times 40\% = 12\,000(\text{元})$$

$$\text{年净利润} = (150\,000 - 80\,000 - 40\,000) \times (1 - 40\%) = 18\,000(\text{元})$$

从而，可以计算方案 A 的营业现金净流量，计算过程如下：

$$\text{年净现金流量} = 150\,000 - 80\,000 - 12\,000 = 58\,000(\text{元})$$

或者

$$= 18\,000 + 40\,000 = 58\,000(\text{元})$$

或者

$$= 150\,000 \times (1 - 40\%) - 80\,000 \times (1 - 40\%) + 40\,000 \times 40\% = 58\,000(\text{元})$$

对于方案 B 而言，由于其每年的付现成本不相等，因此，每年的营业现金净流量也不相等。在下面的表 6-1 中，将详细计算这两个方案的营业现金流量，并且结合初始现金流量和终结现金流量编制了两个方案的全部现金流量，如表 6-2 所示。

表 6-1 两个方案的营业现金流量计算表 单位：元

| 年度 | 1 | 2 | 3 | 4 | 5 |
|---|---|---|---|---|---|
| 方案 A： | | | | | |
| 销售收入 | 150 000 | 150 000 | 150 000 | 150 000 | 150 000 |
| 付现成本 | 80 000 | 80 000 | 80 000 | 80 000 | 80 000 |
| 折 旧 | 40 000 | 40 000 | 40 000 | 40 000 | 40 000 |
| 税前利润 | 30 000 | 30 000 | 30 000 | 30 000 | 30 000 |
| 所得税 | 12 000 | 12 000 | 12 000 | 12 000 | 12 000 |
| 税后净利 | 18 000 | 18 000 | 18 000 | 18 000 | 18 000 |
| 营业现金净流量 | 58 000 | 58 000 | 58 000 | 58 000 | 58 000 |
| 方案 B： | | | | | |
| 销售收入 | 150 000 | 150 000 | 150 000 | 150 000 | 150 000 |
| 付现成本 | 60 000 | 65 000 | 70 000 | 75 000 | 80 000 |
| 折 旧 | 40 000 | 40 000 | 40 000 | 40 000 | 40 000 |
| 税前利润 | 50 000 | 45 000 | 40 000 | 35 000 | 30 000 |
| 所得税 | 20 000 | 18 000 | 16 000 | 14 000 | 12 000 |
| 税后净利 | 30 000 | 27 000 | 24 000 | 21 000 | 18 000 |
| 营业现金净流量 | 70 000 | 67 000 | 64 000 | 61 000 | 58 000 |

表 6-2 投资项目现金流量表 单位：元

| 年度 | 0 | 1 | 2 | 3 | 4 | 5 |
|---|---|---|---|---|---|---|
| 方案 A： | | | | | | |
| 固定资产投资 | −200 000 | | | | | |
| 营业现金流量 | | 58 000 | 58 000 | 58 000 | 58 000 | 58 000 |
| 现金流量合计 | −200 000 | 58 000 | 58 000 | 58 000 | 58 000 | 58 000 |
| 方案 B： | | | | | | |
| 固定资产投资 | −220 000 | | | | | |
| 营运资金垫支 | −60 000 | | | | | |
| 营业现金流量 | | 70 000 | 67 000 | 64 000 | 61 000 | 58 000 |
| 固定资产残值 | | | | | | 20 000 |
| 营运资金回收 | | | | | | 60 000 |
| 现金流量合计 | −280 000 | 70 000 | 67 000 | 64 000 | 61 000 | 138 000 |

在表 6-1 和表 6-2 中，年度 0 表示第一年年初，年度 1 表示第一年年末，年度 2 表示第二年年末，以此类推。在现金流量的计算中，为了简化计算，假设各年的投资都是在年初一次性投入的，而每年的营业现金流量都是在每年的年末一次性收到的，而终结现金流量也是在最后一年的年末一次性发生的。

### ➢专栏 6-1 是否应该忘掉沉没成本?

一家医药公司的总裁，正在进行一项新的止痛药的开发项目。据悉，另外一家医药公司已经开发出了类似的一种新的止痛药。通过那家公司止痛药在市场上的销售情况可以预计，如果继续进行这个项目，公司有将近 90%的可能性损失 500 万元，有将近 10%的可能性盈利 2500 万元。到目前为止，项目刚刚启动，还没花费什么钱。从现阶段到产品真正研制成功能够投放市场还需耗资 50 万元。你会把这个项目坚持下去还是现在放弃？

还是这家公司，到现在为止，这个项目已启动了很久，你已经投入了 500 万元，只要再投 50 万元，产品就可以研制成功正式上市了。你会把这个项目坚持下去还是现在放弃？

除了你已经投入 500 万元之外，第二个问题与前一个问题是完全一样的。

在一项行为金融学的调查中，绝大多数企业老总们对这个问题的回答是“坚持继续投资”。他们认为已经投了 500 万元，再怎么样也要继续试试看，说不定运气好可以收回这个成本。殊不知，为了这已经沉没的 500 万元，他们将有 90%的可能非但收不回原有投资，还会再赔上 50 万元啊。

所以在投资时应该注意：如果发现是一项错误的投资，就应该立刻悬崖勒马，尽早回头，切不可因为顾及沉没成本，错上加错。事实上，这种为了追回沉没成本而继续追加投资导致最终损失更多的例子比比皆是。许多公司在明知项目前景暗淡的情况下，依然苦苦维持该项目，原因仅仅是因为他们在该项目上已经投入了大量的资金（沉没成本）。摩托罗拉公司的铱星项目就是沉没成本谬误的一个典型的例子。摩托罗拉为这个项目投入了大量的成本，后来发现这个项目并不像当初想象的那样乐观。可是，公司的决策者一直觉得已经在这个项目上投入了那么多，不能半途而废，所以仍旧苦苦支撑。但是后来事实证明这个项目是没有前途的，所以最后摩托罗拉公司只能忍痛接受了这个事实，彻底结束了铱星项目，并为此损失了大量的人力、财力和物力。

资料来源：根据董志勇著《生活中的行为经济学》相关资料改编

### 6.1.4　现金流量与企业的会计利润

财务会计按照权责发生制来计算企业的收入与成本，并以收入减去成本后的利润作为收益，来评价企业的经济效益。而现金流量是按照收付实现制来确认的。在长期投资项目的决策中，一般不用利润来作为评价项目经济效益高低的基础，而应以现金流入来作为项目的收入，把现金流出来作为项目的支出，而以现金净流量作为整个项目的净收益来评价投资项目的经济效益。也就是说，投资决策是按照收付实现制计算的现金流量来作为评价的基础，而不是以按照权责发生制计算的企业会计利润来作为评价基础的。这样做是基于以下几个原因：

首先，在整个投资的有效期限内，利润总计与现金净流量的总计数是相等的。所以，现金净流量可以取代利润来作为评价净收益的指标。例如，在例 6-1 中，以方案 A 为例，在项目的 5 年期限中，其总计的会计净利润为 18 000×5＝90 000 元，而其 5 年内的现金净流量为 58 000×5－200 000＝90 000 元，两者是相等的。同样，对于方案 B 而言，在 5 年的项目期限内，总计的会计净利润为 30 000＋27 000＋24 000＋21 000＋18 000＝120 000 元，而在 5 年内的现金净流量为 70 000＋67 000＋64 000＋61 000＋138 000－280 000＝120 000 元。这里可以看到，从长期来看，现金净流量与会计净利润的总计值是相等的。

其次，在企业经营与投资分析中，现金流动状况有时比盈亏状况更为重要。有利润的年份不一定能产生多余的现金用来进行其他项目的再投资。一个项目能否维持下去，不取决于在一定期间内是否有盈利，而取决于是否有现金用于各种支付。

再次，采用现金流量则更有利于科学地考虑到投资资金的时间价值因素。科学的投资决策必须考虑到资金的时间价值因素，这就要求在决策时一定要考虑每笔预期现金流入和现金流出的具体时间，因为不同时间的现金流入和现金流出具有不同的价值。而会计净利润的计算，并不考虑到资金收付的时间，它是以权责发生制为基础计算的。所以，在衡量方案的优劣时，应根据各投资项目在寿命周期内各年的现金流量，按照一定的资本成本，结合资金的时间价值来确定。

最后，从计算的角度来说，会计净利润在各年的分布存在着一定人为因素的影响，利润的计算没有完全统一的标准，具有一定不科学和不客观的成分，而现金流量的分布则不受这些人为因素的影响。运用现金流量进行项目的评价可以保证评价结果的客观性。

综合考虑这些因素，在投资项目的决策中，一般都是采用现金流量的概念，而不用会计净利润作为项目评价的依据。

## 6.2 投资决策的基本方法

对投资项目进行评价时，所采用的指标主要分为两类：一类是非贴现指标，即没有考虑资金时间价值因素的指标；另一类是贴现指标，即考虑了时间价值因素的指标。根据评价指标的类别，投资项目决策评价的方法也被分为贴现决策评价方法和非贴现决策评价方法。常用的非贴现评价方法有静态投资回收期法和平均报酬率法，贴现评价方法有动态投资回收期法、净现值法、获利指数法和内部报酬率法等。下面就分别介绍这些方法。

### 6.2.1 投资回收期法

投资回收期是指投资引起的现金流入累计与投资额相等所需要的时间，它一般以年为单位，表示收回投资所需要的年限，回收期越短，方案越有利。投资回收期有静态投资回收期和动态投资回收期两类。

#### 6.2.1.1 静态投资回收期

静态投资回收期是用不贴现的现金流量直接计算收回初始投资所需的时间。静态投资回收期的计算，因每年的营业现金流量是否相等而有所不同。如果每年的营业净现金流量相等，则静态投资回收期可以用下述公式计算：

$$\text{静态投资回收期} = \frac{\text{原始投资额}}{\text{每年的净现金流量}} \tag{6-4}$$

如果每年的净现金流量不相等，那么，计算静态投资回收期要根据每年的年末尚未收回的投资额加以确定。

**【例 6-2】** 对于前面例 6-1 中的方案 A，每年的净现金流量相等，则其静态投资回收期可以计算为

$$方案\ A\ 静态投资回收期=\frac{200\ 000}{58\ 000}=3.448(年)$$

而对于方案 B，由于每年的净现金流量不相等，则需要计算每年末尚未收回的投资额，计算过程见表 6-3 所示。

**表 6-3　投资回收期计算表**　　单位：元

| 年度 | 每年的净现金流量 | 每年年末尚未收回的投资额 |
|---|---|---|
| 0 | | 280 000 |
| 1 | 70 000 | 210 000 |
| 2 | 67 000 | 143 000 |
| 3 | 64 000 | 79 000 |
| 4 | 61 000 | 18 000 |
| 5 | 138 000 | — |

从表 6-3 中可以看出，到第 4 年末，尚有 18 000 元投资未收回，方案 B 的静态投资回收期可以计算如下：

$$方案\ B\ 静态投资回收期=4+\frac{18\ 000}{138\ 000}=4.13(年)$$

从本指标看，方案 A 的静态投资回收期比方案 B 要短，因此，仅从本指标的角度考虑，应该把方案 A 作为优先选择的方案。

静态投资回收期法计算简便，并且容易被决策人所正确理解。它的缺点在于未充分考虑到资金的时间价值，并且没有考虑回收期满后的项目收益情况。

#### 6.2.1.2 动态投资回收期

动态投资回收期是用贴现的现金流量收回初始投资所需要的年限。现金流量按预定的贴现率进行贴现。

**【例 6-3】** 沿用例 6-1 的数据，假定预定的贴现率为 10%，则其中方案 A 的贴现现金流量计算如表 6-4 所示。

**表 6-4　方案 A 贴现现金流量计算表**　　单位：元

| 年度 | 每年的净现金流量 | 每年的贴现现金流量 | 考虑时间价值情况下每年年末尚未收回的投资额 |
|---|---|---|---|
| 0 | −200 000 | | −200 000 |
| 1 | 58 000 | 58 000×0.9091=52 727.8 | −147 272.2 |
| 2 | 58 000 | 58 000×0.8264=47 931.2 | −99 341 |
| 3 | 58 000 | 58 000×0.7513=43 575.4 | −55 765.6 |
| 4 | 58 000 | 58 000×0.6830=39 614 | −16 151.6 |
| 5 | 58 000 | 58 000×0.6209=36 012.2 | 19 860.6 |

因此，方案A的动态投资回收期可以计算为

$$方案A动态投资回收期=4+\frac{16\ 151.6}{36\ 012.2}=4.45(年)$$

同样道理，方案B的贴现现金流量计算如表6-5所示。

**表6-5 方案B贴现现金流量计算表** 单位：元

| 年度 | 每年的净现金流量 | 每年的贴现现金流量 | 考虑时间价值情况下每年年末尚未收回的投资额 |
|---|---|---|---|
| 0 | −280 000 | | −280 000 |
| 1 | 70 000 | 70 000×0.9091=63 637 | −216 363 |
| 2 | 67 000 | 67 000×0.8264=55 368.8 | −160 994.2 |
| 3 | 64 000 | 64 000×0.7513=48 083.2 | −112 911 |
| 4 | 61 000 | 61 000×0.6830=41 663 | −71 248 |
| 5 | 138 000 | 138 000×0.6209=85 684.2 | 14 436.2 |

因此，方案B的动态投资回收期可以计算为

$$方案B动态投资回收期=4+\frac{71\ 248}{85\ 684.2}=4.83(年)$$

运用投资回收期法进行投资决策具有以下一些优点：① 对于风险较大的投资项目，未来现金流量比近期现金流量风险要大得多，特别是在不确定的投资环境下，投资的尽早回收可避免政治经济等不利因素的影响。对于技术发展迅猛的行业，企业尽快收回投资显得尤为重要。②投资回收期法更强调投资的流动性和变现性，对于那些缺乏短期资产，没有能力另外筹集外部资金的公司比较适用，回收期越短，项目的变现能力越强。尽快收回投资成本，可以帮助公司解决所面临的流动性困难。

但是从另一个角度看，有些具有战略意义的长期投资往往是早期的收益较低，而中后期的收益较高。因此，仅仅利用投资回收期法进行决策往往会导致企业优先考虑急功近利的项目，而放弃较为长期的成功项目。过去，投资回收期法是一种投资方案评价中最常用的方法，而现在，这种方法只能作为一种辅助方法来使用。

### 6.2.2 平均报酬率法

平均报酬率（average rate of return，ARR）也称为平均收益率，它是指投资项目寿命期内平均的年投资报酬率。平均报酬率有多种计算方法，其中最常见的计算公式为

$$平均报酬率=\frac{每年的平均现金流量}{初始投资额}\times 100\% \tag{6-5}$$

**【例6-4】** 仍以例6-1中的数据为例，来计算其平均报酬率。

$$方案A的平均报酬率=\frac{58\ 000}{200\ 000}\times 100\%=29\%$$

$$方案B的平均报酬率=\frac{(70\ 000+67\ 000+64\ 000+61\ 000+138\ 000)\div 5}{280\ 000}\times 100\%$$
$$=23.79\%$$

在计算平均报酬率时，也可以采用会计报表上的利润数据。在进行决策前，首先应该确定一个企业要求达到的平均报酬率。这样，在进行决策时，计算的平均报酬率只要高于必要的平均报酬率，则方案可行。而在有多个方案的互斥选择中，则应选择平均报酬率最高的方案。因此，从本指标的角度看，应选择平均报酬率水平较高的方案 A 作为优先的选择方案。

平均报酬率法计算简便，应用范围很广。但是，其缺点是未考虑到资金的时间价值，不同时间的现金流量的价值看成是一样的，这样容易导致错误的决策。

静态投资回收期法和平均报酬率法都是静态的投资决策方法，均未考虑到资金的时间价值因素。在决策中，投资回收期法和平均报酬率法往往只能作为项目方案选择的辅助方法。

### 6.2.3　净现值法

所谓净现值（net present value，NPV），是指特定方案未来现金流入量的现值与未来现金流出量的现值之间的差额。按照这种方法，所有的未来现金流入和流出量都要按照预定的贴现率折算为它们的现值，然后再计算它们的差额。如果贴现后的现金流入大于贴现后的现金流出，则净现值为正数，表示该项目的投资报酬率大于预定的贴现率；如果贴现后的现金流入等于贴现后的现金流出，则净现值为零，表示该项目的投资报酬率相当于预定的贴现率；如果贴现后的现金流入小于贴现后的现金流出，则净现值为负数，表示该项目的投资报酬率小于预定的贴现率。净现值的计算公式如下：

$$\mathrm{NPV}=\sum_{k=1}^{n}\frac{I_k}{(1+i)^k}-\sum_{k=1}^{n}\frac{Q_k}{(1+i)^k} \tag{6-6}$$

式中，$n$ 为投资涉及的年份；$I_k$ 为第 $k$ 年的现金流入量；$Q_k$ 为第 $k$ 年的现金流出量；$i$ 为预定的贴现率（资本成本或者企业要求的报酬率）。

若项目为一次性投资，则净现值的计算公式也可以表示为

$$\mathrm{NPV}=\sum_{k=1}^{n}\frac{\mathrm{NCF}_k}{(1+i)^k}-C \tag{6-7}$$

式中，$C$ 表示一次性的初始投资额；$\mathrm{NCF}_k$ 表示第 $k$ 年的净现金流量。

**【例 6-5】**　仍以例 6-1 中的数据为例，这里假设预定的贴现率为 10%。对于方案 A 来说，由于每年的净现金流量相等，则其净现值可以计算为

$$\begin{aligned}方案A的\ \mathrm{NPV}&=\mathrm{NCF}\times \mathrm{PVIFA}_{i,\ n}-C\\&=58\ 000\times \mathrm{PVIFA}_{10\%,\ 5}-200\ 000\\&=58\ 000\times 3.7908-200\ 000\\&=19\ 866.4(元)\end{aligned}$$

而对于方案 B 来说，由于每年的净现金流量不相等，则其净现值可以计算为

方案 B 的净现值 NPV＝70 000×0.9091＋67 000×0.8264＋64 000×0.7513
＋61 000×0.6830＋138 000×0.6209－280 000
＝14 436.2(元)

两个方案的净现值均为正数，说明这两个方案的报酬率均大于贴现率 10%，说明这两个方案都是有利的，因而是可以接受的。

净现值法所依据的原理是：假设预计的现金流入在年末肯定可以实现，并把原始投资看成是按预定贴现率借入的，则当净现值为正数时，表明偿还本息后该项目还有剩余的收益，所以项目是可行的；当净现值为零时，表明偿还本息后一无所获；而当净现值为负数时，表明该项目的收益不足以偿还本息，则项目不可行。由此可见，净现值的经济含义是投资方案的贴现后的净收益。

当只有一个备选方案时，如果用净现值法进行采纳与否的决策，则如果净现值大于 0 就应该采纳，如果净现值小于 0 就不应该采纳。在有多个备选方案的互斥选择决策中，应选用净现值为正值中的最大值。在本例中，两个方案的净现值均大于 0，所以均可行。但是由于方案 A 的净现值更大，因此，从本指标的角度看，应选择方案 A 作为优先的方案。

净现值法的优点是，考虑了资金的时间价值，能够反映各种投资方案的净收益，因而它具有最广泛的适用性，在理论上也比其他方法更加完善，净现值法也是投资决策评价中的最基本的方法。但是，净现值法也有一定的缺点。首先，它不能揭示各个投资方案本身的实际可达到的报酬率真正是多少；其次，当几个投资项目或几个方案的初始投资额不一致时，简单地比较它们之间净现值的大小显然是不合适的。这两个缺点分别可以用下面的两个指标内部报酬率和获利指数来补充。

### 6.2.4 获利指数法

获利指数（profitability index，PI）又称为现值指数、现值比率或贴现后收益-成本比率，它是指未来每年的现金净流量的现值与初始投资的现值的比率。当初始投资为一次性投入时，其计算公式可以简化表示为

$$PI = \sum_{k=1}^{n} \frac{NCF_k}{(1+i)^k} / C \tag{6-8}$$

**【例 6-6】** 沿用例 6-1 中的数据，按照上面的计算公式，就可以分别计算得到两个方案的获利指数：

方案 A 的获利指数 PI＝58 000×3.7908/200 000＝1.10

方案 B 的获利指数 PI＝(63 637＋55 368.8＋48 083.2＋41 663
＋85 684.2)/280 000＝1.05

在应用获利指数法进行决策时，如果只有一个备选方案的采纳与否决策，只要获利指数大于或等于 1，则表明其报酬率达到了预定的贴现率，应该采纳；否则就应该拒绝。在有多个方案的互斥选择决策中，应采用获利指数大于 1 最多的投资项目。

在这里，两个方案的获利指数均大于 1，表明这两个方案均可行。但是，方案 A 的

获利指数较大，所以，从本指标来看，应选择方案 A 作为优先的方案。

获利指数法的优点是，考虑了资金的时间价值，能够真实地反映投资项目的盈亏程度。特别需要指出的是，由于获利指数是用相对数表示的，所以，它有利于在初始投资额不同的投资方案之间进行比较。

作为评价方案的一个指标，获利指数可以看成是 1 元原始投资可望获得的现值净收益，它是一个相对数指标，反映了投资的效率；而净现值指标则是一个绝对数指标，反映了投资的效益。

### 6.2.5　内部报酬率法

内部报酬率（internal rate of return，IRR）又称为内含报酬率、内含收益率，它是指能够使未来现金流入量现值等于未来现金流出量现值的贴现率，或者说是使投资方案净现值为零时的贴现率。

净现值法和获利指数法虽然考虑了资金的时间价值，可以说明投资方案高于或低于某一特定的投资报酬率，但是并不能够真正揭示方案本身可以达到的具体的报酬率是多少。内部报酬率就是根据方案的现金流量计算所得到的方案本身的实际投资报酬率。

如果投资项目每年的现金净流量相同，则内部报酬率的计算相对比较简单。

**【例 6-7】**　以例 6-1 中的方案 A 为例计算内部报酬率。在这里，要计算使该方案的净现值为零时的贴现率，有

$$\text{方案 A 的 NPV} = \text{NCF} \times \text{PVIFA}_{i,\,n} - C = 58\ 000 \times \text{PVIFA}_{i,\,5} - 200\ 000 = 0$$

则有

$$\text{PVIFA}_{i,\,5} = 200\ 000/58\ 000 = 3.4483$$

这里要利用插值法进行计算。查年金现值系数表，$n=5$ 时，与 3.4483 相邻近的年金现值系数为 12%～14%，则该方案的内部报酬率可以用插值法计算如下：

$$\begin{array}{ll}
\text{贴现率} & \text{年金现值系数} \\
\left.\begin{array}{l}\left.\begin{array}{l}12\% \\ ?\%\end{array}\right\} x\% \\ 14\%\end{array}\right\} 2\% &
\left.\begin{array}{l}\left.\begin{array}{l}3.6048 \\ 3.4483\end{array}\right\} 0.1565 \\ 3.4331\end{array}\right\} 0.1717
\end{array}$$

从而可以有 $\dfrac{x}{2} = \dfrac{0.1565}{0.1717}$，$x = 1.823$。

$$\text{方案 A 的内部报酬率} = 12\% + 1.823\% = 13.823\%$$

对于每年净现金流量不相等的情况，则相对比较复杂，通常需要采用“逐步测算法”。首先估计一个贴现率，用它来计算方案的净现值；如果净现值为正数，则说明方案本身的报酬率超过估计的贴现率，应提高贴现率后进行进一步测试；如果净现值为负数，则说明方案本身的报酬率低于估计的贴现率，应降低贴现率后进一步测试。经过如此多次反复测试，可以找到净现值由正到负并且比较接近于零的两个贴现率。再根据这两个邻近的贴现率，利用插值法计算出该方案的实际内部报酬率。

**【例 6-8】**　以例 6-1 中的方案 B 为例，来说明每年的净现金流量不相等情况下的内部报酬率的计算过程，如表 6-6 所示。

表 6-6 每年的净现金流量不相等情况下内部报酬率的计算 单位：元

| 年度 | $NCF_k$ | 测试 10% | | 测试 11% | | 测试 12% | |
|---|---|---|---|---|---|---|---|
| | | 复利现值系数 | 现值 | 复利现值系数 | 现值 | 复利现值系数 | 现值 |
| 0 | −280 000 | 1 | −280 000 | 1 | −280 000 | 1 | −280 000 |
| 1 | 70 000 | 0.9091 | 63 637 | 0.9009 | 63 063 | 0.8929 | 62 503 |
| 2 | 67 000 | 0.8264 | 55 368.8 | 0.8116 | 54 377.2 | 0.7972 | 53 412.4 |
| 3 | 64 000 | 0.7513 | 48 083.2 | 0.7312 | 46 796.8 | 0.7118 | 45 555.2 |
| 4 | 61 000 | 0.683 | 41 663 | 0.6587 | 40 180.7 | 0.6355 | 38 765.5 |
| 5 | 138 000 | 0.6209 | 85 684.2 | 0.5935 | 81 903 | 0.5674 | 78 301.2 |
| 累计 | | | 14 436.2 | | 6 320.7 | | −1 462.7 |

在表 6-6 中，先按 10%的贴现率进行测算，净现值为正数；接着，再把贴现率提高到 11%，进行第二次测试，净现值仍然为正数，说明内部报酬率仍然大于 11%；然后再把贴现率提高到 12%进行测算，得到的净现值为负数。这说明该项目的内部报酬率一定在 11%～12%。现在，可以用插值法计算内部报酬率如下：

$$
\begin{array}{ll}
\text{贴现率} & \text{净现值} \\
\left.\begin{array}{l}\left.\begin{array}{l}11\% \\ ?\%\end{array}\right\} x\% \\ 12\%\end{array}\right\} 1\% &
\left.\begin{array}{l}\left.\begin{array}{l}6320.7 \\ 0\end{array}\right\} 6320.7 \\ -1462.7\end{array}\right\} 7783.4
\end{array}
$$

从而可以有 $\frac{x}{1}=\frac{6320.7}{7783.4}$，$x=0.812$。

因此，该方案的内部报酬率为 11%+0.812%=11.812%。

从内部报酬率指标的角度看，A 方案的内部报酬率要大于 B 方案的内部报酬率，从而 A 方案要优于 B 方案。

内部报酬率方法的优点在于考虑了资金的时间价值，同时也反映了投资的真实报酬率，但是这种方法的计算过程比较复杂，特别是对于每年的净现金流量不相等的投资项目，一般要经过多次测算才能得到最终的结果。当然，在内部报酬率的计算过程中，可以借助于计算机工具，通过事先编制好的程序，直接计算得出特定现金流量条件下的内部报酬率。

## 6.3 投资决策方法的比较分析

以上介绍了长期投资决策中的贴现现金流量和非贴现现金流量两大类指标，下面对这些方法作一些比较分析。

### 6.3.1 贴现指标与非贴现指标的比较

投资回收期法作为评价企业投资效益的一种主要方法，在 20 世纪 50 年代曾流行于全世界。但是，随着经济的日益发展、管理人员水平的不断提高和电子计算机技术的推广应用，贴现指标的使用越来越广泛，非贴现指标的局限性也显露出来。50～80 年代以后，在时间价值原理基础上建立起来的贴现现金流量指标，在投资决策指标体系中逐渐占据主导地位，并形成了以贴现现金流量指标为主，以投资回收期为辅的多种指标并存的指标体系。

贴现现金流量指标在投资决策中得到广泛的应用，其主要原因包括以下几个方面：

首先，非贴现指标未考虑资金的时间价值因素，把不同时点上的现金流入与现金流出进行同样的对比分析，这是不合理的。而贴现指标则把不同时点上的现金流入与流出按统一的贴现率折算到同一时间点上，使不同时期的现金具有可比性，这样作出的投资决策才更加切合实际。

其次，投资的主要目标是要获得收益，贴现指标中的净现值反映的恰恰就是投资方案的贴现后的净收益。而非贴现指标中的静态投资回收期只能反映投资的回收速度，不能反映实际的收益情况。

再次，由于非贴现指标中的静态投资回收期和平均报酬率没有考虑到资金的时间价值，因而往往会夸大了投资的回收速度和项目的盈利水平。而贴现指标中的内部报酬率则以预计的现金流量为基础，并在考虑资金时间价值的基础上，计算出贴现的真实报酬率。

最后，对于投资额、资金投入的时间和提供收益的时间都不相同的投资方案，非贴现指标相对缺乏分辨能力。而贴现指标则可以通过净现值、内部报酬率和获利指数等指标，并且也可以结合净现值的年均化方法进行综合的分析，从而作出正确合理的决策。

### 6.3.2　贴现现金流量指标的比较

通过以上对比分析可以看到，贴现现金流量指标是比较科学合理的投资决策指标。那么，贴现指标各有什么样的特点呢？下面就对这贴现方法进行一番比较。

#### 6.3.2.1　净现值和获利指数的比较

净现值和获利指数均为贴现指标，均反映投资的效果。其中净现值是一个绝对数指标，而获利指数则是一个相对数指标，它们使用的是相同的信息。因此，在评价投资项目的优劣时，其结果往往是一致的。一般来说，如果项目的净现值大于零，其获利指数必然大于 1，则项目可行；如果项目的净现值等于零，则其获利指数等于 1；如果项目的净现值小于零，其获利指数必然小于 1，则表明该项目不可行。

但是，在有些情况下，利用净现值法和获利指数法对项目进行评价时，得到的结果有可能会产生不一致。下面举例说明。

**【例 6-9】**　两个项目的寿命周期均为 3 年，其现金流量情况如表 6-7 所示。当两个项目的资金成本率为 10%时，其净现值 NPV、获利指数 PI 分别在表中列示，两个项目的内部报酬率 IRR 的计算结果也在表 6-7 中列示。

表 6-7 两个项目的现金流量及贴现指标计算结果情况

| 指标 | 年度 | 项目 C | 项目 D |
| --- | --- | --- | --- |
| 现金流量 | 0 | −200 000 | −20 000 |
| | 1 | 90 000 | 12 000 |
| | 2 | 90 000 | 12 000 |
| | 3 | 90 000 | 12 000 |
| 净现值 NPV | | 23 816.68 | 9 842.22 |
| 获利指数 PI | | 1.119 | 1.492 |
| 内部报酬率 IRR | | 16.65% | 36.31% |

从表 6-7 中可以看出，如果仅从净现值指标来进行比较，项目 C 的净现值很显然要大于项目 D，则项目 C 要优于项目 D。然而如果仅从获利指数指标来进行比较，则项目 C 的获利指数很显然要小于项目 D，则项目 D 要优于项目 C。这两种决策方法得到的结果是不一致的。

这种不一致的结果其实并不矛盾。实际上，如果两个项目的初始投资额相同，就不可能出现这种不一致的结果。而只有当初始投资不同时，净现值和获利指数的评价结果才会出现差异。因为净现值是用各期现金流量的现值减去初始投资，而获利指数是用现金流量现值除以初始投资额。净现值越高，企业的收益就越大，而获利指数只是反映投资回收的程度。一般来讲，在没有资本限量的情况下的互斥方案选择决策中，应选用净现值较大的投资项目；而在资金总量有限的情况下，一般可以先选择获利指数最大的项目，然后，剩余的资金再按照获利指数的大小依次进行安排。

#### 6.3.2.2 净现值与内部报酬率的比较

在大多数情况下，运用净现值法与内部报酬率法得到的决策结论会是相同的。但是在下列两种情况下，也会产生差异：①初始投资额不一致；②现金流入的时间不一致，一个项目在前几年中流入的现金较多，而另一个项目在后几年中流入的现金较多。

这里，两种方法产生差异的原因与前面净现值和获利指数比较时产生差异的原因是不一样的。在净现值法和内部报酬率法中，现金流量的贴现都是按照复利计算的。但是，两者的区别在于，在净现值法（获利指数法也一样）中，假设产生的现金流量重新投入使用后会产生相当于企业资金成本率（贴现率）的报酬率；而在内部报酬率法中，假设产生的现金流量重新投入使用后产生的报酬率与此项目的内部报酬率相同。也就是说，两种方法假设用中期产生的现金流量再投资时，会产生不同的报酬率，从而两种方法中对现金流量进行贴现时的贴现率不同，贴现的结果也就自然是不同的。

**【例 6-10】** 仍用例 6-9 中的两个项目数据进行分析。如果按净现值法，项目 C 的净现值要大于项目 D 的净现值，而从内部报酬率的角度看，项目 C 要低于项目 D。显然，两者的决策结果不一致。这是因为，在利用净现值法时，假设两个项目前两期产生的现金流量再投资时的报酬率仍然都等于资金成本率 10%。而在利用内部报酬率法时，假设项目 C 中前两年的现金流入用于再投资时，可以得到与项目内部报酬率 16.65%相同的报酬率；而项目D中再投资的报酬率为36.31%。

再进行进一步的分析。计算两个项目在不同贴现率情况下的净现值情况如表6-8所示。

**表6-8　两个项目在不同贴现率情况下的净现值情况**

| 贴现率/% | 0 | 5 | 15 | 25 | 35 | 45 |
|---|---|---|---|---|---|---|
| 项目C的净现值 | 70 000 | 45 092.32 | 5 490.26 | −24 320.00 | −47 370.83 | −65 603.35 |
| 项目D的净现值 | 16 000 | 12 678.98 | 7 398.70 | 3 424.00 | 350.56 | −2 080.45 |

从这些数据看，当贴现率比较小时，项目C的净现值大于项目D的净现值，项目C较优；而当贴现率超过一定值时，项目C的净现值就小于项目D的净现值，从而项目D较优。也就是说，在本例中，存在一个贴现率，在该贴现率下，项目C与项目D的净现值相同，把该贴现率点称为净现值无差别点。

总之，项目评价的多种方法有时会得到不一致的评价结果。但是，在这些指标方法中，净现值法是最好、应用最广泛的一种，而同时也要结合采用其他两种贴现指标以及非贴现的指标，对项目作出综合的评价和选择决策。

## 6.4　投资决策方法的应用

前面介绍和分析了投资决策的基本指标，而在实际工作中，对这些指标的应用是非常灵活的。下面就结合几个实例来分析这些指标的实际应用问题。

### 6.4.1　寿命期不相等的项目评价方法

在单个项目的投资决策中，可以采用贴现和非贴现的指标进行分析评价，而大部分的投资项目都会涉及两个或两个以上项目选择的问题，如果这些项目的寿命周期相同，则仍然可以采用前面所介绍的基本方法进行评价。而当这些项目的寿命周期不相同时，就无法直接应用净现值法、内部报酬率法和获利指数法进行比较。

因此，要使得两个项目可比，必须考虑对相同年度内的两个项目的净现值进行比较，或者是对两个项目的年均净现值进行比较。这就出现了对不同寿命期投资项目进行比较的两种基本方法——最小公倍寿命法和年均净现值法。

#### 6.4.1.1　最小公倍寿命法

下面举例说明最小公倍寿命法的应用。

**【例6-11】**　宏伟公司要在两个投资项目中选取一个。A项目需要20 000元的初始投资，每年产生12 000元的净现金流量，项目的使用寿命期为3年，项目结束后设备必须更新，且假设设备无残值。B项目需要初始投资38 000元，使用寿命为6年，每年会产生13 000元的净现金流量，6年后设备必须更新也无残值。企业的资金成本率为16%。请问：公司应选择哪个项目？

**解** 首先计算这两个项目的净现值：

$$NPV_A = 12\ 000 \times PVIFA_{16\%,\ 3} - 20\ 000$$

$$= 12\ 000 \times 2.2459 - 20\ 000 = 6950.8(\text{元})$$

$$NPV_B = 13\ 000 \times PVIFA_{16\%,\ 6} - 38\ 000$$

$$= 13\ 000 \times 3.6847 - 38\ 000 = 9901.1(\text{元})$$

在这里，如果仅从净现值的角度考虑，B项目要优于A项目。但是，这种决策方式显然是有偏差的，因为没有考虑两个项目之间的寿命是不同的。如果采用A项目，则在3年之后还可以进行新的投资，还可以获得新的净现值。

考虑两个项目寿命周期的最小公倍数。对于前述A、B两个项目，其最小公倍数为6年。由于B公司的净现值原来就是按6年计算的，所以不需要调整，而A项目原来的项目周期为3年，这里可以假设3年后公司可以投资一个与原来的A项目相同的投资项目，这样，就可以对A和B两个项目在相同的周期内进行比较。此时，投资项目的现金流量如表6-9所示。

**表6-9 投资项目的现金流量表** 单位：元

| 项目 | | 第0年 | 第1年 | 第2年 | 第3年 | 第4年 | 第5年 | 第6年 |
|---|---|---|---|---|---|---|---|---|
| A项目 | 第0年投资的现金流量 | −20 000 | 12 000 | 12 000 | 12 000 | | | |
| | 第3年投资的现金流量 | | | | −20 000 | 12 000 | 12 000 | 12 000 |
| | 现金流量小计 | −20 000 | 12 000 | 12 000 | −8 000 | 12 000 | 12 000 | 12 000 |
| B项目 | | −38 000 | 13 000 | 13 000 | 13 000 | 13 000 | 13 000 | 13 000 |

由于B项目未作调整，所以B项目的净现值不变。现在来计算A项目调整后的净现值。

调整后的A项目净现值 $NPV_A = 12\ 000 \times PVIFA_{16\%,\ 6} - 20\ 000 - 20\ 000 \times PVIF_{16\%,\ 3}$

或 $= 6950.8 + 6\ 950.8 \times PVIF_{16\%,\ 3} = 11\ 404.18(\text{元})$

此时，可以把两个净现值进行比较了。可以看出，从6年的周期来看，A项目的净现值为11408元，而B项目的净现值为9905元，因此，公司应选择A项目。

#### 6.4.1.2 年均净现值法

年均净现值是把项目的总净现值折合为项目每年的平均净现值，这样，在寿命期不等的情况下，不同项目的年均净现值就可以进行相互比较了。年均净现值的计算公式为

$$ANPN = \frac{NPV}{PVIFA_{k,\ n}} \tag{6-9}$$

**【例6-12】** 对于例6-11上述两个项目来说，可以分别计算出其年均净现值。

$$ANPV_A = 6952/PVIFA_{16\%,\ 3} = 6950.8/2.2459 = 3094.88(\text{元})$$

$$ANPV_B = 9905/PVIFA_{16\%,\ 6} = 9901.1/3.6847 = 2687.08(\text{元})$$

两个项目的年均净现值也可以计算如下：

$$ANPV_A = 12\ 000 - 20\ 000/PVIFA_{16\%,3} = 3094.88(\text{元})$$

$$ANPV_B = 13\ 000 - 38\ 000/PVIFA_{16\%,6} = 2687.08(\text{元})$$

从上面的计算可以看出，项目 A 的年均净现值要比 B 项目高，所以公司应该选择 A 项目。这个决策结果与最小公倍寿命法的计算结果是一致的。

### 6.4.2　差量分析法的应用

所谓差量就是不同备选方案的差别，包括差量成本和差量收入。差量成本是两个备选方案预期成本的差异数，差量收入是两个备选方案预期收入的差异数。所谓差量分析法就是根据两个备选方案的差量收入与差量成本的比较来确定哪个方案较优的方法。下面举例说明差量分析法的应用。

**【例 6-13】** 润达公司正在考虑用一台新设备来替代原来的旧设备。旧设备原来的购置成本为 60 000 元，已经使用了 5 年，已计提折旧 30 000 元，预计还可以使用 5 年，使用期满无残值。如果现在出售该设备，可以得到价款 30 000 元，使用该设备每年可以获得收入 75 000 元，每年的付现成本为 45 000 元。

如果使用新设备来替代原来的旧设备，则新设备的购置成本为 90 000 元，估计可以使用 5 年，期满残值为 15 000 元。使用新设备后，每年收入可以达到 120 000 元，每年的付现成本为 60 000 元。

假设该公司的资金成本率为 10%，所得税税率为 40%，新、旧设备均采用直线法计提折旧。请作出该公司是继续使用旧设备还是对其进行更新的决策。

**解**　首先可以计算出两个方案的现金流量，如表 6-10 所示，其中的差量现金流量是指两个项目每年现金流量的差额。

**表 6-10　项目现金流量和差量现金流量表**　　单位：元

| 项目 | | 第 0 年 | 第 1 年 | 第 2 年 | 第 3 年 | 第 4 年 | 第 5 年 |
|---|---|---|---|---|---|---|---|
| 继续使用旧设备 | 现金流入 | | 75 000 | 75 000 | 75 000 | 75 000 | 75 000 |
| | 现金流出 | −30 000 | −54 600 | −54 600 | −54 600 | −54 600 | −54 600 |
| | 净现金流量 | −30 000 | 20 400 | 20 400 | 20 400 | 20 400 | 20 400 |
| 以新设备更新旧设备 | 现金流入 | | 120 000 | 120 000 | 120 000 | 120 000 | 135 000 |
| | 现金流出 | −90 000 | −78 000 | −78 000 | −78 000 | −78 000 | −78 000 |
| | 净现金流量 | −90 000 | 42 000 | 42 000 | 42 000 | 42000 | 57 000 |
| 差额现金流量 | | −60 000 | 21 600 | 21 600 | 21 600 | 21 600 | 36 600 |

在进行决策时，可以分别计算两个方案的净现值，来比较两个方案的优劣。同时，也可以利用差量分析法来计算一个方案比另一个方案增减的现金流量，再计算差量现金流量的净现值。

$$\begin{aligned}\Delta NPV &= 21\ 600 \times PVIFA_{10\%,4} + 36\ 600 \times PVIF_{10\%,5} - 60\ 000 \\ &= 21\ 600 \times 3.1699 + 36\ 600 \times 0.6209 - 60\ 000\end{aligned}$$

=31 194.78(元)

计算结果表明，使用新设备更新旧设备后，可以为公司带来31 194.78元的净现值，所以，应进行更新。这种差量分析法的计算结果与分别计算两个项目的净现值来进行决策的结果将是相同的。

### 6.4.3 固定资产更新决策的平均年成本法

在例6-13中，假设继续使用旧设备的年限和使用新设备的寿命相同。但是，一般来讲，使用新设备后，其寿命期将要长于旧设备继续使用的年限。在这种情况下，就无法使用差量分析法。

另外，在固定资产的更新决策中，往往也可以假设设备更新后不会改变企业的生产能力，也不会增加企业的现金流入。通过固定资产的更新，只是能够改变设备的运行成本（即每年的现金流出），这样也就给投资决策带来了新的问题，那就是无法计算更新决策给企业带来的净现值。下面举例说明。

**【例6-14】** 某企业有一台旧设备，工程技术人员提出更新要求。经过详细的分析研究，得到了继续使用旧设备和更新设备的有关数据，如表6-11所示。

**表6-11 设备更新有关数据** 单位：元

| | 旧设备 | 新设备 |
|---|---|---|
| 原值 | 44 000 | 48 000 |
| 预计使用年限 | 10 | 10 |
| 已经使用年限 | 4 | 0 |
| 最终残值 | 4 000 | 6 000 |
| 变现价值 | 12 000 | 48 000 |
| 年运行成本 | 14 000 | 8 000 |

假设该企业要求的最低报酬率为15%，请作出是继续使用还是更新设备的决策。

**解** 在本例中，由于没有项目的现金流入，因此无法使用净现值法和内部报酬率法进行决策。同时，也不能简单地使用差量分析法。在这种情况下，较好的分析方法是比较继续使用和更新设备的平均年成本，以年均成本低者作为较好的方案。

固定资产的平均年成本是指该资产引起的现金流出的年平均值。如果不考虑资金的时间价值，它是未来使用年限内的现金流出总额与使用年限的比值。如果考虑资金的时间价值，则它是未来使用年限内现金流出总现值与年金现值系数的比值，即平均每年的现金流出。本例中两个项目的现金流出量可以计算如表6-12所示。

**表6-12 项目的现金流量表** 单位：元

| 年 份 | 0 | 1～5 | 6 | 7～9 | 10 |
|---|---|---|---|---|---|
| 继续使用旧设备的现金流出 | 12 000 | 14 000 | 10 000 | | |
| 更新设备后的现金流出 | 48 000 | 8 000 | 8 000 | 8 000 | 2 000 |

（1）不考虑资金的时间价值。如果不考虑资金的时间价值，对于这两个项目的年均成本，可以分别计算如下：

$$\text{旧设备平均年成本} = (12\ 000 + 6 \times 14\ 000 - 4\ 000)/6 = 15\ 333(\text{元})$$

$$\text{新设备平均年成本} = (48\ 000 + 10 \times 8\ 000 - 6\ 000)/10 = 12\ 200(\text{元})$$

（2）考虑资金的时间价值。如果考虑到资金的时间价值，可以计算两个项目的平均年成本如下：

$$\begin{aligned}\text{旧设备平均年成本} &= \frac{12\ 000 + 14\ 000 \times PVIFA_{15\%,6} - 4000 \times PVIF_{15\%,6}}{PVIFA_{15\%,6}} \\ &= \frac{12\ 000 + 14\ 000 \times 3.7845 - 4000 \times 0.4323}{3.7845} \\ &= 16\ 713.93(\text{元})\end{aligned}$$

$$\begin{aligned}\text{新设备平均年成本} &= \frac{48\ 000 + 8000 \times PVIFA_{15\%,10} - 6000 \times PVIF_{15\%,10}}{PVIFA_{15\%,10}} \\ &= \frac{48\ 000 + 8000 \times 5.0188 - 6000 \times 0.2472}{5.0188} \\ &= 17\ 268.27(\text{元})\end{aligned}$$

由于各年已经有相等的运行成本，只要将原始投资与残值收入摊销到每年，然后求和，同样也可以求得每年平均的现金流出量。即

$$\begin{aligned}\text{新设备平均年成本} &= \frac{12\ 000}{PVIFA_{15\%,6}} + 14\ 000 - \frac{4000}{FVIFA_{15\%,6}} \\ &= \frac{12\ 000}{3.7845} + 14\ 000 - \frac{4000}{8.7537} \\ &= 16\ 713.93(\text{元})\end{aligned}$$

$$\begin{aligned}\text{新设备平均年成本} &= \frac{48\ 000}{PVIFA_{15\%,10}} + 8000 - \frac{6000}{FVIFA_{15\%,10}} \\ &= \frac{48\ 000}{5.0188} + 8000 - \frac{6000}{20.3037} \\ &= 17\ 268.27(\text{元})\end{aligned}$$

通过以上计算可以看出，继续使用旧设备的平均年成本要低于设备更新后的平均年成本，因此，不宜进行设备的更新。

在本例中，首先是把继续使用旧设备与购置新设备看成是两个互斥的方案，而不是一个更换设备的特定方案。从而，在这里，把旧设备的变现价值看成是继续使用旧设备的机会成本，而不是当成更新设备的一项现金流入。另外，平均成本法还有一个假设前提，那就是当继续使用旧设备后，将来再进行更新时，可以按原来的平均年成本找到可代替的设备。如果有明显证据表明，6 年后旧设备需要更新时可替代设备的平均年成本会高于当前更新设备的市场年成本，则需要把 6 年后更新设备的成本纳入分析范围，合并计算当前使用旧设备及 6 年后更新设备的综合平均年成本，然后与当前更新设备的平

均年成本进行比较，并作出决策。

### 6.4.4 资本限量条件下的投资决策

在资本有限量的条件下，公司没有足够的资本对所有可接受的项目进行同时投资，这种特殊的投资决策方法也可以称为资本限量决策。在资本限量的情况下，为使公司获得最大的收益，应投资于一组使净现值最大的项目。这样的一组项目必须用适当的方法进行选择。其中常采用获利指数法和净现值法。

#### 6.4.4.1 获利指数法的应用

运用获利指数法进行资本限量决策的具体步骤是：

（1）计算所有投资方案的现值指数，并列出所有方案的初始投资；

（2）接受 PI≥1 的项目，如果所有可接受的项目都有足够的资本，则说明资本无限量，决策即可完成；

（3）如果公司资本不能满足所有 PI≥1 的项目，就需对第二步进行修正，即对所有项目在资本限量内进行各种可能的组合，并把每个组合闲置的资金按 PI=1 计，然后计算出各种组合的加权平均现值指数；

（4）选择加权平均现值指数最大的一组项目。

#### 6.4.4.2 净现值法的应用

运用净现值法进行资本限量决策的具体步骤是：

（1）计算所有投资项目的净现值，并列出所有方案的原始投资；

（2）接受 NPV≥0 的项目，如果资本无限量，决策即可完成；

（3）如果公司资本不能满足所有的 NPV≥0 的投资项目，就需对第二步进行修正，即对所有项目都在资本限量内进行各种可能的组合，然后计算各种组合的净现值总和；

（4）选择净现值总和最大的一组投资方案。

**【例 6-15】**某公司有四个可供选择的投资项目 A、B、C、D。如果全部付诸实施，需要资金 290 万元。但该公司资本的最大限量为 220 万元。四个项目的相关信息如表 6-13 所示。

**表 6-13 各投资项目的相关信息** 单位：万元

| 投资方案 | 原始投资 | 获利指数 | 净现值 |
|---|---|---|---|
| A | 80 | 1.25 | 20 |
| B | 70 | 1.60 | 42 |
| C | 100 | 1.45 | 45 |
| D | 40 | 1.25 | 10 |

为了选出最优组合方案，现列出在资本限量内的所有可能的组合方案，如表 6-14 所示。

表 6-14　各种投资组合的相关信息　单位：万元

| 投资组合方案 | 原始投资 | 闲置资本 | 加权平均获利指数 | 净现值合计 |
| --- | --- | --- | --- | --- |
| ABD | 190 | 30 | 1.327 | 72 |
| ACD | 220 | 0 | 1.341 | 75 |
| BCD | 210 | 10 | 1.441 | 97 |
| AB | 150 | 70 | 1.282 | 62 |
| BC | 170 | 50 | 1.396 | 87 |
| BD | 110 | 110 | 1.237 | 52 |
| CD | 140 | 80 | 1.250 | 55 |
| AD | 120 | 100 | 1.136 | 30 |
| AC | 180 | 40 | 1.295 | 65 |

由表 6-14 可知，该公司应该选择 BCD 投资组合方案。该组合方案能给公司带来最大的 NPV 值，同时考虑闲置资本后加权平均获利指数也最大。在该投资组合中，闲置资本为 10 万元。

## 6.5　长期投资风险分析方法

投资项目的风险是指实际现金流量偏离预期现金流量的差异及程度。按照对未来结果的肯定与否，企业的投资活动可以分为确定型和不确定型两种。确定型投资决策是指决策者对未来的情况已知或者基本确定，可以确知决策后果的投资行为。如购买国债可以被视为确定型投资决策。不确定型投资决策依据其不确定性程度又可以分为风险型决策和完全不确定型决策两种。风险型决策是指决策者对未来情况不完全确定，但能够确知各种决策后果及各种后果出现概率的投资行为，这种决策是建立在已知或可以估计的概率分布基础之上的。完全不确定型决策是指决策者事先不知道决策所有可能出现的后果，或者说虽然知道其可能后果，但却不知道它们的概率分布。

在现实中，确定型投资决策几乎是不存在的，即使是国债投资，考虑到利率变化、货币贬值等因素，也具有不确定性。另一方面，对完全不确定型投资决策，人们也不会贸然行事。事实上，风险型决策和不确定型决策在实际中很难明确划分。当面临不确定性情况仍需要作出决策时，人们通常会想方设法把不确定性情况转化为风险情况来进行决策，即通过直觉判断、预测、经验估计或专家参谋，为不确定性情况确定一些可能结果及主观概率，使之转化为风险型决策，以便于定量分析。

可见，企业实际执行的投资项目，绝大多数是风险性的投资。在计算投资决策各项财务指标的同时，应对项目所承担的风险进行相关的分析，以保证作出正确的决策。常用的投资决策风险分析方法有敏感性分析、盈亏平衡分析等。

### 6.5.1　投资项目的敏感性分析

敏感性分析是投资决策中常用的一种重要分析方法，它是用来衡量当投资方案中某个或某些因素发生了变动时，对该方案预期结果的影响程度。单因素敏感性分析是分析单个因素变化对项目经济效益指标的影响程度，而多因素敏感性分析是考虑两个或多个不确定性因素的变化对项目经济效益指标的影响程度。在投资项目决策中，一般采用单因素敏感性分析方法。

如果某因素在较小范围内发生了变动，就会影响原定方案的经济效果，即表明该因素的敏感性强；如果某因素在较大范围内变动，才会影响原定方案的经济效果，即表明该因素的敏感性弱。敏感性分析的计算指标包括敏感度系数和临界值。敏感度系数是指投资项目某项效益指标变化的百分比与不确定因素变化百分比的比率。敏感度系数越高，表示项目效益对该因素的敏感程度高，应重视该不确定因素对项目效益的影响。临界值是指不确定因素的极限变化值，即某项不确定因素使项目内部收益率等于要求的最低报酬率或者使得净现值为零时的变化百分比。当不确定因素变化超过了临界点，投资项目的净现值将会小于0，或者说项目内部报酬率就会低于要求的最低报酬率，表明项目由可行变为不可行。

单因素的敏感性分析可以用敏感性分析图来表示，通过在坐标图上做出各种不确定因素的敏感性曲线，来确定各个因素的敏感程度。敏感性分析图的作图步骤如下：

（1）以纵坐标表示项目的经济评价指标（项目敏感性分析的对象），横坐标表示各个变量因素的变化幅度（以百分比表示）；

（2）根据敏感性分析的计算结果绘出各个变量因素的变化曲线，其中与横坐标相交角度较大的变化曲线所对应的因素就是项目的敏感性较强的因素；

（3）在坐标图上作出投资项目经济评价指标的临界线（如净现值等于0或者内部报酬率等于要求的必要报酬率等），求出变量因素的变化曲线与临界曲线的交点，则交点处的横坐标就表示该变量因素允许变化的最大幅度，即允许该因素变化的临界值。

图6-1是以内部报酬率为基础绘制的敏感性分析图。

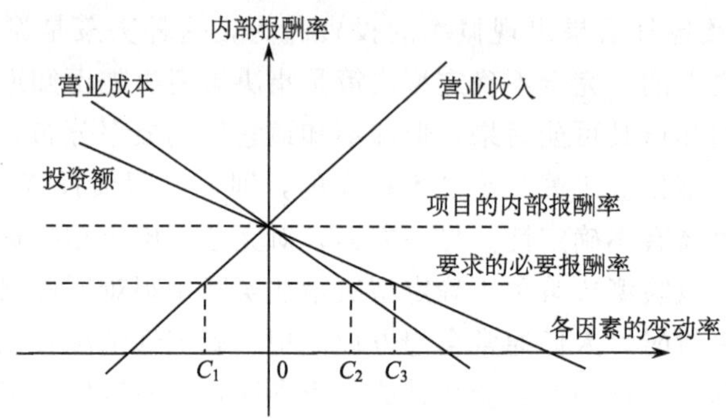


图6-1 基于内部报酬率的敏感性分析

在图6-1中，$C_1$、$C_2$ 和 $C_3$ 分别表示营业收入、营业成本和投资额三个因素单独变化时项目是否可以接受的临界点。

**【例6-16】** 某投资项目设计生产能力为10万吨，计划总投资1800万元，投资期初一次性投入。年营业收入预计为630万元，年付现营业成本为250万元，项目寿命期10年，期末预计残值收入为60万元，不考虑项目的所得税因素。项目要求的最低报酬率为10％。试就投资额、营业收入和付现营业成本三个因素对该投资项目进行敏感性分析。

**解**　在本例中选择净现值作为敏感性分析的对象。首先计算本项目的净现值为

$$NPV=(630-250)\times PVIFA_{10\%,10}+60\times PVIF_{10\%,10}-1800=558.08(万元)$$

由于 NPV>0，所以从财务上讲，该投资项目可行。对该项目进行敏感性分析的基本步骤为：

(1) 选择三个不确定因素，即投资额、营业收入和付现营业成本；

(2) 以净现值作为项目投资效益的评价指标；

(3) 确定不确定因素的变动范围为－10%～＋10%；

(4) 分别计算相对应的净现值的变化情况，得出结果；

(5) 绘制敏感性分析图，计算临界值和敏感度系数（表 6-15）。

**表 6-15　敏感性分析**

| 序号 | 调整项目 | | | 分析结果 | | |
|---|---|---|---|---|---|---|
| | 投资额 | 营业收入 | 付现营业成本 | NPV/万元 | 平均＋1% | 平均－1% |
| 0 | | | | 558.08 | | |
| 1 | ＋10% | | | 378.08 | －3.23% | |
| 2 | －10% | | | 738.08 | | ＋3.23% |
| 3 | | ＋10% | | 945.19 | ＋6.94% | |
| 4 | | －10% | | 170.97 | | －6.94% |
| 5 | | | ＋10% | 404.46 | －2.75% | |
| 6 | | | －10% | 711.69 | | ＋2.75% |

从表 6-15 中可以看出，当其他因素均不发生变化时，营业收入每下降 1%，净现值下降 6.94%；当其他因素均不发生变化时，投资每增加 1%，净现值将下降 3.23%；在其他因素均不发生变化的情况下，付现营业成本每上升 10%，净现值下降 2.75%。因此，在这三个因素中，营业收入的变动对净现值的影响程度最大，营业收入是最敏感的因素，其次是投资额，最不敏感的因素是付现营业成本。图 6-2 是基于该项目投资净现值的敏感性分析图。

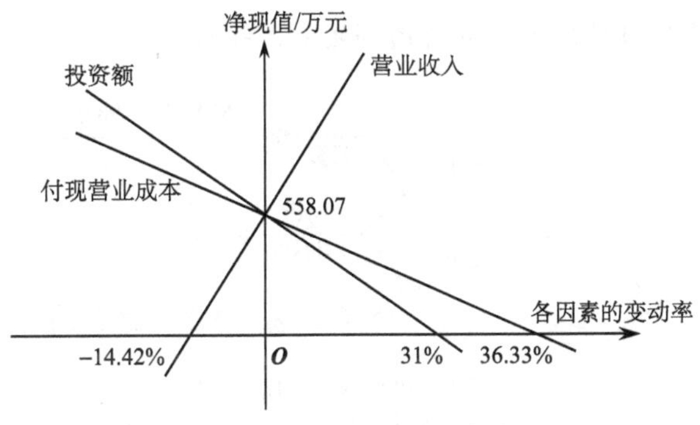


图 6-2　基于净现值的敏感性分析

由图 6-2 可以看出，当营业收入下降幅度超过 14.42%时，净现值由正变负，也即项目由可行变为不可行；当投资额增加的幅度超过 31%时，或者付现营业成本上升幅

度超过36.33%时，净现值也由正变负，项目由可行变成不可行。

从敏感性分析可以看到，本项目中营业收入是最敏感的因素，因此从项目投资决策的角度来说，应当对项目所能带来的营业收入进行更进一步、更准确的测算。

### 6.5.2　决策树分析法

决策树法也是对不确定投资项目进行分析评价的一种方法。当投资项目各期现金流量之间相互独立时，可以运用后面介绍的风险调整法进行评价。而当各期现金流量彼此相关时，决策树法是一种有效的评价方法。

所谓决策树法是指用图形或者列表的方式来组织某投资项目产生的现金流序列的方法。这种组织方式的外形像一棵树的分支，每一个分支代表一种可能的现金流结果，且在每个分支上都标有该现金流量结果出现的相应的概率值，根据每种可能的现金流量结果以及相应的可能概率，来统计特定对象未来最可能达到的水平。

在多阶段项目投资决策中，每个阶段的决策取决于前一阶段的决策结果，项目未来可能的现金流量与前期的结果之间相关，通过决策树就可以把各阶段的决策点连接起来。因此，决策树法可用于识别净现值分析中的系列决策过程。多阶段投资项目评价的决策树分析的基本步骤如下：① 把项目分成明确界定的几个阶段；② 列出每个阶段可能发生的结果；③ 基于当前可得的信息列出各阶段每种结果发生的概率；④ 计算每种结果对项目预期现金流量的影响；⑤ 根据前面每个阶段的结果及其对现金流量的影响，从后向前评估决策树各个阶段所采取的最佳行动；⑥ 基于整个项目的预期现金流量和所有可能的结果，并考虑各个结果相应的发生概率，估算第一阶段应采取的最佳行动。

**【例 6-17】**　某公司开发了一种新产品，如果进行试生产和营销试验，需要100万元的投资。试验成功和失败的概率预计分别为75%和25%。生产和营销试验的期限为1年。试验成功后如果投入生产，需要投资生产设备1500万元，项目寿命期5年，预计每年可为企业带来每年900万元的净现金流量。若试验失败，即使投资1500万元进行生产，在5年中也只能每年带来年400万元的净营业现金流量。该公司基准收益率为15%。请作出是否进行测试和生产的决策。

**解**　公司该投资项目的决策树分析图如图6-3所示。

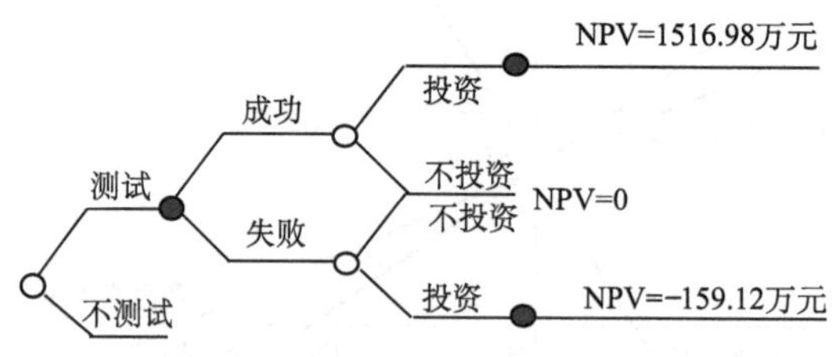


图6-3　投资项目的决策树

空心圈表示决策点，实心圈表示信息接受点

从图6-3可以看到，该公司面临着以下两个选择：

（1）是否对该新产品进行生产和营销试验；

(2) 是否根据试验结果进行大规模生产投资。

假设公司的试验成功，则公司投入生产，其净现值可以计算为

$$NPV = -1500 + \sum_{t=1}^{5} \frac{900}{(1+15\%)^t} = -1500 + 900 \times 3.3522$$
$$= 1516.98(\text{万元})$$

假设公司的试验不成功，再投入生产后的净现值计算为

$$NPV = -1500 + \sum_{t=1}^{5} \frac{400}{(1+15\%)^t} = -1500 + 400 \times 3.3522$$
$$= -159.12(\text{万元})$$

利用决策树进行逆向分析，因此先分析第二阶段 1500 万元的投资问题。如果公司的生产营销测试成功，显然公司将进行生产投资，因为可以获得 1516.98 万元的净现值。反之，如果生产营销测试不成功，公司将放弃生产投资。

现在回到第一阶段，公司是否该投资进行生产营销测试，由于生产营销测试的成功率为 75%，则测试成功后收益的期望值可以计算为

$$\text{收益期望值} = \text{成功概率} \times \text{成功后的收益} + \text{失败概率} \times \text{失败后的损失额}$$
$$= 0.75 \times 1516.98 + 0.25 \times 0$$
$$= 1137.74(\text{万元})$$

考虑到生产营销测试的周期为 1 年，则对是否进行测试的决策可以计算其净现值为

$$NPV = -100 + \frac{1137.74}{1+15\%} = 889.34(\text{万元})$$

因此，该公司的决策结果是，应该进行新产品的生产营销测试，如果测试成功则进行大规模生产，如果测试不成功，则放弃大规模生产。

### ➤专栏 6-2　风险投资：直面投资风险

广义的风险投资泛指一切具有高风险、高潜在收益的投资。风险投资的特征主要包括：

(1) 投资对象对为处于创业期（start-up）的中小型企业，而且多为高新技术企业；

(2) 投资期限至少 3～5 年以上，投资方式一般为股权投资，通常占被投资企业 30%左右股权，而不要求控股权，也不需要任何担保或抵押；

(3) 投资决策建立在高度专业化和程序化的基础之上；

(4) 风险投资人（ venture capitalist ）一般积极参与被投资企业的经营管理，提供增值服务。除了种子期融资外，风险投资人一般也对被投资企业以后各发展阶段的融资需求予以满足；

(5) 由于投资目的是追求超额回报，当被投资企业增值后，风险投资人会通过上市、收购兼并或其他股权转让方式撤出资本，实现增值。

风险投资是一种权益资本（Equity），而不是借贷资本（Debt）。风险投资为风险企业投入的权益资本一般占该企业资本总额的 30%以上。对于高科技创新企业来说，风

险投资是一种昂贵的资金来源，但是它也许是唯一可行的资金来源。银行贷款虽然说相对比较便宜，但是银行为了回避风险，不愿向其提供贷款，高科技创新企业无法得到它。

风险投资机制与银行贷款完全不同，其差别在于：首先，银行贷款注重安全性，力求回避风险；而风险投资却偏好高风险项目，追逐高风险后隐藏的高收益，意在管理风险，驾驭风险。其次，银行贷款以流动性为本；而风险投资却以不流动性为特点，在相对不流动中寻求增长。第三，银行贷款关注企业的现状、企业目前的资金周转和偿还能力；而风险投资放眼未来的收益和高成长性。第四，银行贷款考核的是实物指标；而风险投资考核的是被投资企业的管理队伍是否具有管理水平和创业精神，考核的是高科技的未来市场。最后，银行贷款需要抵押、担保，它一般投向成长和成熟阶段的企业，而风险投资不要抵押，不要担保，它投资到新兴的、有高速成长性的企业和项目。

风险投资最终将退出风险企业。风险投资虽然投入的是权益资本，但他们的目的不是获得企业所有权，而是盈利，是得到丰厚利润和显赫功绩后从风险企业退出。风险投资从风险企业退出有三种方式：首次公开发行（IPO，Initial Public Offering）；被其他企业兼并收购或股本回购；破产清算。显然，能使风险企业达到首次公开上市发行是风险投资家的奋斗目标。破产清算则意味着风险投资可能一部分或全部损失。

### 6.5.3 风险调整法

#### 6.5.3.1 按风险调整贴现率法

一般来说，人们总是厌恶风险的，项目承担的风险越高，其要求的报酬率就应该越高，贴现率风险调整法就是基于这样的原理。其基本思想是，对于高风险的项目及其现金流量，采用较高的贴现率去计算净现值，而对于风险较小的项目及其现金流量，则其贴现率可以相对较小，然后再根据净现值法的规则来选择项目。这种方法的关键在于根据风险的大小来确定风险因素的贴现率，即风险调整贴现率。

一项投资的报酬是由无风险报酬率和风险报酬率两部分组成的。可以表示为：项目报酬率＝无风险报酬率＋风险报酬率。相应的，特定项目按风险报酬率模型调整的贴现率可以按下式计算：

$$R = R_{\mathrm{F}} + R_{\mathrm{R}} = R_{\mathrm{F}} + b \times V$$

式中，$R$ 为项目按风险调整的贴现率；$R_{\mathrm{F}}$ 为无风险贴现率；$b$ 为项目的风险报酬系数；$V$ 为项目的预期收益标准离差率，表示投资项目的风险大小。

当然，对于某个投资项目而言，其每年现金流量的不确定性不一定相同。这样，在一个项目中，不同年份的现金流量就不能采用相同的贴现率进行贴现，而要区分每年现金流量的不同风险程度分别计算确定其贴现率。对于某个项目而言，其净现值可以计算为

$$\mathrm{NPV} = \sum_{t=0}^{n} \frac{\mathrm{CFAT}}{(1+i_t)^t}$$

可以计算确定每年现金流量的风险程度，然后根据不同的风险程度来分别确定每年

的贴现率 $i_t$。按风险调整贴现率之后，具体的项目评价方法就与无风险的项目评价一致了。

这种方法对风险程度大的现金流量采用较高的贴现率，而对风险小的现金流量采用较低的贴现率，简单明了，易于理解，因此在实际工作中被人们广泛采用。

#### 6.5.3.2 按风险调整现金流量法

由于项目中必然会存在风险，因而使得项目每年的现金流量变得不确定，也就是说每年的现金流量存在一定的风险。在按风险调整贴现率法中，可以对不同风险的现金流量采用不同的贴现率，来进行带有风险的投资项目的投资决策。而从另一个角度来看，也可以根据风险程度来对现金流量进行调整，把有风险的现金流量调整为无风险的现金流量，然后按照一定的贴现率进行贴现，来进行投资决策，这就是按风险来调整现金流量的风险投资决策方法。具体调整的方法有很多种，最常见的是肯定当量系数调整法。

所谓肯定当量系数，是指不肯定的 1 元现金流量期望值相当于使投资者满意的肯定的金额的系数，它可以把不肯定的现金流量换算成肯定的现金流量。一般来讲，肯定的 1 元比不肯定的 1 元更受欢迎，不肯定的 1 元只相当于不足 1 元的肯定金额，两者的差额与不确定性程度有关。如果用标准离差率来表示现金流量的不确定性程度，那么，肯定当量系数与标准离差率的经验关系如表 6-16 所示。

**表 6-16 现金流量的标准离差率与肯定当量系数对照表**

| 标准离差率 | 肯定当量系数 |
|---|---|
| 0.00～0.07 | 1 |
| 0.08～0.15 | 0.9 |
| 0.16～0.23 | 0.8 |
| 0.24～0.32 | 0.7 |
| 0.33～0.42 | 0.6 |
| 0.43～0.54 | 0.5 |
| 0.55～0.70 | 0.4 |
| … | … |

肯定当量系数通常用 $d$ 表示，即

确定的现金流量＝期望的现金流量×肯定当量系数

这种方法的最大困难是要确定合理的当量系数。而当量系数是一个主观性很强的概念，因此，其选用需要由经验丰富的分析人员来确定，当然也可以借助表 6-16 的对照表确定。肯定当量系数的高低可能会因人而异，它与公司管理当局对风险的好恶程度有关。

确定了每年现金流量的肯定当量系数之后，就可以把每年现金流量的期望值乘以该当量系数，折合为确定的现金流量，然后就可以按无风险的投资决策方法进行决策了。

值得注意的是，肯定当量系数法是用调整净现值计算公式中的分子的方法来考虑风险，而风险调整贴现率法是通过调整净现值计算公式中的分母的方法来考虑风险，这是两者的重要区别。

### 6.5.4 通货膨胀风险条件下的投资决策

通货膨胀是经济生活中的一个重要方面。在现实经济生活中，按通用货币表现的一切货币收支，自然而然地包含了通货膨胀的影响。不独立计量它的影响，就会使计算出来各种经济指标的数值不能真实反映各个投资方案可能取得的真实的投资效益，并可能由此而引起判断和决策上的失误。只有剔除了通货膨胀这一因素对投资方案主要经济指标的影响，才能正确、客观地评价企业的长期投资方案。

#### 6.5.4.1 通货膨胀对长期投资决策的影响

长期投资决策一般涉及的年限较长，受通货膨胀的影响较大，通货膨胀对长期投资决策的影响主要表现在以下三个方面：

(1) 在物价稳定的情况下，某一投资项目也许能满足公司投资所必需的最低报酬率水平。但是，在通货膨胀条件下，该投资项目一定量的盈利就可能被物价上涨的因素所抵消，从而难以满足投资项目的必要报酬率，因而造成投资决策的失误。

(2) 在物价持续上涨时，投资所需要的资本额往往会超过决策时按不变价格估算的数值。如果企业不能及时取得足够的追加资金，投资项目就可能因资金不足而中断，或者只有通过信贷方式取得银行贷款，从而大大提高投资的资金成本，最终将必然导致投资效益的下降。

(3) 投资项目的现金流中一个重要来源是固定资产折旧。折旧费计算的依据是固定资产的原始成本，而不是重置成本。因而，在通货膨胀的情况下，企业不仅难以按期收回固定资产原来的投资成本，而且还会虚增公司利润，导致多缴纳所得税，影响企业的财务利益。

#### 6.5.4.2 现金流量与通货膨胀

实际上，通货膨胀条件下进行投资决策，需要考虑名义利率与实际利率的关系。两者之间的关系可以表示为

$$1+\text{名义利率}=(1+\text{实际利率})\times(1+\text{通货膨胀率})$$

或者表示为

$$\text{实际利率}=\frac{1+\text{名义利率}}{1+\text{通货膨胀率}}-1$$

在长期投资决策中，如果现金流量是用实际收到或支出的金额表示的，则该现金流量就是名义现金流量，如果现金流量是以第 0 期的实际购买力表示的，则该现金流量就是实际现金流量。

**【例 6-18】** 某项目需投资 60 万元，预计可以在 4 年后一次性得到回报 136 万元。在 4 年内预计每年的通货膨胀率为 6%。那么，4 年后期望的现金流量 136 万元就是一种名义现金流量，名义现金流量反映了企业未来实际收到的现金。如果考虑该名义现金

流量在当前的购买力，可以计算为

$$\frac{1\ 360\ 000}{(1+6\%)^4}=1\ 080\ 000(\text{元})$$

以当前购买力表示的108万元就是项目计算时的实际现金流量。

#### 6.5.4.3 通货膨胀条件下的投资决策方法

通货膨胀条件下的投资决策，按照名义现金流量以名义利率贴现、实际现金流量按实际利率贴现的基本原则来进行。下面举例说明。

**【例6-19】** 某投资方案投资额为100 000元，有效使用年限为3年，各年的现金流量分别为52 000元、55 600元和66 000元，该3年中通货膨胀率预计均为8%。企业要求的最低投资收益率为10%。请对该投资项目进行评价。

**解** 在不考虑通货膨胀因素的情况下，该投资项目的净现值可以计算为

$$\begin{aligned}\text{NPV}&=\frac{52\ 000}{1+10\%}+\frac{55\ 600}{(1+10\%)^2}+\frac{66\ 000}{(1+10\%)^3}-100\ 000\\&=42\ 759.60(\text{元})\end{aligned}$$

计算考虑通货膨胀因素的净现值时，先计算投资项目的名义利率

$$i=(1+10\%)\times(1+8\%)-1=18.8\%$$

则用名义利率贴现计算的项目净现值为

$$\begin{aligned}\text{NPV}&=\frac{52\ 000}{1+18.8\%}+\frac{55\ 600}{(1+18.8\%)^2}+\frac{66\ 000}{(1+18.8\%)^3}-100\ 000\\&=22\ 529.7(\text{元})\end{aligned}$$

可见由于通货膨胀的影响，使这个方案的净现值虚增了20 229.9元，在企业投资决策中须给予充分重视和必要的考虑。

本例中假定通货膨胀率每年为一个定值。在实际生活中，通货膨胀很可能是一种持续存在的经济现象，但一般说来各年的通货膨胀率又不会相等，时高时低，在这种情况下进行投资评价时，需要分别计算各年通货膨胀系数，然后根据各年的通货膨胀系数，剔除该年现金净流量中的通货膨胀因素，再按照无通货膨胀情况计算投资方案的各种主要经济指标。在例6-19中，若假定3年中通货膨胀率分别为10%、12%和14%，其他条件、资料均不变，则可以重新计算该投资方案的净现值。

分别计算各年通货膨胀系数如下：

$$\text{第一年的通货膨胀系数}=\frac{1}{1+10\%}=0.9091$$

$$\text{第二年的通货膨胀系数}=\frac{1}{(1+10\%)\times(1+12\%)}=0.8117$$

$$\text{第三年的通货膨胀系数}=\frac{1}{(1+10\%)\times(1+12\%)\times(1+14\%)}=0.7120$$

则剔除通货膨胀因素后的实际现金流量计算为

第一年的实际现金流量＝52 000×0.9091＝42 273.20（元）

第二年的实际现金流量＝55 600×0.8117＝45 130.20（元）

第三年的实际现金流量＝66 000×0.7120＝46 992.00（元）

根据实际现金流量结果，以实际利率进行贴现，可以计算项目的净现值为

$$NPV=\frac{42\ 273.20}{1+10\%}+\frac{45\ 130.50}{(1+10\%)^2}+\frac{46\ 992.00}{(1+10\%)^3}-100\ 000$$

$$=15\ 540.10(元)$$

随着通货膨胀率的提高，其对投资项目决策指标的影响也会加剧。考虑一个投资项目是否合理可行除了必须要考虑的收益因素以外，还必须考虑通货膨胀给它带来的收益虚增，只有尽可能剔除这部分水分才能真正反映出投资的净收益，才能够帮助企业作出合理、有效的投资决策。

## ➢思考题

1. 在长期投资决策过程中，为什么采用现金流量而不是采用会计利润作为评价的基础?

2. 利用长期投资决策的不同指标进行决策时，为什么会得出不同的决策结果?

3. 企业长期投资项目的相关现金流量主要有哪些?

4. 企业长期投资决策的财务评价指标主要有哪些?

5. 长期投资风险分析的常用方法有哪些?

6. 请简要说出按风险调整贴现率法和按风险调整现金流量法的基本思路。

7. 在多阶段投资决策中运用决策树法的基本步骤是什么?

8. 考虑通货膨胀条件的长期投资决策的基本思路是什么?

## ➢练习题

1. 某投资项目的投资额为 10 000 元，在未来的 5 年中每年可获得营业现金净流量 3200 元。除此之外没有其他现金流量。若资金成本为 10%，请计算该投资项目的平均报酬率，投资回收期，净现值与获利指数。

2. 光华公司准备购入一台设备以扩充生产能力，现有两个方案可供选择。甲方案需投资 30 000 元，使用寿命 5 年，采用直线法计提折旧，5 年中每年可以实现销售收入 15 000 元，每年的付现成本为 5000 元。乙方案需投资 36 000 元，也采用直线法计提折旧，使用寿命也是 5 年，5 年后的预计残值收入 6000 元。5 年中每年的预计收入为 17 000 元，付现成本第 1 年为 6000 元，以后随着设备陈旧逐年增加修理费 300 元，另需垫支营运资金 3000 元。假设企业的所得税税率为 40%，资金成本为 10%。要求：

（1）请计算两个方案每年的现金流量。

（2）计算两个项目的平均报酬率、静态投资回收期、净现值和获利指数。

3. 甲公司进行一项投资，正常投资建设期为 4 年，每年年初需投资 3000 万元，4 年共需投资 12 000万元。投资完成后，项目的寿命期预计为 12 年，从第 5 年起到第 16 年每年的现金净流量为 2500 万元。如果把投资期缩短为 3 年，则每年年初需投资 4500 万元，3 年共投资13 500万元，竣工投产后的项目寿命期和每年现金净流量不变。资金成本为 10%，假设寿命终结时无残值，不用垫支营

运资金。试分析判断是否应缩短投资期。

4. 某企业拥有一稀有矿藏，市场调查发现这种矿产品的价格在不断上涨，因此企业需要在现在开采和以后再开采之间作出选择。现在有两个开采方案，一个是立即开采，还有一个是 3 年之后再开采。两个方案相关的投资和回报都会有所不同，如表 6-17 所示。

**表 6-17　两个方案相关的投资和日报**

| 项目 | 现在开采的方案 | 3 年后再开采的方案 |
|---|---|---|
| 固定资产投资额/万元 | 342 | 405 |
| 年产销量/吨 | 450 | 450 |
| 单位售价/万元 | 1 | 1.4 |
| 每年的付现成本/万元 | 240 | 210 |
| 所得税税率/% | 33 | 33 |
| 资金成本率/% | 15 | 15 |

如果已探明的储量可以开采 5 年，在固定资产采用直线法进行折旧的情况下，请为企业选择采用哪一种方案？

5. 假设某公司准备进行一项投资，其各年的预计现金流量和分析人员确定的肯定当量系数如表 6-18 所示，无风险贴现率为 12%，试判断该项目是否可行。

**表 6-18　某公司各年的净现金流量与肯定分量系数**

| 年/$t$ | 1 | 2 | 3 | 4 | 5 |
|---|---|---|---|---|---|
| 净现金流量 | −80 000 | 40 000 | 32 000 | 24 000 | 20 000 |
| 肯定当量系数 | 1.0 | 0.95 | 0.9 | 0.8 | 0.7 |

6. 某投资方案初始投资资金 100 万元，项目寿命期 4 年，预计寿命期内每年的现金流量分别为：10 万元、30 万元、40 万元和 80 万元，企业要求的最低报酬率为 10%，预计每年的通货膨胀率为 5%，请计算该项目的净现值并评价其可行性。

7. 某公司拟投产一种新产品，需要购置一套专用设备预计价款 900 000 元，追加流动资金 145 822元。公司的会计政策与税法规定相同，设备按 5 年计提折旧，采用直线法计提，净残值率为零。该新产品预计销售单价 20 元/件，单位变动成本 12 元/件，每年增加固定付现成本 500 000 元。该公司所得税税率为 40%；投资的最低报酬率为 10%。

要求：计算净现值为零的销售量水平（计算结果保留整数）。

8. D 公司正面临印刷设备的选择决策。它可以购买 10 台甲型印刷机，每台价格 8000 元，且预计每台设备每年末支付的修理费为 2000 元。甲型设备将于第 4 年末更换，预计无残值收入。另一个选择是购买 11 台乙型设备来完成同样的工作，每台价格 5000 元，每台每年末支付的修理费用分别为 2000 元、2500 元、3000 元。乙型设备需于 3 年后更换，在第 3 年末预计有 500 元/台的残值变现收入。

该公司此项投资的机会成本为 10%，所得税率为 30%（假设该公司将一直盈利），税法规定的该类设备折旧年限为 3 年，残值率为 10%；预计选定设备型号后，公司将长期使用该种设备，更新时不会随意改变设备型号，以便与其他作业环节协调。

要求：分别计算采用甲、乙设备的平均年成本，并据此判断应当购买哪一种设备。

# 第7章

# 长期筹资方式

**内容提要**

筹资是企业一项重要的理财活动，是企业资金运动的起点。长期资金是企业从事生产经营活动的必要条件，企业可以通过多种不同的渠道、采用不同的方式筹措长期资金。本章主要介绍权益资本和债务资本的筹集方式。通过本章的学习，读者应了解股票和债券的种类、发行和推销方式及其筹资的优缺点，理解期权原理及可转换债券和认股权证筹资的特点，了解长期借款和租赁筹资的含义和特征，掌握租金的计算方法。

## 7.1 股票筹资

### 7.1.1 股票的种类

股份有限公司可通过发行股票筹集自有资金。股票的种类繁多，按不同的标准可以分成不同的类别。

#### 7.1.1.1 普通股和优先股

按股东的权利与义务的不同，股票可分为普通股和优先股。

1. 普通股

普通股是股份有限公司发行的无固定股息和特别权利的股票，是股份有限公司资本构成中最重要、最基本的股份，也是投资风险最大的一种股份。股份有限公司初次发行的股票一般为普通股。通常情况下，股份有限公司只发行普通股。普通股的持有者即为普通股股东。普通股股东可依法享有广泛的权利，这些权利主要表现在以下几个方面：

(1) 投票表决权。普通股股东有权出席股东大会，听取公司董事会有关经营和财务方面的报告，并可行使投票表决权选举公司的董事，参与公司的重大决策。股东也可以按规定手续委托代理人出席股东大会，代为行使投票表决权。一般而言，股东享有的表决权多少取决于其所持有股份数量的多少。我国《公司法》明确规定，股东出席股东大会，所持有每一股份有一份表决权，因此，股东持有股份数量越多，享有的表决权就越多。有些国家法律允许公司发行的普通股设计成双级普通股，即A级普通股和B级普通股。A 级普通股是指由社会公众所持有的弱投票权股票，股东可能只有限制性的投票权或无投票权，但有完整的收益权；B 级普通股是由公司的创办人或管理者所持有的强投票权股票，股东至少有每股一票的投票权，但收益权居后或受到一定的限制。投票表决制也可根据需要设计成多数投票制或累积投票制，多数投票制是指股东投票选举董事时，对董事会的每个席位都独自投票选举，股东对每个空缺的董事席位进行一股一票的投票；累积投票制是指股东投票选举董事时，每张股票拥有与所选董事数目相同的投票权，每个股东可以把自己所有的投票权累积起来投向一个或几个自己要选的董事。多数投票制下，拥有大多数股票的股东能控制整个董事会的选举，而累积投票制下，只有少数股权的股东有机会选举自己中意的董事。我国的《公司法》明确规定，股东大会选举董事、监事，可以依照公司章程的规定或者股东大会的决议，实行累积投票制，即股东大会选举董事或者监事时，每一股份拥有与应选董事或者监事人数相同的表决权，股东拥有的表决权可以集中使用。

（2）收益分配权。普通股股东有权领取公司已宣布发放的股利，但这种股利具有不确定性。普通股股东可获得股利的多少，不仅取决于公司经营业绩的好坏、盈利的多少，还取决于公司的股利政策和董事会的决议，而且普通股股东收益分配权排在最后，公司必须在偿还了债权人并支付优先股股息之后，才能向普通股股东分配股利，因此，普通股股东承担着较大的投资风险。

（3）资产分配权。股份有限公司解散清算时，普通股股东有权按持股比例分配公司的剩余财产，但其资产分配权排列在债权人和优先股股东之后，即只有在债权人和优先股股东资产清偿权得到满足以后，普通股股东才能行使这种资产分配权，否则不能行使。

（4）优先认股权。很多公司在增发新股时，给予原有股东优先认股权，以保护普通股股东的利益和持股价值。在这种情况下，原普通股股东按其持股比例，往往能以低于市价的某一特定价格优先认购一定数量的新股，从而保持其持股比例不变。

除此之外，普通股股东还享有了解公司经营状况的权利，有权查阅、复制公司章程、股东会会议记录、董事会会议决议、监事会会议决议和财务会计报告，可以要求查阅公司会计账簿，并享有转让股票的权利以及由法律和公司章程所规定的其他权利。同时，普通股股东也对公司负有一定的义务，包括遵守公司章程、缴纳股款、对公司负有有限责任、不得退股等义务。

2. 优先股

1）优先股的特征

优先股是相对于普通股而言的，是指使股东享有某些优先权利的股票。优先股的特征主要包括以下几个方面：

（1）股息率一般固定。优先股在发行时一般就给定了固定的股息率，股份有限公司应定期按优先股的面值乘以固定的股息率计算股息并向股东支付。就这点而言，优先股具有与债券相似的特点，但优先股不像债券那样有一定的期限。作为一种股权证书，它代表着对公司的所有权，这一点与普通股一样，因此，优先股可以看做是一种混合性证券，是一种特殊的股票。

(2) 股东享有某些优先权利。优先股股东可享受的优先权利主要表现在两个方面：一是优先股股东排在普通股股东之前优先领取股息；二是当公司破产或解散清算时，优先股股东排在普通股股东之前优先分配公司的剩余资产。

(3) 股东的某些权利受到限制。优先股股东可以出席股东大会，但一般情况下，没有投票表决权，因而无法参与公司的经营管理。仅在某些特殊的情况下，优先股股东才能行使表决权，如涉及优先权问题进行表决时，或当优先股股东连续一定时期未得到股息、其权益受到侵害时，可能会允许优先股股东有投票表决权。

2) 优先股的种类

股份有限公司发行优先股时，可根据需要附加一些不同的条款，设计不同的优先股。优先股的种类较多，主要包括以下几种：

(1) 累积优先股和非累积优先股。累积优先股是指公司某一时期无力支付股息时，欠付的股息可累积到以后时期支付。公司在没有付清累积的优先股股息前，不能支付普通股股利。非累积优先股是指公司某一时期因盈利不足无力支付优先股股息时，欠付的股息不予累积，股息只能当年结清不能累积发放，公司不承担任何支付以往未付股息的补偿责任。很显然，累积优先股有利于保障优先股股东的收益不致因公司盈利状况的波动而减少，因此能够比非累积优先股更好地保护股东的利益。实践中，多数公司发行的优先股是累积优先股。

(2) 参与优先股与非参与优先股。参与优先股是指优先股股东除了按固定的股息率领取股息外，还有权按照特定的方案参与公司剩余收益的分配。根据参与程度的不同，参与优先股又可以分为全部参与优先股和部分参与优先股。全部参与优先股的股东在按照固定的股息率领取股息后，还可以和普通股股东一样参与剩余收益的分配；部分参与优先股在按固定的股息率领取股息后，股东可再次按不超过事先限定的水平分得超额股利，剩余部分的收益完全归普通股股东所有，也就是说，只能在一定程度上参与剩余收益的分配。非参与优先股是指股东只能领取固定的股息，无权再参与剩余收益分配的优先股。当公司盈利大幅增加时，参与优先股比非参与优先股更有利于使股东获得较高的收益，因而对投资者更有吸引力，但却会损害普通股股东的利益。实践中，比较常见的优先股为非参与优先股。

(3) 可转换优先股和不可转换优先股。可转换优先股是指允许持有者在一定时期内，按事先确定好的价格或比例转换成公司其他品种证券的优先股。可转换优先股多数情况下是可转换为普通股的优先股。可转换优先股为股东提供了更多的机会：当公司经营状况好、盈利增加时，普通股的价格会上涨，优先股股东可选择将优先股转换成普通股，以获得更多的股利或买卖普通股股票的价差收益；而当公司经营状况不佳时，优先股股东可选择继续持有优先股享有固定的股息收入。因此，可转换优先股通过赋予股东一种选择权，能增加对投资者的吸引力。不可转换优先股则是指不具备转换选择权的优先股。

(4) 可赎回优先股和不可赎回优先股。可赎回优先股是指发行公司有权根据事先规定的条款，按一定的价格收回的优先股。可赎回优先股有利于发行公司规避市场利率下降的风险。当市场利率下降、公司能以更低的股息率发行优先股时，可赎回高股息的优先股从而使公司减轻股息负担。赎回的价格是事先确定的，通常要高于股票面值，且随着时间的推移而下降，这样可保护投资者的利益，补偿他们因股票被赎回而可能遭受的损失。不可赎回优先股是指公司无权收回的优先股，这种优先股发行之后，像普通股一样是永久性的证券。

**➢专栏 7-1　胜利股份的股权之争**

山东胜利股份有限公司成立于 1994 年，1996 年在深圳证券交易所挂牌上市（股票代码：000407），是山东省政府重点扶持的骨干企业。该公司所属行业是其他塑料制造业，主要经营塑胶和化工类产品。

1999 年 12 月 10 日，胜利股份的第一大股东胜利集团因涉及的多起经济纠纷败诉，其拥有的胜利股份遭法院拍卖。广州通百惠服务有限公司以每股 1.06 元的价格（1999 年胜利股份每股净资产为 2.43 元）竞买成功，获得了胜利股份 3000 万股国有法人股，凭其持有的占总股本 13.77%的股份一跃成为公司的第一大股东。汇集了大批网络技术和资本市场高级人才的通百惠公司是一家注册资本为 5400 万元的民营企业，业务范围包括投资咨询、计算机软件开发和网络工程等领域。该公司在得知胜利股份股权拍卖的消息后，感到它的价值被严重低估，便果断出手捕捉到了这次投资机会，并希望在成为胜利股份第一大股东之后能够以“战略合作者”的身份入主公司。

此后不久，胜利股份原第四大股东胜邦公司先后受让了国泰君安的转配股和东营市银厦工程有限公司法人股股权，并从二级市场购入了 1.32%的股权，使其持股总量达到了胜利股份已发行股份的 17.35%，将第一大股东的位置从通百惠手中又夺了过来。后来通百惠虽继续增持胜利股份至持股比例达到 16.66%，但终以 0.69%的微弱差距低于胜邦公司的持股比例而位居第二。为了能够在 2000 年 3 月底召开的股东大会上赢得对己有利的多数投票权从而取得对胜利股份的控制权，通百惠便将目光投向了占公司总股本 50%的众多中小股东。通百惠在公布了其对企业未来发展非常详尽、完美、诱人的计划后，于 2000 年 3 月 27 日至 29 日期间在互联网及传统媒体上向社会公众股股东公开征集授权委托书，同时又派出 30 多人奔赴全国各地上门征集授权委托书。通过为期三天的征集，通百惠成功地取得 1500 份委托书，委托股权数 3200 万股，其中有效征集的股权数为 2625.7781 万股，占上市公司总股本的 10.96%。尽管在 2000 年 3 月底召开的股东大会上，通百惠没能最终战胜第一大股东胜邦公司如愿获得对胜利股份的控制权，但是这场在我国资本市场上发生的委托书收购第一案依然可以让我们看出委托书收购战的巨大威力。

#### 7.1.1.2　记名股票和无记名股票

按记名方式不同，股票可分为记名股票和无记名股票。

（1）记名股票。记名股票是指将股东姓名记载于股票票面和股东名册的股票。记名股票的股东权利归属于记名股东，股东认购股票的款项不一定一次缴足，可以分次缴纳，股票的流通转让需办理过户手续，股票遗失后可向公司挂失、申请补发。

（2）无记名股票。无记名股票是指股票票面和股份有限公司股东名册上均不记载股东姓名的股票。无记名股票的股东权利归属于股票持有者，且股东享有的股利与记名股票的股东没有差别。无记名股票的股东在向股份有限公司认购股票时需一次性缴足股票款项才能领取股票，否则公司因不知道股东的姓名而难以催缴欠付的股票款项。无记名股票的流通转让比较方便，不需办理过户手续。

按照我国《公司法》的规定，公司向发起人、法人发行的股票，应当为记名股票，并应当记载该发起人、法人的名称或者姓名，不得另立户名或者以代表人姓名记名。对社会公众发行的股票，可以为记名股票，也可以为无记名股票。公司发行记名股票的，应当置备股东名册，并记载下列事项：①股东的姓名或者名称及住所；②各股东所持股份数；③各股东所持股票的编号；④各股东取得股份的日期。公司发行无记名股票的，应当记载其股票数量、编号及发行日期。

#### 7.1.1.3 面值股票和无面值股票

按有无面值分，股票可分为面值股票和无面值股票。

（1）面值股票。面值股票是指在股票票面上记载一定金额的股票，又称金额股。股票的面值可以明确表示在公司总股本中每一股所代表的股权比例，并且也可以为确定股票的发行价格提供一定的依据。

（2）无面值股票。无面值股票是指在股票票面上不记载金额的股票，又称比例股。这种股票票面上不标明固定的金额，但要记载每股占公司总股本的比例。

我国《公司法》规定，“股份有限公司的资本划分为股份，每一股的金额相等”，这意味着我国股份有限公司发行的股票应该是有面值的股票。

#### 7.1.1.4 国家股、法人股、个人股和外资股

按认股对象和上市地区的不同，股票可分为国家股、法人股、个人股和外资股。

（1）国家股。国家股是指有权代表国家投资的政府部门或机构以国有资产投入公司所形成的股份，或依法定程序取得的股份。国家股的形成主要有两种方式：一是原全民所有制企业改组为股份有限公司，原国有资产折算成的股份；二是国家以现金、实物资产、土地使用权等对新组建的股份有限公司进行投资所形成的股份。国家股权可以转让，但转让应符合国家制定的有关规定。

（2）法人股。法人股是指企业法人或具有法人资格的事业单位和社会团体以其依法可支配的资产投入公司所形成的股份。具有法人资格的国有企业、事业及其他单位以其依法占用的法人财产向独立于自己的股份有限公司出资形成，或依法定程序取得的股份，又称国有法人股。国家股和国有法人股共同构成国有股。

（3）个人股。个人股是指社会个人或公司内部职工以合法财产投入公司所形成的股份。我国的个人股曾存在过内部职工股、公司职工股和社会个人股等不同的形式。内部职工股是指在股份制试点初期，由定向募集公司向内部职工募集的股份。1993 年国务院决定停止内部职工股的审批和发行。公司职工股是指发行股票的公司公开向社会发行股票时，公司职工按照发行价格认购的股份。1998 年底国务院决定停止公司职工股的发行。社会个人股是指社会个人认购的可上市流通的股份。目前，采用向社会募集方式

发行股票的公司，除了由发起人认购一部分股份外，其余部分应该向社会公众公开发行。

国家股、法人股、个人股均为以人民币标面值，是供投资者以人民币认购和交易的股票，又称为 A 种股票。

(4) 外资股。外资股是指股份有限公司向外国投资者和我国港澳台地区的投资者发行的股票。外资股按上市地区的不同又可分为境内上市外资股和境外上市外资股。

境内上市外资股又称人民币特种股票或 B 种股票，是指以人民币标面值、在境内上市、供外国投资者和我国港澳台地区的投资者以外币认购和交易的股票。2001 年 2 月，中国证监会发布公告，B 种股票向境内投资者开放，境内投资者可以其合法持有的外币参与 B 种股票的认购和交易。

境外上市外资股是指以人民币标面值、在境外上市、供境外投资者以外币认购和交易的股票，包括在香港上市的 H 股、在美国纽约上市的 N 股和在新加坡上市的 S 股等。

### 7.1.2　股票的发行与承销

#### 7.1.2.1　股票的发行方式

股票的发行方式多种多样，股份有限公司可根据需要在法律法规允许的条件下选择适当的发行方式。股票的发行方式主要可分为以下几类：

(1) 按发行对象的不同，股票发行可分为公募发行和私募发行。公募发行是指向不特定的广大投资者公开发行股票的方式。以这种方式发行股票要求股份有限公司满足一系列较为严格的规定条件，经过一定的审核程序得到批准，并按要求公开其财务状况及其他相关的信息。

私募发行是指向特定的少数投资者非公开发行股票的方式。以这种方式发行股票不要求股份有限公司具备公募发行的严格条件，发行手续比较简单，公司不需要公开其财务状况信息，但股票的流通和转让往往受到严格的限制。

(2) 按是否有中介机构参与推销的不同，股票发行可分为直接发行和间接发行。直接发行是指发行者不通过证券中介机构、自己办理发行事宜的发行方式。直接发行时，发行人可节省向证券中介机构支付的发行费用，但一定时期内证券不能完全售出的风险由自己承担。

间接发行是指发行人委托证券中介机构代理其发行股票的方式。间接发行时，发行人要向证券中介机构支付一定的发行费用，但相应可降低不能按时筹足资金的风险。

(3) 按发行时间的不同，股票发行可分为设立发行和增资发行。设立发行是指设立股份有限公司首次发行股票的发行方式，包括发起设立和募集设立。发起设立是指由发起人认购公司所发行的全部股份而设立公司；募集设立是指由发起人认购公司所发行股份的一部分，其余部分向社会公开募集而设立公司。

增资发行是指设立股份有限公司首次发行股票以后的各次发行。增资发行又可分为有偿增资和无偿增资两种情况。有偿增资是指股份有限公司增发新股时，要求投资者按一定的价格出资才能获得股票。有偿增资主要包括向不特定的社会公众增发新股和按原有股东的持股比例向原股东配售新股等不同形式，有偿增资的结果是在公司股份总数增加的同时，公司的资产总额和股东权益总额也同时增加。无偿增资是指股份有限公司增发新股时，不要求股东出资，而是无代价地将公司发行的股票交付股东。无偿增资包括转增股本、股票派息和股票分割三种不同的形式。转增股本是指股份有限公司增发新股时，用资本公积金转增股本，并按原股东的持股比例无偿将新股交付给股东。股票派息是指股份有限公司用增发的新股作为股利分派给股东。股票分割是指股份有限公司将大面额的股票拆分成若干小面额的股票，又称拆股。无偿增资的三种不同形式都会使公司的股份总数增加，但资产总额不变，股东权益总额也不变，只是股东权益的内部构成发生了变化：转增股本时公司的资本公积金减少，股本增加；股票派息时，公司的留存收益减少，股本增加；股票分割时，公司股东权益的各个项目的金额都未发生变化，但股份数增加，每股面值降低。

#### 7.1.2.2 股票的发行条件

1. 首次公开发行股票并上市的条件

根据中国证监会2006年5月17日发布的《首次公开发行股票并上市管理办法》的规定，公司首次公开发行股票并上市应满足的条件主要包括：

(1) 发行人应当是依法设立且合法存续的股份有限公司，持续经营时间应当在3年以上，并且发行人最近3年内主营业务和董事、高级管理人员没有发生重大变化，实际控制人没有发生变更。

(2) 发行人应该具有独立性，即发行人应该在资产、人员、财务、组织机构和业务活动方面都保持独立性，与其控股股东、实际控制人及其控制的其他企业间有明确界限。

(3) 发行人应该规范运行，即已经依法建立健全股东大会、董事会、监事会、独立董事、董事会秘书制度，相关机构和人员能够依法履行职责，最近36个月内公司及其董事、监事和高级管理人员没有重大违法行为，不存在为控股股东、实际控制人及其控制的其他企业进行违规担保的情形，不得有资金被控股股东、实际控制人及其控制的其他企业以借款、代偿债务、代垫款项或者其他方式占用的情形。

(4) 发行人资产质量良好，资产负债结构合理，盈利能力较强，现金流量正常；内部控制在所有重大方面是有效的，并由注册会计师出具了无保留结论的内部控制鉴证报告；基础工作规范，财务报表的编制符合企业会计准则和相关会计制度的规定，在所有重大方面公允地反映了发行人的财务状况、经营成果和现金流量，并由注册会计师出具了无保留意见的审计报告；完整披露关联方关系并按重要性原则恰当披露关联交易，关联交易价格公允，不存在通过关联交易操纵利润的情形。

(5) 在主要财务数据方面，发行人应当符合下列条件：①最近3个会计年度净利润均为正数且累计超过人民币3000万元，净利润以扣除非经常性损益前后较低者为计算依据；②最近3个会计年度经营活动产生的现金流量净额累计超过人民币5000万元；或者最近3个会计年度营业收入累计超过人民币3亿元；③发行前股本总额不少于人民币3000万元；④最近一期末无形资产（扣除土地使用权、水面养殖权和采矿权等后）占净资产的比例不高于20%；⑤最近一期末不存在未弥补亏损。

（6）发行人依法纳税，各项税收优惠符合相关法律法规的规定。发行人的经营成果对税收优惠不存在严重依赖；不存在重大偿债风险，不存在影响持续经营的担保、诉讼以及仲裁等重大或有事项，不得有影响持续盈利能力的情形；募集资金的使用方向明确，且符合国家产业政策以及其他相关法律、法规和规章的规定。

2. 上市公司增发股票的一般条件

上市公司增发股票的一般条件主要包括：

（1）组织机构健全，运行良好；能够独立运作，自主经营管理；最近12个月内不存在违规对外提供担保的行为。

（2）最近3个会计年度连续盈利，业务和盈利来源相对稳定；高级管理人员和核心技术人员稳定，最近12个月内未发生重大不利变化；不存在可能严重影响公司持续经营的担保、诉讼、仲裁或其他重大事项；最近24个月内曾公开发行证券的，不存在发行当年营业利润比上年下降50%以上的情形。

（3）财务状况良好，会计基础工作规范；最近3年及一期财务报表未被注册会计师出具保留意见、否定意见或无法表示意见的审计报告；资产质量良好，不良资产不足以对公司财务状况造成重大不利影响；经营成果真实，现金流量正常；营业收入和成本费用的确认严格遵循国家有关企业会计准则的规定，最近3年资产减值准备计提充分合理，不存在操纵经营业绩的情形。

（4）最近3年以现金或股票方式累计分配的利润不少于最近3年实现的年均可分配利润的30%；可以进行中期现金分红。

（5）财务会计文件无虚假记载、误导性陈述或重大遗漏；最近12个月内未受到过证券交易所的公开谴责；上市公司及其控股股东或实际控制人最近12个月内不存在未履行向投资者作出的公开承诺的行为。

（6）募集资金的数额和使用符合规定。上市公司募集资金数额不超过项目需要量；募集资金用途符合国家产业政策和有关环境保护、土地管理等法律和行政法规的规定；除金融类企业外，本次募集资金使用项目不得为持有交易性金融资产和可供出售的金融资产、借予他人、委托理财等财务性投资，不得直接或间接投资于以买卖有价证券为主要业务的公司。投资项目实施后，不会与控股股东或实际控制人产生同业竞争或影响公司生产经营的独立性；建立募集资金专项存储制度，募集资金必须存放于公司董事会决定的专项账户。

3. 上市公司增发股票的其他条件

上市公司增发股票除了符合前述一般条件之外，还应当符合下列条件：

（1）最近3个会计年度加权平均净资产收益率平均不低于6%。扣除非经常性损益后的净利润与扣除前的净利润相比，以低者作为加权平均净资产收益率的计算依据；

（2）除金融类企业外，最近一期期末不存在持有金额较大的交易性金融资产和可供出售的金融资产、借予他人款项、委托理财等财务性投资的情形；

（3）发行价格应不低于公告招股意向书前20个交易日公司股票均价或前一个交易

日的均价。

4. 上市公司配股的条件

上市公司配股除了应当符合前述一般条件之外，还应当符合以下条件：

(1) 拟配售股份数量不超过本次配售股份前股本总额的30%；

(2) 控股股东应当在股东大会召开前公开承诺认配股份的数量；

(3) 采用证券法规定的代销方式发行。控股股东不履行认配股份的承诺，或者代销期限届满，原股东认购股票的数量未达到拟配售数量70%的，发行人应当按照发行价并加算银行同期存款利息返还已经认购的股东。

5. 上市公司非公开发行股票的条件

上市公司非公开发行股票应当符合的条件主要包括：

(1) 上市公司非公开发行股票的特定对象应当符合股东大会决议规定的条件，且发行对象不超过10名；发行对象为境外战略投资者的，应当经国务院相关部门事先批准。发行对象属于下列情形之一的，具体发行对象及其认购价格或者定价原则应当由上市公司董事会的非公开发行股票决议确定，并经股东大会批准；认购的股份自发行结束之日起36个月内不得转让：①上市公司的控股股东、实际控制人或其控制的关联人；②通过认购本次发行的股份取得上市公司实际控制权的投资者；③董事会拟引入的境内外战略投资者。

除上述情形，发行对象认购的股份自发行结束之日起12个月内不得转让。

(2) 上市公司非公开发行股票，发行价格不低于定价基准日前20个交易日公司股票均价的90%。

(3) 上市公司存在下列情形之一的，不得非公开发行股票：①本次发行申请文件有虚假记载、误导性陈述或重大遗漏；②上市公司的权益被控股股东或实际控制人严重损害且尚未消除；③上市公司及其附属公司违规对外提供担保且尚未解除；④现任董事、高级管理人员最近36个月内受到过中国证监会的行政处罚，或者最近12个月内受到过证券交易所公开谴责；⑤上市公司或其现任董事、高级管理人员因涉嫌犯罪正被司法机关立案侦查或涉嫌违法违规正被中国证监会立案调查；⑥最近1年及一期财务报表被注册会计师出具保留意见、否定意见或无法表示意见的审计报告。保留意见、否定意见或无法表示意见所涉及事项的重大影响已经消除或者本次发行涉及重大重组的除外；⑦严重损害投资者合法权益和社会公共利益的其他情形。

**➢专栏 7-2　股票发行制度的比较分析**

股票发行制度主要有三种，即审批制、核准制和注册制，每一种发行监管制度都对应一定的市场发展状况。在市场逐渐发育成熟的过程中，股票发行制度也应该逐渐地改变，以适应市场发展需求，其中审批制是完全计划发行的模式，核准制是从审批制向注册制过渡的中间形式，注册制则是目前成熟股票市场普遍采用的发行制度。

审批制是一国在股票市场的发展初期，为了维护上市公司的稳定和平衡复杂的经济关系，采用行政计划的办法分配股票发行的指标和额度，由地方或行业主管部门根据指标推荐企业发行股票的一种发行制度。公司发行股票的首要条件是取得指标和额度，也就是说，如果取得了给予的指标和额度，就等于取得了的保荐，股票发行仅仅是走个过场。因此，审批制下公司发行股票的竞争焦点主要是争夺股票发行指标和额度。证券监管部门凭借行政权力行使实质性审批职能，证券中介机构的主要职能是进行技术指导，这样无法保证发行公司不通过虚假包装甚至伪装、做账达标等方式达到发行股票的目的。

注册制是在市场化程度较高的成熟股票市场所普遍采用的一种发行制度，证券监管部门公布股票发行的必要条件，只要达到所公布条件要求的企业即可发行股票。发行人申请发行股票时，必须依法将公开的各种资料完全准确地向证券监管机构申报。证券监管机构的职责是对申报文件的真实性、准确性、完整性和及时性做合规性的形式审查，而将发行公司的质量留给证券中介机构来判断和决定。这种股票发行制度对发行人、证券中介机构和投资者的要求都比较高。

核准制则是介于注册制和审批制之间的中间形式。它一方面取消了指标和额度管理，并引进证券中介机构的责任，判断企业是否达到股票发行的条件；另一方面证券监管机构同时对股票发行的合规性和适销性条件进行实质性审查，并有权否决股票发行的申请。在核准制下，发行人在申请发行股票时，不仅要充分公开企业的真实情况，而且必须符合有关法律和证券监管机构规定的必要条件，证券监管机构有权否决不符合规定条件的股票发行申请。证券监管机构对申报文件的真实性、准确性、完整性和及时性进行审查，还对发行人的营业性质、财力、素质、发展前景、发行数量和发行价格等条件进行实质性审查，并据此作出发行人是否符合发行条件的价值判断和是否核准申请的决定。

资料来源：股票发行核准制与审批制的区别，http://stock.jrj.com.cn/invest/2012/03/14144112487399.shtml，2011年11月21日

#### 7.1.2.3　股票的发行程序

股票的发行应按照严格的法律程序来进行，否则发行的股票不会发生效力。设立发行和增资发行股票在程序上有所不同。

1. 设立发行股票的程序

设立发行股票的基本程序主要包括以下几个步骤：

(1) 发起人认足股份，交付出资；

(2) 提出募股申请；

(3) 公告招股说明书，制作认股书，签订承销协议和代收股款协议；

(4) 招认股份，缴纳股款；

(5) 召开创立大会，选举董事会、监事会；

(6) 办理公司设立登记，交割股票。

2. 增资发行股票的程序

增资发行股票的基本程序主要包括以下几个步骤：

(1) 股东大会作出发行新股决议；

(2) 由董事会向国务院授权的部门或省级人民政府申请并经批准；

(3) 公告新招股说明书和财务会计报表及附属明细表，与证券经营机构签订承销合同，定向募集时向新股认购人发出认购公告或通知；

(4) 招认股份，缴纳股款；

(5) 改选董事、监事，办理变更登记。

**➢专栏 7-3 我国股票发行制度的沿革**

我国股票发行审核制度的演变，总体来看经历了从审批制到核准制的转变过程。这一过程又分别或同时并行着“额度管理”、“指标管理”、“通道制”和“保荐制”四个阶段，其中“额度管理”和“指标管理”属于审批制，“通道制”和“保荐制”属于核准制。

(1)“额度管理”阶段（1993～1995 年）。主要做法是，国务院证券监管部门根据国民经济发展需求及资本市场实际情况，先确定融资总额度，然后根据各个省级行政区域和行业在国民经济发展中的地位和需要进一步分配总额度，再由省级政府或行业主管部门来选择和确定可以发行股票的企业（主要是国有企业）。

(2)“指标管理”阶段（1996～2000 年）。这一阶段实行“总量控制，限报家数”的做法，由国务院证券主管部门确定在一定时期内发行上市的企业家数，然后向省级政府和行业主管部门下达股票发行家数指标，省级政府或行业主管部门在上述指标内推荐预选企业，证券主管部门对符合条件的预选企业同意其上报发行股票正式申报材料并审核。

(3)“通道制”阶段（2001 年 3 月～2004 年 12 月）。2001 年 3 月实行了核准制下的“通道制”，也就是向综合类券商下达可以推荐拟公开发行股票的企业家数。只要具有主承销商资格，就可获得 2 至 9 个通道，具体通道数主要以 2000 年该主承销商所承销的项目数为基准，新的综合类券商将有 2 个通道数。主承销商的通道数是其可以在同一时点推荐申报的拟公开发行股票的企业家数。“通道制”下股票发行“名额有限”的特点未变，但“通道制”改变了过去行政机制遴选和推荐发行人的做法，使主承销商在一定程度上承担起股票发行风险，同时也获得了遴选和推荐股票发行的权力。

2004 年 2 月保荐制度实施后，“通道制”并未立即废止，每家券商仍需按通道报送企业，直至 2004 年 12 月 31 日彻底废止了“通道制”。因此 2004 年 2 月～2004 年 12 月为“通道制”与“保荐制”并存时期。

(4)“保荐制”阶段（2004 年 2 月至今）。“保荐制”下，企业发行上市不但要有保荐机构进行保荐，还需要具有保荐代表人资格的从业人员具体负责保荐工作。保荐工作分为两个阶段，即尽职推荐阶段和持续督导阶段。“保荐制”的核心内容是进一步强化和细化了保荐机构的责任，尤其是以保荐代表人为代表的证券从业人员的个人责任。实施证券发行上市保荐制度是深化发行审核制度改革的重大举措，是对证券发行上市建立市场约束机制的重要制度探索，将推动证券发行制度从核准制向注册制转变。

资料来源：本文选自“黄运成，葛蓉蓉．中国股票发行监管制度的演变与评析．国际金融报，2004 年 9 月 17 日”中的部分内容

### 7.1.2.4　股票的发行价格

我国《公司法》明确规定，股票不得以低于股票面值的价格发行。因此，我国的股份有限公司发行股票的价格可分为面值发行和溢价发行两种情况：面值发行是指按照等于股票面值的价格发行股票；溢价发行是指按高于股票面值的价格发行股票。我国的《证券法》中规定，股票发行采取溢价发行的，其发行价格由发行人与承销的证券公司协商确定。

确定股票的发行价格，是设计股票发行方案中的一个重要问题。股票的发行价格定得是否适当，直接影响到发行人的筹资计划是否能够按期完成。发行价太低，不能最大限度地满足发行人的资金需求；若发行价太高，又给承销商带来较大的风险，可能会因承销商不愿意承销而使发行工作不能顺利完成。在确定股票的发行价格时，通常应考虑的因素包括：公司所处的行业、公司的盈利水平、未来的发展潜力、本次发行股票的数量以及股市所处的状态等。一般而言，处于朝阳行业的公司、经营业绩良好且未来有较大发展潜力的公司，以及本次发行股票数量较少的公司，股票的发行价格可以定得相对高一些；反之，则定价应低一些。股票发行价格的确定，还应考虑给二级市场的运作留有适当余地，以免股票上市后在二级市场上的定位发生困难，影响公司的形象。

从国内外股票市场的情况来看，股票发行价格的确定方式主要有固定价格方式和累积订单方式两种。固定价格方式是指承销商与发行人在公开发行前商定一个固定的价格，然后根据此价格进行公开发售。累积订单方式是指承销团先与发行公司商定一个新股发行的价格区间，再通过市场促销征集在每个价位上的需求量，然后分析需求数量分布，由主承销商与发行公司确定最终发行价格。

我国上市公司股票的发行价格在 2005 年之前基本采用固定价格方式确定，2005 年开始采用询价方式确定，询价方式实质上属于累积订单的股票定价方式。按照中国证监会的规定，询价分为初步询价和累计投标询价。在初步询价阶段，发行人及其保荐机构应向不少于 20 家（公开发行股票数量在 4 亿股以上，提供有效报价的询价对象不少于 50 家）的符合证监会规定条件的询价对象进行询价，并根据询价对象的报价结果确定发行价格区间以及相应的市盈率区间。在累计投标询价阶段，发行人及其保荐机构应在已确定的发行价格区间内向询价对象进行累积投标询价，并根据累计投标询价结果确定发行价格。发行人及其主承销商应当向参与网下配售的询价对象配售股票。公开发行股票数量少于 4 亿股的，配售数量不超过本次发行总量的 20%；公开发行股票数量在 4 亿股以上的，配售数量不超过向战略投资者配售后剩余发行数量的 50%。询价对象应当承诺获得本次网下配售的股票持有期限不少于 3 个月，持有期自本次公开发行的股票上市之日起计算。首次发行的股票在中小企业板、创业板上市的，发行人及其主承销商可以根据初步询价结果确定发行价格，不再进行累计投标询价。

2012 年 5 月 21 日，证监会公布了《关于修改〈证券发行与承销管理办法〉的决定》，根据这项决定，上市公司首次公开发行股票除可以询价方式定价外，发行人与主承销商也可自主协商直接定价。

#### 7.1.2.5 股票的推销方式

股份有限公司推销股票的方式主要有以下两种。

1. 自销方式

自销方式是指发行公司自己直接将股票销售给认购者。这种销售方式可由发行公司直接控制发行过程，并可节约发行费用，但如果发行公司没有足够多的销售网点和推销能力，一定时期不能将股票全部售出的风险要由自己来承担。采用这种方式发行股票一般需要发行公司有较高的知名度、信誉和实力。

2. 承销方式

承销方式是指发行公司将股票销售业务委托证券经营机构代为销售。这是推销股票最为常见的一种方式。我国的《证券法》中明确规定，向不特定对象公开发行的证券票面总值超过人民币 5000 万元的，应由承销团承销。承销团应当由主承销商和参与承销的证券公司组成。

承销又包括包销和代销两种方式。

(1) 包销。包销是指证券公司将发行人的证券按照协议全部购入或者在承销期结束时将售后剩余的证券全部自行购入的承销方式。因此，包销又分为全额包销和余额包销两种情况。全额包销是指承销商一次性购入发行人该次发行的全部股票，然后再向投资者发售。余额包销是指承销商在承销期内按约定的条件代理发行人向投资者发售股票，承销期结束后，售后剩余的证券由承销商自行购入。

发行人选择包销方式推销股票，可以迅速筹集到所需的资金，且无需承担一定期限内股票不能全部出售的风险，但要向承销商支付相对较高的费用。

(2) 代销。代销是指承销商代发行人发售股票，在承销期结束时将未售出的证券全部退还给发行人的承销方式。采用代销方式发行股票时，发行人向承销商支付的费用比包销的费用要低，但一定期限内股票不能全部发售出去的风险由发行人自行承担。

按照我国《证券法》的规定，证券的代销、包销期限最长不得超过 90 日。

### 7.1.3 股票上市

股票上市是指股份有限公司公开发行的股票，符合规定的条件，经过申请得到批准后，在证券交易所作为交易的对象。凡经过批准在证券交易所内挂牌买卖的证券，称为上市证券，其发行公司称为上市公司。

#### 7.1.3.1 股票上市的条件

股票上市必须满足一定的条件。各国的具体情况不同，对股票上市的限制条件也不尽相同，但一般都会在上市公司的资产总额、证券规模、证券分布及经营业绩等方面作出明确的规定，以确保上市公司有良好的素质，维护投资者利益，确保证券市场正常、安全、稳定地运行。

我国《证券法》规定，股份有限公司申请股票上市，应当符合下列条件：①股票经国务院证券监督管理机构核准已公开发行；②公司股本总额不少于人民币 3000 万元；

③公开发行的股份达到公司股份总数的 25%以上；公司股本总额超过人民币 4 亿元的，公开发行股份的比例为 10%以上；④公司最近三年无重大违法行为，财务会计报告无虚假记载。

证券交易所可以规定高于上述规定的上市条件，并报国务院证券监督管理机构批准。此外，国家鼓励符合产业政策并符合上市条件的公司股票上市交易。

我国对股票上市不搞“终身制”，当发现上市股票不再符合上市标准或者上市公司违反有关管理规定时，将视情节轻重受到“暂停上市”或“终止上市”的处理。

依照我国《证券法》的规定，上市公司有下列情形之一的，由证券交易所决定暂停其股票上市交易：①公司股本总额、股权分布等发生变化不再具备上市条件；②公司不按照规定公开其财务状况，或者对财务会计报告作虚假记载，可能误导投资者；③公司有重大违法行为；④公司最近三年连续亏损；⑤证券交易所上市规则规定的其他情形。

上市公司有下列情形之一的，由证券交易所决定终止其股票上市交易：①公司股本总额、股权分布等发生变化不再具备上市条件，在证券交易所规定的期限内仍不能达到上市条件；②公司不按照规定公开其财务状况，或者对财务会计报告作虚假记载，且拒绝纠正；③公司最近三年连续亏损，在其后一个年度内未能恢复盈利；④公司解散或者被宣告破产；⑤证券交易所上市规则规定的其他情形。

#### 7.1.3.2　股票上市的决策

股票上市对上市公司而言有利也有弊，因此在决定股票上市之前，股份有限公司应就本公司的股票是否上市、上市的方式以及上市的时机等方面作好决策。

(1) 是否上市的决策。是否选择股票上市，取决于股票上市后对公司会产生怎样的影响。一般而言，股票上市对公司和投资者都有很多好处，这主要表现在：①有利于提高公司的信誉和知名度；②增强股票的流动性和变现能力，便于投资者认购和交易股票；③为公司扩充资本、降低筹资成本提供了极为有利的条件；④能促进公司股权的社会化，防止股权过于集中；⑤便于确定公司的价值，有利于促进公司实现理财目标。

但股票上市对公司也有不利之处，这主要表现在：①上市公司必须按有关要求披露很多信息，不利于保守商业秘密；②上市公司的股权很分散，可能增大被其他公司收购的风险；③人为操纵的因素可能会导致股票价格偏离其内在价值，歪曲公司的形象；④上市公司的社会责任增大、各种限制增加。

因此，公司应综合分析股票上市的利与弊，若认为利大于弊，则选择股票上市，否则可选择不上市。

(2) 上市方式的选择。作出股票上市的决策后，还应就股票上市的方式作出选择。股票上市的方式主要包括直接上市和间接上市。直接上市是指公开发行股票的公司具备了股票上市的基本条件，经过申请并得到批准使其股票成为证券交易所挂牌交易的对象。间接上市又称买壳上市或借壳上市，是指公司通过购入已挂牌上市的公司的股权来取得上市的地位，然后通过反向收购的方式注入自己的有关业务和资产，从而实现上市。间接上市同直接上市相比的好处是，可以避开直接申请上市的很多严格条件的限制和较为复杂的申请程序，但其不利之处是在购入壳公司以取得上市地位的过程中可能会花费大量的资金。两种上市方式各有利弊，公司应在对每种上市方式的利弊进行分析的基础上，作出上市方式选择的决策。

(3) 上市时机的选择。选择股票的上市时机应同时考虑股市的运行状态和公司预计的经营业绩等因素。股市的运行状态除了受社会经济总体形势的影响外，还受到国家产业政策、金融政策和宏观调控手段的变化及各种主客观因素的影响。一般认为，股票上市的最佳时机是预计公司未来会取得良好的经营业绩、股市人气较盛、交投活跃的时期，以有利于股票上市后，股价能够合理定位。

### 7.1.4 股票筹资的优缺点

通过发行股票方式筹集资金，既会给发行公司带来一定的好处，也会对其造成一些不利的影响。由于普通股和优先股具有不同的特点，所以二者对发行公司而言的优缺点也不尽相同。下面分别阐述普通股和优先股筹资的优缺点。

#### 7.1.4.1 普通股筹资的优缺点

1. 普通股筹资的优点

普通股筹资的优点主要包括以下三个方面：

(1) 无需还本。公司没有清偿普通股的义务，因而可稳定地获得永久性的资金，这种资金作为自有资金使用，不会像借债那样受到很多方面的限制。

(2) 无固定的股利负担。公司没有支付股利的法定义务，有可供股东分配的利润时可以发放股利，当盈利较少或现金周转困难时，可以不发放股利，因而可降低公司的财务风险。

(3) 能增强公司的信誉。发行普通股筹集的自有资金，是公司举债的基础。发行较多的普通股，可使公司的信用等级相应提高，不但能使公司有效地增强借债的能力，而且还可以降低借债的成本。

2. 普通股筹资的缺点

普通股筹资的缺点主要包括以下两个方面：

(1) 资本成本较高。由于普通股股东的求偿权排在债权人之后，承担的投资风险更高，所以会要求更高的投资报酬率，投资者要求的投资报酬率就是筹资公司为使用资本而支付的代价，而且公司向股东支付的股利只能从税后利润中支付，也失去了像债务利息那样因税前列支而享受抵减税负的好处，所以公司使用资本的成本较高。另外，公司为发行普通股需要投入大量的人力、物力和财力，并需要向承销商和会计师事务所等机构支付相应较高的费用，为筹措资本而支付的费用也比较高。所以，与债务的资本成本相比，普通股的资本成本较高。

(2) 分散控制权。增发新股意味着增加新股东，使原股东的持股比例相应降低，导致原股东对公司的控制权受到分散和削弱。

#### 7.1.4.2 优先股筹资的优缺点

1. 优先股筹资的优点

优先股筹资的优点主要包括以下三个方面：

（1）改善公司的财务状况。发行优先股筹集的资金一般没有到期日，是一种永久性的权益资金，可在一定程度上增强公司的偿债能力，保持公司良好的财务状况。

（2）不分散普通股股东的控制权。优先股股东一般没有投票权，故发行优先股不会分散和削弱普通股股东对公司的控制权，可有效地保持原有股东对公司的支配地位。

（3）能使普通股股东享受财务杠杆利益。优先股股东一般只能按固定的股息率领取股息，因此，发行优先股后，若公司获得丰厚的利润，则普通股股东会享受到更多的利益，这种利益是由于优先股股息具有固定财务费用性质而产生的财务杠杆作用所带来的。

2. 优先股筹资的缺点

优先股筹资的缺点主要包括以下两个方面：

（1）资本成本较高。优先股股东的求偿权位于债权人之后，承担的风险比债权人更大，必然要求更高的投资报酬率。而且，优先股股息要从税后利润中支付，不能像债券利息那样有抵减税负的作用，故优先股的成本要高于债务的成本。

（2）股息支付义务固定。优先股在发行时，一般已确定了固定的股息率，为此，公司需要支付固定的股息，这就使得发行公司无法根据扩张的需要保留更多的利润用于再投资。因此，与发行普通股筹资相比，优先股筹资会使公司在利润分配方面失去一定的灵活性。

## 7.2 债券筹资

### 7.2.1 债券的种类

企业为筹集资金而发行的债券可以按多种不同的标准进行分类，主要的分类方式包括以下几种：

（1）按记名方式的不同，债券可分为记名债券和无记名债券。记名债券是指券面上载明债券持有人姓名的债券。发行记名债券的公司会建立债权人名册，并依此向债权人还本付息。记名债券可以挂失，其转让时需办理过户手续。无记名债券是指券面上不载明债券持有人姓名的债券。无记名债券可以自由转让，无需办理过户手续，但不可挂失。

（2）按计息方式的不同，债券可分为单利债券、复利债券和贴现债券。单利债券是指有确定的票面利率，但发行以后只对本金计息，所生利息不再计息的债券。复利债券是指计算各期利息时，不但对本金计息，而且将以前时期所生利息也视同本金再计算利息的债券。对债权人而言，在票面利率相同时，复利债券的实得利息要多于单利债券。贴现债券是指票面利率为零、以低于面值的价格发行、到期按面值偿还的债券，又称零息债券或折价债券。

（3）按募集方式的不同，债券可分为公募债券和私募债券。公募债券是指向不特定的多数投资者公开发行的债券。公募债券一般具有较好的流动性，但发行时必须满足一定的条件，发行程序较为复杂。私募债券是指仅向特定的少数投资者非公开地发行的债券。私募债券的流动性较差，其转让一般受到一定的限制，但不要求发行者满足较为严格的条件，且发行程序简单。

（4）按有无抵押品分，债券可分为抵押债券和信用债券。抵押债券是指以发行者的某种财产物资作抵押品而发行的债券；信用债券是指不提供抵押品，仅凭发行者的信誉而发行的债券。

在公司发行抵押债券的情况下，当公司不能履行还本付息义务时，债权人有权依法处理抵押品得到抵偿。抵押债券按抵押品的不同，又可分为以土地、房屋等不动产作为抵押品所发行的不动产抵押债券；以机器设备作为抵押品所发行的设备抵押债券；以公司所持有的其他有价证券为抵押品所发行的信托抵押债券等。一般而言，抵押品的总价值要高于抵押债券发行总额。当同一种财产物资作为先后几次发行的不同债券的抵押品时，应明确指明哪些是第一抵押债券，哪些是第二抵押债券等。当发行者还不起债务本息时，第一抵押债券的债权人有权首先变卖抵押品得到偿还，其次才是第二抵押债券的债权人，依此类推。

在公司发行信用债券的情况下，尽管信用债券没有特定的抵押品，但其债权人仍受到债券契约中限制性条款的保护，如不准企业把某些财产抵押给其他债权人等。对信用债券的债权人而言，企业未用作抵押的资产越多，其所受的保护程度越大。只有那些信誉卓著的大公司才能成功地发行信用债券。有些公司筹资时还会发行次级信用债券，在公司进行清算时其求偿权排在一般信用债券的债权人之后，但优先于股东，因此，次级信用债券的债权人比其他债权人承担了更大的风险，相应地也会要求更高的利率。为降低资本成本，公司在发行次级信用债券时往往附有可转换为本公司普通股的条款，使债权人能够在获得选择权的同时愿意接受利率更低的债券。

此外，债券还可以按利率是否固定分为固定利率债券和浮动利率债券，按发行地域分为国内债券和国际债券等。

### 7.2.2 债券契约的有关条款

债券契约是指明确记载债券持有人与发行公司双方所拥有的权利与义务的法律文件。公司发行债券后，债券契约可交由独立于债权人和债务人之外的第三方作为委托人来保管，以代表债权人监督发行公司的行为，保护债券持有人的权益。

债券契约中会包括有关债券要素的基本条款，根据需要还可加入各种不同类型的附加条款。

#### 7.2.2.1 基本条款

债券契约中的基本条款是指发行债券时必须明确的基本要素，包括债券的面值、票面利率、还本付息方式、期限等，这些要素的基本含义已经在第 5 章中介绍过。公司在设计这些基本条款时应考虑相关的一些影响因素，具体分析如下所述：

(1) 面值的设计。债券的面值是债券票面所载明的金额。债券的面值既是债券计息的依据，也是确定债券发行价格时应考虑的因素之一。债券的面值可由发债公司自行确定，但面值太大的债券不便于中小投资者参与认购和交易，因此，为有利于筹资，公司宜发行小面额的债券。

(2) 期限的设计。债券的期限是指债券从发行日至到期日之间的期限。确定债券的期限时，首先要考虑筹资者对资金需要的时间，债券的期限太短，难以满足投资目标规划的需要，同时还要考虑投资者的心理预期和消费观念的取向等；期限太长的债券，可能会因为不能被投资者所接受而无法成功发行。此外，还应充分考虑市场利率的变动趋势。当预计未来市场利率将上升时，应发行长期债券筹资；反之，当预计未来市场利率将下降时，应发行短期债券筹资，这样才能使筹资企业免受损失。

(3) 票面利率的设计。确定债券的票面利率应主要考虑资金借贷市场的利率水平、筹资企业的信用等级以及债券的期限长短等因素。尽管债券的利率并不总是与资金借贷市场的利率水平保持一致，但一般而言，市场利率高时，债券的利率也相应较高；反之，市场利率低时，债券的利率也相应较低。筹资企业的资信等级高时，债权人的投资风险较小，债券的利率可以定得低一些；反之，筹资企业的资信状况差时，债权人的投资风险相对较大，债券的利率应该定得高一些。期限长的债券流动性较差，债权人的投资风险相对较大，债券的利率应该定得高一些；而期限短的债券流动性较强，债权人的投资风险相对较小，债券的利率应该定得低一些。目前，按我国的有关规定，企业债券的票面利率不得高于银行同期存款利率的 40%。

(4) 还本付息方式的设计。债券的还本付息方式是发行债券的企业向债权人支付利息的计息方式、付息频率及偿还本金的具体方式。计息方式包括单利计息和复利计息；付息频率主要有到期一次付息和按年、半年、季、月等分次付息；偿还本金的方式主要包括到期一次偿还、一定期限内分期偿还、以新债还旧债或转换为普通股等。在其他条件一定的情况下，债券的还本付息方式也会影响债权人获得的投资报酬率水平。发行债券的企业在选择债券的还本付息方式时，一方面应考虑对投资者有一定的吸引力，另一方面也要考虑企业未来各期预计的现金流量状况。

#### 7.2.2.2 附加条款

债券契约中可包括的附加条款主要包括限制性条款、偿债基金条款、可赎回条款、可转换条款等，筹资者可根据需要选择使用。

(1) 限制性条款。这类条款主要是通过对借债企业的某些行为加以限制以保护投资者的利益，如对借债企业在负债筹资使用方面的限制、对继续增加债务方面的限制、对发放股利方面的限制等。合理的保护性条款可增加债券对投资者的吸引力，便于企业顺利地发行债券筹资。

(2) 偿债基金条款。偿债基金条款是指为在到期日前定期回收债券而设立的基金。按偿债基金条款的规定，企业发行债券后，应每年拨付一笔资金储存起来，用于逐期偿还债务。每年拨付资金的数额可以固定不变，也可以根据企业盈利的情况相应调整。通过偿债基金回收债券有两种方式：一是企业向受托人支付一笔资金，由受托人按照偿债基金赎回价格收回债券。当债券的市场价格高于偿债基金赎回价格时，企业往往愿意选择这种方式。另一种方式是发行债券的企业在公开市场上购买已发行的债券，然后把既定数量的债券交付给受托人。当债券的市场价格低于偿债基金赎回价格时，企业会愿意选择这种方式。

偿债基金条款对发行债券的企业的优点，主要是通过逐期分散还债，可避免到期一次性地用大量的资金还债而可能造成的现金流转方面的困难。对债券持有人的好处包括：一方面设立偿债基金条款会使债券的违约风险降低，能更好地保护债权人权益；另一方面债券被逐期回购的活动也增加了市场的流动性，有利于债权人。因此，一般认为，在其他条件相同的情况下，有偿债基金条款的债券的利率，通常会低于没有偿债基金条款的债券的利率。

(3) 赎回条款。赎回条款是指债券契约中允许发行人在到期日前以特定的价格回购债券的条款。赎回条款对于发行债券的企业来说很有价值，使其在筹资上具有较大的灵活性。当市场利率降低时，企业通过行使赎回权回购已发行的高利率的债券，再发行低利率的债券筹资，从而可降低成本。但赎回条款对债券持有人却会产生不利的影响，当市场利率降低时，债券被赎回，债权人收回资金后只能按低利率进行再投资，必然遭受损失。因此，赎回条款所规定的赎回价格一般要高于债券的面值，即债券发行者提前赎回债券时要支付赎回溢价，且赎回的时间越早，支付的赎回溢价越高。并且附有可赎回条款的债券，利率要高于无赎回条款的债券，投资者才能愿意购买。很多附有赎回条款的债券，还规定了一定的赎回保护期，即债券发行者在赎回保护期内不能赎回债券，过了赎回保护期后才能行使赎回权，这样的规定在一定程度上保护了债券持有人的利益。

(4) 可转换条款。可转换条款是指允许债券持有人在特定的时期按特定的价格将债券转换成股票的条款。可转换条款对于债券持有人而言是一种很有价值的选择权。附有可转换条款的债券又称为可转换债券。可转换债券的有关问题将在本章的下一节详细阐述。

### 7.2.3 债券的发行与推销

#### 7.2.3.1 债券的发行条件

我国《证券法》规定，公开发行公司债券，应当符合下列条件：

(1) 股份有限公司的净资产不低于人民币3000万元，有限责任公司的净资产不低于人民币6000万元；

(2) 累计债券余额不超过公司净资产的40%；

(3) 最近三年平均可分配利润足以支付公司债券一年的利息；

(4) 筹集的资金投向符合国家产业政策；

(5) 债券的利率不超过国务院限定的利率水平；

(6) 国务院规定的其他条件。

此外，公开发行公司债券筹集的资金，必须用于审批核准的用途，不得用于弥补亏损和非生产性支出。

### 7.2.3.2　债券的信用评级

公募债券在发行前应由专门的证券评级机构对其信用级别进行评定。尽管债券的信用评级并非由法律所规定，但未经评级的债券很难被广大投资者所接受，不易发行成功。因此，债券评级对公募债券的发行人而言是其发行债券前要做的必不可少的一项重要工作。

债券评级的主要目的是向投资者提供有关债券发行人的信誉和偿债的可靠程度等方面的信息，以便投资者能够根据不同证券的风险级别来选择投资对象或进行投资组合，作出合理的投资决策。对于债券发行人而言，通过评级，有利于提高其经济地位和社会知名度，方便证券的销售和流通，从而降低筹资费用。

债券评级一般要按一定的程序进行。首先，由债券发行人或其代理人向证券评级机构提出申请，并按评级机构的要求提供有关资料以供审查。其次，证券评级机构对债券发行人提交的各种资料进行分析和研究，并进行调查和访问，综合考虑发行人所属的行业特点、发行人在所属行业中的地位、发行人的财务状况、以往的偿债记录、本次发行债券的有关条款等因素，采用一定的方法，评定出债券的级别。再次，证券评级机构将债券评级的结果通知申请人，若申请人有异议，可说明理由并提供必要的补充资料，申请重新评级，否则评级的结果即正式确定，由评级机构将最终的评级结果公布于众。最后，证券评级机构将对已公布评级的证券进行跟踪，根据债券发行者的财务状况和经营活动的变化，及时调整其债券级别，并将调整后的最新债券级别公布于众。

许多国家设有专门的证券评级机构。债券的级别一般可划分为若干不同的等级并用简单的符号加以表示。以国际上公认的具有权威性的两家评级公司——美国标准普尔公司和穆迪投资者服务公司为例，其对债券等级的划分标准如表 7-1 所示。

**表 7-1　债券信用等级标准**

| 标准普尔公司 | 穆迪公司 | 信用级别 | 说明 |
|---|---|---|---|
| AAA | Aaa | 最高级 | 发行人资信好，债务本息有保障，基本无投资风险 |
| AA | Aa | 高级 | 发行人资信较高，偿债能力较强，投资风险很低 |
| A | A | 中上级 | 发行人资信较高，偿债能力较强，但投资风险略高 |
| BBB | Baa | 中级 | 发行人的偿债能力和资信较好，但有一定的投资风险 |
| BB | Ba | 中下级 | 发行人有偿债能力，但投资风险较大 |
| B | B | 下级 | 发行人偿债能力较差，债券具有投机性 |
| CCC | Caa | 劣级 | 发行人偿债能力差，债券投机性高 |
| CC | Ca | 最劣级 | 发行人偿债能力很差，债券投机性很高 |
| C | C | 拖欠级 | 发行人偿债能力极差，债券投资风险极大 |
| D | D | 最差级 | 发行人处于破产边缘，不能履行偿债义务 |

债券信用级别较高时，由于投资者承担的风险较低，所以发行人可发行较低利率的债券筹资以降低资金成本；反之，债券信用级别较低时，因投资者承担着较大的投资风险，故发行人不得不提高利率，才能使债券发行出去，这必然会增大资金成本。可见，债券信用评级的结果对债券发行人而言是至关重要的。

#### 7.2.3.3 债券的发行价格

公司债券的发行价格包括等价发行、溢价发行和折价发行三种情况。等价发行是指按与债券的面值相等的价格发行；溢价发行是指按高于债券面值的价格发行；折价发行是指按低于债券面值的价格发行。确定债券的发行价格要同时考虑债券的面值、票面利率、期限、还本付息方式，以及发行债券时的市场利率等诸多因素。根据第5章介绍的债券估价公式，当市场利率等于债券的票面利率时，债券的价值等于其面值，债券应等价发行；当市场利率低于债券的票面利率时，债券的价值高于其面值，债券应溢价发行；当市场利率高于债券的票面利率时，债券的价值低于其面值，债券应折价发行。

#### 7.2.3.4 债券的推销

债券的推销可分为自销和承销两种方式：

(1) 自销。是指发行者不通过中介机构而是自己直接向投资者发行债券的方式。私募债券因仅出售给特定的少数投资者，一般会采用自销方式。自销方式可节省发行者支付给中介机构的手续费，但可能会导致发行周期过长或发行者承担风险较大等问题。

(2) 承销。承销是指发行者通过中介机构的帮助间接向投资者发行债券的方式。承销一般包括代销和包销两种不同的形式。公募债券的出售对象是不特定的多数投资者，一般而言发行的范围大，而发行者对证券发售的规程和业务不一定十分熟悉，故公募债券通常由证券中介机构承销。在这种方式下，债券发行者要支付给承销机构一定的手续费，但相应地可降低不能及时筹足资金的风险。

### 7.2.4 债券筹资的优缺点

#### 7.2.4.1 债券筹资的优点

债券筹资的优点主要包括以下几个方面：

(1) 资本成本较低。由于债权人的求偿权排在股东之前，与股东相比债权人承担的风险较低，他们期望获得的投资报酬率也相应较低，而且债券的利息费用可在所得税前列支，使筹资企业能够享受税上利益，同时筹资企业发行债券时支付给承销商的费用一般低于发行股票时支付给承销商的费用，所以，债券的资本成本一般会低于权益资本的成本。

(2) 不分散原股东的控制权。由于债券持有人仅仅拥有按期收回本金和利息的权利，一般不享有投票权，因此不会影响原股东的控制权，原股东可有效地保持其支配地位。

(3) 能产生财务杠杆作用。由于债券的利息固定，当筹资企业的营业利润增加时，债券的利息并不随之增加，故有利于提高普通股的每股收益，使普通股股东享受到更多的利益。

#### 7.2.4.2 债券筹资的缺点

债券筹资的缺点主要包括以下几个方面：

(1) 增大企业的财务风险。由于债券本息的偿付义务都具有固定性，一旦借债企业的现金周转出现问题，企业就有可能因无法履约而陷入财务困境，甚至可能导致企业濒于破产清算的境地，风险很大。

(2) 限制条件较多。发行债券的企业不但要满足有关规定要求具备的条件，而且也会受到债券契约中有关限制性条款的制约。债券发行的额度会受到企业净资产、偿债能力等方面的制约，债券筹资后也会在一定程度上约束了企业从外部筹资扩张的能力，使企业在筹资方面的灵活性受到限制。

(3) 对普通股股东的利益可能会造成不利影响。如果债券的利率很高，或在债券的有效期内市场利率下降，而企业在负债期间经营利润很少或无利润，却还要支付相对较高的利息费用，那么必然导致普通股每股收益大幅下降，使股东遭受很大的损失。

# 7.3　含有期权特征的融资工具

## 7.3.1　期权的基本原理

### 7.3.1.1　期权的概念和类型

1. 期权的概念

期权是一种合约，它赋予购买者一种权利，而不是义务，在一定的时期内，以约定的执行价格，买入或卖出某种标的资产。期权的要素主要包括以下几项：

(1) 基础资产。又称标的资产，指合约中规定的交易对象。根据标的资产的不同，期权可分为商品期权、股票期权、债券期权、股票指数期货期权、债券指数期货期权、外汇现货或期货的期权等。

(2) 执行价格。又称履约价格或协议价格，指合约规定的买卖基础资产的价格。

(3) 到期日。指期权合约能执行的最后一天，在这一天之后，期权将会失效。

期权交易的最大特点是买方和卖方的权利和义务不对等。买方在支付一笔期权费以后就买到了一项权利，从而可以选择行使这项权利或放弃这项权利，而不负有任何义务，但期权的卖方在收取一笔期权费以后，必须无条件服从买方的选择，而没有任何选择的权利。期权费又称权利金，实际上就是交易中的期权的价格，它在期权交易过程中是随时变化的。

2. 期权的类型

期权有很多种不同的分类方法，主要的类型如下所述：

1) 看涨期权和看跌期权

按期权拥有者的选择行为不同，期权可分为看涨期权和看跌期权。

看涨期权又称买权，是赋予买方的一种权利，允许买方在规定的期限内，按约定的执行价格去购买某种标的资产。买权在一定期限内为期权的购买者提供了购买资产的价格上限。无论资产的市场价格发生怎样的波动，拥有买权的持约者购买资产时需要支付的最多价款是买权的执行价格，而不会更多。如果资产的市场价格降低到期权的执行价格以下，持约者可以放弃买权，而按市价直接购买；如果资产的市场价格升高到期权的执行价格以上，则持约者可以行使买权按执行价格买入。

看跌期权又称卖权，是赋予买方的一种权利，允许买方在规定的期限内，按约定的执行价格出售某种标的资产。卖权在一定期限内为期权的购买者提供了出售资产的价格下限。无论资产的市场价格发生怎样的波动，拥有卖权的持约者出售资产的最低价格是卖权的执行价格。如果资产的市场价格降低到期权的执行价格以下，卖权的购买者可以行使卖权，按卖权的执行价格出售资产；如果资产的市场价格升高到期权的执行价格以上，则持卖权的购买者可以放弃卖权，按市场价格出售资产。

2）欧式期权和美式期权

按期权拥有者行使权利的时间不同，期权可分为欧式期权和美式期权。欧式期权是指那些只能在到期日才可以执行的期权，美式期权是指那些在到期日或到期日之前的任何时刻都能执行的期权。实际交易中的期权大多是美式期权。

3）可交易期权和非交易期权

按是否可进行交易划分，期权可分为可交易期权和非交易期权。可交易期权是指可以在期权交易所进行交易的期权，这类期权一般是由公司外部创造的，通过标准化的期权合约进行交易。在标准化的期权合约中，标的资产、资产的数量、单位、履约价格、有效期等要素都是事先确定好的。如股票期权、指数期权、外币期权、利率期权、期货期权等都属于这类期权。非交易期权是指不可以进行交易的期权，一般是由公司内部创造的选择权。

#### 7.3.1.2 期权在到期日的价值及损益分析

1. 股票期权到期日的价值

假设某股票现在的价格为 $S_0$；股票期权的执行价格为 $X$；到期日为 $T$；期权到期日股票的价格为 $S_T$，则看涨期权在到期日的价值 $V_{CT}$ 为

$$V_{CT}=\max(S_T-X,\ 0) \tag{7-1}$$

而看跌期权在到期日的价值 $V_{PT}$ 为

$$V_{PT}=\max(X-S_T,\ 0) \tag{7-2}$$

**【例 7-1】** 已知 A 股票看涨期权的执行价格为 100 元，B 股票看跌期权的执行价格为 150 元，两种期权的期限均为 3 个月。试确定在期权到期日 A 股票和 B 股票的市价分别为 0、50、100、150、200 元的情况下，看涨期权和看跌期权的价值，并绘制看涨期权和看跌期权的价值与股票价格之间的关系图。

**解** 根据式（7-1）和式（7-2）可算得在不同的市价水平下，A 股票看涨期权和 B 股票看跌期权在到期日的价值，如表 7-2 所示。

**表 7-2 A 股票看涨期权和 B 股票看跌期权在到期日的价值**

| A 股票和 B 股票市价/元 | 0 | 50 | 100 | 150 | 200 |
|---|---|---|---|---|---|
| A 股票看涨期权的价值/元 | 0 | 0 | 0 | 50 | 100 |
| B 股票看跌期权的价值/元 | 150 | 100 | 50 | 0 | 0 |

A 股票看涨期权和 B 股票看跌期权在到期日的价值与股票市价的关系分别如图 7-1 和图 7-2 所示。

由计算和图示结果可以看出，当股票市价高于执行价格时，看涨期权具有价值，股票市价越高，看涨期权的价值越大；当股票市价低于执行价格时，看跌期权具有价值，股票市价越低，看跌期权的价值越大。

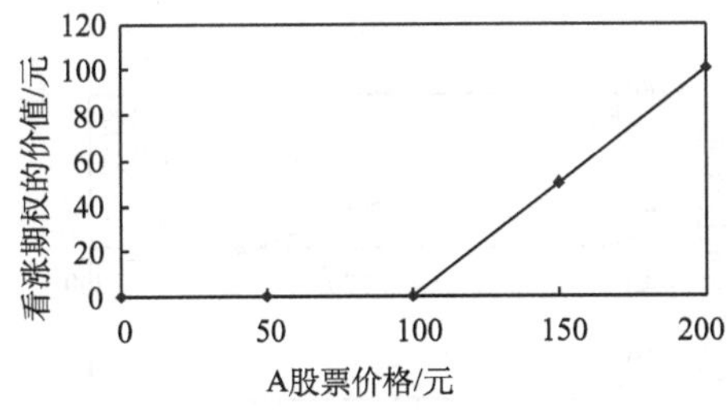


图 7-1　A 股票看涨期权到期日的价值

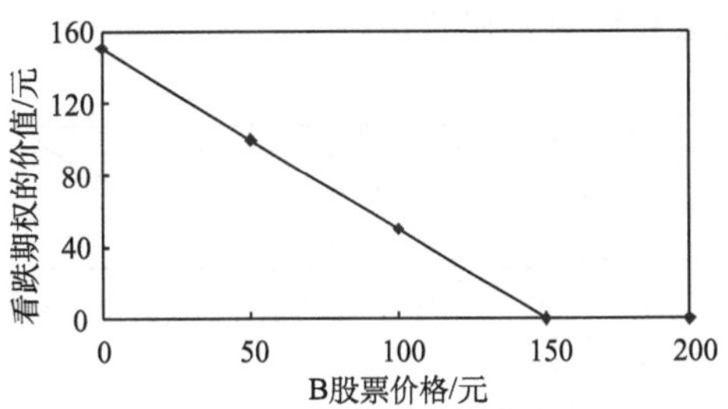


图 7-2　B 股票看跌期权到期日的价值

2. 股票期权到期日的损益

假设期初购买看涨期权的价格为 $C$，那么在不考虑交易费用和资金时间价值的情况下，到期日看涨期权买方的损益 $R_{CT}$ 为

$$R_{CT}=\max(S_T-X-C,\ -C) \tag{7-3}$$

假设期初购买看跌期权的价格为 $P$，那么在不考虑交易费用和资金时间价值的情况下，到期日看跌期权买方的损益 $R_{PT}$ 为

$$R_{PT}=\max(X-S_T-P,\ -P) \tag{7-4}$$

无论是看涨期权还是看跌期权，买方的盈利就是卖方的亏损，而买方的亏损就是卖方的盈利，买卖双方进行的是零和博弈。

**【例 7-2】** 仍以例 7-1 中的资料为例，假定 A 股票看涨期权的期初价格为 10 元，B 股票看跌期权的期初价格为 15 元。试确定在期权到期日，A 股票和 B 股票的市价分别为 0、50、100、150、200 元的情况下，A 股票看涨期权和 B 股票看跌期权买卖双方的损益，并分别绘制期权投资的损益与股票价格之间的关系图。

**解** 根据式（7-3）和式（7-4）可算得在不同的市价水平下 A 股票看涨期权 B 股票看跌期权买卖双方在期权到期日的损益，如表 7-3 所示。

**表 7-3　A 股票看涨期权和 B 股票看跌期权买卖双方在期权到期日的损益**

| A 股票和 B 股票市价/元 | 0 | 50 | 100 | 150 | 200 |
|---|---|---|---|---|---|
| A 股票看涨期权买方的损益/元 | −10 | −10 | −10 | 40 | 90 |
| A 股票看涨期权卖方的损益/元 | 10 | 10 | 10 | −40 | −90 |
| B 股票看跌期权买方的损益/元 | 135 | 85 | 35 | −15 | −15 |
| B 股票看跌期权卖方的损益/元 | −135 | −85 | −35 | 15 | 15 |

A 股票看涨期权和 B 股票看跌期权买卖双方在到期日的损益与股票市价的关系分别如图 7-3 和图 7-4 所示。

由计算和图示的结果可以看出，看涨期权的买方的亏损是有限的，最大的损失是支付的期权费，而盈利是无限的，股票价格越高，盈利越多。看跌期权的买方的亏损是有限的，最大的损失是支付的期权费，而盈利也是有限的，最大的盈利是期权的执行价格减去每股的期权费。

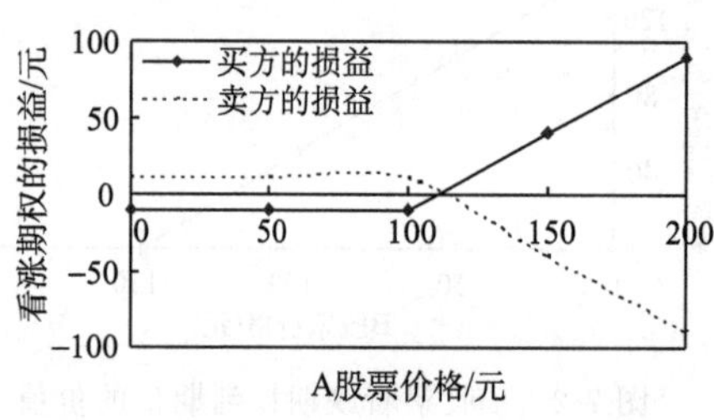


图 7-3　A 股票看涨期权买卖双方的损益

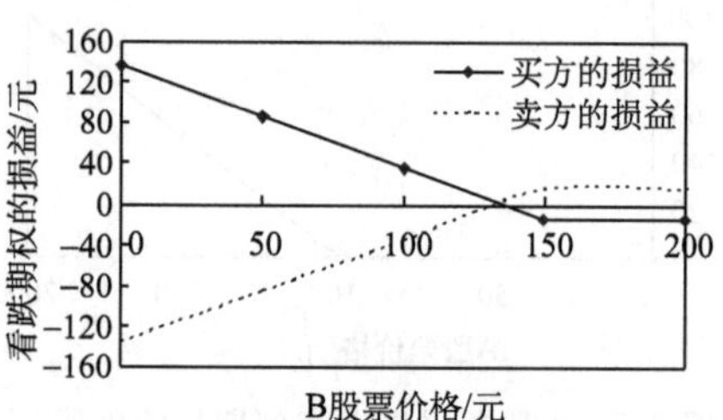


图 7-4　B 股票看跌期权买卖双方的损益

### 7.3.1.3　期权价值的影响因素及买卖权平价关系

上面讨论了股票期权在到期日的价值与股票价格之间的关系，但这一关系在期权到期日之前并不成立。在到期日之前，期权的价值主要受股票价格、执行价格、利息率、股价波动率和到期日五个因素的影响。这五个因素对期权价值的影响如表 7-4 所示。

**表 7-4　影响期权价值的因素**

| 影响因素 | 看涨期权的价值 | 看跌期权的价值 |
|---|---|---|
| 股票价格 | 同方向变化 | 反方向变化 |
| 执行价格 | 反方向变化 | 同方向变化 |
| 利息率 | 同方向变化 | 反方向变化 |
| 股价波动率 | 同方向变化 | 同方向变化 |
| 到期日 | 同方向变化 | 同方向变化 |

对于看涨期权来说，其到期日之前的价值不会低于其在到期日的价值，同时也不会高于其标的股票的价值，看涨期权在到期日之前的精确价值取决于上述这些因素的共同影响。

实际上，看涨期权和看跌期权之间是具有一定关系的，二者之间可以相互转换。如果用 $V_{Ct}$ 表示 $t$ 时刻看涨期权的价值，$V_{Pt}$ 表示 $t$ 时刻看跌期权的价值，$T$ 表示从 $t$ 时刻至期权到期日间隔的时间，$PV_t$（$X$）表示股票期权的执行价格 $X$ 在 $t$ 时刻的按连续利率贴现的现值，即 $PV_t(X)=X\cdot e^{-rT}$，$r$ 为连续利率，则 $t$ 时刻看涨期权和看跌涨期权的价值之间的关系可表示为

$$V_{Ct}+PV_t(X)=V_{Pt}+P_t \tag{7-5}$$

式（7-5）表明，某一时刻看涨期权的价值加上执行价格的现值等于看跌期权的价

值加上股票价格，这一关系式又可称为买卖权平价关系。式（7-5）也可以改写成如下的形式：

$$V_{Pt}=V_{Ct}+\mathrm{PV}_t(X)-P_t \tag{7-6}$$

由此可见，只要求出看涨期权的价值，那么看跌期权的价值计算问题也就迎刃而解了。

### 7.3.1.4　期权价值的定量分析

期权定价是期权理论研究中的核心问题，也是一个难点问题。对于一般的资产而言，通常可以预计其未来的现金流量序列，并估计与现金流量的风险相匹配的贴现率，从而可以采用累计贴现现金流量的方法对其价值进行估计。但是对于期权这种特殊的衍生金融产品来说，预计其未来现金流量序列虽然十分困难，但是在方法上仍然是可行的，而要找到与现金流量的风险相匹配的适当的贴现率却是不可行的，因为期权的对象物（如股票）的价格是变化不定的，期权的风险也就变化不断，投资者所要求的最低报酬率也随之变化。这就决定了期权定价不能使用常用的贴现现金流量方法，而是需要采用特殊的定价方法。目前对期权定价的方法主要有二项式定价模型和布莱克-舒尔斯定价模型，下面分别介绍这两种期权定价模型。

1. 二项式期权定价模型的原理

二项式期权定价模型是广泛使用的期权定价基本模型之一，它具有使用简单、直观明了等特点，能适用于各种不同的，乃至十分复杂的期权定价。其基本假设是：在每一时期中，资产价格只有两种可能的变化：上升和下降。在讨论二项式期权定价模型时，一般不考虑在到期日前的股息。下面举例说明二项式期权定价模型的基本原理。

**【例 7-3】**　已知 B 股票目前的价格为 5 元，一年末该股票的价格只有两种可能的变化，或者上涨到 7.14 元或者下跌到 3.5 元。该股票欧式看涨期权的执行价格为 5.5 元，有效期为 1 年，年无风险利率为 6%。假定 B 股票在该期间没有支付任何股利，并且市场上的投资者均为风险中性投资者，即所有投资者都不对超出无风险收益的部分提出附加补偿，那么投资者会愿意花多少钱购买 B 股票的看涨期权？

**解**　根据已知条件可以算得：

股价上行乘数 $u=7.14/5=1.43$

股价上行乘数 $d=3.5/5=0.7$

股价上升百分比＝（$u-1$）/100＝（1.43－1）＝43%

股价下降百分比＝（$d-1$）/100＝（0.7－1）＝－30%

在 B 股票未付任何股利的情况下，股价上升百分比和股价下降百分比分别等于股价上升和股价下降情况下的股票投资收益率。

假定股价上行的风险中性概率为 $p$，股价下行的风险中性概率为 $1-p$，由于市场上所有的交易者都是风险中性者，所以期望回报率应等于无风险利率，即：

$$P\times(u-1)+(1-p)\times(d-1)=\text{无风险收益率}(r)$$

由此可得，$p=\frac{1+r-d}{u-d}=\frac{1+6\%-0.3}{0.43-0.3}=0.49$

$1-p=1-0.49=0.51$

B股票价格经过一期变动的情况及股票现值PV的计算如下：

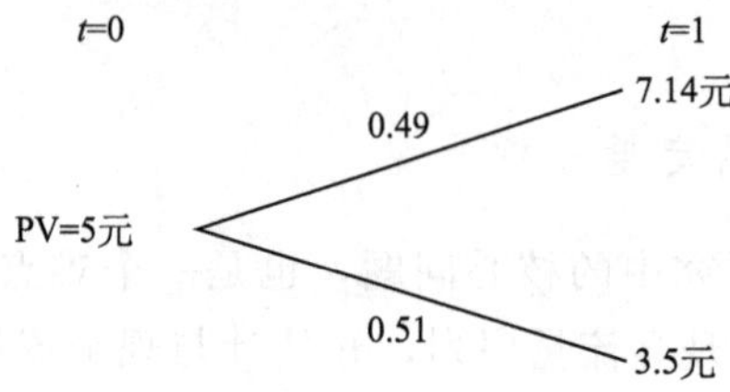


$$\text{PV}=\frac{0.49\times 7.14+0.51\times 3.5}{1+6\%}=5(\text{元})$$

B股票的价格经过一期变动后其看涨期权价值的变动情况及看涨期权的现值 $V_C$ 的计算如下：

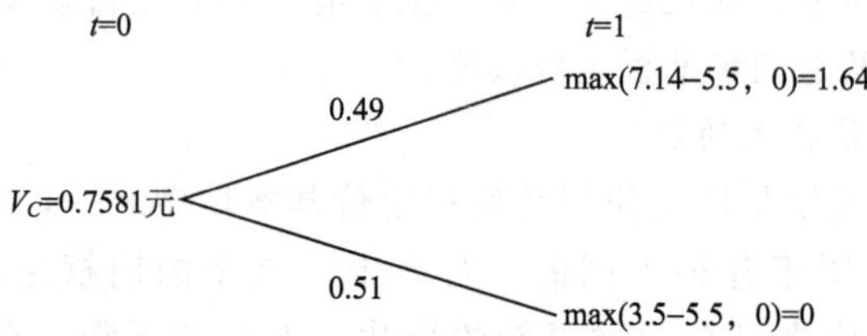


$$V_C=\frac{0.49\times 1.64+0.51\times 0}{1+6\%}=0.7581(\text{元})$$

计算结果表明，B股票看涨期权的价值为0.7581元，因此，投资者会愿意按不高于此价格的价格购买该股票的看涨期权。

例7-3中考虑的是股票的价格在一年中只经过一期变化的情况。下面进一步考察股票的价格在一年中经过两期变化的情况。

**【例7-4】** 假定前述的B股票的价格一年中经历了两期变化，每半年变动一次，每次股票价格的变化只有两种可能性，或者上涨29%，或者下跌22%。半年期的无风险利率为3%，那么投资者会愿意花多少钱购买该股票的看涨期权？

**解** 根据已知条件可以算得

股价上行乘数 $u=1+29\%=1.29$

股价上行乘数 $d=1-22\%=0.78$

风险中性概率 $p=\frac{1+r-d}{u-d}=\frac{1+3\%-0.78}{1.29-0.78}=0.49$

$1-p=1-0.49=0.51$

B股票的价格经过两期变动的情况及股票现值PV的计算如下：

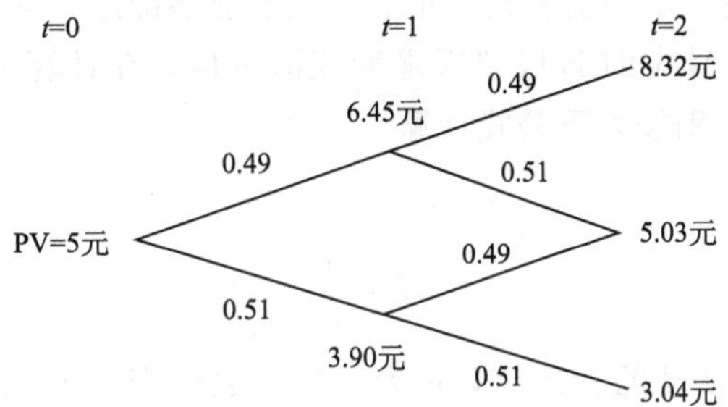


股票价格经过 1 期的上涨之后第 1 期期末的价值为

$$PV_u = \frac{0.49 \times 8.32 + 0.51 \times 5.03}{1 + 3\%} = 6.57(\text{元})$$

股票价格经过 1 期的下跌之后第 1 期期末的价值为

$$PV_d = \frac{0.49 \times 5.03 + 0.51 \times 3.04}{1 + 3\%} = 3.9(\text{元})$$

股票的现值 PV 为

$$PV = \frac{0.49 \times 6.57 + 0.51 \times 3.9}{1 + 3\%} = 5(\text{元})$$

B 股票的价格经过两期变动后其看涨期权价值的变动情况及看涨期权的现值 $V_C$ 的计算如下：

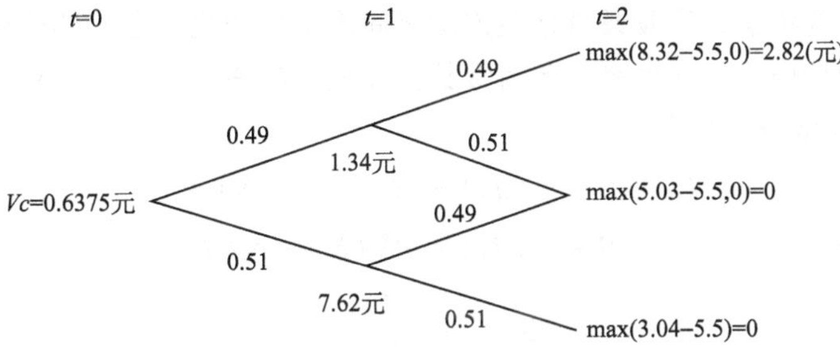


股票价格经过 1 期的上涨之后第 1 期期末看涨期权的价值为

$$V_{Cu} = \frac{0.49 \times 2.82 + 0.51 \times 0}{1 + 3\%} = 1.34(\text{元})$$

股票价格经过 1 期的下跌之后第 1 期期末看涨期权的价值为

$$V_{Cd} = \frac{0.49 \times 0 + 0.51 \times 0}{1 + 3\%} = 0$$

看涨期权的现值 $V_C$ 为

$$V_C = \frac{0.49 \times 1.34 + 0.51 \times 0}{1 + 3\%} = 0.6375(\text{元})$$

计算结果表明，该股票看涨期权的价值为 0.6375 元，因此，投资者会愿意按不高于此价格的价格购买该股票的看涨期权。

类似地，还可以进一步分别假设一年之内股票价格每月、每日、每分、每秒变动一次，并计算各种情况下对应的B股票看涨期权的价值，在计算的过程中，股价的上行乘数 $u$ 和下行乘数 $d$ 分别按以下公式计算

$$u = e^{\sigma/\sqrt{n}}$$

$$d = \frac{1}{u}$$

式中：$\sigma$ 为股票收益率波动的标准差，$n$ 为一年内股价变动的次数。在例 7-3 和例 7-4 中，$\sigma$ 是按照 35.62%计算的。

通过计算可以发现，随着一年之内B股票价格变动次数的增加，对应的看涨期权价值的计算结果是收敛的。按例 7-3 和例 7-4 中给定的已知条件计算，在一年之内股票价格变动的次数足够多时，B股票看涨期权的价值的计算结果将会是 0.6331 元，而这个计算结果与利用下面将要介绍的布莱克-舒尔斯期权定价模型计算的结果相同。

2. 布莱克-舒尔斯期权定价模型

尽管二项式期权定价模型为确定期权的价值提供了一种直观的方法，但它需要大量的数据和进行大量的计算。布莱克-舒尔斯期权定价模型作为二项式期权定价模型的一个特例，极大地减少了所需要的信息，简化了计算过程。

布莱克-舒尔斯模型和其他众多模型一样，是建立在假设的基础之上的。其假设条件包括：①对卖空不存在障碍和限制；②不支付股票红利；③交易成本与税收为零；④期权是欧式的；⑤短期利率已知而且固定，且任何证券购买者都能以短期的无风险利率借得任何数量的资金；⑥股票价格在连续时间内随机变化；⑦股票价格呈对数正态分布；⑧期权合约期内股票回报率方差为常数。在上述的假设条件下，对看涨期权定价的布莱克-舒尔斯模型表述如下：

$$C_0 = S \cdot N(d_1) - X \cdot e^{-rT} \cdot N(d_2)$$

或

$$= S \cdot N(d_1) - \mathrm{PV}(X) \cdot N(d_2) \tag{7-7}$$

$$d_1 = \frac{\ln\left(\frac{S}{X}\right) + \left(r + \frac{\sigma^2}{2}\right)T}{\sigma\sqrt{T}} \tag{7-8}$$

$$d_2 = \frac{\ln\left(\frac{S}{X}\right) + \left(r - \frac{\sigma^2}{2}\right)T}{\sigma\sqrt{T}} = d_1 - \sigma\sqrt{T} \tag{7-9}$$

式中，$C_0$ 为看涨期权的价值；$S$ 为标的资产（股票）的当前价格；$X$ 为期权的执行价格；PV（$X$）为执行价格的现值；$T$ 为距期权到期日的时间，以年为单位；$r$ 为期权合约期内的年无风险利率；$\sigma^2$为以连续复利计算的标的资产（股票）年收益对数的方差；$N$（$d_1$）、$N$（$d_2$）为在正态分布下，随机变量小于 $d_1$ 和 $d_2$ 时的累计概率。

看跌期权的基本布莱克-舒尔斯定价模型为

$$P_0 = -S \cdot N(-d_1) + X \cdot e^{-rT} \cdot N(-d_2) \tag{7-10}$$

式中，$P_0$ 为看跌期权的价值。

布莱克-舒尔斯期权定价模型中涉及五个参数，其中有四个参数是可以直接观察到的，即股票当前的价格 $S$、期权的执行价格 $X$、到期期限 $T$ 和年无风险利率 $r$，只有股票年收益率的标准差 $\sigma$ 一个参数需要估计，所以该定价模型在实际应用中是比较简单的。

**【例 7-5】** 已知某股票目前的价格为 30 元，年收益率的标准差为 30%，年无风险利率为 10%，期权的执行价格为 30 元，还有 6 个月到期，求该股票的看涨期权和看跌期权的价值。

**解**

$$d_1=\frac{\ln\left(\frac{S}{X}\right)+\left(r+\frac{\sigma^2}{2}\right)T}{\sigma\sqrt{T}}=\frac{\ln\left(\frac{30}{30}\right)+\left(10\%+\frac{0.3^2}{2}\right)\times 0.5}{0.3\times\sqrt{0.5}}=0.3418$$

$$d_2=d_1-\sigma\sqrt{T}=0.3418-0.3\times\sqrt{0.5}=0.1296$$

查附表 5 并结合插值法可求得

$$N(d_1)=0.6337$$

$$N(d_2)=0.5516$$

$$N(-d_1)=1-N(d_1)=1-0.6337=0.3663$$

$$N(-d_2)=1-N(d_2)=1-0.5516=0.4484$$

$$\begin{aligned}C_0&=S\cdot N(d_1)-X\cdot e^{-rT}\cdot N(d_2)\\&=30\times 0.6337-30\times e^{-0.1\times 0.5}\times 0.5516=3.27(\text{元})\\P_0&=-S\cdot N(-d_1)+X\cdot e^{-rT}\cdot N(-d_2)\\&=-30\times 0.3663+30\times e^{-0.1\times 0.5}\times 0.4484=1.81(\text{元})\end{aligned}$$

计算结果表明，该股票的看涨期权的价值为 3.27 元，看跌期权的价值为 1.81 元。

#### 7.3.1.5　期权的功能

人们使用各种各样的期权已有几百年的历史。特别是自 20 世纪 70 年代包括股票期权在内的金融期权交易创立以来，期权交易在许多国家都得到了迅速发展，期权理论的发展也日新月异，期权作为一种衍生金融工具正越来越多地被各类投资者所利用。期权这种衍生金融工具之所以能够在实践中产生并得到发展，表明它同时受到买方和卖方的欢迎，对买方和卖方都有一定的功能。

1. 期权对买方的功能

期权交易对于买方的功能主要表现在以下两个方面：

(1) 利用杠杆作用获利。期权交易一般是采用信用交易的方式，即利用少量的资金可以做大笔的交易，因而在对股价走势预测正确的情况下，与直接进行股票投资相比，利用同样一笔数额的资金进行期权交易可以获得更多的利润。

(2) 保值避险。投资者在购买股票以后，如果已获得了一定的账面利润，但预计股票价格还将继续上涨，可能会选择持股待涨。为了防范未来股价下跌而遭受损失的风险，投资者在持股期间可购买该股票的看跌期权。如果未来股价继续上涨，则放弃看跌期权，尽管损失的期权费用会冲减掉一部分利润，但出售股票可获得更多的利润。而如果未来股价下跌，则可行使看跌期权获利，从而弥补股价下跌造成的损失，基本上可保住原来的账面盈利，达到保值的目的。另外，在对某种股票做保证金买空交易时，也可同时购买该股票的看跌期权合约，如果未来的股价上涨，则保证金买空交易会获利，此时可放弃看跌期权；而如果未来股价下跌，行使看跌期权将获利，从而可弥补保证金买空交易发生的损失。相反在对某种股票做保证金卖空交易时，可同时购买该股票的看涨期权合约，如果未来的股价下跌，则保证金卖空交易会获利，此时可放弃看涨期权；而如果未来股价上涨，行使看涨期权将获利，从而可弥补保证金卖空交易发生的损失。由此可见，期权交易对其买方来说具有很好的保值避险的作用。

2. 期权对卖方的功能

期权交易对于卖方也具有一定的功能，这主要表现在以下两个方面：

（1）稳收期权费。期权交易一旦达成，无论未来发生什么情况，卖方收取的期权费是不会退还给买方的，而通常来说，期权费的年收益率是不低的，往往为5%～10%。而且在很多情况下，买方购买期权合约仅仅是作为一种保值避险的手段，并不实际执行期权，因此在这些情况下，卖方并没有面临履约的风险。

（2）一定程度上保值。期权交易达成以后，一旦买方选择行使期权，卖方必须无条件与买方按事先约定好的价格等条款进行交易。在这种情况下，对期权的卖方来说，按期权合约的执行价格与期权的买方进行交易会遭受损失，不如按市价交易更有利。但是，从另一个角度分析，卖方在出售期权合约时可能就已经认为期权合约规定的执行价格是其买或卖资产的理想价位。如果卖方出售的是看涨期权，那么在期权被执行的情况下，期权的卖方将按合约规定的执行价格出售资产，再考虑所收取的期权费用，其实际出售资产的价格高于执行价格。类似地，如果卖方出售的是看跌期权，那么在期权被执行的情况下，期权的卖方将按期权合约规定的执行价格购买资产，再考虑所收取的期权费用，其实际购买资产的价格低于执行价格。由此可见，期权交易对于期权的卖方来说也能够在一定程度上起到投资获利或保值避险的作用，在出售看涨期权的情况下，可以为即将出售的资产保值；而在出售看跌期权的情况下，可以为即将买入的资产保值。

### 7.3.2 可转换债券

#### 7.3.2.1 可转换债券的概念和特征

可转换债券是指具有在将来某一特定时期，按事先约定的条件转换为一定数量股票权利的债券。根据事先约定条件的不同，可转换债券可以是可转换为优先股的债券或可转换为普通股的债券。多数情况下，可转换债券是可转换为普通股的债券。

可转换债券一般具有以下特征：

（1）转换价格。又称转股价格，是指可转换债券转换为股票时所依据的普通股每股价格，它决定了一张债券可以转换为普通股的数量。转换价格既可以是在一定时期内固定不变的，也可以是逐步升高的。例如，某公司发行面值为1000元、期限为5年的可转换债券，转换价格确定为20元/股，则在债券有效期内，每张债券可按固定的价格转换为 50 股普通股。如果发行公司将转换价格定为前三年 20 元/股，后两年 25 元/股，那么若债权人选择在前三年转换，则每张债券可转换为 50 股普通股，而若在后两年转换，则每张债券只能转换为 40 股普通股。由此可见，逐步升高的转换价格会起到促使债权人尽早将债券转换成股票的作用，因为早转换可以较低的价格转换，每张债券能转换成较多的股票，对债权人比较有利。

(2) 转换比率。它是指每张可转换债券所能转换的普通股股数，它与转换价格具有反比的关系，即转换比率＝债券面值/转换价格。例如，当可转换债券的面值为 1000 元，转换价格为 25 元/股时，转换比率＝1000/25＝40（股），即每张债券可转换成 40 股普通股。

(3) 转换期。它是指可转换债券的债权人可以行使转换选择权的有效时间。转换期既可以确定为递延的，即一定时期后允许转换；也可以确定为有限的，即一定时期内允许转换；或二者同时使用。超过转换期后的可转换债券，不再具有转换选择权，自动成为不可转换的普通债券。

(4) 赎回条款。很多公司在发行可转换债券时，会在债券契约中附加可赎回条款。可赎回条款通常包括以下四个方面的内容：①不可赎回期。即可转换债券自发行之日起，不能被赎回的期间。设置不可赎回期的目的在于保护债权人的利益，以防止发行企业滥用赎回权，强制债券持有人过早转换债券。②赎回期。是可转换债券的发行公司可以赎回债券的期间。赎回期安排在不可赎回期之后。③赎回价格。是事先规定的发行公司赎回债券的价格。赎回价格一般高于可转换债券的面值，两者之差为赎回溢价。赎回溢价随到期日的临近而减少。④赎回条件。是指可转换债券发行公司事先对赎回债券的情况所作的具体规定。赎回条件分为无条件赎回和有条件赎回两种情况。无条件赎回是指在赎回期内发行公司可随时按照赎回价格赎回债券；有条件赎回是指只有在满足了所规定的条件之后发行公司才能赎回债券。

发行公司在赎回债券之前，要向债券持有人发出通知。债券持有人在此之后可以选择将债券卖给发行公司或将债券转换为普通股，而通常情况下，债券持有人会选择将债券转换成普通股。由此可见，赎回条款可起到促使债券持有人转换股份的作用，因此又被称为加速条款。除此之外，设置赎回条款还能使公司在特定的情况下按约定的条件赎回债券，增加筹资上的灵活性，例如在市场利率下降后，通过赎回原来发行的高利率的债券，可避免公司遭受损失。

(5) 回售条款。它是指对于债券持有人有权按照约定的价格将可转换债券卖给发行公司的有关规定。设置回售条款的目的在于保护债权人的利益，使他们能够在可转换债券发行公司的股票价格出现所规定的极为不利的情况时，通过行使回售选择权来降低投资风险。可转换债券附加了合理的回售条款以后，能够增加对债券投资者的吸引力。

可转换债券除了具有以上基本特征外，还有可能根据发行公司的需要附加一些其他的条款，如多数情况下，债券契约中还会包括对转股价格进行调整的有关条款，即当公司实施送配股或进行股票分割时，相应地调低转换价格，以更好地保护债券持有人的转换选择权，增加可转换债券对投资者的吸引力。有些情况下，可转换债券契约中还会包括强制转换条款，明确规定在某些条件具备之后，债券持有人必须将可转换债券转换为股票，从而可保证发行可转换债券的公司增加权益资本的目的的实现。

7.3.2.2 可转换债券的价值

可转换债券的价值可分为纯债券价值、转换价值和市场价值三种。

(1) 纯债券价值。是指若可转换债券不具备可转换特征时债券的理论价值，它可由债券估价公式计算得出。当债券为每年付息一次、到期一次还本时，其价值为

$$P_b = \sum_{t=1}^{n} \frac{I}{(1+K)^t} + \frac{M}{(1+K)^n} \tag{7-11}$$

式中，$P_b$ 为纯债券的价值；$I$ 为债券的年利息；$M$ 为债券的面值；$n$ 为债券的期限；$K$ 为债券投资者要求的最低收益率。

**【例 7-6】** 某公司发行的可转换债券面值为 1000 元，票面利率为 2%，期限为 5 年，债券投资者要求的收益率为 6%，求纯债券的价值。

**解** 纯债券的价值可按下式求出：

$$\begin{aligned} P_b &= \sum_{t=1}^{5} \frac{1000 \times 2\%}{(1+6\%)^t} + \frac{1000}{(1+6\%)^5} \\ &= 20(\text{PVIFA}_{6\%,5}) + 1000(\text{PVIF}_{6\%,5}) \\ &= 20 \times 4.2124 + 1000 \times 0.7473 \\ &= 831.55(\text{元}) \end{aligned}$$

可转换债券的票面利率一般低于市场利率，因此纯债券的价值低于其面值，但通常可转换债券可按高于其纯债券价值的价格发行。发行价格与纯债券价值之差即为可转换债券所附的可转换选择权的价值。如例 7-6 中，公司的可转换债券可按等于面值的 1000 元的价格发行，则上述公司发行的可转换债券的转换选择权的价值为 1000－831.55＝168.45（元）。

(2) 转换价值。是指可转换债券转换为普通股时的理论价值，它与普通股的市场价格成正比关系，可按下式计算：

$$\text{转换价值} = \text{转换比率} \times \text{普通股市价} \tag{7-12}$$

例如，某公司发行的可转换债券面值为 1000 元，转换价格为 25 元/股，转换比率为 40，则当普通股市价为 30 时，该可转换债券的转换价值＝40×30＝1200（元）。

显然，当普通股市价低于转换价格时，转换行为不会发生，因为在这种情况下，实施转换对债券持有人不利。只有当普通股市价高于转换价格时，实施转换才会对债券持有人有利。

(3) 市场价值。是指可转换债券在证券市场上的买卖双方所达成的交易价格，它取决于可转换债券在证券市场上的供求关系。可转换债券的市场价值具有以下两方面的特征：①它不会低于纯债券的价值。无论普通股的市价有多低，至少可转换债券的持有人可以按债券的票面利率获得利息并得到本金的偿还，因此可转换债券的市场价值不会低

于纯债券的价值。②它不会低于转换价值。如果可转换债券的市场价值低于转换价值，那么投资者通过在证券市场上以较低的市场价格购买可转换债券，然后按约定的条款将可转换债券转换为普通股，再将普通股以市场价格卖掉，就能从中获利，这种利润是一种无风险的利润，又称套购利润。只要有套购利润存在，这种套购活动就会不断进行，最终会导致可转换债券的市场价格上升，普通股的市场价格下降，同时可转换债券的转换价值下降，最终可转换债券的市场价值必然高于其转换价值。

可转换债券的三种价值之间的关系如图 7-5 所示。图中粗线部分为可转换债券价值的有效底价，可转换债券的市场价值不会低于其有效底价。图中的阴影部分，即可转换债券的市场价值高于其有效底价的部分，称为转换溢价。可转换债券在某一时刻的市场价值由纯债券的价值和转换选择权的价值两部分构成，其中的转换选择权的价值可利用前面介绍的期权定价模型来确定。

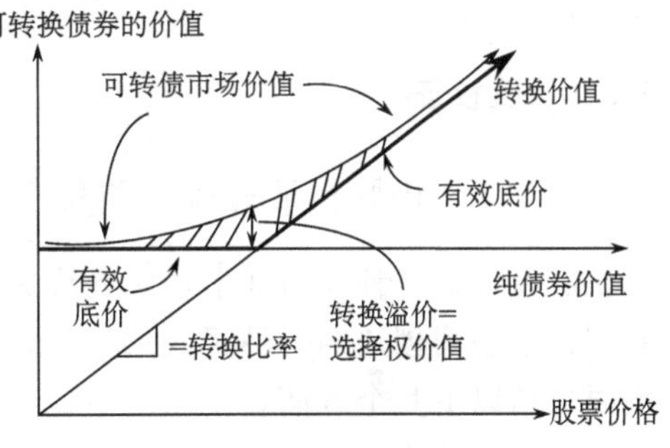


图 7-5　可转换债券的价值

### 7.3.2.3　可转换债券筹资的优缺点

1. 可转换债券筹资的优点

可转换债券筹资的优点主要表现在以下几个方面：

(1) 以低利率发行债券。公司发行可转换债券时，赋予债券持有人在一定时期内的转换选择权，这种选择权对债权人比较有利，因此，可转换债券的票面利率通常比普通债券的票面利率要低，投资者也愿意接受，这也有利于发行可转换债券筹资的公司在一定时期内降低资金成本。

(2) 增加债券的吸引力。可转换债券附有可转换选择权，使债券持有人能够在有利的时机成为公司的股东，因此能吸引更多的投资者，使债券的销售更容易。

(3) 有机会按高于目前的市价出售普通股。当公司的普通股市价被低估时，通过发行可转换债券筹集资金，并将转换价格定为高于目前的普通股市价水平，那么，当以后时期普通股的市价高于转换价格，可转换债券转换为普通股时，可使公司在发行股份数量一定的情况下筹集更多的资金，或为筹集一定数额的资金可发行较少数量的股份。

(4) 有利于调整资本结构。当公司发行的可转换债券转换为普通股之后，既保留了原有资金，又减少了负债，使资本结构得到调整，更趋于健全。

2. 可转换债券筹资的缺点

可转换债券筹资的缺点主要表现在以下几个方面：

(1) 转股失败增大还债压力。可转换债券发行以后，如果普通股的市价未能升高到转换价格以上，可转换债券就不能成功地转换为普通股，那么发行可转换债券的公司就必须准备大量的资金用于偿还债务的本息，这不仅增大了公司的财务负担，也使公司在筹资上失去了灵活性。

(2) 转股成功会使筹资公司失去某些好处。可转换债券若在有效期内成功地转换为普通股，首先，会使筹资公司失去债券低利率而带来的低资金成本的好处；其次，转股成功时股票的市价会高于转股价格，也会使筹资公司遭受筹资损失，因为在这种情况下，按较高的市价发行股票会比以较低的转换价格转换为股票能筹集到更多的资金；最后，转股成功以后，普通股数量增加，会对普通股每股收益起到稀释作用。

## 7.3.3 认股权证

### 7.3.3.1 认股权证的概念和特征

认股权证是一种权力证书，它允许其持有者按约定的条件购买一定数量的普通股。认股权证是公司创造的一种买入选择权，所以具有看涨期权的典型特征。认股权证的特征主要包括以下几个方面：

(1) 认股价格。又称交易价格，是指认股权证的持有者购买普通股的特定价格。认股价格由发行认股权证的公司事先确定，可在认股权证的有效期内固定不变，也可以在不同的时期有所改变。如果认股价格被确定为是逐步升高的，则相当于起到促使认股权证的持有者尽早行使认股权购买股票的作用。

(2) 认股数量。是指允许认股权证的持有者按特定的价格行使一份认股权证可购买普通股的数量。发行认股权证的公司可根据需要将认股数量确定为每证认购一股、几股或不到一股。

(3) 有效期。是指允许认股权证的持有者行使认股权的有效期限。认股权证的有效期由发行公司根据需要确定，可长可短，短的可以是几天，长的可以是若干年，甚至可以是无限期的。

### 7.3.3.2 认股权证的价值

认股权证的价值可分为理论价值和市场价值。认股权证在到期日的理论价值可根据以下公式确定：

$$V=\max[(P-E)\cdot N,\ 0] \tag{7-13}$$

式中，$V$ 为认股权证的理论价值；$E$ 为认股价格；$N$ 为每份认股权证的认股数量；$P$ 为普通股市价。

例如，某公司发行的认股权证每证可认购 2 股普通股，认股价格为 10 元/股，则当普通股的市价为 14 元/股时，认股权证在到期日的理论价值为 $V=(14-10)\times 2=8$（元/证）。

认股权证的市场价值是由市场上的供求关系所决定的认股权证的买卖价格。通常情况下，认股权证的市场价值会高于其理论价值，因为如果认股权证的市场价值低于其理论价值，就会有套购利润存在，即投资者通过购买认股权证，行使认股权，再出售股票，可从中获利。套购活动不断进行，会使认股权证的市场价值逐渐升高，最终达到认股权证的市场价值高于其理论价值的状态才能稳定。认股权证在某一时刻的市场价值可利用前面介绍的期权定价模型来确定。

认股权证的理论价值与其市场价值之间的关系如图 7-6 所示。

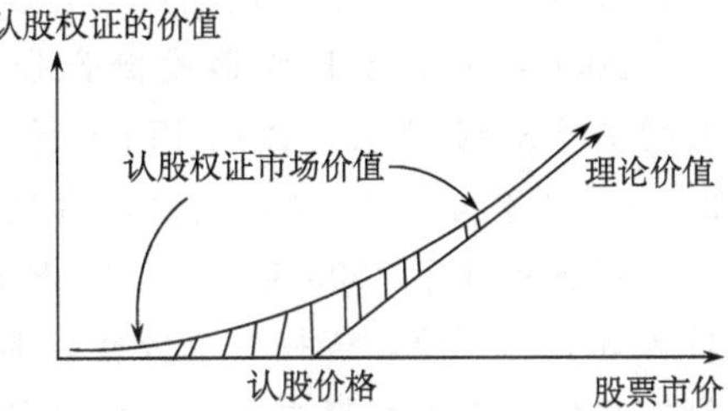


图 7-6 认股权证的价值

7.3.3.3 认股权证筹资的优缺点

认股权证筹资的优点和缺点如下所述。

(1) 认股权证筹资的优点。认股权证既可以附在新发行的证券上发行，也可以单独发行，无论哪种情况，都会起到吸引投资者向公司投资的作用。如果认股权证附在新发行的债券上出售，那么会像可转换债券一样，不仅能增加债券的吸引力，而且还有利于公司发行低利率、少限制条款的债券。认股权证单独发行时，往往是通过发行认股权证的方式向现有股东增配新股，以筹集所需的资金。在这种情况下，所确定的认股价格往往会低于股票的市价，故能吸引投资者行权认股，同时也有利于公司节省股票的发行成本。认股权被行使以后，还可扩大公司的权益资本，从而有助于调整资本结构。除此以外，认股权证还可以作为一种对经营者进行激励的手段来使用，即根据经营者完成事先确定的考核目标的情况，授予其一定数量的认股权，这种认股权又称为经理股票期权。通过这种股权激励方式，可调和股东和经营者之间的矛盾，有助于实现企业的理财目标。

(2) 认股权证筹资的缺点。发行认股权后，有可能会导致公司的普通股数量增加，每股收益下降，即对普通股每股收益产生稀释作用。附在债券上发行的认股权证，一般在发行以后可以单独流通，认股权被行使不会导致债务减少，公司还面临对保留的债务还本付息的压力。此外，如果在认股权证的有效期内，股票市价没有升到认股价格以上较高的水平，就难以吸引投资者行权认股，而可能仅仅是认股权证在市场流通，导致公司无法筹集到所需的资金。

**➢专栏 7-4 武钢股份的蝶式权证**

2005 年 11 月 16 日，武钢股份为了解决国有股不流通的问题推出了股权分置改革方案，具体内容包括：武汉钢铁（集团）公司向执行对价安排股权登记日登记在册的流通股股东支付 4.74 亿股股份、4.74 亿份认购权证和 4.74 亿份认沽权证，执行对价安排股权登记日登记在册的流通股股东每持有 10 股流通股将获得武钢集团支付的 2.5 股股份、2.5 份认购权证和 2.5 份认沽权证，其中，每份认购权证可以 2.9 元的价格，向武钢集团购买 1 股公司的股份；每份认沽权证可以 3.13 元的价格，向武钢集团出售 1 股公司的股份。认购权证和认沽权证的存续期间均为 2005 年 11 月 23 日至 2006 年 11 月 22 日，共计 365 天，行权期均为 2006 年 11 月 9 日至 2006 年 11 月 15 日，共计 5 天。执行对价安排股权登记日为 2005 年 11 月 17 日。

武钢蝶式权证的特别之处在于，若股价上涨，认购权证的价值会相应上涨，投资者可从认购权证的价格上涨中获益；若股价下跌，投资者的认购权证价格也可能下跌，但认沽证的价值将会上涨，仍然可能获益，因此这种权证组合被称为蝶式权证。

2006年6月9日武钢股份公告称，由于武钢股份除息，根据《武汉钢铁（集团）公司关于武钢JTB1、武钢JTP1行权价格变更的提示公告》，武钢认购权证行权价由2.90元调整为2.62元，武钢认沽权证行权价由3.13元调整为2.83元。

武钢权证于2006年11月16日起停止交易进入行权期，当日武钢股份正股的开盘价为3.36元/股，若按这个价格计算，武钢股份的认购权证具有内在价值，但认沽权证没有价值。在行权期内，认购权证持有人在行权申报时，需保证其资金账户的资金余额不少于行权价款加上行权费用。而认沽权证持有人行权时，应确保在申报行权时，证券账户有足额的武钢股票；同时，资金账户应有足够的余额支付行权费用。另外，当日买入的武钢正股，当日不可用于认沽权证的行权。因此，行权期内打算参与行权的话，投资者需要在行权前一天买入武钢正股。若在行权期的5个交易日内没有行权，那么行权期过后投资者手中的权证将变成一堆废纸。

2006年11月22日是武钢权证存续期的最后一天，武钢正股报收3.82元，与武钢认购权证的行权价2.62元相比，具有1.2元的内在价值（不计行权费用），成为自2005年宝钢权证上市以来的首只价内权证；同时，行权价为2.83元的认沽权证则处于深度价外，价值为零。据统计，行权期内武钢认购权证共有4.6599亿份成功行权，占该权证发行总额4.74亿份的98.3%，另有800余万份武钢认购权证未行权，这部分权证将全部注销，以1份权证内在价值1.2元计算，投资者损失约960万元。另一方面，共有6.0433万份武钢认沽权证误被行权，占其发行总额的0.0127%，以2.83元的行权价计算，持有人损失约4万多元。

## 7.4 其他长期筹资方式

### 7.4.1 长期借款

长期借款是指企业向银行和其他金融机构借入的使用期限在一年以上的资金，主要用于固定资产投资、长期流动资产投资和企业对外扩展业务等方面的需要。

#### 7.4.1.1 长期借款的种类

企业的长期借款也就是各金融机构贷出的长期贷款，可以按照不同的标准进行分类。按贷款的经济领域为标准，可分为工业贷款、商业贷款、农业贷款、消费贷款及不动产贷款；按照提供贷款的机构为标准，可分为政策性银行贷款、商业银行贷款；按照用途不同，可分为基本建设贷款、固定资产更新改造贷款、科技开发和新产品试制贷款；按贷款有无抵押品为标准，可分为信用贷款和抵押贷款。

银行为企业提供的信用贷款又称无抵押贷款。在国际上，信用贷款有不同的具体形式，常见的两种形式为信用额度贷款和循环贷款协定。信用额度是指银行与企业之间商定的在未来一定时期内银行可向企业提供无担保贷款的最高限额。银行一般是在对企业的信用状况进行详细调查之后，确定可为企业提供的信用额度的数量、期限、贷款利率和其他一些特殊条件。信用额度贷款为企业提供了筹资方面的弹性，在限用额度内，企业可灵活地借款和还款，但信用额度一般不具有法律约束力，当银行认为企业的财务状况恶化，贷款风险增大时，可终止向企业提供贷款，而无需承担任何法律责任。循环贷款协定是指银行与企业签订正式协议，确定一个贷款最高限额，在限额以内，企业可随时借款、还款，并可不停地周转使用。循环贷款协定具有法律约束力，银行有正式承担在限额内贷款的法律义务。银行以这种方式提供贷款往往会有协议费的要求，即要求企业除了对已取得的贷款支付利息外，还对未使用的额度按一定比例向银行支付协议费。

此外，国际上很多银行在向企业提供贷款时，往往还有补偿性余额的要求，即要求企业将借款额的一定比例留存在银行账户上不能动用，以降低银行贷款的风险，提高贷款的有效利率。例如，银行为某企业提供贷款的利率为 9%，并要求 10%的补偿性余额。该企业需要使用 18 万元资金以满足投资的需要，则企业必须向银行借款 20 万元，那么，银行贷款的实际利率为 $\frac{20\times 9\%}{20\times(1-10\%)}=10\%$，可见，补偿性余额的规定对银行有利，而对企业则是不利的。

#### 7.4.1.2　长期借款的偿还

长期借款涉及的金额大、期限长，企业取得长期借款后，应对借款的偿还预先作好安排。借款的具体偿还方式由借贷双方在借款合同中事先约定，常见的借款偿还方式有：分期付息到期还本、分期等额还本余额计息、分期等额还本付息等。无论采用哪种方式偿付借款，企业都应该计算出每年应支付的利息和偿还本金的数额各是多少，利息作为财务费用处理可以抵减所得税，本金部分用税后利润偿还并减少应偿还的本金余额。长期借款的偿还计划可通过编制还款计划表来完成。

下面以分期等额还本余额计息方式为例来说明企业编制还款计划表的方法。

**【例 7-7】** 某企业向银行取得借款 8000 万元，期限 4 年，年利率 5%，银行要求该企业以分期等额还本余额计息方式偿还借款，试编制该企业这笔贷款的还款计划表。

**解**　该企业这笔贷款的还款计划如表 7-5 所示。

**表 7-5　还款计划表**　　单位：万元

| 年（$t$） | 年偿还额（$A$） | 支付利息（$B$） | 偿还本金（$C$） | 剩余本金（$D$） |
|---|---|---|---|---|
| 0 | — | — | — | 8 000 |
| 1 | 2 400 | 400 | 2 000 | 6 000 |
| 2 | 2 300 | 300 | 2 000 | 4 000 |
| 3 | 2 200 | 200 | 2 000 | 2 000 |
| 4 | 2 100 | 100 | 2 000 | 0 |
| 合计 | 9 000 | 1 000 | 8 000 | |

表中，$C_t=\frac{8000}{4}=2000$（万元）；

$B_t=D_{t-1}\times 5\%$；

$D_t = D_{t-1} - C_t$；

$A_t = B_t + C_t$。

可见，在这种还款方式下，每年偿还本金的数额相等，每年支付利息的数额随着年末剩余本金余额的减少而逐年降低。

7.4.1.3　长期借款筹资的优缺点

1. 长期借款筹资的优点

(1) 筹资速度快。借贷双方可以面对面地协商借款契约，达成双方满意的条款，不必经过证券管理部门的审核批准，手续简便，企业能迅速筹集到所需资金。

(2) 资金成本较低。一方面，企业可以直接向金融机构办理长期借款，筹资费用较低，不必像发行证券筹资那样需要向会计师事务所、资信评级机构、证券承销商等支付较高的费用；另一方面，企业长期借款的利息可在所得税前支付，具有减抵税负的作用，因而长期借款的资金成本一般会低于股票和债券的资金成本。

(3) 具有财务杠杆作用。长期借款的利息一般是固定的，故与债券筹资类似，长期借款筹资也具有财务杠杆作用，即企业在一定的条件下负债经营，可以使所有者获得更多的利益。

(4) 不分散股东的控制权。企业的贷款人无权参与企业的经营管理，也没有投票表决权，因此，长期借款筹资不会影响企业原股东的控制权。

2. 长期借款筹资的缺点

(1) 财务风险大。企业对于长期借款必须履行按期还本付息的义务，如果企业没有保持适当的偿债能力，就有可能陷入财务困境，甚至破产，因此，长期借款筹资会增大企业的财务风险。

(2) 限制条件较多。贷款人为了降低自身的风险，往往会在借贷契约中加入非常严格的限制性条款，这会使企业未来的筹资能力受到一定程度的不利影响。

### 7.4.2　租赁筹资

7.4.2.1　租赁的种类

租赁是指资产所有者按照租赁合同，在一定期限内将资产提供给资产使用者使用，以收取租金的行为。资产的所有者称为出租人，一般可以是专业租赁公司、银行或设备制造公司。资产的使用者称为承租人，主要是需要设备等资产的各类企业。

租赁活动在历史上由来已久。随着商品经济的发展，租赁业务日益兴旺。20 世纪 60 年代以后，西方一些主要国家租赁业务迅速发展，包括机电设备、计算机等越来越多的资产中有很大比例通过租赁方式得以销售，租赁逐渐成为企业筹措资金的一种重要方式。20 世纪 80 年代后，我国也成立了一些租赁公司，开展租赁业务，租赁目前也成为我国企业筹措资金的一种有效方法。

租赁业务在实践中不断发展，租赁的形式也多种多样。通常按租赁的性质可将租赁划分为经营租赁和融资租赁两大类。

1. 经营租赁

经营租赁也称营业租赁或服务性租赁，是一种以提供设备短期使用权为特征的租赁形式。经营租赁一般具有以下几个方面的特点：

(1) 租期短。承租人租赁资产是为了满足经营上短期的、临时性或季节性的需要，并无意长期使用租入的资产，租赁期满后，租赁资产将归还给出租人。因此，出租人需经过多次出租资产才能从不同承租人处收回租赁资产上的投资。

(2) 租赁合同比较灵活。承租人可根据需要随时向出租人提出租赁资产。在租赁期开始前租赁双方可订立契约，也可以口头约定不订立契约。在合理的限制条件下，承租人有权在租赁期内提前通知出租人后中途解除租赁契约，这对承租人比较有利，但对出租人却构成一种威胁。

(3) 出租人提供一定的服务。在经营租赁方式下，出租人不仅向承租人提供资产的使用权，而且也提供维修、保养、人员培训等专门服务。

(4) 租金较高。在经营租赁方式下，出租人承担租赁资产陈旧过时的风险，且为承租人提供一些专门的服务，因此，出租人往往会收取较高的租赁费。

经营租赁对承租人而言具有短期融资的性质。经常用于经营租赁的资产主要包括企业使用频率低、需要专门技术进行维修保养或技术更新较快的一些设备，如吊车、推土机、汽车等运输工具以及复印机、计算机等办公设备。

2. 融资租赁

融资租赁又称财务租赁或资本租赁，是一种承租人以融资为主要目的，融资与融物相结合，以获得设备长期使用权为特征的租赁形式。

1) 融资租赁的形式

融资租赁的具体形式一般有以下三种：

(1) 直接租赁。即承租人直接向出租人提出申请，出租人根据承租人的要求选定设备供应商，出资购买设备，在租赁双方签订租赁合同之后，出租人将设备提供给承租人使用，承租人按期向出租人支付租金。直接租赁是融资租赁的典型形式。

(2) 售后租回。售后租回又称回租，是指承租人将本已拥有的设备卖给出租人，再将出售的设备租回使用的一种租赁方式。在这种方式下，承租人首先通过出售设备可筹集一笔资金，再通过租回设备又可保留设备的使用权，类似于取得了抵押贷款，以后再通过按期支付租金的方式予以偿还。

(3) 杠杆租赁。杠杆租赁又称借款租赁，是在大型资产的租赁业务中，涉及承租人、出租人和贷款人三方关联的手续繁杂的一种租赁形式。典型的杠杆租赁的做法是：出租人按承租人的要求购买资产，但出租人的出资额一般相当于租赁资产价款的 30% 左右，其余 70%左右的资金是以拟购入的租赁资产为抵押品向贷款人取得的抵押贷款。出租人购入资产后，根据租赁合同将资产出租给承租人使用，并通过定期向承租人收取租金偿还借款债务。杠杆租赁是当今国际上比较流行的一种特殊形式的融资租赁，通常适用于一些价值很高的大型资产的租赁，如飞机、轮船、铁路设备等。

2) 融资租赁的特点

融资租赁对承租人而言是筹集长期资金的一种有效方式。典型的融资租赁主要有以下一些特点：

(1) 租期长。出租人往往根据承租人的特殊要求，出资购买设备，专门提供给承租人使用，并期望通过一次出租就可收回租赁资产上的全部投资，因此，租赁合同中所规定的租赁期限比较长，一般至少为租赁资产预计经济寿命的一半以上。

(2) 租赁合同不能随意撤销。租赁合同一经签订，租赁双方就必须严格遵守，任何一方不得无视另一方的意愿而中途解约。当租期内市场利率下降或市场上出现更先进的设备时，租赁合同的稳定性有利于保护出租人的利益，但承租人要承担一定的风险；反之，当租期内市场利率升高时，则对承租人比较有利。

(3) 租赁期内，租赁资产的维修、保养、管理、使用等费用完全由承租人负责。

(4) 租赁期满，承租人有权对设备的处置作出选择，即可以选择继续租赁，或将设备退还给出租人，或将租赁资产作价买下。通常情况下，承租人会选择将租赁资产作价买下的处理方式。在这种情况下，承租人相当于以支付租金的形式，分期付款购买了设备。

按照我国税法和会计准则的规定，满足下列标准之一的，即应认定为融资租赁：

(1) 在租赁期届满时，租赁资产的所有权转移给承租人。

(2) 承租人有购买租赁资产的选择权，所订立的购买价款预计将远低于行使选择权时租赁资产的公允价值，因而在租赁开始日就可合理地确定承租人将会行使这种选择权。

(3) 租赁期占租赁资产使用寿命的大部分。这里的“大部分”掌握在租赁期占租赁开始日租赁资产使用寿命的75%以上（含75%）。

(4) 承租人租赁开始日的最低租赁付款额的现值，几乎相当于租赁开始日租赁资产公允价值。这里的“几乎相当于”，通常掌握在90%以上。

(5) 租赁资产性质特殊，如果不作较大改造，只有承租人才能使用。

#### 7.4.2.2 融资租赁的管理

*1. 融资租赁的程序*

典型的融资租赁的程序包括以下几个步骤：①承租人选择租赁公司，并提出租赁委托申请；②承租人或出租人或双方协商合作选择设备，与设备供应商谈判、询价；③出租人与设备供应商签订购货协议，出资购买设备；④承租人与出租人协商租赁条件，签订租赁合同；⑤设备供应商向承租人提交设备，承租人对设备进行验收、投保；⑥承租人在租赁期内使用设备，并按租赁合同的规定向出租人支付租赁费用；⑦租赁期满，承租人对租赁设备的处置方式作出选择，即可以选择续租、退还或作价买下设备。

*2. 融资租赁的租金构成和计算方法*

1) 租金构成

在融资租赁业务中，由于租赁对象和租赁方式的不同，租金的构成也各异。通常情况下，融资租赁的租金包括以下三个部分：①租赁设备的购置成本，即出租人为购置设备而支付的设备价款、运输费用和途中的保险费等。②租赁期间的利息费用，即出租人为承租人购置设备向金融机构融资所需支付的利息。③租赁手续费，即出租人为办理租赁业务的营业费用及一定的利润。

2）租金的计算方法

融资租赁的租金，可以根据租赁合同的约定，采用不同的方式支付，如可以在租赁期内每期等额支付或不等额支付，支付租金的时间间隔可以确定为年、半年、季或月，每期应支付的租金可以在期初支付，也可以在期末支付等。计算每期应付租金的方法有很多，其中最常用的方法是平均分摊法和等额年金法。

（1）平均分摊法。这种方法是将包括设备购置成本、租赁期间的利息费用和租赁手续费在内的租金总额在租赁期限内平均分摊，每期分配相等数额的租金。租赁期间的利息费用和租赁手续费一般要根据事先约定的利息率和手续费率计算。每次应付的租金可按下式计算：

$$R=\frac{P-S+I+F}{n} \tag{7-14}$$

式中，$R$ 为每次应付的租金；$P$ 为租赁设备的购置成本；$S$ 为租赁设备的预计残值；$I$ 为租赁期间的利息费用；$F$ 为租赁手续费；$n$ 为租赁期内支付租金的次数。

**【例 7-8】** 某企业向租赁公司租用一套设备，租期为 10 年，租赁设备的价值为 200 万元，预计期满后的残值为 2 万元并归租赁公司所有。年利率约定为 6%，租赁手续费按设备原价的 2%计算，租金按平均分摊法计算，每年支付一次。试计算该企业每次应支付的租金。

**解**　该企业每次应付的租金计算如下：

$$\text{每次应付的租金}=\frac{(200-2)+[200\times(1+6\%)^{10}-200]+200\times2\%}{10}$$

$$=34.22(\text{万元})$$

（2）等额年金法。采用等额年金法计算每次应付的租金时，首先，应明确租赁合同中约定的支付租金的时间是在每期期初还是在每期期末，即各期租金是属于后付租金还是先付租金；其次，以事先根据利率和手续费率确定的租费率为贴现率，根据不同的情况，按照普通年金现值公式或先付年金现值公式求出每期应付的等额租金；最后，还应编制租金摊销计划表，以区分每期应付的租金中应计租费和应还本金的数额，以加强对融资租赁业务的核算和管理。举例说明如下：

**【例 7-9】** 某企业向租赁公司租入一台设备，租期为 5 年，设备价值为 100 万元，租赁合同约定企业每年年末等额支付租金，租费率为 10%，每期的租金按等额年金法计算。试求该企业每年年末应支付的租金并编制租金摊销计划表。若租赁合同约定，企业需在每年年初等额支付租金，那么每次应付的租金应为多少？

**解**　该承租企业每年年末应支付的租金可按以下公式计算：

$$100=A\cdot \text{PVIFA}_{10\%,5}$$

$$A=\frac{100}{3.7908}\approx 26.38(\text{万元})$$

编制的租金摊销计划表如表 7-6 所示。

表 7-6 租金摊销计划表 单位：万元

| 年 | 支付租金（1） | 应计租费（2） | 本金减少数（3） | 未偿还本金（4） |
|---|---|---|---|---|
| 0 | — | — | — | 100.00 |
| 1 | 26.38 | 10.00 | 16.38 | 83.62 |
| 2 | 26.38 | 8.36 | 18.02 | 65.60 |
| 3 | 26.38 | 6.56 | 19.82 | 45.78 |
| 4 | 26.38 | 4.58 | 21.80 | 23.98 |
| 5 | 26.38 | 2.40 | 23.98 | 0 |
| 合计 | 131.90 | 31.90 | 100.00 | — |

若租赁合同约定，企业需在每年年初等额支付租金，则每次应付的租金为

$$100 = A' \cdot (\mathrm{PVIFA}_{10\%,\ 4} + 1)$$

$$A' = \frac{100}{3.1699 + 1} \approx 23.98(\text{万元})$$

企业在每年年初支付租金的情况下，同样也可按上述方法编制租金摊销计划表。

7.4.2.3 融资租赁筹资的优缺点

融资租赁作为企业筹集长期资金的一种方式，既有优点也有缺点，企业应在对其优缺点进行分析的基础上，趋利避害。

1. 融资租赁筹资的优点

（1）可迅速获得所需资产。融资租赁是一种融资与融物相结合的方式，企业不必购买资产，在融资的同时即可获得资产的使用权，因此这种筹资方式有利于企业及时引进先进设备，加速技术改造，与先要筹措足够的资金再去购置资产的其他筹资方式相比，既可节省时间又能节约有关的费用。

（2）可回避限制性条款的约束。借债筹资时，企业一般会受到债权人施加的诸多限制性条款的约束。而企业以融资租赁方式筹资时，尽管租赁合同中也可能涉及对租赁设备使用方面的某些限制，但一般而言，出租人很少对企业的借债额度及发放股利的水平等方面施加限制，因此，会使企业在及时调整其财务策略和生产经营活动方面保持较大的灵活性。

（3）租息费用有抵税作用。融资租赁的租金主要包括本金和租息费用（租金利息和租赁手续费）两部分，租息费用可在所得税前列支，使承租企业能抵减税负，享受税上利益。

2. 融资租赁筹资的缺点

（1）资金成本较高。出租人在向承租企业收取租金时，不仅要求能对租赁资产的购置成本和借款利息以及必要的营业费用进行补偿，而且还要在考虑所承担的风险因素的基础上，期望获得一定的利润。因此，承租人为融资租入的资产所支付的租金总额的现值往往要高于借款购置设备并分期偿还本息的现值。

（2）增大财务负担。以融资租赁方式筹资会使企业的负债增加。承租企业必须按租

赁合同的约定履行定期支付租金的义务，当企业因陷入财务困境而无力支付租金时，将会同不能偿还借款一样对企业产生极为不利的影响。

(3) 存在资产过时的风险。融资租赁合同往往不含有可解约条款，在租赁期内，即使承租企业发现租入的资产已陈旧过时或不能给企业带来利润也无法更换新资产，而且还得按期支付租金，这将导致企业增加产品成本，提高产品的价格，削弱企业的产品在市场上的竞争力，也影响其进一步筹资的能力。

## 7.4.3　其他权益筹资方式

### 7.4.3.1　吸收直接投资

1. 吸收直接投资的概念和种类

吸收直接投资是指企业以协议等形式直接吸收有关各方资金的一种筹资方式。吸收直接投资不以股票为媒介，适用于非股份制企业，是非股份制企业筹集权益资本的一种基本形式。

企业采用吸收直接投资方式筹集的资金一般可分为以下三类：①吸收国家投资。国家投资是指有权代表国家投资的政府部门或者机构以国有资产投入企业，这种情况下形成的资本叫国家资本。②吸收法人投资。法人投资是指法人单位以其依法可以支配的资产投资企业，这种情况下形成的资本叫法人资本。③吸收个人投资。个人投资是指社会个人或本企业内部职工以个人合法财产投入企业，这种情况下形成的资本称为个人资本。

2. 吸收直接投资的优缺点

1) 吸收直接投资方式筹资的优点

(1) 有利于增强企业信誉。吸收直接投资所筹集的资本属于权益资本，能增强企业的信誉和借款能力，对扩大企业规模、壮大企业实力具有重要作用。

(2) 筹资速度快。企业在采用吸收直接投资方式筹集资金时，投资者可以用现金或非现金资产等实物资产或无形资产出资，而且法律程序简单，能迅速解决企业资金不足的问题。特别是在投资者以非现金资产出资时，企业可以直接获得投资者的先进设备以及技术和经验，有利于尽快形成生产能力，尽快开拓市场。

(3) 财务风险较低。企业以吸收直接投资方式筹集的资金可作为自有资金长期使用，不仅无需偿还本金，而且也没有法定的义务必须向投资者支付报酬，企业可根据其经营和财务状况来决定向投资者支付报酬的多少，比较灵活，所以财务风险较小。

2) 吸收直接投资方式筹资的缺点

(1) 资金成本较高。企业以吸收直接投资方式筹集资金时，投资者承担了较大的风险，必然要求较高的收益率，同时因为企业向投资者支付的报酬不能在税前列支，所以这种筹资方式的资金成本较高。

(2) 容易分散企业控制权。企业以吸收直接投资方式筹集资金时，投资者一般都要求获得与投资数量相适应的经营管理权，从而对企业原来的所有者的控制权产生稀释作用。

(3) 容易产生产权纠纷。企业以吸收直接投资方式筹资时，不以股票为媒介，产权不明晰，容易产生产权纠纷。而且产权转让程序复杂，变现能力差，不利于吸引投资者，有可能使企业在筹资时遇到较大的困难。

#### 7.4.3.2 内部资本积累

内部资本积累，也称为内部留存收益，是指企业在其经营过程中自我积累的资本。它包括通过计提折旧的方式形成的固定资产折旧基金、企业按规定从税后利润中提取的法定公积金和任意公积金，以及企业的未分配利润。

内部资本积累是企业筹集长期权益资本的重要方式，它与其他权益资本筹资方式一样具有能增强企业实力以及降低财务风险等优点。内部资本积累是一种比较方便的筹资方式，与对外发行股票筹资相比，以这种方式筹资不需支付筹资费用，因而可降低资本成本，并且也无需对外公开披露筹资活动的信息，因此有利于保守企业的秘密。

采用内部资本积累方式筹资与企业的利润分配政策密切相关，有关利润分配的问题将在本书第 9 章中介绍。

### ➢思考题

1. 普通股股东有哪些权利和义务？发行普通股筹资有哪些优缺点？
2. 优先股有什么特征？发行优先股筹资有哪些优缺点？
3. 股票的发行与承销方式有哪些？各有什么优缺点？
4. 债券契约可以包括哪些条款？各种附加条款有什么特点？
5. 发行长期债券筹资有什么优缺点？
6. 什么是看涨期权和看跌期权？影响看涨期权和看跌期权价值的因素有哪些？
7. 什么是可转换债券？设计可转换债券的有关条款时主要应考虑哪些因素？
8. 可转换债券的价值有哪几种？它们之间具有怎样的关系？
9. 发行可转换债券筹资有哪些利弊？
10. 什么是认股权证？认股权证的价值有哪些？各受什么因素的影响？
11. 经营租赁和融资租赁各有哪些主要的特点？
12. 融资租赁筹资有哪些优缺点？

### ➢练习题

1. 已知某股票目前的价格为 50 元，年收益率的标准差为 20%，年无风险利率为 8%，该股票看涨期权的执行价格为 50 元，还有 3 个月到期，试利用布莱克-舒尔斯期权定价模型计算该股票看涨期权的价值。

2. 某企业向银行取得借款 600 万元，期限 5 年，年利率 8%，银行要求该企业以分期等额还本余额计息方式偿还借款，试编制该企业这笔贷款的还款计划表。

3. 达维公司向租赁公司租赁一台设备，租期 5 年，租赁设备的价值为 40 万元，预计租赁期满时设备的残值为 3 万元，归租赁公司，年利率约定为 7%，租赁手续费按设备原价的 2%计算，租金按平均分摊法计算，每年年末支付一次。试计算每次支付租金的数额。

4. 德茂公司租用一台机器，价值 500 万元，租期 4 年，租赁合同约定的综合租费率为 10%，租金于每年年末等额支付。试计算每期应付租金的数额，并编制租金摊销计划表。

5. C 公司股票 2012 年 6 月 25 日的价格为每股 35 元，以 C 公司股票为标的看涨期权的收盘价格为每股 2.3 元，此项看涨期权的行权价格为每股 36 元。截至 2012 年 6 月 25 日，C 公司股票看涨期权还有 95 天到期。C 公司股票收益的波动率预计为每年 42%，资本市场的无风险利率为年利率 8%。

要求：

(1) 使用布莱克-舒尔斯模型计算该项期权的价值（d1 和 d2 的计算结果取两位小数，其他结果取四位小数，一年按 365 天计算）。

(2) 如果你是一位投资经理并相信布莱克-舒尔斯模型计算出的期权价值的可靠性，简要说明如何作出投资决策。

# 第8章

# 资本成本与资本结构

**内容提要**

企业筹资决策的中心问题是确定最优的资本结构，这必然涉及资本成本。不同的资本结构会产生不同的杠杆效应。资本结构决策还要考虑如何在风险和报酬之间进行权衡。本章主要介绍资本成本的概念、作用和计算方法以及几种不同杠杆的作用原理，在此基础上介绍资本结构理论及长期筹资决策的方法。通过学习本章的内容，读者应了解资本成本的概念，理解经营杠杆、财务杠杆和总杠杆的含义及应用，理解现代资本结构理论，掌握资本成本的计算方法和长期筹资决策的方法。

## 8.1 资本成本

### 8.1.1 资本成本的概念与作用

资本一般是指长期的资金来源。在商品经济条件下，企业从各种途径筹集的资金都不能无偿使用，而是要付出代价。企业为取得和使用资本而付出的代价即为资本成本。资本成本通常由筹资费用和使用费用两部分构成，二者性质不同，应分别予以考虑。筹资费用是指企业在筹集资金过程中发生的各种费用，如委托金融机构代理发行股票、债券的注册费、代办费以及向银行借款支付的手续费等。筹资费用一般都属于一次性的费用，即每次筹资时发生一次，而在资本的使用期内不会持续支付，因此，在计算资本成本时，通常是将其作为筹资总额的扣减项。筹资总额扣除筹资费用之后的余额称为筹资净额，它是企业筹资以后可以利用的资金数额。使用费用是指企业在使用资本过程中支付的费用，如向股东支付的股利、向债权人支付的利息等。使用费用通常与筹资数额的多少及使用期限长短直接相关，往往需要企业在使用资本过程中经常性、持续性地支付，因此，它构成了资本成本的主要内容。

资本成本可以用绝对数表示，也可以用相对数表示。为了更好地反映筹资额不同的各种条件下的资本成本，便于分析比较，资本成本通常是以相对数的形式即资本成本率来表示，也简称为资本成本，其一般的计算公式为

$$K=\frac{D}{P-F} \tag{8-1}$$

式中，$K$ 为资本成本率；$D$ 为资本的使用费用；$F$ 为筹资费用；$P$ 为筹资总额。

如果资本的使用费用和筹资费用都与筹资总额具有正比例关系，则资本成本率还可以表示为

$$K=\frac{i}{1-f} \tag{8-2}$$

式中，$i$ 为资本的使用费率，即使用费占筹资总额的百分比；$f$ 为资本的筹资费率，即筹资费占筹资总额的百分比。

资本成本是财务管理中一个非常重要的概念，是企业进行筹资决策和投资决策时必须考虑的一项重要指标。资本成本是企业选择资金来源、确定资本结构的重要依据，是评价各种投资项目是否可行的常用标准，它对衡量企业的经营成果也具有重要的作用。企业为了实现价值最大化的理财目标，应千方百计地降低各种成本，包括各种经营成本和资本成本。

### 8.1.2　资本成本的影响因素

资本成本既可看做是筹资企业为取得和使用资本而支付的价格，也可看做是投资者为提供资本而要求得到的最低的投资报酬率。投资者要求得到的最低投资报酬率包括无风险收益率和风险溢价两部分。无风险收益率主要受到由宏观经济环境所决定的整体经济中资本的供求关系以及预期通货膨胀水平的影响，筹资企业对此无法控制。风险溢价的高低主要是由筹资企业的经营风险、财务风险和市场性风险的大小等因素所决定。经营风险是指由于经营环境的变化导致经营利润减少而影响筹资企业按时支付股息、利息、归还债务的能力的风险，它在一定程度上受企业投资决策和经营决策的影响，一旦投资决策和经营决策确定之后，企业所处的经营环境越不稳定，经营风险就越大。财务风险是指由于企业所筹集的资本构成不同而对获利能力带来的不确定性的风险，它是企业筹资决策的结果，直接受到资本结构中债务所占比例大小的影响，筹资企业可通过调节债务和优先股在资本结构中的比例来降低财务风险。市场性风险是指由投资者所购买的有价证券在市场上的流动性大小所决定的转售证券的不确定性，证券的市场流动性越好，投资者转售证券就越容易，市场性风险就越小；反之市场性风险就越大。企业通过某些途径增强其证券的市场流动性可在一定程度上降低市场性风险。总之，在构成风险溢价的经营风险、财务风险和市场性风险等因素中，任何一种风险的加大都会使风险溢价增加，导致资本成本升高。

### 8.1.3　个别资本成本

个别资本成本是指各种长期资金的成本。企业以不同方式筹集的资本具有各自不同的特点，因此个别资本成本的计算不尽一致。从性质上来看，企业的资本分为债务资本和权益资本两大类，债务资本包括债券和长期银行借款，权益资本包括优先股、普通股和留存收益。下面分别介绍各类资本成本的计算。

### 8.1.3.1 债务资本成本

1. 债券资本成本

债券资本成本包括筹资企业支付给债权人的利息费用以及为发行债券而支付的申请发行债券的手续费、债券注册费、上市费和推销费等筹资费用。债券成本中的利息费用在税前支付，具有抵税效应。下面分几种不同的情况介绍债券资本成本的计算。

1）不考虑筹资费用和所得税情况下债券的成本

在忽略筹资费用并且不考虑所得税的情况下，债券的资本成本率即是债券持有人要求得到的投资报酬率，而债券持有人要求得到的投资报酬率即是债券估价过程中用作贴现率的市场利率，因此，债券的资本成本可借助于债券估价公式求得。

以每年付息一次、到期一次还本的债券为例，债券的估价公式为

$$P_b=\sum_{t=1}^{n}\frac{I}{(1+K_b)^t}+\frac{M}{(1+K_b)^n} \tag{8-3}$$

式中，$P_b$ 为债券的价格；$I$ 为债券的年利息；$M$ 为债券的面值；$n$ 为债券的期限；$K_b$ 为债券持有人要求得到的投资报酬率或市场利率，即债券的资本成本率。

根据式（8-3），在其他参数已知的条件下，可求出未知的贴现率 $K_b$，如果债券持有人是在债券初始发行时购买，并一直持有到期得到偿还，那么 $K_b$ 即是债券的到期收益率，即债权人在持有债券的整个期限内所获得的年投资报酬率。

**【例 8-1】** 某公司发行的债券面值 1000 元，票面年利率 8%，期限 5 年，每年付息一次，到期一次还本。若债券的发行价格分别为 1050 元、1000 元和 960 元，在不考虑筹资费用和所得税的情况下，求债券的资本成本率。

**解** 当债券的发行价格为 1050 元时，债券的资本成本率可由下式得出：

$$1050=\sum_{t=1}^{5}\frac{1000\times 8\%}{(1+K_{b1})^t}+\frac{1000}{(1+K_{b1})^5}$$

解得 $K_{b1}=6.79\%$。

当债券的发行价格为 1000 元时，债券的资本成本率可由下式得出：

$$1000=\sum_{t=1}^{5}\frac{1000\times 8\%}{(1+K_{b2})^t}+\frac{1000}{(1+K_{b2})^5}$$

解得 $K_{b2}=8\%$。

当债券的发行价格为 960 元时，债券的资本成本率可由下式得出：

$$960=\sum_{t=1}^{5}\frac{1000\times 8\%}{(1+K_{b3})^t}+\frac{1000}{(1+K_{b3})^5}$$

解得 $K_{b3}=9.03\%$。

由例 8-1 的计算结果可以看出，在忽略筹资费用并且不考虑所得税的情况下，当债券按面值平价发行时，债券资本成本率等于票面年利率；当债券按高于面值的价格溢价发行时，债券资本成本率低于票面年利率；当债券按低于面值的价格折价发行时，债券资本成本率高于票面年利率。

2）考虑筹资费用情况下债券的税前成本

由于企业发行债券时一般会涉及筹资费用，包括支付给信用评级机构和证券承销商等的有关费用，因此，在计算证券的资本成本时，应将有关的筹资费用从债券的发行价格中扣除。在这种情况下，债权人的收益率则不等于债务人的资本成本率。假定 $f$ 为发行债券的筹资费率，即筹资费用占债券发行额的百分比，则在没有考虑债务利息抵税作用的情况下债券的税前资本成本率可从式（8-4）中求得：

$$P_b \cdot (1-f)=\sum_{t=1}^{n}\frac{I}{(1+K_b)^t}+\frac{M}{(1+K_b)^n} \tag{8-4}$$

**【例 8-2】** 某公司发行的债券面值 1000 元，票面年利率 8%，期限 5 年，每年付息一次，到期一次还本，债券的发行价格为 960 元，筹资费率为 3%，求债券的税前资本成本率。

**解**　债券的税前资本成本率可由下式求得：

$$960\times(1-3\%)=\sum_{t=1}^{5}\frac{1000\times 8\%}{(1+K_b)^t}+\frac{1000}{(1+K_b)^5}$$

解得 $K_b=9.81\%$。

将本例的计算结果与例 8-1 中债券的发行价格为 960 元情况下的计算结果进行对比可以发现，在其他条件都相同的情况下，有筹资费时的债券资本成本率高于无筹资费时的债券资本成本率。

3）考虑筹资费用情况下债券的税后成本

由于按税法的有关规定，债券的利息可以作为费用在所得税前的利润中扣除，因而具有减抵税负的作用，考虑利息抵税作用情况下债券的资本成本称为税后资本成本。由于债券利息的抵税作用是在每年支付利息时发生的，因此，债券的税后资本成本率应根据式（8-5）计算：

$$P_b \cdot (1-f)=\sum_{t=1}^{n}\frac{I(1-T)}{(1+K_{bt})^t}+\frac{M}{(1+K_{bt})^n} \tag{8-5}$$

式中，$T$ 为所得税税率；$K_{bt}$ 为债券的税后资本成本率；其他符号的含义如前所述。

**【例 8-3】** 仍以例 8-2 中的债券为例，已知所得税税率为 25%，求债券的税后资本成本率。

**解**　债券的税后资本成本率可由下式求得：

$$960\times(1-3\%)=\sum_{t=1}^{5}\frac{1000\times 8\%\times(1-25\%)}{(1+K_{bt})^t}+\frac{1000}{(1+K_{bt})^5}$$

解得 $K_{bt}=7.71\%$。

将本例的计算结果与例 8-2 的计算结果进行对比可以发现，由于利息抵减税负，因而债券的税后资本成本率低于税前资本成本率。

实践中，债券的税后资本成本率往往可通过式（8-6）来进行简化计算：

$$K_{bt}=K_b(1-T) \tag{8-6}$$

例如，当所得税税率为25%时，根据例8-2中计算出的债券税前资本成本率，可按下式计算税后资本成本率：

$$K_{bt}=9.81\%\times(1-25\%)=7.36\%$$

根据式（8-4）和式（8-5）求债券的资本成本率显然计算比较复杂。在实际工作中，还可以采用下面的经验公式近似地计算债券的税前资本成本率：

$$K_b=\frac{I+\dfrac{(M-P_b)}{n}}{\dfrac{(M+P_b)}{2}\times(1-f)} \tag{8-7}$$

然后再根据式（8-6）计算债券的税后资本成本率。

2. 长期借款的资本成本

企业以长期借款方式筹资像发行债券筹资一样要按期还本付息，且借款利息也有抵税作用，因此，可以参照根据债券估价公式求贴现率的方法求长期借款的税前和税后资本成本率。但长期借款筹资并不像债券筹资那样有可能存在溢价或折价发行的问题，而是像按面值平价发行债券的情况一样，所以在不考虑筹资费用和所得税的情况下，长期借款的税前资本成本率等于借款的年利率。如果考虑筹资费用和所得税，长期借款的税后资本成本率可根据式（8-8）计算：

$$K_{lt}=\frac{R_l(1-T)}{(1-f)} \tag{8-8}$$

式中，$K_{lt}$为长期借款的税后资本成本率；$R_l$为长期借款的年利率；$T$为所得税税率；$f$为筹资费率。

长期借款的筹资费往往较低，这种情况下筹资费用也可以忽略不计。

**【例8-4】** 某企业取得长期借款的年利率为6%，筹资费率为0.5%，企业所得税税率为25%。试求这项长期借款的税后资本成本率。

**解** 这项长期借款的税后资本成本率可按下式计算：

$$K_l=\frac{6\%\times(1-25\%)}{1-0.5\%}=4.52\%$$

### 8.1.3.2 权益资本成本

1. 优先股成本

优先股的资本成本包括支付的股息和筹资费用。企业发行优先股筹资须按固定的股息率定期支付股息，这点类似于债券，但优先股的股息只能从税后利润中支付，不像债券利息那样具有抵税作用。

在不考虑筹资费用的情况下，优先股的资本成本率可以看做是投资者为购买某一风险水平的优先股所要求得到的最低收益率，其计算公式为

$$K_P=\frac{D_P}{P_P} \tag{8-9}$$

式中，$K_P$为优先股的资本成本率；$D_P$为优先股的年股息；$P_P$为优先股的市价。

在考虑筹资费用的情况下，如果以 $f$ 表示筹资费率，则优先股的年资本成本率的计算公式为

$$K_P = \frac{D_P}{P_P(1-f)} \tag{8-10}$$

**【例 8-5】** 某公司以 15 元/股的价格发行一批优先股，年股息为 1.8 元/股，发行优先股时的筹资费率为 5%，求该优先股的年资本成本率。

**解** 该优先股的年资本成本率可从下式中得出：

$$K_P = \frac{1.8}{15 \times (1-5\%)} = 12.63\%$$

一般而言，优先股股东在领取股息和公司剩余财产分配时的求偿权均排在债权人之后、普通股股东之前，所承担的风险介于债权人和普通股股东之间，因此，优先股的资本成本率往往会大于债券的资本成本率但小于普通股的资本成本率。

2. 普通股资本成本

普通股的资本成本包括筹资费用和使用费用两部分，使用费用即股份公司支付给股东的股利。普通股的股利往往具有很大的不确定性，它不仅取决于公司的经营状况，还会受到公司制定的股利政策的影响。因此，普通股的资本成本比较难以确定。从理论上看，普通股的资本成本率可看做是投资者购买某一风险水平的普通股所要求得到的最低收益率。在不同的条件下，通过采用不同的方法求出普通股股东要求得到的最低收益率，可对普通股的资本成本率作出估计。通常估计普通股资本成本率的方法有以下三种：

(1) 股利估价法。在不考虑筹资费用的情况下，普通股的资本成本率可以看做是投资者为购买某一风险水平的普通股所要求得到的最低收益率，因此依据普通股的估价公式，在其他条件已知的情况下，可求出普通股的资本成本率。例如，当普通股为固定成长股时，根据固定成长股的估价公式，可得普通股的年资本成本率为

$$K_c = \frac{D_1}{P_c} + g \tag{8-11}$$

式中，$K_c$为普通股的年资本成本率；$D_1$为第一年预计股利；$P_c$为普通股市价；$g$为股利增长率。

而发行普通股往往会涉及筹资费用，应将其从股票的发行价格中扣除。因此，在考虑筹资费用的情况下，如果以 $f$ 表示筹资费率，则可得固定成长股的年资本成本率为

$$K_c = \frac{D_1}{P_c(1-f)} + g \tag{8-12}$$

**【例 8-6】** 某公司以 20 元/股的价格发行一批普通股，筹资费率为 6%，预计第一年发放股利 1.2 元/股，以后每年股利将以 5%的比率稳定增长，求该普通股的年资本成本率。

**解** 该普通股的年资本成本率可从下式得出：

$$K_c = \frac{1.2}{20 \times (1-6\%)} + 5\% = 11.38\%$$

(2) 资本资产定价法。资本资产定价模型是为资本资产定价的一个重要公式，它描述了在一系列基本假设条件下，某一证券期望收益率与风险之间的关系，可用式（8-13）表示为

$$K_i = K_F + \beta_i (K_m - K_F) \tag{8-13}$$

式中，$K_i$ 为 $i$ 股票的期望收益率；$K_F$ 为无风险利率；$K_m$ 为市场投资组合的平均期望收益率；$\beta_i$ 为 $i$ 股票的风险系数或 $\beta$ 系数。

**【例 8-7】** 已知无风险利率为 6%，市场投资组合的平均期望报酬率为 10%，某普通股的 $\beta$ 系数为 1.2，求该普通股的资本成本率。

**解** 该普通股的资本成本率可由下式求得：

$$K_c = 6\% + 1.2 \times (10\% - 6\%) = 10.8\%$$

(3) 风险溢价法。风险溢价法又称为债券成本加成法。前述的两种计算普通股资本成本率的方法分别有各自的适用条件，运用股利估价法需要事先能估计出股利的增长率，运用资本资产定价法需要事先获得股票的 $\beta$ 系数等有关信息，但实践中有些公司特别是一些非上市公司很难满足这些条件，无法运用前两种方法计算普通股的资本成本率，在这种情况下，可借助于债券成本加成法对普通股的资本成本作出估计。

从投资者承担的风险分析，普通股股东对收益和资产的求偿权均排在债权人和优先股股东之后，承担了更高的风险，因此，普通股股东会要求得到更高的投资报酬率，普通股的资本成本率也应高于债券和优先股的资本成本率。根据这一原理，普通股的资本成本率可由债券的资本成本率加上一定的风险收益率来确定，而债券的资本成本率相对来说比较容易计算得到。这种方法可用公式表示为

$$K_c = K_b + K_R \tag{8-14}$$

式中，$K_c$ 为普通股的资本成本率；$K_b$ 为债券资本成本率；$K_R$ 为普通股的风险收益率。

普通股相对于债券的风险收益率 $K_R$ 主要取决于普通股相对于债券而言的风险程度的大小，一般是根据经验估计的，可在一定范围内取值，大约为 3%～5%。当市场利率达到历史性高点时，风险溢价通常较低，在 3%左右；当市场利率达到历史性低点时，风险溢价通常较高，在 5%左右；而通常情况下，常常采用 4%的平均风险溢价。例如，某公司的债券资本成本率为 8%，则在不考虑筹资费用的情况下，该公司普通股的资本成本率约为（8%+4%）=12%。

3. 留存收益的资本成本

留存收益是指企业的税后净利扣除所派发股利后形成的留存于企业的那部分未分配的税后利润。留存收益既可以用作未来的股利分配，也可以作为企业资本积累，用于扩大再生产。将留存收益再投资可称为留存收益资本化，它是企业一项重要的筹资手段。

留存收益的所有权属于企业的普通股股东，因为若企业留存了一部分税后净利，则相当于股东对企业追加了投资。股东对这部分投资与以前投入企业的股本一样，也要求获得一定的投资报酬。因此，企业并不能无偿地使用留存收益，也应计算其资本成本。留存收益的资本成本也可以理解为是一种机会成本，即股东同意将留存收益再投资，就失去了将这部分利润以股利形式领回并将股利再投资获利的机会，由此所丧失的潜在利

益就是使用留存收益的资本成本。一般情况下，留存收益资本化与发行普通股是两种可以相互替代的筹资手段，二者的区别在于：发行普通股要支付发行费用，而留存收益资本化不需支付发行费用。因此，留存收益的资本成本可参照普通股资本成本的计算方法进行计算，只是不必考虑筹资费用。一般假定企业的收益以固定的年增长率稳定增长，则留存收益资本成本率的计算公式为

$$K_r = \frac{D_1}{P_c} + g \tag{8-15}$$

式中，$K_r$ 为留存收益的资本成本率，其他符号的含义如前所述。

**【例 8-8】** 某公司普通股目前市价为 10 元/股，预计本年度发放股利 1 元/股，同时估计未来股利将以每年 2%的增长率稳定增长，求该公司留存收益的资本成本率。

**解**　该公司留存收益的资本成本率可由下式求得：

$$K_r = \frac{D_1}{P_c} + g = \frac{1}{10} + 2\% = 12\%$$

### 8.1.4　综合资本成本

实践中，由于受到种种因素的制约，同时也出于优化资本结构方面的考虑，企业在筹资时不可能只使用某种单一的方式，而往往是从多种渠道、采用多种方式来筹集资金。企业以各种方式取得的资本其成本各不相同。因此，为了正确地进行筹资决策和投资决策，就需要计算企业全部长期资本的总成本，即综合资本成本。

综合资本成本一般可通过以个别资本占全部资本的比重为权数、对个别资本成本进行加权平均计算得出，因此又可称为加权平均资本成本，其计算公式为

$$K_w = \sum_{i=1}^{n} W_i K_i \qquad (\sum_{i=1}^{n} W_i = 1) \tag{8-16}$$

式中，$K_w$ 为加权平均资本成本率；$W_i$ 为第 $i$ 种资本占全部资本的权重；$K_i$ 为第 $i$ 种资本的成本率；$n$ 为资本的种数。

由式（8-16）可以看出，综合资本成本主要由个别资本成本和个别资本的权重两大因素构成，当个别资本成本一定时，综合资本成本的高低将取决于资本的来源结构。个别资本占全部资本的权重可以根据不同的需要分别采用账面价值、市场价值或目标价值进行计算。按账面价值确定个别资本的权重，优点是计算结果比较稳定，但缺点是计算的综合资本成本可能会偏离实际，不能反映股票和债券市场价值的变化，因而削弱了对于正确作出财务决策的指导意义。按市场价值确定个别资本的权重，一般适用于股票和债券的市场价值与其账面价值出现较大差异的情况，这样能使计算的综合资本成本比较切合实际，但由于证券的市场价值随时变化，故这种方法计算的综合资本成本具有结果不稳定的缺点。目标价值权数是指以股票和债券未来预计的目标市场价值为基础确定权重，这种方法计算的综合资本成本能体现企业期望的资本结构目标，而不像账面价值和市场价值权数那样只反映过去和现在的资本结构，因而更适合企业未来筹措新资本的需要，但在实践中，企业合理的资本结构目标很难确定，使得这种方法的应用受到很大

限制。下面举例说明综合资本成本的计算。

**【例 8-9】** 某公司现有资本的账面价值 10 000 万元，其中长期借款 3000 万元，长期债券 2000 万元，优先股 1000 万元，普通股 4000 万元，它们各自的资本成本分别是 5%、6.5%、9%和 12%。要求：

(1) 按账面价值权重计算综合资本成本；

(2) 若由于证券市场价格的波动，该公司目前普通股市价比账面价值上涨 10%，优先股市价比账面价值上涨 4%，而债券的市场价值比账面价值上涨 3%，试按市场价值权重计算综合资本成本；

(3) 假定该公司未来的资本规模将从现在的 10 000 万元扩大到 20 000 万元，且目标资本结构确定为长期借款 20%，长期债券 10%，优先股 20%，普通股 50%，试按目标价值权重计算综合资本成本。

**解** (1) 按账面价值权重计算的综合资本成本如表 8-1 所示。

**表 8-1 按账面价值权重计算的综合资本成本**

| 资本种类 | 账面价值/万元 | 权重 | 个别资本成本/% | 加权平均资本成本/% |
|---|---|---|---|---|
| 长期借款 | 3 000 | 0.3 | 5 | 1.5 |
| 长期债券 | 2 000 | 0.2 | 6.5 | 1.3 |
| 优先股 | 1 000 | 0.1 | 9 | 0.9 |
| 普通股 | 4 000 | 0.4 | 12 | 4.8 |
| 合计 | 10 000 | 1.00 | — | 8.5 |

(2) 按市场价值权重计算的综合资本成本如表 8-2 所示。

**表 8-2 按市场价值权重计算的综合资本成本**

| 资本种类 | 市场价值/万元 | 权重 | 个别资本成本/% | 加权平均资本成本/% |
|---|---|---|---|---|
| 长期借款 | 3 000 | 0.286 | 5 | 1.43 |
| 长期债券 | 2 060 | 0.196 | 6.5 | 1.274 |
| 优先股 | 1 040 | 0.099 | 9 | 0.891 |
| 普通股 | 4 400 | 0.419 | 12 | 5.028 |
| 合计 | 10 500 | 1.000 | — | 8.623 |

(3) 按目标价值权重计算的综合资本成本如表 8-3 所示。

**表 8-3 按目标价值权重计算的综合资本成本**

| 资本种类 | 目标价值/万元 | 权重 | 个别资本成本/% | 加权平均资本成本/% |
|---|---|---|---|---|
| 长期借款 | 4 000 | 0.2 | 5 | 1.00 |
| 长期债券 | 2 000 | 0.1 | 6.5 | 0.65 |
| 优先股 | 4 000 | 0.2 | 9 | 1.8 |
| 普通股 | 10 000 | 0.5 | 12 | 6 |
| 合计 | 20 000 | 1.0 | — | 9.45 |

### 8.1.5　边际资本成本

边际资本成本是指企业追加筹措资本的成本。由于各种条件的限制，任何企业都不可能以某一固定的资本成本率筹措到无限数额的资本，筹资额超过一定限度，必然引起边际资本成本的升高。在实践中，由于企业新增资本总是按一定的数额批量进行，因此，追加资本的边际成本呈现出一种阶梯式上升的变化趋势。如果企业追加的资本不是某种个别资本，而是按照一定的资本结构目标增加的综合资本，那么，边际资本成本应表示为几种个别资本的加权平均资本成本，即综合资本成本。

企业为了作好未来追加筹资和追加投资的决策，应事先作出边际资本成本规划，即在分析企业内外部各种条件的基础上，确定追加筹资过程中个别资本的成本分界点，计算各个不同的筹资额范围对应的边际资本成本，并以直观的图或表的形式反映出来。

制定边际资本成本规划的过程可按以下步骤进行：①确定追加筹资的目标资本结构；②测算个别资本在不同筹资额度内的资本成本；③计算筹资总额的成本分界点；④计算筹资总额的各个不同筹资范围内的边际资本成本。

其中，筹资总额的成本分界点的计算公式为

$$B_i = \frac{F_i}{W_i} \tag{8-17}$$

式中，$B_i$ 为第 $i$ 种资本所引起的筹资总额的成本分界点；$F_i$ 为第 $i$ 种资本的成本分界点；$W_i$ 为第 $i$ 种资本在目标资本结构中所占的比重。

边际资本成本规划有助于企业作出正确的投资决策，在备选的投资项目中选择出有利的项目，放弃不利的项目，确定未来一定时期的投资总额和筹资总额，合理安排资本支出预算。下面举例说明制定边际资本成本规划以及安排资本支出预算的具体方法。

**【例 8-10】** 某公司为扩大生产经营规模，拟筹措一笔新资本。经分析确定，新增资本的目标资本结构为：长期负债 20%，优先股 30%，普通股 50%。根据对资本市场的分析，测算出个别资本成本的有关情况如表 8-4 所示。

**表 8-4　某公司个别资本成本的有关资料**

| 资本种类 | 新增筹资额 | 资本成本 |
|---|---|---|
| 长期负债 | 10 万元以内 | 5% |
| | 10 万～20 万元 | 6% |
| | 20 万元以上 | 8% |
| 优先股 | 18 万元以下 | 9% |
| | 18 万元或以上 | 10% |
| 普通股 | 40 万元以内 | 11% |
| | 40 万～90 万元 | 12% |
| | 90 万元以上 | 14% |

要求：(1) 计算筹资总额的成本分界点；(2) 试编制边际资本成本规划表；(3) 如果该公司计划期有 A、B、C、D、E 5 个独立的长期投资项目可供选择，其有关资料如

表 8-5 所示，试确定该公司计划期的资本预算。

**表 8-5 计划期备选的投资项目的有关资料**

| 项目名称 | 投资总额/万元 | 内部收益率/% |
|---|---|---|
| A | 30 | 15 |
| B | 20 | 12 |
| C | 25 | 11 |
| D | 45 | 8 |
| E | 30 | 6 |

**解** (1) 根据已知的目标资本结构及各类资本成本的有关资料，可以计算出该公司筹资总额的成本分界点，如表 8-6 所示。

**表 8-6 筹资总额的成本分界点计算表**

| 资本种类 | 资本成本/% | 各类资本筹资范围 | 筹资总额成本分界点 | 筹资总额范围 |
|---|---|---|---|---|
| 长期负债 | 5 | 10 万元以内 | 10/0.2 = 50 万元 | 50 万元以内 |
| | 6 | 10 万～20 万元 | 20/0.2 = 100 万元 | 50 万～100 万元 |
| | 8 | 20 万元以上 | | 100 万元以上 |
| 优先股 | 9 | 18 万元以内 | 18/0.3 = 60 万元 | 60 万元以内 |
| | 10 | 18 万元或以上 | | 60 万元或以上 |
| 普通股 | 11 | 40 万元以内 | 40/0.5 = 80 万元 | 80 万元以内 |
| | 12 | 40 万～90 万元 | 90/0.5 = 180 万元 | 80 万～180 万元 |
| | 14 | 90 万元以上 | | 180 万元以上 |

(2) 根据表 8-6 的计算结果，可以得出边际资本成本发生变化的六组筹资总额的范围，分别是：0～50 万元、50 万～60 万元、60 万～80 万元、80 万～100 万元、100 万～180 万元、180 万元以上。对上述的各筹资范围分别计算加权平均资本成本，即可作出边际资本成本规划，计算的结果如表 8-7 所示。

**表 8-7 边际资本成本规划表**

| 筹资总额范围 | 资本种类 | 目标资本结构 | 个别资本成本/% | 边际资本成本/% |
|---|---|---|---|---|
| 0～50 万元 | 长期负债 | 0.2 | 5 | 1.0 |
| | 优先股 | 0.3 | 9 | 2.7 |
| | 普通股 | 0.5 | 11 | 5.5 |
| | | | | — |
| | | | | 9.2 |
| 50 万～60 万元 | 长期负债 | 0.2 | 6 | 1.2 |
| | 优先股 | 0.3 | 9 | 2.7 |
| | 普通股 | 0.5 | 11 | 5.5 |
| | | | | — |
| | | | | 9.4 |

续表

| 筹资总额范围 | 资本种类 | 目标资本结构 | 个别资本成本/% | 边际资本成本/% |
|---|---|---|---|---|
| 60 万～80 万元 | 长期负债 | 0.2 | 6 | 1.2 |
| | 优先股 | 0.3 | 10 | 3.0 |
| | 普通股 | 0.5 | 11 | 5.5 |
| | | | | — |
| | | | | 9.7 |
| 80 万～100 万元 | 长期负债 | 0.2 | 6 | 1.2 |
| | 优先股 | 0.3 | 10 | 3.0 |
| | 普通股 | 0.5 | 12 | 6.0 |
| | | | | — |
| | | | | 10.2 |
| 100 万～180 万元 | 长期负债 | 0.2 | 8 | 1.6 |
| | 优先股 | 0.3 | 10 | 3.0 |
| | 普通股 | 0.5 | 12 | 6.0 |
| | | | | — |
| | | | | 10.6 |
| 180 万元以上 | 长期负债 | 0.2 | 8 | 1.6 |
| | 优先股 | 0.3 | 10 | 3.0 |
| | 普通股 | 0.5 | 14 | 7.0 |
| | | | | — |
| | | | | 11.6 |

(3) 将表 8-7 中的计算结果绘制成边际资本成本规划图，同时将已知的 A、B、C、D、E 5 个备选的投资项目的有关信息也绘制在同一张图中，如图 8-1 所示。

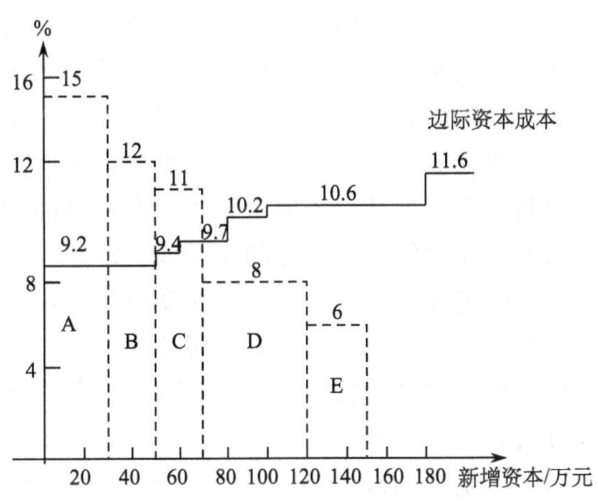


图 8-1　边际成本规划与资本预算

从图 8-1 中可以看出，A、B、C 三个项目的内部收益率高于边际资本成本率，因此这三个项目是应该接受的，而 D 和 E 项目的内部收益率低于边际资本成本率，所以应该是被淘汰的。最终 A、B、C 三个项目的资本预算分别为 30 万元、20 万元和 25 万元，资本预算总额为 75 万元，即该公司计划期的投资总额和筹资总额均为 75 万元。

## 8.2 杠杆作用

杠杆作用原本是物理学中的一个概念，是指借助于杠杆，在选取适当的支点后，在杠杆的一端施加一定的作用力，会在杠杆的另一端产生放大了的作用力，以推动较重物体这一原理。杠杆作用的原理应用于财务管理学中，是指企业通过对固定成本的运用对企业的盈亏会产生放大的作用。杠杆作用在一定条件下可以使企业享受到一定的利益，但同时也相应地增大了风险。如何在杠杆利益和相应的风险之间进行合理的权衡，是企业在资本结构决策过程中应考虑的一个重要因素。下面分别讨论财务管理中涉及的经营杠杆、财务杠杆以及二者综合发挥作用时产生的总杠杆作用。

### 8.2.1 经营杠杆

经营杠杆是指企业运用固定经营成本对营业利润产生的影响。有固定经营成本的企业，就存在经营杠杆。经营杠杆的存在使企业有可能享受到经营杠杆利益，即当企业的销售量增加时，营业利润会以更大的幅度增加，但同时也使企业承担的经营风险增大，即营业利润的不确定性增大；当企业的销售量下降时，营业利润会以更大的幅度下降，使企业遭受更大的损失。因此，杠杆效应犹如一把双刃剑，对企业的盈亏同样都有放大作用。为了更好地理解经营杠杆作用，首先需要对企业的营业成本、销售量和营业利润之间的关系，即本量利之间的关系加以讨论。

#### 8.2.1.1 本量利之间的关系

企业的营业成本可按照与产销量之间的关系分为固定成本和变动成本。固定成本是指那些总额不随产销量变化的成本，如管理人员的工资、使用年限法之下的固定资产折旧等，产销量增加，这部分成本的总额不发生变化，但分摊到单位产品中去的固定成本会随产销量的增加而下降。变动成本是指总额随产销量成正比例变动的那部分成本，如直接材料成本、计件工资制下直接生产工人的工资等，产销量的增减变动会导致这部分成本的总额随之成正比例地增减，但单位产品的变动成本却是一个常数，它不会受到产销量变动的影响。单位变动成本乘以销售量得到总变动成本，再加上不包括利息费用和纳税支出在内的固定经营成本，就得到企业的总的营业成本。

企业的营业利润又称息税前利润，它等于营业收入减去营业成本之后的差额。

本量利之间的关系可用公式表示为

$$\mathrm{EBIT}=QP-(Qv+F)=Q\cdot(P-v)-F \tag{8-18}$$

式中，$Q$ 为销售量；$P$ 为单位产品售价；$v$ 为单位变动成本；$F$ 为固定经营成本；EBIT 为营业利润或息税前利润。

在本量利关系的研究中，对盈亏平衡点有关问题的分析是十分重要的。盈亏平衡点是指企业既不亏又不盈或营业利润为零的那一点，可用销售量或销售额等指标表述。根

据式（8-18），当营业利润为零时，可以得到盈亏平衡点的销售量 $Q_0$ 为

$$Q_0=\frac{F}{P-v} \tag{8-19}$$

或

$$S_0=\frac{F}{1-b} \tag{8-20}$$

式中，$S_0$ 为盈亏平衡点的销售额；$b$ 为变动成本率（即变动成本占销售额的百分比）。

当产销量低于盈亏平衡点销售量时，企业处于亏损状态；反之，当产销量超过盈亏平衡点销售量时，企业就有了盈利。盈亏平衡点附近本量利之间的关系如图 8-2 所示。

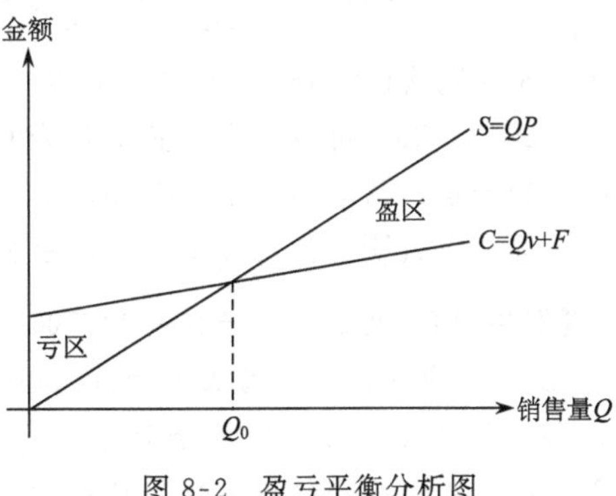

图 8-2　盈亏平衡分析图

由图 8-2 可以看出，当企业在盈亏平衡点附近经营，即销售量接近于 $Q_0$ 时，企业的经营风险很大，或经营上的安全程度很低，销售量微小的下降都可能使企业发生亏损。衡量企业经营安全程度的一个指标是安全边际率，其表达式为

$$安全边际率=\frac{现有产销量(额)-盈亏平衡点销售量(额)}{现有产销量(额)}\times 100\% \tag{8-21}$$

一般认为，安全边际率大于 40%时，经营上的安全程度很高，而安全边际率低于 10%时，经营上的安全程度很差。

经营风险通常是指企业营业利润的不确定性。造成企业营业利润波动的因素有很多，如经济环境的因素、竞争对手的因素、企业所属行业的特点及自身运作的因素等。直接导致经营风险的因素主要包括销售量、价格、成本的不确定性以及成本结构的变化等。成本结构中固定成本的高低决定了营业利润对销售变动的敏感性大小，其作用程度可用经营杠杆系数来表示。

#### 8.2.1.2　经营杠杆系数

经营杠杆系数又称经营杠杆度，是指息税前利润利润变动率对销售变动率的反映程度，其计算公式为

$$经营杠杆系数=\frac{息税前利润变动率}{销售变动率} \tag{8-22}$$

或以符号表示为

$$\mathrm{DOL}=\frac{\Delta\,\mathrm{EBIT}/\mathrm{EBIT}}{\Delta Q/Q} \tag{8-23}$$

式中，DOL 为经营杠杆系数；EBIT 为息税前利润；$Q$ 为销售量；Δ 为变动量。根据本—量—利之间的关系，应有

$$\text{EBIT}=Qp-Qv-F \tag{8-24}$$

式中，$P$ 为单价；$v$ 为单位变动成本；$F$ 为固定经营成本。

所以，$\Delta\text{EBIT}=\Delta Q\ (P-v)$，从而得

$$\frac{\Delta\ \text{EBIT}}{\Delta Q}=P-v \tag{8-25}$$

将式（8-25）代入式（8-23），可得

$$\text{DOL}=\frac{\Delta\text{EBIT}}{\Delta Q}\cdot\frac{Q}{\text{EBIT}}=\frac{Q(P-v)}{Q(P-v)-F}=\frac{S-\text{VC}}{S-VC-F} \tag{8-26}$$

式中，$S$ 为销售额；VC 为变动总成本。

由式（8-26）可以看出，企业经营杠杆系数的大小受企业成本水平和销售水平的影响。当固定经营成本和单位变动成本一定时，其经营杠杆系数的大小受销售水平的影响。下面举例说明经营杠杆系数与销售水平之间的关系。

**【例 8-11】** 某公司只产销一种产品，该产品的销售单价为 10 元/件，单位变动成本为 4 元/件，每月固定经营成本为 30 000 元，要求：(1) 计算该公司的盈亏平衡点销售量；(2) 计算当每月产销量分别为 0，1000，2000，3000，…，10000 件时的经营杠杆系数；(3) 绘制经营杠杆系数与产销量之间的关系图。

**解** (1) 盈亏平衡点销售量可通过下式求得：

$$Q_0=\frac{30\ 000}{10-4}=5000(\text{件})$$

(2) 在不同的产销量水平之下，经营杠杆系数的计算结果如表 8-8 所示。

**表 8-8 不同销售水平下的经营杠杆系数**

| 产销量/件 | 销售额/元 | 变动成本/元 | 固定成本/元 | 息税前利润/元 | 经营杠杆系数 |
|---|---|---|---|---|---|
| 0 | 0 | 0 | 30 000 | −30 000 | 0 |
| 1 000 | 10 000 | 4 000 | 30 000 | −24 000 | −0.25 |
| 2 000 | 20 000 | 8 000 | 30 000 | −18 000 | −0.67 |
| 3 000 | 30 000 | 12 000 | 30 000 | −12 000 | −1.5 |
| 4 000 | 40 000 | 16 000 | 30 000 | −6 000 | −4 |
| 5 000 | 50 000 | 20 000 | 30 000 | 0 | ∞ |
| 6 000 | 60 000 | 24 000 | 30 000 | 6 000 | 6 |
| 7 000 | 70 000 | 28 000 | 30 000 | 12 000 | 3.5 |
| 8 000 | 80 000 | 32 000 | 30 000 | 18 000 | 2.67 |
| 9 000 | 90 000 | 36 000 | 30 000 | 24 000 | 2.25 |
| 10 000 | 100 000 | 40 000 | 30 000 | 30 000 | 2 |

(3) 该公司的经营杠杆系数与产销量之间的关系如图 8-3 所示。

由例 8-11 可以看出，产销量等于盈亏平衡点销售量时，经营杠杆系数为无穷大，随着产销量的增大，经营杠杆系数逐渐降低；当产销量超过盈亏平衡点以后，随着产销

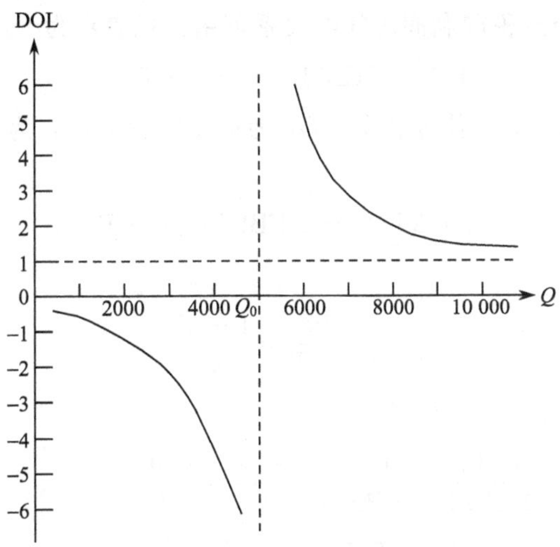


图 8-3　不同销售水平下的经营杠杆系数

量的增大，经营杠杆系数逐渐趋近于 1。因此，在固定经营成本一定的条件下，企业通过充分发挥现有的生产能力，扩大销售量，可以降低经营杠杆系数，从而降低营业利润对销售变动的敏感程度，降低经营风险。

通过式（8-26）可以看出，在企业销售额一定的条件下，成本的构成情况决定了经营杠杆系数的大小，固定经营成本越高，经营杠杆系数越大。一般情况下，企业的固定经营成本总会是大于 0 的，在营业利润也大于 0 的情况下，经营杠杆系数会大于 1，这表明，企业的营业利润变动幅度会超过销售变动的幅度，且随着固定经营成本的升高，经营杠杆系数增大，营业利润对销售变动的敏感程度随之增大，经营风险也相应增大。由此可见，企业为了回避过高的经营风险，在销售水平一定的情况下，应千方百计降低固定经营成本，而在固定经营成本一定的条件下，应努力扩大产销量，远离盈亏平衡点经营。

### 8.2.2　财务杠杆

财务杠杆是指企业以借债方式或发行优先股方式筹资时，因有固定性融资成本存在，而对投资者的收益产生的影响作用。财务杠杆作用程度的大小可用财务杠杆系数来衡量，其计算公式为

$$财务杠杆系数=\frac{普通股每股利润变动率}{息税前利润变动率}$$

或以符号表示为

$$\mathrm{DFL}=\frac{\Delta\,\mathrm{EPS}/\mathrm{EPS}}{\Delta\,\mathrm{EBIT}/\mathrm{EBIT}} \tag{8-27}$$

式中，EPS 为普通股每股利润；EBIT 为息税前利润；Δ 为变动量。

财务杠杆系数反映了普通股每股利润对息税前利润变动的敏感程度，财务杠杆系数

很高时，息税前利润微小的变动会导致普通股每股利润出现很大幅度的变动。

普通股每股利润与息税前利润之间的关系可用公式表示为

$$n \cdot \text{EPS} = (\text{EBIT} - I)(1 - T) - D_{\text{P}} \tag{8-28}$$

式中，$n$ 为普通股股数；$I$ 为债务利息；$D_{\text{P}}$ 为优先股股息；$T$ 为所得税税率。

由式（8-28）可得

$$n \cdot \Delta\,\text{EPS} = \Delta\,\text{EBIT} \cdot (1 - T)$$

或

$$\frac{\Delta\,\text{EPS}}{\Delta\,\text{EBIT}} = \frac{1 - T}{n} \tag{8-29}$$

将式（8-29）代入式（8-27），可得

$$\begin{aligned}\text{DFL} &= \frac{\Delta\,\text{EPS}}{\Delta\,\text{EBIT}} \cdot \frac{\text{EBIT}}{\text{EPS}} = \frac{1 - T}{n} \cdot \frac{\text{EBIT}}{\text{EPS}} \\ &= \frac{(1 - T)\text{EBIT}}{(\text{EBIT} - I)(1 - T) - D_{\text{P}}} = \frac{\text{EBIT}}{\text{EBIT} - I - \dfrac{D_{\text{P}}}{1 - T}}\end{aligned} \tag{8-30}$$

当企业没有优先股时，$D_{\text{P}}=0$，则财务杠杆系数的计算公式可简化为

$$\text{DFL} = \frac{\text{EBIT}}{\text{EBIT} - I} = \frac{\text{EBIT}}{\text{EBT}} \tag{8-31}$$

式中，EBT 为税前利润。

式（8-31）表明，当企业无负债时，债务利息为零，财务杠杆系数等于 1，此时普通股每股利润会与息税前利润同幅度增减变动。只要企业借债，债务的利息大于零，那么在税前利润为正的条件下，财务杠杆系数就会大于 1，普通股每股利润的变动幅度就会超过息税前利润的变动幅度，而且在一定的销售水平和利率水平下，企业借债越多，债务利息越高，财务杠杆系数就会越高，从而会导致普通股每股利润具有更大的不确定性。由借债而引起的普通股每股利润的不确定性称为财务风险。因此，财务杠杆系数越高，企业的财务风险就越大。财务杠杆如同一把双刃剑，运用得当能使普通股股东享受到一定的利益，但同时也增大了财务风险，而不利情况出现时则会使普通股股东遭受更大的损失。下面举例说明财务杠杆的两种不同作用。

**【例 8-12】** 已知 A、B、C 三家公司某期的息税前利润均为 48 万元，总资本均为 400 万元，所得税税率均为 50%，但三家公司的资本结构不同。A 公司无债，有 10 万股普通股；B 公司有 50% 的债务资本，债务利率为 10%，有普通股 5 万股；C 公司也有 50% 的债务资本，但债务利率为 14%，有普通股 5 万股。试计算三家公司的普通股每股利润、投资报酬率、权益报酬率和财务杠杆系数。

**解** 三家公司普通股每股利润、投资报酬率、权益报酬率和财务杠杆系数的计算过程和结果如表 8-9 所示。

表 8-9　A、B、C 三家公司的有关资料及普通股每股利润等指标

| 公司名称 | A | B | C |
|---|---|---|---|
| 全部资本/元 | 4 000 000 | 4 000 000 | 4 000 000 |
| 债务资本/元 | 0 | 2 000 000 | 2 000 000 |
| 债务利率/% | 0 | 10 | 14 |
| 股东权益/元 | 4 000 000 | 2 000 000 | 2 000 000 |
| 普通股股数/股 | 100 000 | 50 000 | 50 000 |
| 息税前利润/元 | 480 000 | 480 000 | 480 000 |
| 债务利息/元 | 0 | 200 000 | 280 000 |
| 税前利润/元 | 480 000 | 280 000 | 200 000 |
| 所得税/元 | 240 000 | 140 000 | 100 000 |
| 净利润/元 | 240 000 | 140 000 | 100 000 |
| 普通股每股利润/元 | 2.4 | 2.8 | 2 |
| 财务杠杆系数 | 1 | 1.71 | 2.4 |
| 投资报酬率/% | 12 | 12 | 12 |
| 权益报酬率/% | 6 | 7 | 5 |

表中，投资报酬率＝息税前利润/总资本；
　　　权益报酬率＝净利润/股东权益。

由表 8-9 可以看出，B 公司总资本中有 50%的债务，债务利息比 A 公司增加 20 万元，使得 B 公司的普通股每股利润比无债的 A 公司提高 0.40 元，权益报酬率也比 A 公司升高 1 个百分点，这是因为 B 公司的投资报酬率（12%）大于债务的利息率（10%），因此，通过借债产生了正的财务杠杆作用，使得普通股股东享受到了一定的利益，但同时，B 公司的财务杠杆系数也比 A 公司高，所以 B 公司的财务风险也增大了。C 公司总资本中也有 50%的债务，债务利息比 A 公司增加 28 万元，但 C 公司的普通股每股利润却比 A 公司减少 0.40 元，权益报酬率也 A 公司降低 1 个百分点，这是因为 C 公司借债的利率较高，借债利率（14%）高于其投资报酬率（12%）。因此，通过借债产生了负的财务杠杆作用，使股东遭受了损失。与 B 公司相比，C 公司由于债务利息的增加，导致财务杠杆系数增大，其财务风险也相应增大。

由此可见，当企业的投资报酬率大于债务利息率时，借债能产生正的财务杠杆作用，使股东有可能享受到一定的好处；反之，当企业的投资报酬率低于债务利息率时，借债会产生负的财务杠杆作用，有损股东利益。无论哪种情况，借债都会使财务杠杆系数升高，财务风险增大，且债务利息越多，财务杠杆系数越高，财务风险也越大。

财务杠杆的正负两种作用，也可以通过权益报酬率与投资报酬率之间的关系加以说明。

假设企业没有优先股，总资本由债务资本和股东权益构成，并且令 $K$ 为投资报酬率；$R$ 为权益报酬率；$B$ 为债务资本；$i$ 为债务利率；$S$ 为股东权益；$T$ 为所得税税率；EBIT 为息税前利润。则

$$总资本 = B + S$$

$$净利润=(\mathrm{EBIT}-B\cdot i)(1-T)$$

由此可得

$$\begin{aligned}R&=\frac{(\mathrm{EBIT}-B\cdot i)(1-T)}{S}=\left(\frac{\mathrm{EBIT}}{S}-\frac{B}{S}\cdot i\right)(1-T)\\&=\left(\frac{\mathrm{EBIT}}{B+S}\cdot\frac{B+S}{S}-\frac{B}{S}\cdot i\right)(1-T)\\&=\left[K\left(1+\frac{B}{S}\right)-\frac{B}{S}\cdot i\right](1-T)\end{aligned}$$

即

$$R=\left[K+(K-i)\frac{B}{S}\right](1-T) \tag{8-32}$$

由式（8-32）可以看出，当投资报酬率（$K$）大于债务利息率（$i$）时，即（$K-i$）$>0$，随着负债比率 $B/S$ 的增大，权益报酬率 $R$ 会升高，此时借债会产生正的财务杠杆作用；反之，当投资报酬率低于债务利率时，即（$K-i$）$<0$，权益报酬率 $R$ 会随着负债比率 $B/S$ 的增大而降低，此时借债会产生负的财务杠杆作用。因此，财务管理人员在进行筹资决策时应充分考虑财务杠杆作用，只有在能产生正的财务杠杆作用的条件下，负债经营对企业和股东才可能是有利的。

### 8.2.3 总杠杆

经营杠杆反映了销售变动对息税前利润变动的影响，财务杠杆反映了息税前利润变动对普通股每股利润变动的影响。一般情况下，企业会同时存在经营杠杆和财务杠杆，这两种杠杆的共同作用就形成了总杠杆作用，它反映了普通股每股利润变动对销售变动的敏感程度。总杠杆作用程度的大小可通过总杠杆系数来表示，其计算公式为

$$\mathrm{DTL}=\frac{\Delta\,\mathrm{EPS}/\mathrm{EPS}}{\Delta Q/Q}=\mathrm{DOL}\cdot\mathrm{DFL} \tag{8-33}$$

或

$$\begin{aligned}\mathrm{DTL}&=\frac{Q(P-v)}{Q(P-v)-F}\cdot\frac{Q(P-v)-F}{Q(P-v)-F-I-\dfrac{D_{\mathrm{P}}}{1-T}}\\&=\frac{Q(P-v)}{Q(P-v)-F-I-\dfrac{D_{\mathrm{P}}}{1-T}}\end{aligned}$$

即

$$\mathrm{DTL}=\frac{S-\mathrm{VC}}{S-\mathrm{VC}-F-I-\dfrac{D_{\mathrm{P}}}{1-T}} \tag{8-34}$$

式中，DTL 为总杠杆系数，其他符号的含义如前所述。

**【例 8-13】** 某公司连续两年的有关资料如表 8-10 所示，试计算该公司的经营杠杆系数、财务杠杆系数和总杠杆系数。

**表 8-10　某公司的有关资料**

| 项目 | 1999 年 | 2000 年 |
|---|---|---|
| 销售额/万元 | 50 000 | 52 000 |
| 固定经营成本/万元 | 6 800 | 6 800 |
| 变动成本/万元 | 5 000 | 5 200 |
| 息税前利润/万元 | 38 200 | 40 000 |
| 利息/万元 | 20 000 | 20 000 |
| 税前利润/万元 | 18 200 | 20 000 |
| 所得税/万元 | 7 820 | 8 000 |
| 净利润/万元 | 10 920 | 12 000 |
| 普通股/万股 | 2 000 | 2 000 |
| 每股利润（元/股） | 5.46 | 6 |

**解**　根据所给的条件可得经营杠杆系数为

$$\mathrm{DOL}=\frac{\dfrac{40\ 000-38\ 200}{38\ 200}}{\dfrac{52\ 000-50\ 000}{50\ 000}}=1.18$$

或

$$\mathrm{DOL}=\frac{50\ 000-5000}{38\ 200}=1.18$$

财务杠杆系数为

$$\mathrm{DFL}=\frac{\dfrac{6-5.46}{5.46}}{\dfrac{40\ 000-38\ 200}{38\ 200}}=2.099$$

或

$$\mathrm{DFL}=\frac{38\ 200}{18\ 200}=2.099$$

总杠杆系数为

$$\mathrm{DTL}=\frac{\dfrac{6-5.46}{5.46}}{\dfrac{52\ 000-50\ 000}{50\ 000}}=2.47$$

或

$$\mathrm{DTL}=1.18\times 2.099=2.47$$

经营杠杆系数可用来衡量企业的经营风险，财务杠杆系数可用来衡量企业的财务风险，总杠杆系数可用来衡量企业的总体风险大小。总杠杆的作用程度一般要比单一的经营杠杆或财务杠杆的作用程度更大。总杠杆系数很高时，销售额的微小变动会导致普通股每股利润大幅度地震荡。因此，为了避免过高的总风险，财务管理人员在决策过程中应避免同时使用过高的经营杠杆和财务杠杆，而应根据企业可承受风险的程度，来确定合适的经营杠杆和财务杠杆，作出合理的经营决策和财务决策，使企业的总风险控制在适当的限度以内。

**➢专栏 8-1　四大航空巨头增发融资调整资本结构**

国航、东航、南航、海航是我国航空业的四大巨头，按照 2012 年 6 月 30 日的半年度报告数据计算，这四家公司的资产负债率依次为 72.28%、80.51%、72.98%、82.2%，由此可见，这些航空公司都是高度依赖负债融资与经营的。与 2012 年一季度四家公司的资产负债率 71.13%、80.48%、71.17%、82.40%相比，除海航的资产负债率有所降低之外，其他三家公司的资产负债率均有升高趋势，而海航又是四家公司中资产负债率最高的。为了避免进一步陷入负债困局，2012 年四家航空公司分别推出了增发股票融资计划，以期使资本结构得到优化调整。

海南航空 2012 年 1 月 30 日发布公告称，公司拟对原本于 2011 年 7 月 12 日发布的定向增发公告中的非公开发行股票价格等进行调整，将原定的发行价不低于 6.42 元/股修改为发行价不低于 4.19 元/股，以确保非公开发行的顺利进行；调整后非公开发行 A 股数量不超过 19.10 亿股，拟募集资金总额不超过 80 亿元，其中约有 60.84 亿用于偿还银行贷款，其余部分用于补充流动资金，这项预案于 2012 年 5 月 8 日获得证监会批准。海航表示，此番非公开发行募集资金的目的是为了减轻高额债务负担以及较高的资产负债率对公司经营造成的不利影响，调整短期贷款结构，较大幅度降低资金成本。

中国国航于 2012 年 4 月 20 日发布融资预案称，将向其母公司中航集团增发 1.89 亿股，募集 10.5 亿元，其中 10 亿元用于归还其因增持国泰航空股份而形成的贷款，这项预案于 2012 年 6 月 28 日获得股东大会批准。国航表示，本次中航集团注入资金归还贷款后，将会降低财务费用，改善财务结构，提高抗风险能力。

南方航空于 2012 年 6 月 11 日发布预案称，将向控股股东南航集团以 4.3 元/股增发最多 4.65 亿股，拟募集资金不超过 20 亿元，用于偿还银行贷款。南航表示，募集资金偿还银行贷款后有利于国内航空运输业长远发展，降低资产负债率，优化资产负债结构，降低财务费用，并丰富公司融资渠道，提高融资能力。

东方航空于 2012 年 9 月 12 日发布公告称，公司将分别增发 A 股和 H 股各 6.99 亿股，其中，A 股增发全部由大股东东航集团及其全资子公司金戎控股认购，每股发行价格 3.28 元，募资金额 22.92 亿元；H 股同样采取定向发行的方式，以每股 2.32 港元的价格向东航集团全资子公司东航国际定向增发，募资额约 16.21 亿港元；本次通过“A+H”两地市场增发融资的总规模约为人民币 36.16 亿元。东航表示，较高的资产负债率与较大的绝对负债规模一定程度上制约了公司经营与未来发展战略的实施，不利于公司增强抗风险能力，因此本次所筹集的资金将全部用于偿还贷款以降低资产负债率。

尽管四家航空公司 2012 年均通过增发股票融资来调整资本结构，但相对于其较高的资产负债率水平而言，这些融资活动的作用犹如杯水车薪。因此，从根本上说，四家公司还是应该通过努力改善其经营管理、提高盈利能力来解决资产负债率过高的问题，这才是解决这一问题的有效途径。

# 8.3　资本结构理论

资本结构是指企业各种资本的构成及其比例关系，即企业资产负债表右方的各种长期负债、优先股和普通股的构成形态。如将资产负债表右方的短期负债也考虑进去，反映长短期资金的构成形态，一般称为企业的财务结构。财务结构的有关问题将在第 11 章中加以介绍。

资本结构的研究是企业筹资决策的核心问题。资本结构理论阐述了企业的负债与企业的价值和资本成本之间的关系，对企业进行筹资决策具有重要的指导意义。资本结构理论的研究经历了一个逐步形成、不断发展和完善的过程，一般可分为早期的资本结构理论和现代资本结构理论两个研究阶段。

## 8.3.1　早期的资本结构理论

早期的资本结构理论主要包括净收益理论、营业收益理论和传统理论。这三种理论的主要观点如下所述：

（1）净收益理论。净收益理论的特征是按股本净收益来确定企业的总价值，并且认为，当企业的资本结构发生变化时，个别资本的成本并不随之改变。由于债务资本成本低于权益资本成本，因此，随着资本结构中债务比重的增大，企业的加权平均资本成本会逐渐降低，相应地，企业的净收益或税后利润就越多，企业的价值就越大。当资本结构中债务资本所占的比重为 100%时，企业的综合资本成本达到最低点，企业的价值也相应地达到最大值，此时的资本结构即为最优资本结构。如果用 $K_S$ 表示权益资本成本；$K_d$ 表示债务资本成本；$K_W$ 表示综合资本成本；V 表示企业总价值，则根据净收益理论，企业的资本结构与资本成本之间的关系以及资本结构与企业价值之间的关系分别如图 8-4 和图 8-5 所示。

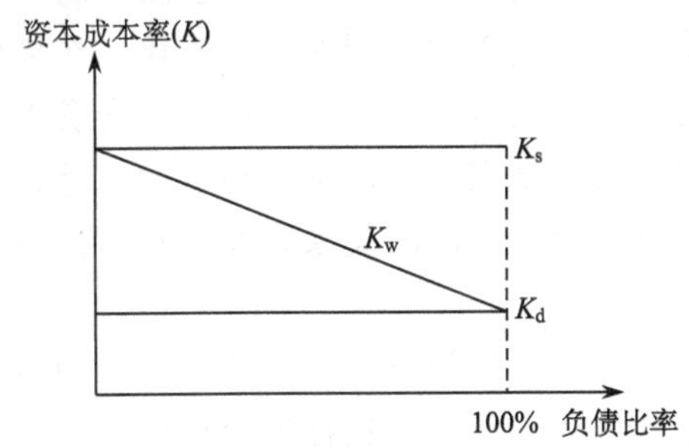


图 8-4　资本结构与资本成本之间的关系（净收益理论）

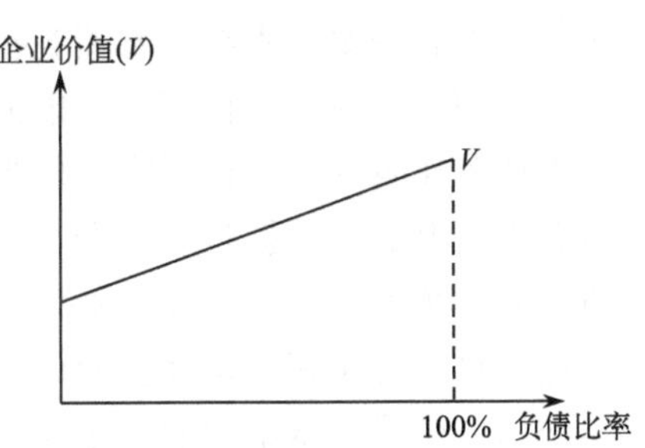


图 8-5　资本结构与企业价值之间的关系（净收益理论）

由此可见，净收益理论认为资本结构中负债越多越好，最优的资本结构是100％的负债。显然，这是一种极端的资本结构理论，依此去指导企业进行筹资决策是很荒谬的。

(2) 营业收益理论。与净收益理论相反，营业收益理论认为，企业资本结构的改变会引起个别资本成本的变化。当资本结构中债务比例增加时，即使债务的资本成本不发生明显的变化，权益资本成本也会升高，股东的投资风险会因债务比重的升高而增大。当企业利用负债筹资时，一方面因债务资本成本低于权益资本成本而使综合资本成本有下降趋势；另一方面，又会因权益资本成本随债务比重的增加而升高，导致综合资本成本有上升的趋势，二者的作用正好相互抵消。因此，资本结构的改变并不会影响综合资本成本，无论资本结构中债务的比重有多高，企业的综合资本成本始终保持不变，企业的总价值也不随之变化。根据营业收益理论，资本成本与资本结构之间的关系以及公司总价值与资本结构之间的关系分别如图 8-6 和图 8-7 所示。

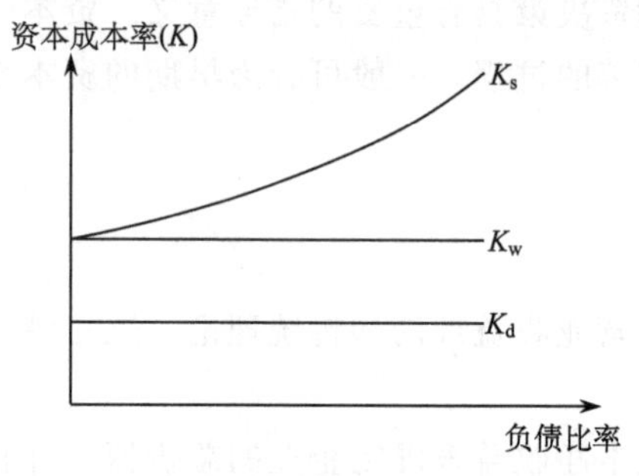


图 8-6 资本成本与资本结构之间的关系（营业收益理论）

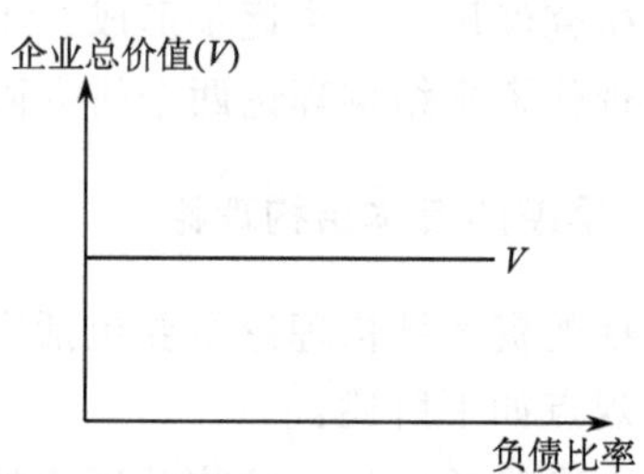


图 8-7 公司总价值与资本结构之间的关系（营业收益理论）

由此可见，营业收益理论的观点是认为企业的负债多少都无所谓。这显然也是一种极端的资本结构理论，实践中很少会有哪家企业筹资时不顾及资本结构而任意使用财务杠杆。

(3) 传统理论。传统理论是介于净收益理论和营业收益理论之间的一种折中理论。该理论认为，企业在一定程度内借债时，个别资本成本不会发生变化，但借债超过一定的限度，由于风险明显增大，不但权益资本成本会升高，债务资本成本也会升高。因此，企业的综合资本成本会随着债务在资本结构中所占比重的不同而发生变化。在借债不多时，个别资本成本保持不变，因债务资本成本低于权益资本成本，所以综合资本成本会随着债务比重的增加而下降；但当借债增多、引起个别资本成本升高以后，综合资本成本会逐渐升高。根据传统理论，资本结构与资本成本之间的关系以及资本结构与企业价值之间的关系分别如图 8-8 和图 8-9 所示。

由此可见，传统理论认为企业的综合资本成本存在有最低点，对应的资本结构为最优资本结构，最优资本结构能使企业的总价值达到最大。显然，这种理论承认使用财务杠杆所带来的利益，但认为财务杠杆利益与财务风险是同步增加的，高的财务杠杆利益必然伴随着高的财务风险。因此，财务杠杆只能够有限度地加以使用，超过合理的限度

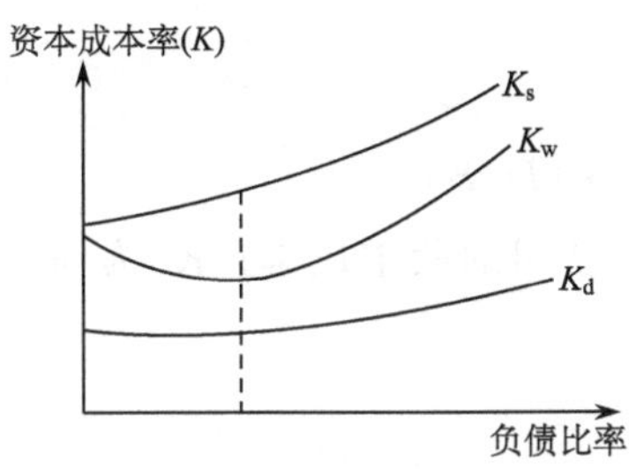


图 8-8　资本成本与资本结构之间的关系（传统理论）

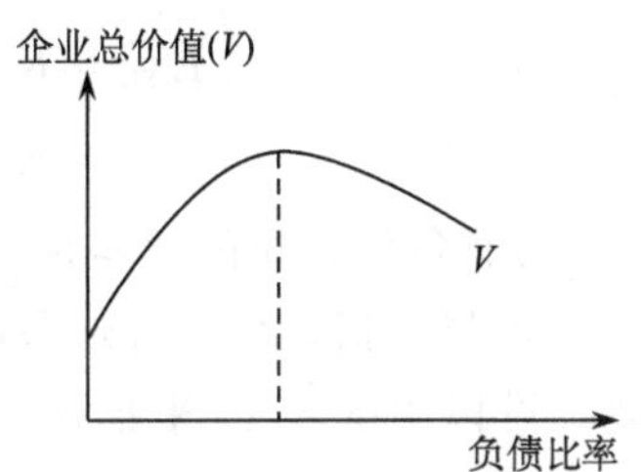


图 8-9　企业总价值与资本结构之间的关系（传统理论）

使用财务杠杆，由于增加的财务杠杆利益抵补不了增大的风险，必然会使企业的总价值降低。传统理论比净收益理论和营业收益理论更为符合实际情况，因此日益受到重视。

以上三种资本结构理论都是在 1958 年以前提出的，其特点是建立在经验和判断的基础之上，具有假说性质，而缺乏严格的推理及证明。

### 8.3.2　现代资本结构理论

现代资本结构理论的创始人是美国的两位教授佛朗哥·莫迪格莱尼（Franco Modigliani）和莫顿·米勒（Merton Miller）。1958 年，二人共同发表文章，在一系列的假设条件下，建立并证明了资本结构理论——MM 理论，推动了财务管理科学理论的发展。后来的资本结构理论的研究和深入大多是建立在 MM 理论的基础之上的。

#### 8.3.2.1　无公司税的 MM 模型

莫迪格莱尼和米勒在 1958 年发表的论文“资本成本、公司财务和投资理论”中，在一系列的前提假设条件下，提出了无公司税的 MM 模型。其前提假设主要包括：①资本市场是完善的，投资者可免费获得市场信息，且没有证券交易成本；②个人和公司一样可按同等利率取得借款；③公司的经营风险可以用息税前利润的标准差衡量，且具有相同经营风险的公司，处于同一风险等级上；④所有投资者对公司未来能产生的收益及收益的风险都能有相同的预期；⑤公司的增长率为零，即各期息税前利润保持稳定不变；⑥没有公司和个人所得税。

在上述理想的假定条件下，MM 证明了两个著名的命题。

**命题一：**举债公司的价值和无债公司的价值相等。即

$$V_L = V_U = \frac{\text{EBIT}}{K_W} = \frac{\text{EBIT}}{K_{SU}} \tag{8-35}$$

式中，$V_L$ 为有负债公司的价值；$V_U$ 为无负债公司的价值；EBIT 为预期各年的息税前利润；$K_W$ 为有负债公司的加权平均资本成本；$K_{SU}$ 为无负债公司的普通股必要收益率，即无负债公司的股本成本。

命题一可以用图 8-10 来描述。

**命题二：**有负债公司的股本成本等于同一风险等级中某一无负债公司的股本成本加

上风险报酬。即

$$K_{SL}=K_{SU}+\text{风险报酬}$$
$$=K_{SU}+(K_{SU}-K_d)\cdot(D/S) \qquad (8\text{-}36)$$

式中，$K_{SL}$为有负债公司的股本成本；$K_{SU}$为无负债公司的股本成本；$K_d$为债务成本；$D$为债务的市场价值；$S$为普通股的市场价值。

命题二可以用图8-11来描述。

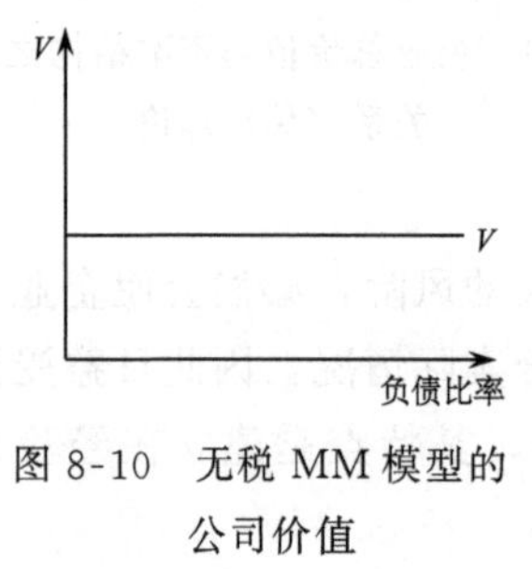


图8-10 无税MM模型的公司价值

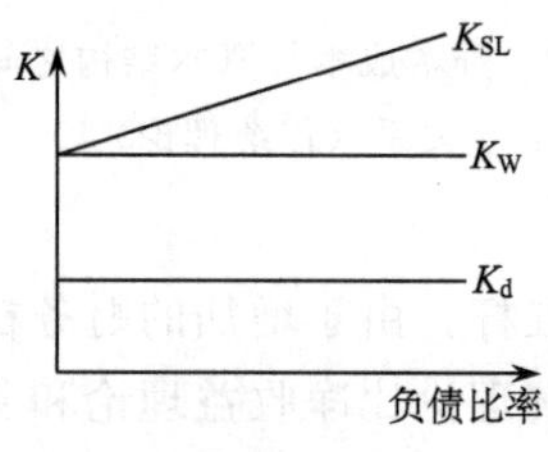


图8-11 无税MM模型的资本成本

命题二的含义是，权益投资的风险会因财务杠杆的使用而升高，因此，股东要求的投资报酬率也会因为使用财务杠杆而增加，但加权平均资本成本不会受到财务杠杆的影响。

无公司税的MM模型的基本结论是，无论公司负债多少，资本结构的变化既不影响公司的价值，也不影响公司的加权平均资本成本。

#### 8.3.2.2 有公司税的MM模型

1963年，莫迪格莱尼和米勒再次共同发表了“税收和资本成本：校正”一文，建立了有公司税的MM模型。同样是在完善的资本市场等假定条件下，但有公司所得税存在时，MM证明了以下两个命题：

**命题一**：有负债公司的价值等于同风险等级的无负债公司的价值加上因债务利息抵税而增加的价值，而债务利息抵税价值等于公司所得税税率乘以负债总额，即

$$V_L=V_U+T_C\cdot D \qquad (8\text{-}37)$$

式中，$T_C$为公司所得税税率；其他符号的含义如前所述。

命题一可用图8-12来表示。

命题一表明，因公司的债务利息可作为费用抵税，所以财务杠杆的运用会减少公司的纳税支出，增加公司的价值，有债公司的价值会随财务杠杆的升高而增大。

**命题二**：有负债公司的股本成本等于同风险等级无负债公司的股本成本加上风险报酬，而风险报酬的高低由公司负债融资的程度和公司所得税税率所决定，即

$$K_{SL}=K_{SU}+(K_{SU}-K_d)\cdot(1-T_C)\cdot(D/S) \qquad (8\text{-}38)$$

式中，各符号的含义如前所述。

命题二可用图8-13来描述。

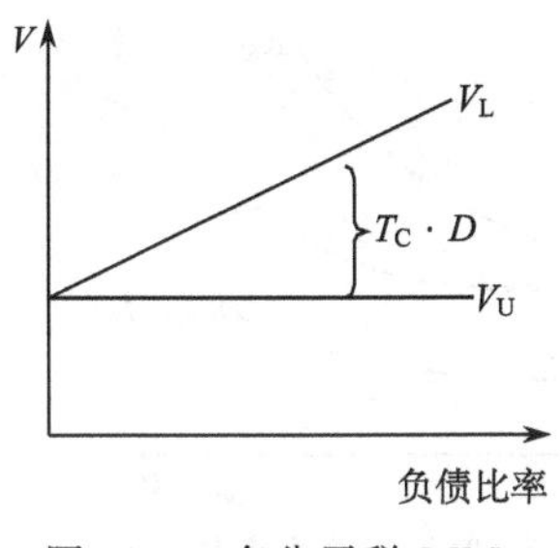


图 8-12　有公司税 MM 模型的公司价值

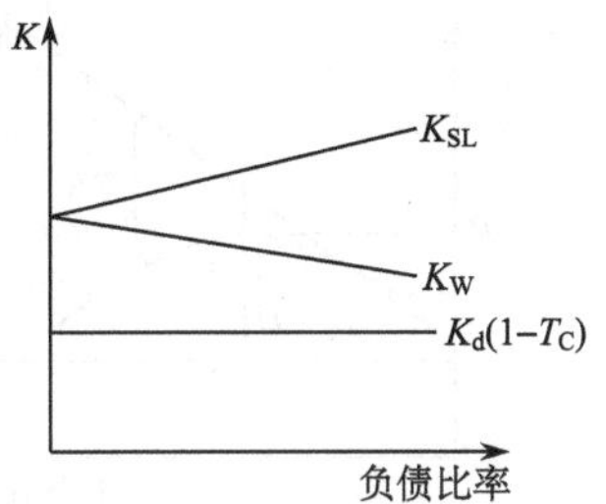


图 8-13　有公司税 MM 模型的资本成本

命题二表明，在有公司所得税存在的情况下，因负债会使权益的风险增加，因此权益的资本成本会随财务杠杆的增大而升高，但加权平均资本成本却会随财务杠杆的增大而下降。

有公司税 MM 模型的基本结论是，负债会增加公司的价值，降低公司的加权平均资本成本。债务比率越高，公司的价值越高，加权平均资本成本越低。当公司负债比率达到 100%时，公司的价值会达到最高，加权平均资本成本达到最低。

#### 8.3.2.3　权衡模型

无公司税和有公司税的 MM 模型都是在很理想的假定条件下得出的，但现实中那些理想的假定条件并不存在，因此，MM 模型并不能直接用于指导企业进行筹资决策，MM 理论应用于实践时必须加以修正。

现实条件下，企业负债经营会引起财务危机成本和代理成本增加。财务危机成本是指因借债而引起的企业处于财务困境状态所发生的有关成本，如企业的所有者与债权人之间发生争执过程中导致的资产破损或过时、支付的律师费、法庭收费和行政开支等直接成本，经营者面对将要破产的局面而采取的短期行为以及顾客和供应商取消合同造成的企业经营困难等引起的间接成本。代理成本是指为解决股东和债权人之间的矛盾而发生的监督债务契约的执行以保护债权人利益等有关的费用支出。在合理的负债限度内，企业的财务危机成本和代理成本并不会明显地表现出来，但当企业超过合理的限度举债、负债比率很高时，财务危机成本和代理成本会明显地增加，从而抵消债务利息抵税给企业带来的利益，使负债企业的价值下降。现实条件下，经过修正后的 MM 模型是一种权衡模型，其表达式为

$$V_L = V_U + T_C \cdot D - \mathrm{FA} \tag{8-39}$$

式中，FA 表示财务危机成本和代理成本的现值；其他符号如前所述。

权衡模型可以用图 8-14 来描述。

权衡模型表明，企业的市场价值存在着一个最高点，同时加权平均资本成本存在着一个最低点，此点对应的资本结构即为最优资本结构。每个企业都应存在有最优的资本结构，但在现实条件下，由于影响企业资本结构的因素很复杂，所以迄今为止还没有很好的定量方法能精确地测定出企业的最优资本结构。资本结构理论对企业作筹资决策的

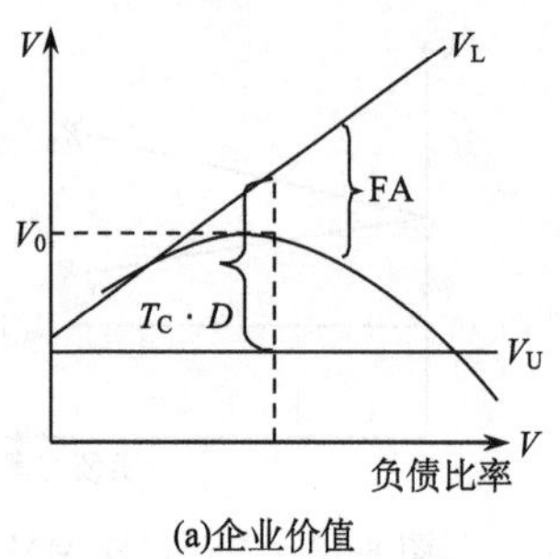

(a)企业价值

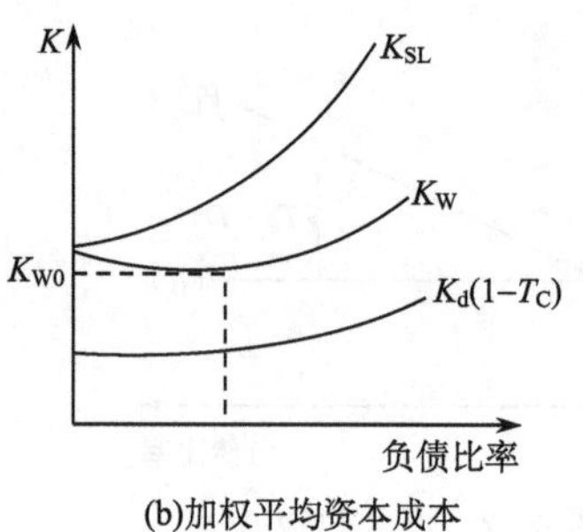

(b)加权平均资本成本

图 8-14　权衡模型的企业价值与加权平均资本成本

指导意义表现在，企业在进行筹资决策的过程中，通过选择接近最优资本结构的备选方案，可以实现资本结构的相对优化。

### 8.3.3　现实中影响资本结构的因素

企业的资本结构应如何安排，这是一个极其复杂的事情。一般来说，企业的资本结构除了受到前面所述的资本成本和财务风险的影响以外，还受到许多其他因素的制约和影响。财务管理人员在设计企业的资本结构时，应充分考虑各种因素的影响，定性分析与定量分析相结合，在此基础上作出正确的决策。

影响企业资本结构的因素主要包括以下几个方面：

（1）企业资产的构成情况。企业资产的构成情况在很大程度上取决于企业所处行业的性质。有些行业的企业固定资产比重较大，适合于作抵押的资产一般比较多，这种类型的企业往往债务资本会比较多一些。相比之下，固定资产比重比较低的企业债务资本一般会比较少。

（2）企业的增长速度。处于高速成长期的企业，增长速度快，资金需求量大，内部资金往往难于满足业务扩张的需求，故在很大程度上要依赖于外部筹资，这类企业会倾向于使用更多的债务资本。

（3）企业的获利能力。获利能力很强的企业，内部资金来源会比较充足，企业可以利用较多的留存收益来满足投资机会的需求，因此这类企业一般不会使用大量的债务资本。

（4）企业借债的储备能力。如果企业想要保持未来有较强的进一步举债的能力，那么目前会较少地使用债务资本，以保持良好的财务状况，满足未来进一步举债筹资的需要。

（5）企业管理人员的态度。企业管理人员风险意识很强时，对使用债务资本会持非常谨慎的态度，为保持长期稳定经营的需要，一般情况下不会大量借债。而当企业管理人员承受风险的能力很强时，或出于不愿影响股东的控制权等方面考虑时，企业可能会较多地使用债务资本。

（6）贷款人和信用评级机构的态度。贷款人或信用评级机构的态度对企业资本结构的安排也会产生重要的影响。如果贷款人认为企业的财务风险很高，不愿意提供贷款，或信用评级机构对企业信用等级的评定很低，导致社会公众不愿意购买企业发行的债券，那么客观上就会限制企业继续增加债务，即使管理人员对企业的前景保持乐观，愿意增加债务，但由于受到种种条件的限制，也难以实现其愿望。

(7) 债务利息具有抵税作用，可使企业因少缴纳所得税而享受到一定的利益。税率越高，借款金额越多，企业能享受的税上利益就越大。因此，当企业所得税税率很高时，企业往往会愿意使用较多的债务资本，以享受更大的利益。

**➢专栏 8-2　大宇神话的破灭**

大宇集团曾是韩国仅次于现代集团的第二大企业集团，名列《财富》500 强第 18 位。但由于经营不善，导致债务缠身，自 1998 年以来该公司就危机不断。1999 年 11 月 1 日，大宇集团向新闻界宣布，鉴于公司财务状况严重恶化，经多方努力不见效果，集团董事长金宇中以及 14 名下属公司总经理决定集体辞职；11 月 23 日，大宇集团向员工公布了董事长金宇中给员工的辞职信。韩国媒体认为，这意味着“大宇集团解体进程已经完成”，“大宇集团已经消失”。

大宇创办于 1967 年，其创办人金宇中当时是一名纺织品推销员，年仅 31 岁。他靠借来的 5000 美元，与别人合伙开办了大宇公司，不久他个人又买下了公司的全部产权。创业之初，公司只有 30 平方米的一间办公室，5 名员工，主要从事纺织品贸易。20 世纪 70 年代，大宇通过收购兼并，业务急剧膨胀。进入 90 年代，大宇热衷于海外扩张。1993 年，金宇中提出“世界化经营”战略，将触角伸向世界各地，致使海外机构迅速膨胀。大宇是“章鱼足式”扩张模式的积极推行者，认为企业规模越大，就越能立于不败之地，即所谓的“大马不死”。1993 年大宇在海外的企业只有 50 几家，而到了 1998 年底，大宇在海外的企业数量就发展到了 600 多家，差不多在 3 天的时间里，就有一家“大宇”企业降生。经过 30 余年的发展，在政府的扶植下，大宇通过在海内外大力扩张，一跃成为韩国的第二大企业集团。1998 年底，大宇的总资产达到 640 亿美元，营业额占韩国 GDP 的 5%。1997 年，大宇集团以 715 亿美元的营业额高居美国《财富》500 强的第 18 位，金宇中本人也被美国《财富》杂志评为 1997 年亚洲风云人物。在韩国，大宇被看成是一个“神话”和“奇迹”。

1997 年底韩国发生金融危机后，一批大企业集团相继倒闭或陷入经营危机。1998 年初韩国政府提出“五大企业集团进行自律结构调整”方针后，其他企业集团都把结构调整的重点放在改善财务结构方面，努力减轻债务负担。但大宇却认为，只要提高开工率，增加销售额和出口就能躲过这场危机。因此，大宇依然我行我素地继续大量借债融资，1998 年大宇发行的公司债券达 7 万亿韩元（约 58.33 亿美元）。1998 年第 4 季度，大宇的债务危机已初露端倪，在各方援助下才避过债务灾难。此后，在严峻的债务压力下，大梦方醒的大宇虽作出了种种努力，但为时已晚。1999 年上半年，大宇的负债总额近 600 亿美元，已经大大超出了企业的偿付能力；7 月中旬，大宇向韩国政府发出求救信号；7 月 27 日，大宇因“延迟重组”，被韩国 4 家债权银行接管；8 月 11 日，大宇在压力下屈服，割价出售两家财务出现问题的公司；8 月 16 日，大宇与债权人达成协议，在 1999 年底前，将出售盈利最佳的大宇证券等几家公司，这表明大宇已处于破产清算前夕。在此后的几个月中，尽管大宇为挽救危机想尽了一切办法，但已无力回天，大宇神话就这样最终破灭。

资料来源：本文根据“大宇资本结构的神话，http://jyw.znufe.edu.cn/gjcwgl/jxzy/jxal/200704/t20070418_17480.htm”改编。

## 8.4 长期筹资决策的方法

企业进行长期筹资决策，首先必须选定决策目标；其次要收集与决策有关的信息资料；最后选择适当的方法进行决策分析。

根据不同情况或不同要求，企业进行长期筹资决策可分别选择以综合资本成本最低、企业市场价值最大或普通股每股利润最大为目标。可选择以普通股每股利润最大作为决策目标的原因在于：在正常的资本市场上，当一家公司的其他条件一定时，其股票价格的高低应与每股利润的多少相关。因此，在不同的情况下，可以分别运用资本成本分析法、公司价值法和每股利润分析法进行长期筹资决策。

### 8.4.1 资本成本分析法

运用资本成本分析法进行筹资决策时，首先应计算出各个备选方案的综合资本成本，然后进行比较，选择综合资本成本最低的方案作为最优方案。

**【例 8-14】** 某公司原有资本的有关资料如表 8-11 所示。

**表 8-11 某公司原有资本的有关资料**

| 资本种类 | 金额/万元 | 资本成本/% |
|---|---|---|
| 长期借款 | 1 000 | 4 |
| 公司债券 | 2 500 | 6 |
| 优先股 | 1 500 | 10 |
| 普通股 | 5 000 | 14 |
| 合计 | 10 000 | 10.4 |

为满足投资计划的需求，该公司准备再筹集 1000 万元的资本，现有 A、B 两个备选方案，有关资料如表 8-12 所示。试确定该公司的最优资本结构。

**表 8-12 备选方案的有关资料**

| 筹资方式 | 方案 A | | 方案 B | |
|---|---|---|---|---|
| | 筹资额/万元 | 资本成本/% | 筹资额/万元 | 资本成本/% |
| 长期借款 | 400 | 5 | — | — |
| 公司债券 | — | — | 600 | 6.5 |
| 优先股 | 300 | 11 | — | — |
| 普通股 | 300 | 14.5 | 400 | 15 |
| 合计 | 1 000 | 9.65 | 1 000 | 9.9 |

**解**　表中 A、B 两个追加筹资方案的综合资本成本计算如下：

$$K_A=(400\times5\%+300\times11\%+300\times14.5\%)\div1000=9.65\%$$

$$K_B=(600\times6.5\%+400\times15\%)\div1000=9.9\%$$

由于 $K_A<K_B$，所以应选择 A 方案追加筹资。

也可以将备选筹资方案分别与原有资本的有关资料汇总后，测算综合资本成本进行比较，但这种情况下，应注意原有普通股应按新普通股的资本成本率计算其加权平均数，以体现同股同利原则。本例中，将备选方案分别与原有资本的有关资料汇总后，综合资本成本的计算如下：

$$K'_A=\frac{1000+400}{11000}\times\frac{1000\times4\%+400\times5\%}{1000+400}+\frac{2500}{11000}\times6\%$$
$$+\frac{1500+300}{11000}\times\frac{1500\times10\%+300\times11\%}{1500+300}+\frac{5000+300}{11000}\times14.5\%$$
$$=10.56\%$$

$$K'_B=\frac{1000}{11000}\times4\%+\frac{2500+600}{11000}\times\frac{2500\times6\%+600\times6.5\%}{2500+600}$$
$$+\frac{1500}{11000}\times10\%+\frac{5000+400}{11000}\times15\%=10.81\%$$

由于 $K'_A<K'_B$，故结论同样是应选择 A 方案追加筹资。

### 8.4.2　公司价值分析法

运用这种方法作筹资决策时，认为公司价值等于其债务和股票的现值之和。通过计算各个备选方案所对应的公司价值并进行比较，选择使公司价值达到最大的筹资方案作为最优方案。但由于股票的现值比较难以估计，所以这种方法往往只能在某些比较理想的条件下才能使用。

**【例 8-15】**　M 公司目前没有负债和优先股，现有资本账面价值 1000 万元，全部为普通股。预计该公司每年的息税前利润 EBIT 为 200 万元，且保持稳定不变，公司的所得税税率 $T=25\%$，公司的税后净利将全部作为股利发放，股利增长率为零。公司的财务管理人员计划改变现有的资本结构，增加负债的同时回购相应金额的股票，以利用财务杠杆使公司价值提高。经过测算认为，债务的现值 $D$ 等于其面值。在不同的负债水平之下，债务的利率 $K_d$ 和普通股的 $\beta$ 值如表8-13 所示。

**表 8-13　不同债务水平下的债务利率 $K_d$ 和股票 $\beta$ 值**

| $D$/万元 | $K_d$/% | $\beta$ |
|---|---|---|
| 0 | — | 1.10 |
| 100 | 6 | 1.20 |
| 200 | 8 | 1.25 |
| 300 | 10 | 1.48 |
| 400 | 12 | 1.85 |
| 500 | 15 | 2.20 |

同时已知证券市场的数据为：无风险利率 $K_F=8\%$；市场投资组合期望收益率 $K_M=14\%$。试确定该公司的最优资本结构。

**解** 根据已知条件，可按以下步骤进行计算：

（1）计算普通股的资本成本率：$K_S=K_F+\beta_i(K_M-K_F)$

（2）计算普通股的市场价值：$S=\dfrac{(\text{EBIT}-K_d\cdot D)\cdot(1-T)}{K_S}$

（3）计算公司的总市场价值：$V=S+D$

（4）计算公司的综合资本成本率：$K_W=\dfrac{D}{V}\cdot K_d\cdot(1-T)+\dfrac{S}{V}\cdot K_S$

按上述公式计算的结果如表 8-14 所示。

**表 8-14 不同债务规模下的公司价值和综合资本成本**

| $D$/万元 | $K_d$/% | $K_S$/% | $S$/万元 | $V$/万元 | $K_w$/% |
|---|---|---|---|---|---|
| 0 | 0 | 14.6 | 1027.4 | 1027.40 | 14.6 |
| 100 | 6 | 15.2 | 957.24 | 1057.24 | 14.19 |
| 200 | 8 | 15.5 | 890.32 | 1090.32 | 13.76 |
| 300 | 10 | 16.88 | 755.33 | 1055.33 | 14.21 |
| 400 | 12 | 19.1 | 596.86 | 996.86 | 15.05 |
| 500 | 15 | 21.2 | 442.22 | 942.22 | 15.92 |

从表 8-14 中可以看出，没有负债时，M 公司的价值等于其普通股的价值。随着债务的增加，公司的价值开始逐渐增加，当债务增加到 200 万元时，公司的价值达到最大，此后，随着债务的增加，公司的价值开始下降。从公司综合资本成本率的变化也可以看出，债务规模为 200 万元时，综合资本成本率也达到最低。因此，公司债务为 200 万元时的资本结构为最优资本结构。

### 8.4.3 每股利润分析法

运用这种方法作筹资决策时，首先应根据所给的条件，确定各个备选方案的普通股每股利润与预计息税前利润之间的关系，建立方程；其次求出普通股每股利润无差异点，也就是使两个备选的筹资方案普通股每股利润相等时的息税前利润；最后以普通股每股利润最大为目标，根据无差异点分析作出决策。

**【例 8-16】** 某公司现有资本的构成如表 8-15 所示。

**表 8-15 某公司现有资本的构成**

| 项目 | 金额 | 其他条件 |
|---|---|---|
| 长期债券 | 100 万元 | 年利率 8% |
| 优先股 | 200 万元 | 年股息率 10% |
| 普通股 | 800 万元 | 80 万股 |
| 合计 | 1100 万元 | |

为满足投资计划的需求，该公司准备再筹集 200 万元资本，有三个备选的筹资方案，有关资料如下所述：

方案 1：发行长期债券 200 万元，年利率 9%；

方案 2：发行优先股 200 万元，年股息率 10%；

方案 3：发行普通股 200 万元，10 元/股。

公司的所得税税率为 25%，试问该公司应怎样确定最优筹资方案？

**解**　普通股每股利润与预计息税前利润之间的关系可用公式表示为

$$\mathrm{EPS}=\frac{1}{n}[(\mathrm{EBIT}-I)(1-T)-D_{\mathrm{P}}] \tag{8-40}$$

式中，EPS 为普通股每股利润；$n$ 为普通股股数；EBIT 为息税前利润；$I$ 为债务利息；$D_{\mathrm{P}}$ 为优先股股息；$T$ 为所得税税率。

根据已知条件，可分别列出三个备选筹资方案的 EPS 与 EBIT 之间的关系如下：

方案 1：$n_1=80$ 万股，$I_1=100\times8\%+200\times9\%=26$ 万元，$D_{\mathrm{P1}}=200\times10\%=20$ 万元，$T=25\%$，所以

$$\begin{aligned}\mathrm{EPS}_1&=\frac{1}{80}[(\mathrm{EBIT}-26)(1-25\%)-20]\\&=0.009375\mathrm{EBIT}-0.4938\end{aligned}$$

方案 2：$n_2=80$ 万股，$I_2=100\times8\%=8$ 万元，$\mathrm{D_{P2}}=200\times10\%+200\times10\%=40$ 万元，$T=25\%$，所以

$$\mathrm{EPS}_2=\frac{1}{80}[(\mathrm{EBIT}-8)(1-25\%)-40]=0.009375\mathrm{EBIT}-0.575$$

方案 3：$n_3=80+20=100$ 万股，$I_3=100\times8\%=8$ 万元，$D_{\mathrm{P3}}=200\times10\%=20$ 万元，$T=25\%$，所以

$$\mathrm{EPS}_3=\frac{1}{100}[(\mathrm{EBIT}-8)(1-25\%)-20]=0.0075\mathrm{EBIT}-0.26$$

当 $\mathrm{EPS}_1=\mathrm{EPS}_3$ 时，有

$$0.009375\mathrm{EBIT}-0.4938=0.0075\mathrm{EBIT}-0.26$$

由此可得 $\mathrm{EBIT}_0=124.67$ 万元，此时 $\mathrm{EPS}_0=0.675$ 元/股。

三个备选筹资方案的 EPS 与 EBIT 之间的关系可用图 8-15 来描述。

由图 8-15 可以看出，当公司追加筹资后预计的息税前利润不超过 124.67 万元时，应采用第 3 个方案即发行普通股筹资；当公司预计的息税前利润超过 124.67 万元时，应采用第 1 个方案即发行长期债券筹资。由于 $\mathrm{EPS}_1$ 与 $\mathrm{EPS}_2$ 是两条平行线，且 $\mathrm{EPS}_1>\mathrm{EPS}_2$ 永远成立，所以如果不考虑其他方面的因素，该公司任何情况下都不应采用发行优先股的方案筹资。

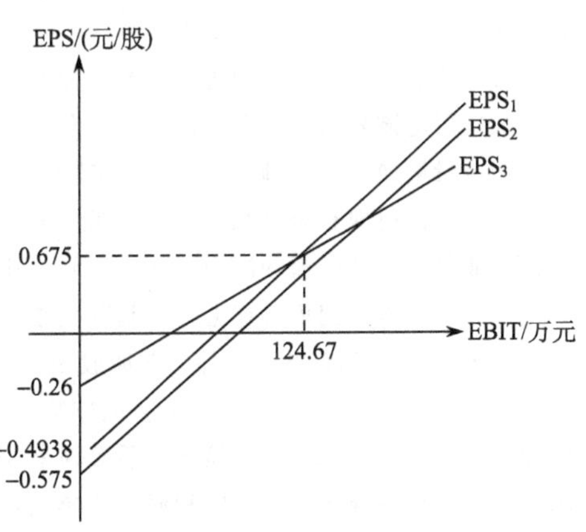

图 8-15　方案比较图

## ➢思考题

1. 什么是资本成本？资本成本有哪些作用？
2. 综合资本成本有哪几种计算方法？它们各自有什么特点？
3. 什么是边际资本成本？边际资本成本在投资及筹资决策中有何作用？
4. 什么是经营杠杆和经营风险？经营杠杆系数怎样计算？
5. 什么是财务杠杆和财务风险？财务杠杆作用原理对企业作筹资决策有何指导意义？
6. 现代资本结构理论是如何解释企业价值和综合资本成本与资本结构之间的关系的？
7. 实践中影响企业资本结构的因素有哪些？
8. 确定企业最佳资本结构的方法有哪些？每种方法各有什么特点？

## ➢练习题

1. 某公司发行一批债券，面值 1000 元，票面年利率 6%，期限 5 年，每年付息一次，到期一次还本。实际发行价格为面值的 110%，筹资费率为 3%，所得税税率为 25%。要求：①首先按债券估价公式计算债券的资本成本率，再按简化公式计算债券的税后资本成本率；②直接按债券估价公式计算该债券的税后资本成本率。

2. BH 公司以 20 元/股的价格发行一批普通股，筹资费率为 5%，第一年预计发放现金股利 1 元/股，预计未来股利将以每年 3%的比率稳定增长。要求计算该普通股的资本成本率。

3. 某公司的目标资本结构为：长期借款 10%，债券 20%，优先股 10%，普通股 60%。该公司长期借款的年利率为 7%；债券面值 1000 元，票面年利率 9%，期限 10 年，每年付息一次，到期一次还本，发行价格为 1000 元，筹资费率为 4%；优先股面值 100 元，年股息率 11%，发行价格为 102 元，筹资费用 2 元/股；已知无风险利率为 6%，预计证券市场平均股票收益率为 15%，该公司普通股的 $\beta$ 系数为 1.2，公司所得税税率为 25%。要求计算该公司的综合资本成本率。

4. DM 公司的目标资本结构是长期借款 30%，普通股 70%。根据与银行达成的协议，该公司在 12 万元额度内取得贷款，年利率为 8%，超过 12 万元的限额取得的贷款，年利率为 10%。该公司预计下一年度实现的净利润为 87.5 万元，并将净利润的 20%支付股利。该公司目前普通股的市价为 25 元/股，上一年发放股利 1.5 元/股，公司预计股利将以 4%的比率稳定增长。发行新普通股的资本成本率为 13.6%，公司所得税税率为 25%。试作出该公司的边际资本成本规划。

5. 宏伟公司生产的单一产品售价 200 元/件，单位变动成本 100 元/件，年固定经营成本 600 000 元，问：

(1) 该公司当年需要销售多少产品才能盈亏平衡？

(2) 假定该公司上年在上述经营条件下销售了 10 000 件产品，经营杠杆系数是多少？如果本年预计销售量增加 10%，那么息税前利润将会增长的百分数是多少？

(3) 该公司现有普通股 100 000 股，长期负债 1 500 000 元，年利率 10%，公司所得税税率为 50%。如果上年息税前利润为 400 000 元，则普通股每股利润是多少？财务杠杆系数是多少？

(4) 如果本年销售量在上年的基础上增长 20%，会引起普通股每股利润增长多少？

6. 格林公司现有发行在外的普通股 400 万股，股票市价 12 元/股。该公司拟扩大生产经营规模，为此需再筹资 1000 万元。有两个备选方案：一是以 10 元/股的价格增发普通股 100 万股；二是按面值发行 1000 万元的 20 年期债券，票面利率 8%。筹资费用忽略不计，公司的所得税税率为 25%。要求：计算两种筹资方案的每股利润无差异点，并说明公司应怎样作出筹资决策。

# 第 9 章

# 利 润 分 配

**内容提要**

利润分配是企业财务管理的一项重要内容，它既关系到投资者的经济利益，又涉及企业未来的发展机遇，在一定程度上是企业的一个再融资过程。本章主要介绍利润分配的程序、股利理论、股利政策以及相关的股票分割与股票回购。通过本章的学习，读者应了解利润分配的一般程序，理解股利理论和影响股利政策的因素，掌握运用不同类型的股利政策的方法。

## 9.1 利润分配的原则和程序

利润分配是指企业按照有关法规的规定，遵循一定的原则和程序，对企业一定时期的税后净利润进行分配的过程。利润分配是企业一项重要的理财活动，它直接关系到各方投资者的切身利益，也涉及企业未来的发展机遇，因此，利润分配活动应按照一定的原则进行。

### 9.1.1 利润分配的基本原则

企业进行利润分配应遵循以下一些基本原则：

（1）遵守国家的财经法规原则。国家对企业利润分配的内容、比例和程序都作了原则性规定，企业应按照有关法规的要求，合理确定税后利润的分配项目、分配的程序和分配的比例，进行利润分配。

（2）资本保全原则。合理的利润分配关系必须建立在资本保全原则的基础之上，为此，企业应正确地确认一定时期的盈利，确保向投资者分配的利润是投资者资本增值的部分，而不是投资者资本金的返回。

（3）同股同利原则。企业应彻底理顺产权关系，依照谁投资、谁所有、谁受益的原则，按各方投资者的出资比例进行分配，同股同利，以切实保障每个投资者的合法权益。

（4）合理积累、适当分配原则。企业在进行利润分配的过程中，应兼顾近期利益和长远利益，处理好积累和分配的比例关系，一方面为满足扩大再生产的需要积累必要的资金；另一方面还应满足投资者的要求，向投资者分配利润，以维持企业良好的形象和信誉。

(5) 兼顾企业的投资者、经营者和职工各方面的利益。企业在利润分配过程中，既要注意有关各方面的共同经济利益，又要注意各方面的局部利益，正确处理各方面的利益关系，以充分调动有关各方面的积极性，为企业正常的生产经营活动和未来的发展创造有利条件。

### 9.1.2 利润分配的一般程序

根据我国《公司法》的规定，企业的利润分配应按以下程序进行：

(1) 计算可供分配的利润。将企业本年的净利润（或亏损）与年初未分配利润（或亏损）合并，计算出可供分配的利润。如果可供分配利润为正数，则进行后续分配，否则不进行后续分配。

(2) 提取法定公积金。法定公积金是按照《公司法》的要求强制性提取的，其主要目的是为了保全资本，防止企业滥分税后利润。法定公积金按照税后利润扣除弥补亏损后余额的10%提取，当企业的法定公积金累计达到注册资本的50%时，可不再提取。法定公积金是企业的一项内部积累，这部分资金提取出来后将继续留在企业内部，可用于弥补亏损或转增公司资本，以满足扩大再生产的需要。但是，公司的资本公积金不得用于弥补公司的亏损。企业用法定公积金转增资本后，所留存的该项公积金的余额不得低于公司注册资本的25%。

(3) 提取任意公积金。任意公积金由企业根据章程的有关规定或董事会决议所确定的比例自愿提取。提取任意公积金可以起到控制向普通股股东分配股利及调节各年股利分配水平的作用。任意公积金的用途与法定公积金一样，可用于弥补亏损或转增公司资本。

(4) 向股东（投资者）支付股利（分配利润）。在提取公积金之后，企业应按已经确定的利润分配方案向股东（投资者）支付股利（分配利润）。股份有限公司原则上应从累计盈利中分派股利，无盈利不得支付股利。但若公司用公积金弥补亏损以后，经股东大会特别决议，也可用公积金支付股利，以维护企业的信誉，避免股票价格的大幅度波动。

下面举例说明股份有限公司利润分配的程序。

**【例 9-1】** 某股份有限公司 2012 年有关资料如下：

(1) 2012 年度实现利润总额 3800 万元，所得税税率按 25%计缴；

(2) 公司前 2 年累计亏损 800 万元；

(3) 经董事会决议，任意公积金提取比例为 15%；

(4) 支付 1000 万股普通股股利，每股 0.5 元。

试确定该公司 2012 年年末的未分配利润。

**解** 根据上述资料，该公司利润分配的程序如下：

(1) 弥补亏损、计提所得税后的净利润为：(3800－800)×(1－25%)＝2250（万元）

(2) 提取法定公积金：2250×10%＝225（万元）

(3) 提取任意公积金：2250×15%＝337.5（万元）

(4) 可用于支付股利的利润：2250－225－337.5＝1687.5（万元）

(5) 实际支付股利：1000×0.5＝500（万元）

(6) 年末未分配利润：1687.5－500＝1187.5（万元）

## 9.2　股利理论与股利政策

股利政策是股份公司对股利分配所采取的政策。如何制定股利政策是股份公司所涉及的一个十分重要的财务问题。股利政策的选择与公司所信奉的股利理论密切相关。股利政策受到多种因素的影响，公司的决策人员应在充分考虑各种相关的影响因素的基础上，制定适宜的股利政策。

### 9.2.1　股利理论

股利理论是研究股利分配政策对公司股价或公司价值有无影响问题的有关理论。股利理论是指导决策人员选择股利政策的基础。然而迄今为止，有关股利政策的理论仍不是很成熟。近年来，西方财务学家就股利理论展开了热烈的讨论，主要形成了两大流派，即股利无关论和股利相关论，但至今仍没有得到完善的结论。

#### 9.2.1.1　股利无关论

股利无关论是由美国两位著名的经济学家米勒和莫迪格莱尼于 1961 年提出的。股利无关论的提出是以下列假设条件为前提的，即：资本市场是完善的，没有证券发行成本和证券交易成本，无信息获取成本，没有个人或公司所得税存在，公司的投资政策不变。

在这些条件下，米勒和莫迪格莱尼认为，股利政策与公司的价值无关，公司的价值完全由投资决策和预期盈利决定，公司是否发放股利以及发放股利数额的多少，既不会影响股东对公司的态度，也不会影响股票的价格，股东对盈利的留存与股利发放没有任何的偏好。因为对股东来说如果增加了目前的股利，那么就会减少用于再投资的留存收益，从而减少股东未来因股价上涨而获得的资本收益。如果公司将留存收益进行再投资所能获得的报酬率高于投资者在其他风险相当的投资上所能获得的报酬率，那么投资者宁愿让公司将盈利留存于公司并进行再投资，也不愿意将盈利用作发放股利。因此，公司的最佳股利政策应由投资收益来决定，只要公司有盈利较强的投资项目存在，就不应分配现金股利。尽管现实中不同的股东对股利收益和资本收益可能存在不同的偏好，但公司不必考虑为迎合股东的具体意愿去调整其股利政策，因为公司的任何股利政策都不可能满足所有股东的股利要求。股东应根据自己对股利的偏好去选择采用不同股利政策的公司进行投资，而且当公司的股利政策与股东期望的股利政策不一致时，股东还可以通过买卖股票来自制股利，即通过将当期多余的股利购买股票以减少当期的股利收入并增加未来的股利收入，或通过当期出售部分股票来增加当期的股利收入并减少未来的股利收入。

9.2.1.2 股利相关论

由于股利无关论是建立在完善的资本市场及没有所得税等理想的假定条件基础之上的，而这些假设条件又与现实世界有一定的距离，因此有些学者对股利无关论提出了质疑，并提出了股利相关论。股利相关论的主要代表人物有：戈登（M. Gordon）、杜莱特（D. Durand）和林特纳（J. Lintner）等。他们认为在现实条件下，公司的股利政策会影响投资者对公司的态度，从而影响公司的股票价格和公司的价值。这些影响主要包括以下五个方面。

（1）信息传递的影响。由于公司的管理者对公司的生产经营情况和财务状况拥有比较多的信息，而股东很少能了解到这些信息，二者所拥有的信息是不对称的，因此，公司通过制定连续不断地稳定发放股利的政策，可以向股东传递出公司生产经营和财务状况良好的信号，发放股利能起到消除“信息不对称”的效应。

（2）风险的影响。对股东而言，目前的股利收益和未来的资本收益的不确定性程度是不一样的，股东当期获得的股利收益不存在不确定性，而若公司现在不发股利或少发股利，将盈利保留下来用于再投资，使股东未来的资本收益增加，这种收益的不确定性必然增大。由于风险的增大，投资者要求的投资报酬率升高，因此将未来增加的资本收益用较高的贴现率所计算的现值必然大大降低，对股东来说，这种情况如同“双鸟在林不如一鸟在手”一样，从风险的影响分析，股东会更喜欢目前多得股利，高股利支付政策会增加公司的价值。

（3）交易成本的影响。股东目前领取股利无需花费交易成本，而若公司将可供分配的盈利留存下来进行再投资，股东未来等股票价格升高后通过出售股票获得资本收益却要花费交易成本，因此，高股利支付政策可减少股票的交易成本，更受投资者欢迎，也有利于增加公司价值。

（4）代理成本的影响。当公司的管理者手中持有大量的自由现金可用于发放股利，但却不发或很少发放股利时，必然增加经营者享受特权增加开支、造成浪费的机会，加剧股东和经营者之间的矛盾，增加代理成本。因此，高股利支付政策有利于减少代理成本，增加公司价值。

（5）纳税方面的影响。有些国家股利收益和资本收益的所得税税率并不一致。如果股利收益税率高于资本收益税率，那么股东愿意目前少发放股利以减轻税负，即使股利收益税率与资本收益税率相等，但由于股利收益税需要股东在获得股利时立即支付，而资本收益税却要等到未来股东将股票卖出后才会支付，延迟交纳税款对股东更为有利，从这方面的影响分析，一般情况下，低股利政策比较受投资者欢迎。当然，不同的股东对股利可能有不同的期望。依靠吃固定股利度日的股东会渴望当期有更高的股利收入，而不以股利为生的股东或当股利收入并入个人其他收入、依逐步升高的边际税率纳税时，适用高边际税率的股东会希望少发或不发股利。

总之，股利无关论和股利相关论各有可取之处，但二者之间的争论还在进行着，目前尚无定论。财务管理人员应根据本公司的实际情况，以公司价值最大化目标为判别标准，灵活运用上述理论，制定适宜的股利政策。

### 9.2.2 影响股利政策的因素

公司股利政策的形成受到多种因素的影响，公司不可能摆脱这些因素的制约。影响公司股利分配的因素主要有以下四个方面。

#### 9.2.2.1 法律因素

公司制定的股利政策，会直接受到国家有关法律的制约，主要制约因素包括以下几个方面：

(1) 资本保全的约束。公司分配股利不能侵蚀资本，不得动用股东缴付的资本来发放股利，以维护公司资本的完整性，保护债权人的合法权益不受侵害。

(2) 公司积累的约束。股利的发放必须以保留必要的积累为前提，公司应该严格按照法定程序，在分配股利之前，先提取公积金，以增强公司抵御风险的能力，维护投资者的利益。

(3) 偿债能力的约束。分配股利应以保持充分的偿债能力为前提，不能因分配股利而导致公司失去偿债能力，损害债权人的利益。

#### 9.2.2.2 公司自身因素

公司制定股利政策时，还应结合自身的具体情况，考虑以下几方面因素的影响：

(1) 盈利的稳定性。累积盈利是分配股利的基础，公司的股利政策在很大程度上会受其盈利稳定性的影响。盈利不稳定的公司一般只能采取低股利政策，以避免因盈利下降而造成的无法支付股利、导致股价急剧下跌的风险；盈利稳定的公司则在支付股利时有更大的灵活性，有可能比盈利不稳定的公司支付较高的股利。

(2) 资产的流动性。资产的流动性是指公司资产的变现能力。一方面，公司资产的流动性很低时，会缺乏充足的现金，那么即使有较多的盈利也不可能支付较高的现金股利；另一方面，支付高额的现金股利会减少公司的现金持有量，影响公司未来的支付能力，甚至可能会使公司陷入财务困境。因此，公司在发放股利时，应考虑保持生产经营所必需的一定的资产流动性的要求。

(3) 投资机会。未来有较多好的投资机会的公司，其筹资需求增大，往往会考虑将大部分盈利保留下来进行再投资，因而会减少股利支付。充分利用留存收益来筹资是许多企业常用的做法，这种筹资方式不仅能及时满足投资机会的需求，而且还具有隐蔽性好、节省筹资费用以及财务风险低等优点。反之，如果公司未来没有很多好的投资机会，应考虑向股东支付较多的股利，以便使股东能够将收到的股利进行其他投资，获取更高的收益。

(4) 举债能力。具有较强举债能力的公司往往能及时筹措所需要的资金，有可能采取较宽松的股利政策；而举债能力弱的公司则只能采取较紧的股利政策，以留存较多的利润满足未来投资机会的需要。

9.2.2.3 股东因素

公司股东的意愿也会在相当程度上影响公司的股利政策，这主要表现在以下几个方面：

(1) 稳定收入的要求或避税方面的考虑。依靠股利为生的股东往往要求公司支付稳定的股利；风险敏感型的股东为了规避风险，追求稳定的收入，也会反对公司多留利润；而出于避税方面考虑的股东一般会偏好资本收益，往往反对公司发放较多的股利。

(2) 控制权方面的考虑。发行新股会使原有股东的控制权受到稀释，而公司支付较高的股利，就会减少留存收益，这意味着公司增发新股的可能性增大，因此，不愿失去控制权的股东为避免自己的控制权被稀释，会反对多发股利，有时宁肯不分配股利而反对增发新股。

9.2.2.4 其他因素

公司的股利政策还可能受到其他因素的影响，如债务契约中保护性条款的限制、股东个人将股利进行其他投资的机会多少和所得报酬率的高低、国家经济环境、通货膨胀的变动、公司股票价格走势及上市公司股利分配的平均水平的影响等。

### 9.2.3 常见的股利政策的类型

由于股利政策受多种因素的影响，因此各公司在不同的时期结合自身的具体情况所制定的股利政策是各不相同的。实践中，常见的股利政策的类型主要有以下几种。

9.2.3.1 剩余股利政策

这种股利政策是指公司的盈利首先用于满足公司良好的投资机会对资金的需求，如果有了剩余盈利，再作为股利予以分配。由于公司在筹资时应按照一定的资本结构目标进行，所以采用剩余股利政策时，一般应按以下步骤确定发放给股东的股利：①根据选定的投资方案确定资金需求量；②确定公司的目标资本结构，即能使综合资本成本达到最低时的债务资本与权益资本之比；③确定目标资本结构下投资方案所需的权益资本数额；④最大限度地留存利润以满足投资方案对权益资本的需求；⑤如果留存利润不足，可通过增发股票来筹资；如果满足投资方案所需的权益资本后仍有剩余利润，则以股利的形式支付给股东。

**【例 9-2】** 某公司 2012 年度提取公积金后的税后净利润为 2500 万元，2013 年的投资计划所需资金为 2800 万元，公司的目标资本结构为权益资本 60%，债务资本 40%。如果该公司采用剩余股利政策，那么 2012 年应向股东支付多少股利？

**解** 按照目标资本结构的要求，公司的投资方案所需的权益资本数额为

$$2800 \times 60\% = 1680(\text{万元})$$

因此，采用剩余股利政策时，公司当年应发放的股利额为

$$2500 - 1680 = 820(\text{万元})$$

显然，剩余股利政策是以股利无关论为基础的，即认为股东对股利和资本利得没有偏好，只要公司的再投资收益率大于股东进行其他投资的收益率，则股东就愿意选择将盈利留存于公司进行再投资。剩余股利政策的缺陷在于股利与公司当期的盈利不直接相关，且容易导致股利支付的不连续性。

#### 9.2.3.2 固定或稳定增长的股利政策

这种股利政策是指公司在较长时期内按某一固定水平发放股利，只有当公司认为未来的盈利将会显著地、不可逆转地增长，足以使公司保持按某一更高的水平支付股利时，才会提高股利。由于通货膨胀时期，公司的盈利会随之增加，因此在通货膨胀因素的影响下，采用固定股利政策的公司往往也会逐步向稳定增长的股利政策转化。这种股利政策的基本特征如图 9-1 所示。

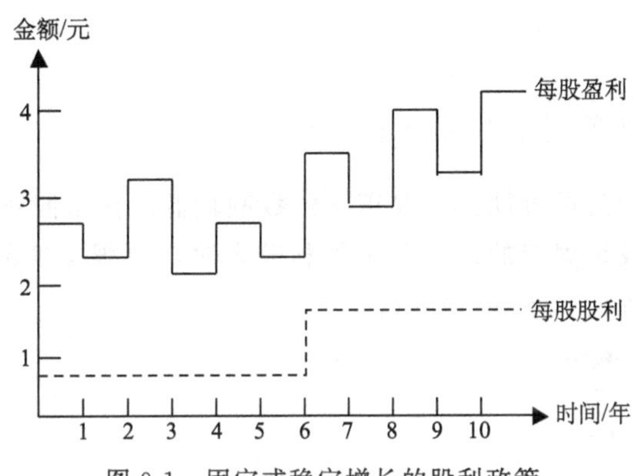


图 9-1　固定或稳定增长的股利政策

这种股利政策的优点是：通过连续不断地向投资者发放稳定的股利，有利于投资者合理安排收入和支出，可向投资者传递出公司正常发展的良好信息，增强投资者对公司的信心，避免股利减少对公司价值产生的不利影响。这种股利政策的缺点是：股利的支付与盈利相脱节，当公司盈利下降时，还要支付固定的股利，可能会导致公司资金短缺，财务状况恶化，并加大资本成本。

#### 9.2.3.3 固定股利支付率政策

固定股利支付率政策是指按公司盈利的某一固定比率向股东支付股利，其基本特征如图 9-2 所示。

这种股利政策的优点是使股利的支付与公司的盈利状况直接挂钩，体现多盈多分、少盈少分、不盈不分的原则。这一政策的问题在于：一方面，固定的股利支付率会使公司在财务上失去很大的灵活性，因为即使当公司盈利很多时，也可能会出现因现金流转困难而无力支付高额股利的情况；另一方面，股利会随盈利的变化而波动，容易传递给投资者公司经营不稳定的信息，造成股票价格大幅度波动，不利于树立公司良好的形象。因此，这种股利政策适用于盈利和现金流量都很稳定的公司。现实中，很少有公司

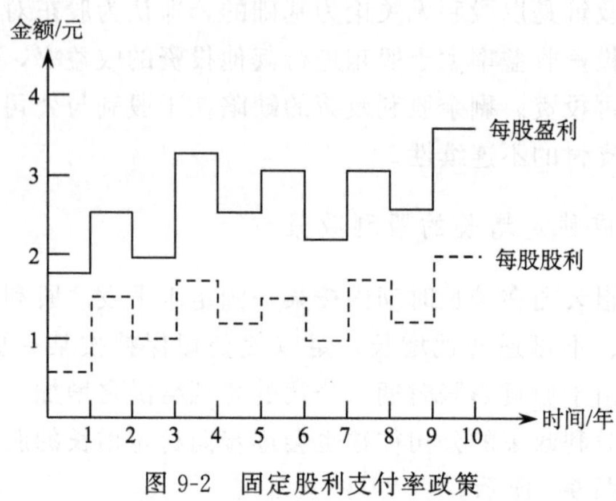

图 9-2 固定股利支付率政策

采用这种股利政策。

#### 9.2.3.4 低常规股利加额外红利政策

这种股利政策是指公司每期都向股东支付数额较低的正常股利，这种正常股利有时又称为股息，数额一般是固定的；当公司盈利较多时，再根据实际情况发放额外红利。这种股利政策的基本特征如图 9-3 所示。

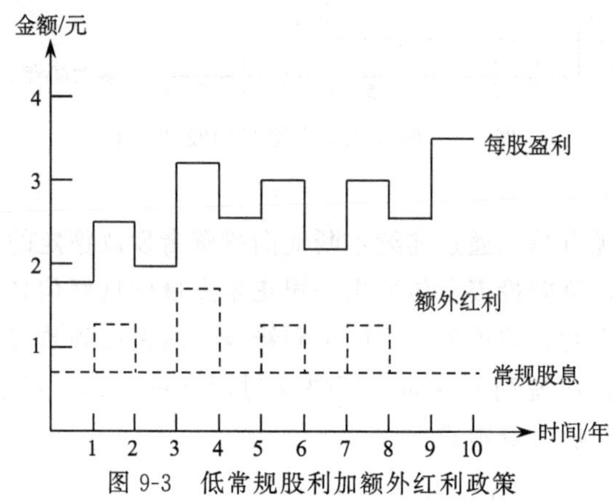

图 9-3 低常规股利加额外红利政策

这种股利政策的优点是：通过发放常规股利可以吸引一些依靠股利度日的投资者，并便于投资者安排支出，同时因为常规股利的数额较低，所以不会给公司造成过重的财务负担；而当公司盈利大幅增加时，通过发放额外的红利又可使股东对公司增强信心，有利于稳定公司的股票价格。但采用这种股利政策时，如果连续频繁地发放额外红利，也会使股东产生误解，有可能把额外发放的红利看做是常规股利的一部分，那么一旦某年因盈利下降而取消额外红利，股东可能就会认为公司的经营和财务方面出现了问题，对公司的股票价格可能产生不利影响，并因此而影响到公司的筹资能力。故采用此种股利政策时，应避免这种不利情况的发生。

总之，上述几种股利政策各有所长，公司应在综合分析、权衡利弊的基础上，选择或确定适宜的股利政策类型。

## 9.3　股利的形式与发放程序

### 9.3.1　股利的形式

选择支付股利的形式，是股利政策的一项重要内容。股利形式有以下几种：

(1) 现金股利。即直接以现金向股东支付股利，它是最基本也是最常见的股利形式。

(2) 股票股利。是指公司以发放的股票作为股利支付给股东的股利支付形式，又可称其为送红股，它是仅次于现金股利的常用股利派发形式。

(3) 财产股利。是指用公司有价值的财产物资作为股利向股东支付的形式，例如，用公司拥有的其他公司的股票、债券等有价证券作为现金的替代品向股东支付股利。

(4) 负债股利。即公司通过建立一项负债的方式向股东发放股利，例如，以公司的应付票据或债券作为股利交付给股东，在未来一定时期再偿付该项负债。

我国的公司一般采用前两种形式发放股利。公司发放现金股利后，其资产总额和股东权益总额会同时减少。一般来说，当公司的现金资产比较充足、且在资本市场上有较强的筹资能力时，往往会发放现金股利。而公司发放股票股利时，相当于把公司的盈利转化为股本，所以既不影响公司的资产和负债，也不影响股东权益总额，只是股东权益的内部结构发生变化。

各国的公司对发放股票股利的会计处理方法不尽相同，常见的有两种做法：一种是按股票的市价进行会计处理，即发放股票股利时，按拟发放股票股利的股份数乘以股票市价得到的总价值减少未分配利润，同时按股票面值增加股本，二者的差额转入资本公积；另一种做法是按股票面值进行会计处理，即发放股票股利时，直接按拟发行股票股利的股份数乘以每股面值所得的总金额减少未分配利润，同时增加股本。现举例说明如下：

**【例 9-3】** H 公司在发放股票股利前其资产负债表上的股东权益部分如表 9-1 所示。

**表 9-1　H 公司部分资产负债表**

（发放股票股利前）　　单位：元

| 项目 | 金额 |
|---|---|
| 普通股（面值 1 元，已发行 5 000 000 股） | 5 000 000 |
| 资本公积 | 25 000 000 |
| 未分配利润 | 30 000 000 |
| 股东权益合计 | 60 000 000 |

该公司宣布发放 10％的股票股利，即发放 500 000 股的普通股，对现有股东按 10∶1的比例送股。该公司股票当时的市价为 12 元/股。在股票股利的金额分别按现行市价计算和按面值计算的情况下，发放股票股利以后，该公司资产负债表上的股东权益

部分将会发生怎样的变化？

**解** 在股票股利的金额按现行市价计算的情况下，随着股票股利的发放，需从未分配利润项目中转出的资金为

$$5\ 000\ 000 \times 10\% \times 12 = 6\ 000\ 000(\text{元})$$

由于普通股面值不变，因此，新发 500 000 股股票，普通股项目的金额只应增加 500 000 元，其余部分即 5 500 000 元（6 000 000－500 000）应转入资本公积项目中，而公司的股东权益总额保持不变。发放股票股利后，公司的股东权益各项目如表 9-2 所示。

**表 9-2 H 公司部分资产负债表**

（股票股利按市价计算，发放股票股利后） 单位：元

| 项目 | 金额 |
|---|---|
| 普通股（面值 1 元，已发行 5 500 000 股） | 5 500 000 |
| 资本公积 | 30 500 000 |
| 未分配利润 | 24 000 000 |
| 股东权益合计 | 60 000 000 |

在股票股利的金额按面值计算的情况下，随着股票股利的发放，需从未分配利润项目中转出的资金为

$$5\ 000\ 000 \times 10\% \times 1 = 500\ 000(\text{元})$$

同时股本也相应增加 500 000 元。发放股票股利后，公司的股东权益各项目如表 9-3所示。

**表 9-3 H 公司部分资产负债表**

（股票股利按面值计算，发放股票股利后） 单位：元

| 项目 | 金额 |
|---|---|
| 普通股（面值 1 元，已发行 5 500 000 股） | 5 500 000 |
| 资本公积 | 25 000 000 |
| 未分配利润 | 29 500 000 |
| 股东权益合计 | 60 000 000 |

我国的股份有限公司目前在发放股票股利时采用的是按面值计算股票股利价格的做法。

发放股票股利对公司来说具有特殊的意义，因为公司既保留了资金用于未来发展，又向股东分配了股利，满足了投资者获得投资报酬的心理需求，使股东因觉得他们是在用应得利润进行再投资而不会对公司感到失望。一般情况下，公司会在未来具有良好的投资机会时采用股票股利的形式发放股利，因此，发放股票股利也会向投资者传递一种积极的信号，即公司未来的盈利和现金股利将会增加。当公司以较高的比例分配股票股利时，由于股票数量的大量增加，股票的价格会有较大幅度的下落，这会有利于股票的流通，活跃股票交易。

公司发放股票股利后，普通股每股收益会被稀释，股票的市价也会等比例下降。发放股票股利后普通股每股利润和每股市价可按以下公式计算：

$$EPS_r = \frac{EPS_0}{1+S} \tag{9-1}$$

式中，$EPS_r$ 为发放股票股利后普通股每股利润；$EPS_0$ 为发放股票股利前普通股每股利润；$S$ 为送股比例。

$$P_r = \frac{P_0}{1+S} \tag{9-2}$$

式中，$P_r$ 为发放股票股利后的每股市价；$P_0$ 为发放股票股利前的每股市价；$S$ 为送股比例。

由于股票股利是按股东持股比例向股东分配的，而股东收到股票股利后尽管持股的数量增加了，但因为股票的市价按送股比例等比例下降，因此，股东持有股票的总市值保持不变，即从理论上看，股票股利并不直接增加股东财富。举例说明如下：

**【例 9-4】** A 公司现有普通股 400 万股，本年税后净利 960 万元，经公司董事会决议，本年度发放 20%的股票股利，即向现有股东按 10：2 比例送股。发放股票股利前，公司股票的市价为 12 元/股，某股东持有该公司 20 万股的普通股。试确定发放股票股利对该股东的影响。

**解** 发放股票股利对该股东的影响如表 9-4 所示。

**表 9-4　发放股票股利前后的对比**

| 项目 | 发放前 | 发放后 |
|---|---|---|
| 每股利润/(元/股) | 960÷400=2.4 | 960÷[400×(1+20%)]=2 |
| 每股市价/(元/股) | 12 | 12÷(1+20%)=10 |
| 某股东持股比例 | 20÷400=5% | [20×(1+20%)]÷[400×(1+20%)]=5% |
| 该股东持股总市值/万元 | 12×20=240 | 10×[20×(1+20%)]=240 |

尽管股票股利并不能直接给股东带来增加的价值，但现实中还是有很多股东愿意接受股票股利，原因在于某些情况下股票股利对股东也具有一定的意义。例如，若公司在发放股票股利后仍能按原来的稳定的股利政策支付现金股利，则股东就会获得更多的收入；如果公司发放股票股利后，股票市价下降的幅度低于送股比例，那么股东所持有股票的总市值就会增加，而且股东得到股票股利时并不会被确认为收入，无需马上纳税，具有避税作用。此外，股票股利所传递出的积极信息，会使股东增强对公司的信心，有利于稳定股价，或使股价上升，使股东受益。

### 9.3.2　股利发放的程序

股份有限公司向股东发放股利要经过一定的程序，在这个过程中，涉及以下几个重要的日期概念：

(1) 股利宣告日。即公司董事会宣布发放股利的日期。股份公司分配股利，一般是先由公司董事会提出分配预案，再提交股东大会决议通过，然后由董事会对外宣布每股股利、股权登记日、除息日和股利支付日。在股利宣告日，公司应将决定支付的股利总额作为负债加以确认。

(2) 股权登记日。即有权领取股利的股东资格登记的最后日期。公司一般在宣布股利分配方案时，会规定有一段时期供股东办理过户登记。只有在股权登记日及之前列入股东名册上的股东，才有权获得本次分派的股利。

(3) 除息除权日。即除去交易中的股票领取本次分配的股利权利的日期。除息和除权分别适用于分配现金股利和股票股利的情况。凡在除息除权日之前购买股票的股东，有权领取本次股利；而在除息除权日及之后购买股票的股东无权获得本次股利。这是因为股票买卖的成交、办理交割和过户手续并不是同时完成的，往往需要一定的时间，如果股票的交易日离股权登记日太近，就有可能无法保证在股权登记日完成交割和过户手续，新股东不能成为法定意义的股东，而失去本次领取股利的机会。在股权登记日确定之后，除息除权日一般取决于证券业的交易惯例。例如，若证券业的交易惯例为实行"T+3"交易制度，即成交日之后的第3天才能完成交割和过户手续，那么为保证在股权登记日成为法定意义的股东，新股东最晚应在股权登记日之前的第3天购入股票，而从股权登记日之前的第2天开始购买股票的股东，不能在股权登记日完成交割和过户手续，就无权领取本次股利，在这种情况下，股权登记日之前的第2日即为除息除权日。当证券交易通过先进的计算机交易系统进行时，证券的交易、交割和过户往往在同一天之内就能完成，那么在股权登记日当天购买股票的股东，仍然拥有领取本次发放股利的权利，即在证券业实行"T+0"交易制度的情况下，除息除权日应为股权登记日之后的第一个工作日。

股票的价格在除息除权日一般会有明显的变化，除息除权日开始，股票价格因不再含有本次股利而会有所下降。例如，某公司股票在除息日的前一日收盘价为12元/股，若本次分派的现金股利为2元/股，那么除息后的价格应为10元/股。若除息日当天的股票开盘价为11元/股，虽然低于除息日前一日的收盘价，但与除息后的价格相比，股票的价格实际上涨了1元/股。

(4) 股利支付日。即公司将股利正式发放给股东的日期。公司应将现金股利以邮寄的方式或将款项打入股东账户的方式向股东发放股利。

下面举例说明上述几个日期的确定方法。

**【例 9-5】** B公司于2008年7月10日举行的股东大会决议通过利润分配方案，并于当日由董事会宣布2008年的中期分配方案为每10股派发现金股利6元，公司将于2008年7月31日将股利支付给已在2008年7月20日登记在册的本公司股东。试确定该公司本次发放股利的股利宣告日、股权登记日、除息除权日和股利支付日。

**解** 根据上述条件，B公司的股利宣告日应为2008年7月10日，股权登记日为2008年7月20日，股利支付日为2008年7月31日。如果证券交易所实行"T+3"交易制度，那么除息日应为2008年7月18日；而如果证券交易所实行"T+0"交易制度，那么除息日应为2008年7月21日。

**➤专栏 9-1　“现金牛”与“铁公鸡”的鲜明对照**

2012 年 5 月 10 日，证监会发布题为“上市公司 2011 年现金分红水平显著提高”的公告称，截至 2012 年 4 月 30 日，沪深两市 2403 家上市公司全部披露了 2011 年年报，其中 1645 家提出 2011 年度利润分配（含转增股本）方案，占全部上市公司家数的 68.46%。其中，纯现金分红的公司 1100 家；现金分红、转增股本、送红股均有的公司 31 家；既有现金分红又有送股的公司 44 家；既有现金分红又有转增的公司 425 家；仅转增股本的公司 45 家。在披露现金分红方案的 1600 家公司中，预计分红金额为 5577.45 亿元；加上 54 家上市公司 2011 年中期已实现现金分红 490.41 亿元（其中中石油、中石化两家中期分红为 383.90 亿元），扣除既有中期分红又有年度分红的 41 家上市公司，2011 年度共有 1613 家上市公司提出现金分红方案，占全部上市公司家数的 67.12%，比上年提高 6.39%。根据方案，预计现金分红金额为 6067.64 亿元，比上年增长 21.21%，占全部上市公司 2011 年实现净利润的 31.35%，现金分红增幅高出净利润增幅 8.07%。

尽管从总体上看我国上市公司现金分红的水平显著提高，但不同公司分红派现的水平存在着巨大的差异，其中不乏慷慨分红的“现金牛”，也有一毛不拔的“铁公鸡”。

从 2011 年度的每股现金分红金额看，作为沪深两市第一高价股的贵州茅台可谓是最大的“现金牛”。贵州茅台于 2012 年 4 月 11 日发布的 2011 年度报告显示，全年实现净利润 87.63 亿元，基本每股收益 8.44 元，公司拟以 2011 年年末总股本 10.38 亿股为基数，向全体股东每 10 股派发现金红利 39.97 元（含税），共计派发股利 41.5 亿元，剩余 157.88 亿元留待以后年度分配。贵州茅台因 2011 年度取得不菲的业绩而被投资者冠以“盈利王”的称号，该公司每 10 股现金分红 39.97 元这一派现水平也再次刷新了 A 股派现的历史纪录。从 2001 年 8 月上市至今的 11 年间，贵州茅台累计派现 104.76 亿元（含税），给投资者带来了丰厚的回报，被投资者形容为“喝进去的是水，挤出来的是奶。”

与“现金牛”贵州茅台形成鲜明对照的是，金杯汽车因上市 20 年零分红而在“铁公鸡”排行榜中位居榜首。金杯汽车自 1992 年 7 月 24 日上市以来的 20 年中，共从资本市场融资 8 亿多元。从金杯汽车 20 年期间的业绩情况看，抛开亏损的 5 年，其余盈利的 15 年应具备分红的能力，尤其是在 1998～2000 年期间，公司赚得可谓盆满钵满，然而却依旧对投资者的分红要求置若罔闻，向投资者分红回报的记录是尴尬的“零”，给投资者带来的只是失望，被投资者形容为是 A 股市场“铁龄”最长的“铁公鸡”、“最长寿”的“铁公鸡”。

“现金牛”与“铁公鸡”相比，作为投资者的你更喜欢哪一个？

## 9.4　股票分割与股票回购

### 9.4.1　股票分割

股票分割又称股票拆细，是指通过降低股票的面值而增加普通股数量的行为。股票分割虽然不属于某种股利形式，但其所产生的效果与发放股票股利相似。股票分割后，股票的面值按一定比例降低，同时股票的数量按同一比例增加，但公司的资产总额、负债总额、股东权益总额以及股东权益各个项目的金额都不会改变。举例说明如下：

**【例 9-6】** C公司原发行面值2元的普通股3000万股，现按1：2的比例进行股票分割，则股票分割前后该公司股东权益各个项目的情况如表9-5所示。

**表 9-5 C公司股票分割前后的股东权益** 单位：元

| 股票分割前 | | 股票分割后 | |
|---|---|---|---|
| 普通股（每股面值2元，3 000万股） | 60 000 000 | 普通股（每股面值1元，6 000万股） | 60 000 000 |
| 资本公积 | 240 000 000 | 资本公积 | 240 000 000 |
| 未分配利润 | 500 000 000 | 未分配利润 | 500 000 000 |
| 股东权益合计 | 800 000 000 | 股东权益合计 | 800 000 000 |

由此可见，对股份公司来说，进行股票分割与发放股票股利既有相似之处，又有不同之处，二者的区别表现为：发放股票股利时，股东权益各个项目的结构发生了变动；而股票分割后，股东权益各个项目的金额和结构并未发生变动，只是股票的面值降低，股票的数量等比例增加了。

公司进行股票分割的主要目的在于降低股票价格，活跃股票交易。通常是在当公司的股票价格发生大幅度的不可逆转地上升之后，管理人员认为太高的股票价格不利于股票交易活动，因此，试图通过股票分割的方式来降低股票价格，吸引更多的投资者参与股票交易，同时也可防止公司被少数人控制。有时，公司也可能会为发行新股作准备或为有助于实施并购政策而进行股票分割，以使其发行新股和并购活动能够顺利进行。

对于股东而言，股票分割后，其所持股票的数量增加了，但其持股的比例不变。由于股票数量的增加，公司的每股盈利和股票的每股市价都会等比例地下降，而股东持有股票的总市值并未改变。因此，从理论上分析，股票分割并没有对股东产生直接的影响。但在实践中，股票分割往往会传递出公司正处于成长期的有利信息，股东一般会认为该公司未来的每股盈利会大幅度增加，这种信息会有利于稳定股价或使股价上升；而且股票分割后，由于股票交易更活跃，股东能更容易地出售股票，因此能从中受益。另外，股票分割后，如果股票市价降低的幅度小于股票数量增加的幅度，或公司发放更多的现金股利，那么股东也会从中获得好处。

由于股票分割与股票股利具有类似的效应，因此，有的国家明确规定，公司发放25％以上的股票股利即被认为是在进行股票分割。相反，如果公司认为自己的股票价格太低，为提高股票价格，可采取反向分割的措施。反向分割又称为股票合并，即通过增加股票的面值而减少股票的数量。股票合并的主要目的是通过减少股票数量以使太低的股票价格回升到一个合理的水平，从而维护公司的形象，但这种做法有可能传递出比较消极的信息，因此实践中这种情况比较少见。

### 9.4.2 股票回购

股票回购是指公司出资购回其本身已发行并流通在外的股票。

#### 9.4.2.1　股票回购的动机

公司回购自己的股票，可能出于以下几个方面的原因：

(1) 替代现金股利。股票回购与支付现金股利相类似，都是公司支付现金来使股东获利，因此股票回购可以被看做是现金股利的一种特殊支付方式。股票回购并不能像支付现金股利那样经常发生，一般是当公司有较多的现金，但又没有好的投资项目时，超额的现金要向股东进行分配，如果通过增加现金股利的方式进行分配，有可能影响公司股利分配政策的稳定性，因为公司过多的现金可能只是暂时的，未来并不能保证长期地获得较高的收益而有同样多的现金。在这种情况下，通过回购股票向股东分配超额现金就可以避免对股利政策造成的不利影响。

(2) 改善公司的资本结构。公司进行股票回购后，其权益资本在资本结构中的比例降低，债务资本的比例相应地提高，特别是当公司通过借债筹资后再进行股票回购，一方面债务增加，另一方面权益资本减少，会使资本结构得到较大的调整。因此，如果管理人员认为公司的资本结构失衡需要调整时，可通过回购股票的方式实现资本结构的优化。

(3) 满足选择权的需要。如果公司已经发行了可转换债券或认股权证，那么当债权人或认股权证的持有者想要行使其选择权时，公司应有足够的普通股票满足其需要。公司通过股票回购并将购回的股票以库存的方式储存起来，就可以较好地满足选择权持有者的需要，而不必另外发行新股。

(4) 用于并购或抵制被兼并。公司实施并购政策时，既可以现金支付的方式也可以股票交换的方式获得目标公司的产权。回购股票或拥有库存股可为公司开展并购活动提供便利的条件。相反，当一家公司成为其他公司并购的目标时，通过股票回购来减少流通股的数量，可起到有效防止潜在的并购者进攻的作用。

回购股票也可能对公司产生某些不利的影响，如股票回购有可能传递出消极的信号，使股东认为公司的投资机会减少、盈利增长率降低，影响公司的价值。因此，公司在回购股票之前，应宣布回购的原因，告诉股东回购股票的真正意图。股票回购还往往有操纵股价的嫌疑，容易引发证券管理机构的调查，或可能涉嫌避税而受到税收征管部门的查处，因此公司实施股票回购计划必须十分谨慎。

#### 9.4.2.2　股票回购的方式

股票回购的方式主要有以下三种。

(1) 公开市场购买，是指上市公司通过经纪人在公开市场上购回自己的股票。这种购买方式往往受到证券监管部门的种种限制，如限制公司回购股票时不能发行新股，限制公司回购股票的数量不能超过公司已发行股票数量的一定比例等。因为回购股票一般会伴随着股价上涨，此时发行新股会有损投资者的利益；而过多回购股票会因支付现金过多而可能有损债权人的利益。由于受到种种规定的限制，公司以这种方式回购股票往往需要花费较长的时间才能积累起数量相对较多的股票，因此，当公司准备回购数量较多的股票时，不宜采用这种回购方式。

（2）投标出价购买，是指公司向股东发出正式的报价以购买部分股票，通常是以一个固定的价格来回购股票。回购价格通常要高于当时股票的市价，以吸引股东出售其持有的股票。投标出价的时间一般为二至三个星期，股东完全有权选择是以固定价格出售股票还是继续持有股票。如果各股东愿意出售的总股数多于公司事先设定的回购数量，公司可以自行决定购买部分或全部超购股数；相反，如果股东提供的股票数量太少，达不到公司原定想要购买的股数，则公司可以通过公开市场购回余下不足的股数。公司通过投标出价方式回购股票往往会委托金融中介机构来进行，并向其支付必要的费用。这种回购方式比较适用于公司想要购回大量股票的情况。

（3）议价购买方式，是指公司以议价为基础，直接与一个或几个大股东共同协商确定回购价格并回购股票。采用这种方式回购股票时，公司应注意保持与大股东所确定的回购价格的公平合理性，因为过高的回购价格必然会损害其余股东的利益。

一般来说，各国对股份公司进行股票回购都有一定的法律限制。目前我国的《公司法》规定，公司不得收购本公司股份。但是，有下列情形之一的除外：①为减少其注册资本；②与持有本公司股份的其他公司合并；③将股份奖励给本公司职工；④股东因对股东大会作出的公司合并、分立决议持异议，要求公司收购其股份的。公司因上述的前三种原因收购本公司股份的，应当经股东大会决议。公司依照前述规定收购本公司股份后，属于第一项情形的，应当自收购之日起十日内注销；属于第二项、第四项情形的，应当在六个月内转让或者注销。公司依照上述的第三项规定收购的本公司股份，不得超过本公司已发行股份总数的5%；用于收购的资金应当从公司的税后利润中支出；所收购的股份应当在一年内转让给职工。

**➢专栏 9-2　宝钢股份的股票回购计划**

2012 年 8 月 28 日宝钢股份对外宣告，为维护广大股东利益，增强投资者信心，维护公司股价，公司分析比较了分红和回购等回馈股东的方式，经综合考虑投资者建议和公司的财务状况后，现拟以不超过每股 5 元的价格回购公司股份，回购总金额最高不超过 50 亿元，回购股份的方式为上海证券交易所集中竞价交易方式，资金来源为自有资金，回购的股份将注销，从而减少注册资本，回购股份的种类为公司发行的 A 股股票。在回购资金总额不超过人民币 50 亿元、回购股份价格不超过 5 元的条件下，预计回购股份约 10 亿股，占公司总股本约 5.7%，占社会公众股约 22.8%，具体回购股份的数量以回购期满时实际回购的股份数量为准，回购股份的期限为自股东大会审议通过本回购股份方案之日起十二个月内。

宝钢股份的回购股份计划是在 2012 年上半年公司业绩表现不佳且每股市价长期低于每股净资产的情况下做出的。宝钢股份 2012 年中期报告显示每股净资产为 6.43 元/股，自 2012 年 5 月以来宝钢的股价一路震荡下挫，在宣布股份回购计划的当天股票的收盘价为 4.48 元，前一日的收盘价为 4.07 元，股价早已跌穿每股净资产。宝钢股份通过实施股份回购计划，有助于稳定和提高股票价格，增厚每股盈利和每股净资产，增强投资者对公司的信心。

2012 年 9 月 17 日宝钢股份的股东大会通过了公司的股份回购计划。2012 年 11 月

22 日晚间宝钢股份发布公告称，根据公司股东大会此前通过的股票回购议案，截至当日，公司回购数量为 352 215 758 股，占公司总股本的比例约为 2.0%，购买最高价为 4.69 元/股，最低价为 4.51 元/股，支付含佣金在内的总金额约为 16.25 亿元。

## ➢思考题

1. 企业利润分配应遵循哪些基本原则?

2. 股份公司利润分配的一般程序是怎样的?

3. 什么是股利无关论? 什么是股利相关论? 两种理论分别怎样分析股利是无关或相关的?

4. 影响公司制定股利政策的因素有哪些?

5. 常见的股利政策的类型有哪些? 各有什么优缺点?

6. 什么是股票股利? 发放股票股利对股份公司和股东各有什么影响?

7. 什么是股票分割? 它与股票股利有何异同?

8. 什么是股票回购? 股票回购对股份公司有何意义?

## ➢练习题

1. 某公司 2012 年实现利润总额 2000 万元，没有纳税前需调整的事项，所得税税率为 25%。公司上年年末有普通股 8000 万股，未分配利润为 1600 万元。2012 年，该公司决定除提取法定公积金以外还提取 6%的任意公积金，并且利润分配方案是每 10 股派现 1 元。试求该公司当年可供分配的利润以及年末未分配利润。

2. 某公司 2012 年实现净利润 1600 万元，2013 年计划投资 1500 万元，资本结构的目标为 40%负债和 60%权益资本。如果该公司采用剩余股利政策分配股利，则当年应分配多少股利?

3. 某公司 2012 年提取法定公积金后的税后净利润为 3000 万元，发放现金股利 900 万元。该公司预计 2013 年的利润将比上年增长 10%，并且预计 2013 年没有计划投资的项目。试计算:

(1) 剩余股利政策下，该公司 2013 年应分配的现金股利;

(2) 固定股利政策下，该公司 2013 年应分配的现金股利;

(3) 固定股利支付率政策下，该公司 2013 年应分配的现金股利;

(4) 若公司决定将增长利润的一半作为固定股息的额外红利，则在正常股息加额外红利政策下，该公司 2013 年应分配的现金股利是多少?

4. 某公司年终利润分配前的股东权益项目资料如表 9-6 所示。

**表 9-6 某公司年终利润分配前的股东权益**

| 项目 | 金额 |
|---|---|
| 普通股股本（每股面值 2 元，600 万股） | 1 200 万元 |
| 资本公积 | 480 万元 |
| 未分配利润 | 2 520 万元 |
| 股东权益合计 | 4 200 万元 |

公司股票的每股现行市价为 28 元。

要求计算并回答下述三个互不相关的问题:

（1）计划按每 10 股送 1 股的方案发放股票股利，并按发放股票股利后的股数派发每股现金股利 0.2 元，股票股利的金额按现行市价计算。计算完成这一分配方案后的股东权益各项目数额。

（2）如若按 1 股换 2 股的比例进行股票分割，计算股东权益各项目的数额和普通股股数。

（3）假设利润分配不改变市净率，公司按每 10 股送 1 股的方案发放股票股利，股票股利按现行市价计算，并按新股数发放现金股利，且希望普通股市价达到每股 25 元，计算每股现金股利应是多少？

5. 某公司今年年底的所有者权益为 21 000 万元，普通股 9000 万股。目前的资本结构为长期负债占 40%，所有者权益占 60%，没有需要付息的流动负债。该公司的所得税税率为 25%。预计继续增加长期债务不会改变目前的 8%的平均利率水平。董事会在讨论明年资金安排时提出：

（1）计划年度分配现金股利 0.1 元/股；

（2）为新项目筹集 5000 万元的资金；

（3）计划年度维持目前的资本结构，并且不增发新股，不举借短期借款。

要求：测算实现董事会上述要求所需要的息税前利润。

# 第 10 章

# 营运资金管理

**内容提要**

营运资金管理是企业日常管理的重要组成部分，有效的营运资金管理可以节约企业流动资金的需求量。本章主要介绍了营运资金的持有政策和筹集政策，以及现金、应收账款、存货、流动负债日常管理的理论和方法。通过本章的学习，读者应明确企业营运资金管理的目标，掌握营运资金管理的方法，理解提高营运资金运用效率的途径。

## 10.1 营运资金管理概述

### 10.1.1 营运资金的概念

营运资金是指企业在生产经营过程中占用在流动资产上的资金。营运资金有广义和狭义之分：广义的营运资金又称为毛营运资金，是指一个企业流动资产的总额；而狭义的营运资金又称为净营运资金，是指流动资产减去流动负债后的余额。营运资金的管理包括流动资产的管理和流动负债的管理两个部分，这也是企业日常财务管理的重要内容。企业的流动资产包括现金、短期投资、应收及预付款项和存货等，而流动负债包括短期借款、应付票据、应付账款、应交税金等。

### 10.1.2 营运资金的特点

企业的营运资金一般具有如下特点：

(1) 营运资金周转的短期性。一般而言，企业占用在流动资产的资金，周转一次所需要的时间都比较短，通常会在一年或者长于一年的一个营业周期内收回。根据这一特点，企业的营运资金可以通过商业信用、银行短期借款等短期筹资方式取得。

(2) 营运资金数量的波动性。随着企业经营环境的变化，对营运资金的需求也会不断发生变化。特别是对于季节性生产经营企业，流动资金需求量的波动会更加明显。因此，随着企业内外部条件的变化，流动资产的数量和流动负债的数量也会发生相应的变化。

(3) 营运资金实物形态的变动性。企业营运资金的实物形态是经常变化的。对于一个工业企业而言，营运资金的循环都要经过采购、生产、销售等过程，经过每次循环，其营运资金的实物形态会在现金、材料、在产品、产成品、应收账款、现金之间顺序转化。为此，在进行营运资金管理时，必须在各项流动资产之间合理地配置资金数额，以促进资金周转的顺利进行。

（4）营运资金来源的灵活多样性。企业筹集长期资金的方式比较少，一般来说只有吸收直接投资、发行股票、发行长期债券、银行长期借款等方式。而企业筹集营运资金的方式却较为灵活多样，通常有银行短期借款、短期融资券、商业信用、应交税金、应付利润、预收货款和票据贴现等。

### 10.1.3 营运资金的合理持有量

企业流动资产的需求量是随着企业业务量的变化而变化的，业务量越大，其所需的流动资产越多，但它们之间并非线性的关系，这就要求合理地确定企业的流动资产投资量。

企业营运资金持有量的高低，影响着企业的收益和风险。较高的营运资金持有量，意味着企业在固定资产、流动负债和业务量一定的情况下，流动资产的占用额较高，即企业拥有着较多的现金、有价证券和保险储备量较高的存货。这会使企业有较大把握按时支付到期债务，及时供应生产用材料和准时向客户提供产品，从而保证生产经营活动的平稳进行，风险性较小。但是，由于流动资产的盈利能力一般都低于固定资产，所以较高的流动资产比重会降低企业的收益性。相反，当企业营运资金持有量较低时，会使企业的收益率提高，但是，较少的现金、有价证券和较低的存货保险储备量却会降低企业的偿债能力和采购支付能力，造成信用损失、材料供应中断和生产阻塞，这些都会加大企业所承担的风险。

因此，企业应该合理地确定营运资金持有量。实际上，合理确定企业营运资金的持有量，就是要在收益和风险之间进行权衡，找到最佳的均衡点。我们将企业持有较高的营运资金称为宽松的营运资金政策，而将持有较低的营运资金称为紧缩的营运资金政策。前者的收益和风险均较低，而后者的收益和风险相对较高。介于两者之间的是适中的营运资金政策，在适中的营运资金政策下，营运资金的持有量比较适宜，恰好有足够的营运资金用于到期债务的支付，存货恰好能够维持日常的生产经营活动。

然而，由于营运资金的需求量是多种因素共同作用的结果，我们很难量化地描述适中的营运资金政策下营运资金的最佳持有量。这些影响因素包括：销售水平、存货和应收账款的周转速度等。所以，各企业在进行营运资金管理时，应结合自身的具体情况和环境条件，按照适中营运资金政策的原则，确定适当的营运资金持有量。

### 10.1.4 营运资金的筹集政策

企业需要的资金，可以通过短期负债来筹集，也可以通过长期负债和权益资本来筹集。企业中营运资金的需求，也同样可以通过这些方式来筹集。所谓营运资金的筹集政策，是指营运资金中各种资金来源的比例关系，这是营运资金管理的研究重点。营运资金是由流动资产和流动负债两个要素组成的，一般来讲，由于流动负债的资金成本要低于长期负债和权益资本，因此，首先应该考虑用流动负债来筹集流动资金。但是，如果企业的流动负债数量过多，就会导致流动比率过低，从而使企业的短期偿债能力减低。因此，要对流动资产和流动负债进行进一步的分析，然后再考虑两者间的匹配问题。

流动资产按照用途的不同，可以分为临时性流动资产和永久性流动资产两类。临时性流动资产指那些受季节性、周期性影响的流动资产，如季节性存货、销售和经营旺季的应收账款等。永久性流动资产则指那些即使企业处于经营低谷也仍然需要保留的、用于满足企业长期稳定需要的流动资产。而企业的流动负债也可以分为临时性负债和自发性负债两类。临时性负债是指为了满足临时性流动资金需要所发生的负债，如商业零售企业为满足节日销售需要而超量购入货物所举借的债务；食品制造企业为赶制季节性食品，大量购入某种原料而发生的借款等。自发性负债指直接产生于企业持续经营中的负债，如商业信用筹资和日常运营中产生的其他应付款，以及应付工资、应付利息、应付税金等。

营运资金筹集政策，主要是就要解决如何安排临时性流动资产和永久性流动资产的资金来源问题。企业采用的营运资金筹集政策一般包括三种，即配合型筹资组合政策、激进型筹资组合政策和稳健型筹资组合政策。

#### 10.1.4.1 配合型筹资组合政策

配合型筹资组合是一种比较正常的筹资组合策略，其特点是：对于临时性流动资产，运用临时性负债筹集资金满足其资金需要，对于永久性流动资产和固定资产（统称为永久性资产），运用长期负债、自发性负债和权益资本筹集资金满足其资金需要。配合型筹资组合政策可以用图 10-1 表示。

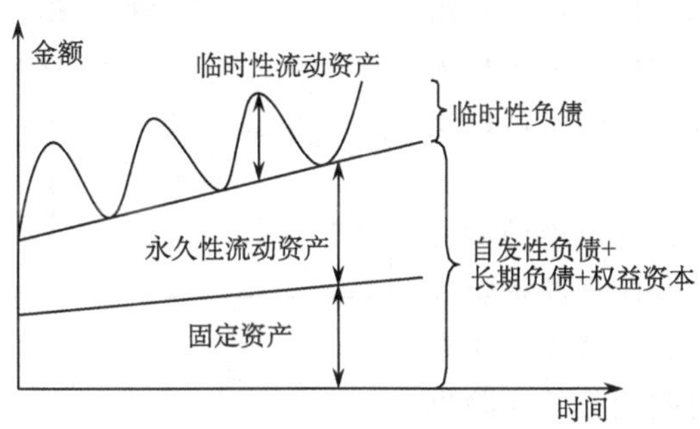


图 10-1 配合型筹资组合政策

配合型筹资组合政策要求，在生产经营活动低谷时，除了自发性负债外没有其他流动负债。只有在临时性流动资产的需求高峰期，企业才举借各种临时性债务。这就要求企业对临时负债的筹资计划十分严密，否则在有临时性流动资产需求时，会影响到正常的生产经营活动。当然，鉴于资金需求和筹资过程中各个方面的不确定性，很难真正达到资产与负债的完全配合。因此，配合型筹资组合政策是一种理想的营运资金筹集政策。

如果企业对资金的管理和控制能力强，应该采用这种配合型的筹资政策，它可以实现企业收益与风险的较好配合。

10.1.4.2 激进型筹资组合政策

激进型筹资组合是一种较为冒险的筹资政策，其特点是：临时性负债不但融通临时性流动资产的资金需要，还解决部分永久性资产的资金需要。激进型筹资组合政策可以用图 10-2 表示。

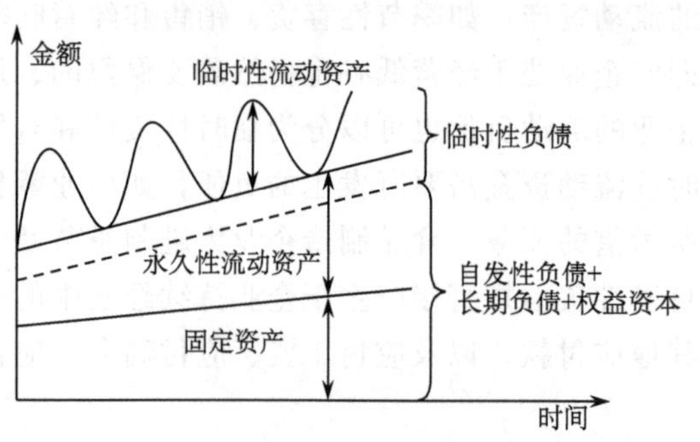


图 10-2 激进型筹资组合政策

在激进型筹资组合政策下，临时性负债在企业全部资金来源中所占比重要大于配合型筹资组合政策。由于临时性负债（如短期银行借款）的资本成本一般要低于长期负债和权益资本的资本成本，所以在该政策下企业的综合资本成本相对较低，从而提高企业的总体收益。但是另一方面，企业的筹资困难和筹资风险加大，还可能面临由于短期负债利率的变动而增加企业资本成本的风险。所以，相对于配合型筹资组合政策而言，激进型筹资组合政策是一种收益性和风险性都较高的营运资金筹资政策。

10.1.4.3 稳健型筹资组合政策

稳健型筹资组合是一种较为保守的筹资组合政策，其特点是：临时性负债只融通部分临时性流动资产的资金需求，另一部分临时性流动资产和永久性资产，则由长期负债、自发性负债和权益资本作为资金来源。稳健型筹资组合政策可以用图 10-3 来表示。

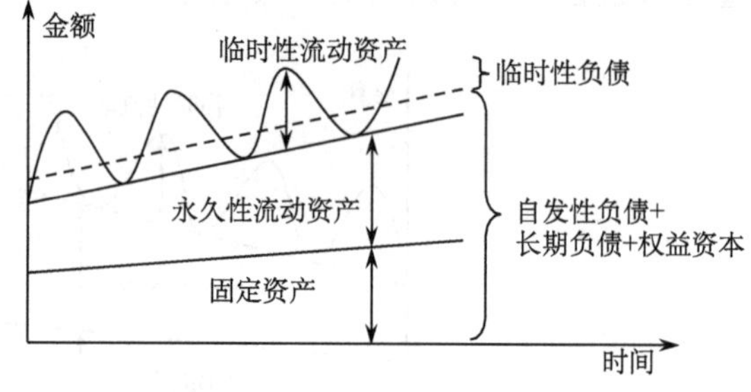


图 10-3 稳健型筹资组合政策

与配合型筹资政策相比，稳健型筹资政策下临时性负债占企业全部资金来源的比例较小，所以企业的流动性比率相对较大，无法偿还到期债务的风险也相对较低，同时蒙受短期利率变动损失的风险也较低。但另一方面，却会因长期负债资本成本高于临时性负债的资本成本，以及经营淡季时仍需负担长期负债利息，从而降低企业的收益。所以，稳健型筹资组合政策是一种风险性和收益性均较低的营运资金筹集政策，保守的财务管理人员会采用此种类型的筹资政策。

## 10.2 现金管理

现金是企业中流动性最强的资产，这里的现金不仅包括企业的库存现金，还包括各种形式的银行存款、银行汇票、银行本票等。企业在生产经营活动过程中必须持有一定数量的现金，这对保证企业的支付能力，降低企业财务风险都有着非常重要的意义。

### 10.2.1　企业持有现金的动机

企业持有一定数量的现金，主要有以下三个方面的动机：

(1) 交易性动机。这是指企业为了应付日常经营业务的支付需要而持有的现金，如用于购买原材料、支付工资、交纳税款等。一般来讲，企业可以经常性地获得收入，同时又需要经常性地发生支出，而这种现金收入和现金支出又不能达到等额同时发生。因此，就有必要保留适当的现金余额，以免造成正常营业活动的中断。

(2) 预防性动机。这是指企业持有现金以防止意外事件造成的对现金的突发性支付需求，如生产事故、主要顾客未能按时付款等。一般来讲，企业现金流量的不确定性越大，所需要的预防性现金数额就越大。此外，企业临时借款能力的大小也影响着预防性现金的需求量。

(3) 投机性动机。这是指企业为了确保资产充分的流动性，当出现意外的获利机会时，便可介入以获得不寻常收益而持有的现金。例如，遇到有廉价的原材料或者其他的资产供应、证券市场有价格适宜的股票等机会。但是，一般来讲，除了专门的金融和投资公司之外，其他类型的企业很少专门保留很大数额的投机性目的现金。即使遇到不寻常的投资或购买机会，一般也是通过临时的借款来筹集所需要的资金。

### 10.2.2　现金管理的目标

一般来说，某项资产的流动性越强，其收益性相对较低。而现金资产的特点就是流动性强，盈利能力较差。如果企业的现金储备量过大，虽然可以保证企业的支付能力，但是，由于库存现金不能给企业带来收益，而银行存款的利息率也远远低于企业的资金利润率，从而将会影响到企业的获利能力。但从另一方面来看，如果企业的现金储备量太小，又可能造成现金短缺，从而影响到企业的生产经营活动，或者丧失投资的机会。因此，企业进行现金管理的目标，就是应该在流动性和盈利能力之间做出选择，以获取最大的整体收益。更进一步说，是要在保证企业正常生产经营活动的前提下，尽可能地降低现金的储备量。

### 10.2.3　现金预算

为了有计划地管好用好现金，企业应定期编制现金预算。通过现金预算，企业可以了解未来一定时期的现金收支状况，从而确定现金结余或短缺的数额及时间，为进一步做好投资和筹资决策提供依据。

现金预算应包括以下几个部分：

(1) 现金收入。现金收入主要来源于产品销售收入和其他现金收入。产品销售收入包括本期销售产品收得的现金和以前时期销售产品在本期收回的款项。其他销售收入通常有设备租赁收入、证券投资的利息收入和股利收入等。

(2) 现金支出。现金支出包括营业现金支出和其他现金支出。营业现金支出主要包括材料采购现金支出、工资支出、营业费用现金支出等。其他现金支出包括固定资产投资支出、偿还债务本息支出、税款支出、股利支出等。

(3) 净现金流量。一定时期现金收入与现金支出的差额即为净现金流量。

(4) 融资或投资。期初现金余额加上本期现金收入，减去本期现金支出，可得预计的期末现金余额。一般情况下，企业应按一定的方法确定最佳现金余额，并按最佳现金余额持有现金。如果预计的期末现金余额低于最佳现金余额，企业当期应组织筹资；反之，如果预计的期末现金余额高于最佳现金余额，企业当期应将多余的现金进行投资。

### 10.2.4 最佳现金余额的确定

现金是企业流动性最强的资产，持有一定量的现金可以降低企业的偿债风险。但现金的盈利性很低，持有过多的现金也会使企业遭受损失。因此，企业应在对风险和收益权衡考虑的基础上，采用适当的方法确定最佳现金余额。

#### 10.2.4.1 现金周转模式

利用现金周转模式确定最佳现金余额的步骤如下：

(1) 确定现金周期。现金周期是指现金每周转一次所需要的时间。企业现金周期和营业周期之间的关系如图 10-4 所示。

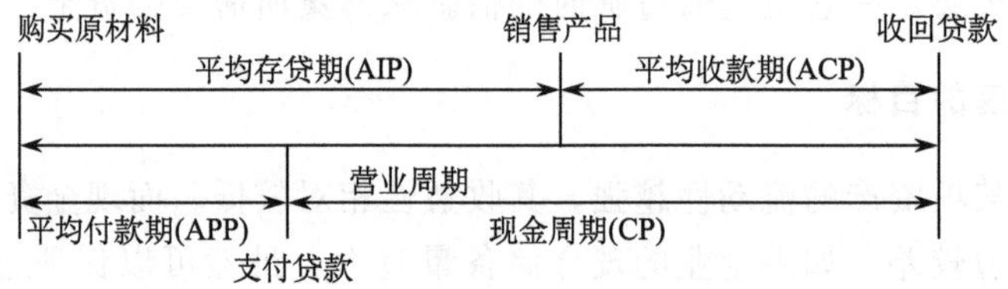


图 10-4 企业现金周期与营业周期之间的关系

由图 10-4 可以看出：CP = AIP + ACP－APP。

(2) 计算现金周转率。现金周转率是指一定时期内现金周转的次数，其计算公式为

$$现金周转率(T)=360/CP$$

(3) 确定最佳现金余额。最佳现金余额（$M$）的计算公式为

$$M=D/T \tag{10-1}$$

式中，$D$ 为企业全年的现金需求量。

**【例 10-1】** 某企业平均存货期 70 天，平均收款期 60 天，平均付款期 50 天，预计全年现金需求量为 18 000 元，求其最佳现金余额。

**解** 现金周期 CP＝70＋60－50＝80（天）

$$现金周转率\ T=360/80=4.5\ (次/年)$$

$$最佳现金余额\ M=18\,000/4.5=4000\ (元)$$

应用现金周转模式确定最佳现金余额需要满足以下的假定条件：①企业的现金需求不存在不确定因素；②购买、生产和销售在一年内稳定地进行；③现金流出的时间发生在应付款支付时间；④现金流入与现金流出相等。

#### 10.2.4.2　成本分析模式

企业持有现金的总成本包括以下三部分。

(1) 投资成本。投资成本是指现金资产占用资金的利息，即现金的资金成本。企业的现金持有量越多，投资成本就越高。

(2) 管理成本。管理成本是指企业对现金进行管理所发生的有关费用，如现金管理人员的工资、必要的安全措施费用等。管理成本与企业的现金持有量之间往往没有直接的关系。

(3) 短缺成本。短缺成本是指企业因持有现金不足而可能发生的损失，如无法利用供应商提供的现金折扣、丧失良好的采购或投资机会、不能在信用期内付款而使信用下降等。企业的现金持有量越多，短缺成本就越低。

企业持有现金的总成本与现金持有量之间的关系如图 10-5 所示。总成本最低点对应的现金余额即为最佳现金余额。

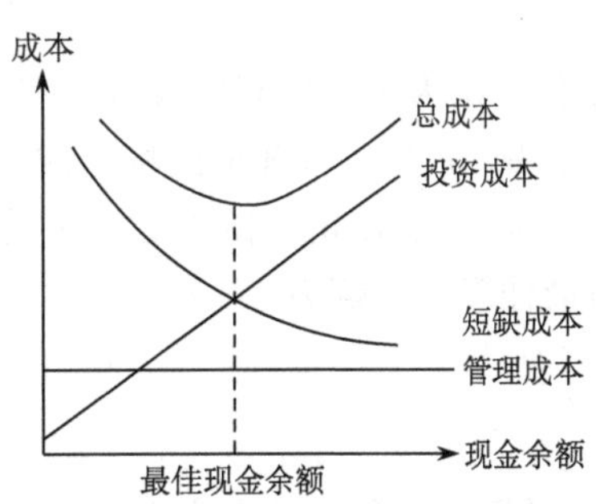

图 10-5　最佳现金余额的确定

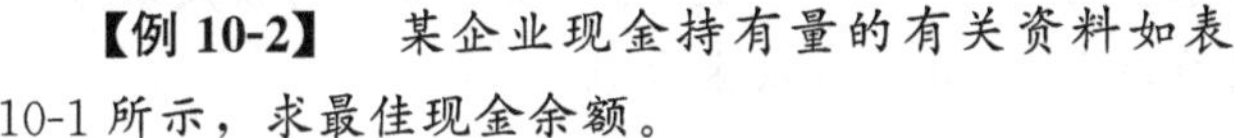
**【例 10-2】** 某企业现金持有量的有关资料如表 10-1 所示，求最佳现金余额。

**表 10-1　现金余额持有方案的成本**

| 方案 | A | B | C | D | E |
|---|---|---|---|---|---|
| 现金余额/元 | 5000 | 6000 | 7000 | 8000 | 9000 |
| 投资成本（15%）/元 | 750 | 900 | 1050 | 1200 | 1350 |
| 管理成本/元 | 1000 | 1000 | 1000 | 1000 | 1000 |
| 预计短缺成本/元 | 900 | 500 | 200 | 100 | 0 |
| 总成本/元 | 2650 | 2400 | 2250 | 2300 | 2350 |

由表 10-1 可以看出，C 方案的总成本最低，企业的最佳现金余额应为 7000 元。

#### 10.2.4.3　存货模式

存货模式又称鲍曼模型，该模型的适用条件包括：①企业未来的现金需求量已知；②企业的现金收入稳定，支出均匀分布；③现金与有价证券可相互转换。

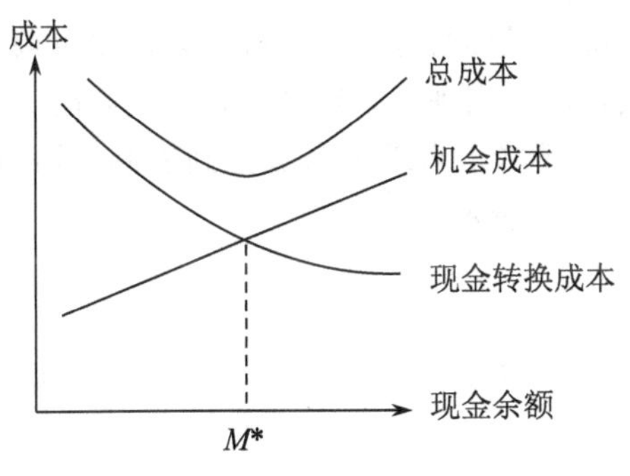

图 10-6　现金余额确定的存货模式

存货模式的目的是要计算企业持有现金的总成本最低时的现金持有量。这里的持有现金的总成本包括机会成本和现金转换成本：机会成本是指由于持有现金而丧失的潜在投资收益，可用现金持有量乘以短期有价证券投资的利息率计算；现金转换成本是指短期有价证券转换成现金的变现费用，可根据一定时期证券转换成现金的次数乘以每次证券变现的费用计算。持有现金的总成本与现金余额之间的关系如图 10-6 所示。则

$$\text{机会成本}=\frac{M}{2}\cdot r$$

$$\text{现金转换成本}=\frac{D}{M}\cdot b$$

$$\text{持有现金的总成本 } C=\frac{M}{2}\cdot r+\frac{D}{M}\cdot b$$

式中，$M$ 为企业持有的现金余额；$D$ 为有关时期的现金需求量；$b$ 为每次证券变现的经纪费；$r$ 为持有现金的机会成本率。

求 $C$ 对 $M$ 的一阶导数，并令导数为 0，即可得到总成本最低点对应的现金余额，即最佳现金余额为

$$M^{*}=\sqrt{\frac{2bD}{r}} \tag{10-2}$$

**【例 10-3】** 某企业全年现金需求量为 10 000 元，现金与有价证券的转换成本为 10 元/次，短期有价证券投资的年利息率为 5%，求最佳现金余额。

**解**

$$M^{*}=\sqrt{\frac{2\times 10\times 10\ 000}{5\%}}=2000\ (\text{元})$$

由于实践中证券变现的经纪费可能由各种直接或间接费用构成，难以准确测量；并且企业的现金支出有可能不是均匀分布；有时企业可能还有一些保险性的现金持有量，并非等到现金持有量降低到 0 时再变现证券，因此存货模式在应用上具有一定的局限性。

#### 10.2.4.4 随机模式

随机模式又称米勒-奥尔模式，该模式的假定条件包括：①现金支出的波动是不均匀的，具有偶然性；②现金与有价证券之间可以相互转换。

按照随机模式控制现金的具体方法为：首先确定最佳现金余额，并同时确定可接受的现金余额的上下限，然后跟踪现金余额的变化情况。当现金余额达到控制上限时，利用现金购买有价证券，使现金余额回到理想水平；反之，当现金余额达到控制下限时，出售有价证券，使现金余额回到理想水平。如图 10-7 所示。

随机模式确定最佳现金余额的计算公式如下：

$$Z=3\sqrt{\frac{3b\sigma^{2}}{4\times(i/360)}}+L \tag{10-3}$$

现金余额的控制上限为 $H=3Z-2L$。

式中，$\sigma$ 为每日现金余额变化的标准差；$i$ 为有价证券投资年利息率；$b$ 为有价证券与

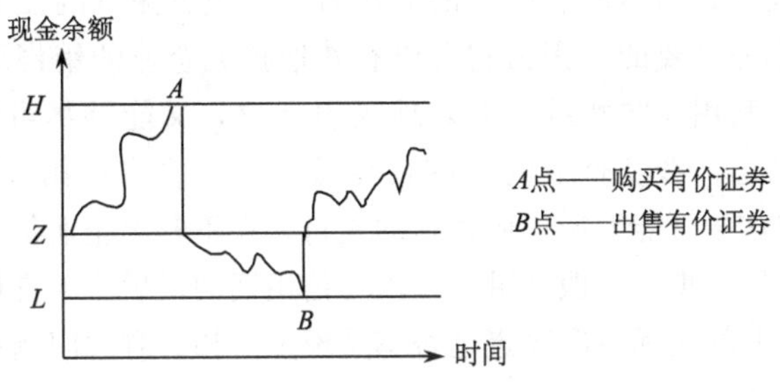


图 10-7　控制最佳现金余额的随机模式

现金的转换成本；$L$ 为现金余额的控制下限；$H$ 为现金余额的控制上限；$Z$ 为最佳现金余额。

**【例 10-4】**　某公司每日净现金流量标准差为 400 元，有价证券年利息率 8%，每次有价证券转换为现金的固定成本为 50 元，最低现金控制存量为 1000 元，求企业的最佳现金余额。

**解**

$$Z=3\sqrt{\frac{3\times 50\times 400^2}{4\times 0.08\div 360}}+1000=4000\text{（元）}$$

现金存量控制上限为 $H=3\times 4000-2\times 1000=10\ 000$（元）

即该公司的现金余额应在 1000～10 000 元的区间波动。当现金余额升高到 10 000 元时，应购买 6000 元的有价证券，使现金余额降回到 4000 元。当现金余额降低到 1000 元时，应出售 3000 元的有价证券，使现金余额增加到 4000 元的最佳水平。

### 10.2.5　现金的日常管理

（1）力争现金流量同步。所谓的现金流量的同步，就是要求企业尽可能地使得它的现金流入和现金流出发生的时间趋于一致，就可以使其需要的交易性现金余额降到最低水平。基于这种观点，企业应该根据现金的流入情况来安排自身的现金流出，使现金流入和流出尽量达到同步。

（2）遵守国家规定的库存现金使用范围。按我国有关制度规定，企业可以在下列范围内使用库存现金：①职工工资、津贴；②个人劳动报酬；③根据国家规定颁发给个人的科学技术、文化艺术、体育等各种奖金；④各种劳保、福利费用以及国家规定的对个人的其他支出；⑤向个人收购农副产品和其他物资的价款；⑥出差人员必须随身携带的差旅费；⑦结算起点以下的零星支出；⑧中国人民银行确定需要支付的其他支出。

（3）规定库存现金限额。企业库存的现金，应由开户银行根据企业的实际需要核定限额，一般以 3～5 天的零星开支额为限，超过库存现金限额的现金，应存入银行，由银行统一管理。

（4）不得坐支现金。企业不得从本单位的人民币现钞收入中直接支付交易款项，现钞收入应于当日终了时送存开户银行。

（5）尽可能加速收款和推迟付款。一方面，在不影响未来销售的情况下，企业应尽可能地加快现金的收回，缩短应收账款的周转时间。应收账款的发生将会增加企业的资金占用，但它又是十分必要的，因为它可以有效地扩大企业的销售量。企业对应收账款的管理就是要既能够利用应收账款来有效地吸引客户，又能够尽可能地缩短收款时间。两者之间平衡点的确定，涉及企业的不同信用政策，这在本章第 3 节会有更多的叙述。另一方面，企业又应该尽可能地推迟应付款的支付，在不影响企业信誉的前提下，充分利用供货方所提供的信用优惠。一般来讲，可以在信用期的最后一天支付款项。在有购货折扣的情况下，要视企业的实际情况决定是否享受现金折扣。有关问题将在本章第 5 节流动负债的管理中详细叙述。

**➢专栏 10-1　苏宁与国美：哪个营运资金管理得更好？**

流动比率是衡量企业短期偿债能力的指标，从这个角度看，流动比率越高，企业的短期偿债能力就越强。从另一个角度看，流动比率也是企业营运资金管理水平的反映。事实上，流动比率是一个相对数，而营运资金作为流动资产减去流动负债的余额，是一个绝对数。请看下面企业营运资金的情况。

某企业花费 1000 万元购买原材料，原材料款将在 70 天后支付（应付账款周转天数），购入原材料后投入生产，直到产成品出库销售，这段时间生产周期为 30 天（存货周转天数），产品销售之后，形成应收账款，货款在 30 天后收到（应收账款周转天数）。可以看到，该企业先赊购原材料，60 天之后卖出产品收到货款，而原材料款要在第 70 天后再付出，不仅不需要垫支任何流动资金就可以实现利润，而且，还可以免费使用供应商的 1000 万元资金 10 天。在这 10 天中，企业甚至可以将这 1000 万元用于其他短期投资项目，这真可谓是资金运用的最高境界了。下面的表中列出了我国两大家电零售企业 2006 年的营运资金管理及现金周期情况。

**苏宁和国美的现金周期**

| 项目 | 国美 | 苏宁 |
|---|---|---|
| 存货（百万元） | 2 725 | 2 017 |
| 应收账款（百万） | 236 | 206 |
| 应付账款（百万） | 6 805 | 2 767 |
| 存货周转天数 | 55 | 46 |
| 应收账款周转天数 | 5 | 5 |
| 减：应付账款周转天数 | 138 | 63 |
| 现金周期（天） | −78 | −12 |

基于以上资料，请考虑以下问题：这两个企业的流动比率哪个更高？对于企业来说，流动比率是越高越好吗？国美和苏宁两家公司哪家公司营运资金管理得更好？企业营运资金管理的目标是什么？

# 10.3　应收款项管理

应收款项是指企业应该收取而尚未收到的各种款项，包括应收账款、应收票据和其他应收款等。应收账款的产生，可以扩大企业的产品销量，提高企业的竞争能力，但同时也会增加管理应收款项的直接成本和间接成本。加强应收款项管理的目的，就是要在应收账款信用政策所增加的盈利和相应的成本之间作出权衡，只有当应收账款所增加的盈利超过所增加的成本时，才应当实施应收账款赊销。

## 10.3.1　应收账款的成本

企业维持一定量的应收账款占用，虽然可以获得一定的好处，但是也会引起一系列的成本。一般而言，应收账款的成本主要由以下三方面构成：

(1) 应收账款的机会成本。这是指企业由于将资金投放占用在应收账款上而放弃的投资于其他方面的收益，如投资于有价证券的利息收益。

应收账款的机会成本并不是实际发生的成本，而主要是作为一种观念上的成本来看待的。它可以用有价证券的投资收益率来计算，也可以用企业的平均资金成本或者预期的收益率来计算。为了正确衡量这种应收账款的机会成本，必须首先正确计算应收账款的余额。

在正常情况下，企业应收账款余额的多少取决于以下两个因素：一是信用销售的数量；二是从售出至收款之间的平均间隔时间，即平均收款期。经营比较稳定的企业可采用下列公式计算应收账款的平均余额：

$$\text{应收账款平均余额} = \text{每日信用销售数额} \times \text{平均收款期}$$

例如，某企业生产家用电器，预计年销售量 18 万台，每台单价 2000 元，全部采用商业信用方式销售，预计的平均收款期为 18 天。从而该企业每日平均的销售收入为 $18 \times 2000/360 = 100$ 万元，则企业应收账款的平均余额可以计算为 $100 \times 18 = 1800$ 万元。如果同期有价证券的年利息率为 10%，则该企业信用销售所带来的应收账款机会成本为 $1800 \times 10\% = 180$ 万元。

(2) 应收账款的管理成本。这是应收账款的间接成本，包括对顾客的信用状况进行调查所需的费用、收账的费用、账簿记录的费用以及其他管理费用。

(3) 应收账款的坏账成本。这是指应收账款不能收回而发生的损失，与前两种成本相比较，坏账成本有可能是一种数额较大的成本。

## 10.3.2　企业的信用政策

信用政策是企业根据自身营运情况制定的有关应收账款的政策，因此，信用政策也叫应收账款政策，它是企业财务政策的一个重要组成部分。应收账款政策主要由信用标准、信用条件和收账政策三方面内容构成。

#### 10.3.2.1 信用标准

信用标准是指企业为客户提供商业信用时，对客户所提出的要求其在资信程度方面必须具备的最低标准。如果客户在资信程度方面达到了企业要求的最低标准，便可以获得企业所提供的商业信用，从而可以以较优惠的条件向企业购货；相反，如果客户在资信程度方面达不到企业要求的最低标准，就不能获得企业提供的商业信用，从而只能在较苛刻的条件下向企业购货。

信用标准一般可以用预计的坏账损失率来表示。信用标准的作用在于为控制应收账款投资的质量，进而为控制应收账款投资的风险提供标准和依据。如果企业的信用标准较严，只对信誉好、坏账损失率低的客户提供赊销，则不利于企业销售量的扩大，甚至会导致销售量的下降，但是同时造成的应收账款占用降低，应收账款的机会成本也相应降低，坏账损失也减少；反之，如果企业采用较为宽松的信用标准，虽然销售量有可能会增加，但是也同时会增加机会成本与坏账成本。因此，企业应该根据具体情况权衡信用标准的变化对企业销售量和成本之间带来的影响。

#### 10.3.2.2 信用条件

信用条件是指企业为客户提供商业信用时对客户提出的要求其支付所欠款项的条件。信用条件一般由信用期限、折扣期限和现金折扣三个要素构成。人们经常使用诸如“2/10、$n$/30”、“3/10、2/20、$n$/60”等形式来表示企业的信用条件。这些信用条件表达了不同的信用期限要求和现金折扣水平。例如，以“3/10、2/20、$n$/60”所表示的信用条件中，60 天便是该信用条件中的信用期限，而 10 天和 20 天则是该信用条件中的折扣期限。

信用条件的作用在于控制应收账款投资的数量，进而为优化应收账款投资的收益与成本关系提供标准和依据。如果企业给客户提供比较优惠的信用条件，可以增加企业的销售量，但同时也会带来机会成本、坏账成本和现金折扣成本的增加。

#### 10.3.2.3 收账政策

收账政策是指当客户违反企业所提出的信用条件，出现拖欠甚至拒付时，企业为催收逾期欠款所采取的程序、策略与方法，故也称为催收政策。在正常情况下，客户一般都能按照信用条件的规定到期及时付款，履行其购货时承诺的责任。但是，由于种种原因，有些客户在期满后仍不能付清欠款。此时，企业根据收账政策采取一系列的措施就是非常必要的了。客户拖欠时间越长，对企业资金周转所产生的不利影响越大，应收账款的机会成本越大，更为严重的是应收账款转变成为坏账损失的可能性也越大。

收账政策的作用在于为采取收回逾期款项的措施，进而为化解应收账款投资风险提供标准和依据。如果企业采取比较积极的收账政策，就可能减少坏账损失，也可以降低应收账款投资，但是要增加收账成本；相反，如果采用较为消极的收账政策，则可能会增加坏账损失和应收账款投资，而相应的收账费用也较小。

### 10.3.3　信用政策的选择与制定

信用标准的低与高、信用条件的宽与严、催收政策的松与紧，都会从不同角度对应收账款投资的收益、成本、风险产生不同范围、不同性质与不同程度的影响。实际上，信用政策的制定过程就是信用标准、信用条件、收账政策的优化与选择过程。其中以信用条件的优化与选择最为重要。因为，信用条件会通过应收账款投资规模对投资收益、投资成本、投资风险产生全面的影响。从而，选择和寻求优化的信用条件，就成了信用政策制定以至于应收账款投资管理的关键性环节。

下面举例说明信用期限的不同将对企业的收益和应收账款成本造成的影响，从而确定如何选择恰当的信用政策。

**【例 10-5】**　某企业现在采用 30 天的信用期限，因其生产能力尚有一定的潜力，为使销售能力同步增加，拟将信用期限延长到 60 天或者 75 天。企业延长信用期限后的有关预计数据以及当前的相关数据如表 10-2 所示。假设企业的最低投资报酬率为 18%，企业应收账款的收账费用和坏账损失都按照赊销额的一定比例计算，则该企业应如何作出信用期限的选择？

**表 10-2　信用期限方案有关资料**

| 项目 | 30 天信用期限 | 60 天信用期限 | 75 天信用期限 |
|---|---|---|---|
| 销售量/件 | 200 000 | 260 000 | 300 000 |
| 销售额/元（每件 4 元） | 800 000 | 1 040 000 | 1 200 000 |
| 变动成本/元（每件 3 元） | 600 000 | 780 000 | 900 000 |
| 固定成本/元 | 80 000 | 80 000 | 80 000 |
| 毛利/元 | 120 000 | 180 000 | 220 000 |
| 收账费用/% | 0.6 | 0.7 | 1 |
| 坏账损失/% | 1 | 3 | 3.5 |

**解**　在本例中，我们以当前的数据为基准，分别计算信用期限为 60 天和 75 天对企业收益与成本带来的影响，最终做出信用期限的选择方案，计算过程如表 10-3 所示。

**表 10-3　信用期限对企业收益与成本的影响**

| 项目 | 60 天信用期限 | 75 天信用期限 |
|---|---|---|
| 信用期限变化对销售利润的影响 | （260 000－200 000）×（4－3）<br>＝60 000 | （300 000－200 000）×（4－3）<br>＝100 000 |
| 信用期限变化对应收账款机会成本的影响 | $\frac{1\ 040\ 000}{360}\times 60\times\frac{780\ 000}{1\ 040\ 000}\times 18\%$<br>$-\frac{800\ 000}{360}\times 30\times\frac{600\ 000}{800\ 000}\times 18\%$<br>＝23 400－9 000＝14 400 | $\frac{1\ 200\ 000}{360}\times 75\times\frac{900\ 000}{1\ 200\ 000}\times 18\%$<br>$-\frac{800\ 000}{360}\times 30\times\frac{600\ 000}{800\ 000}\times 18\%$<br>＝33 750－9 000＝24 750 |

续表

| 项目 | 60天信用期限 | 75天信用期限 |
| --- | --- | --- |
| 信用期限变化对应收账款管理成本的影响 | 1 040 000×0.7%−800 000×0.6%<br>=7 280−4 800=2 480 | 1 200 000×0.1%−800 000×0.6%<br>=12 000−4 800=7 200 |
| 信用期限变化对坏账成本的影响 | 1 040 000×3%−800 000×1%<br>=31 200−8 000=23 200 | 1 200 000×3.5%−800 000×1%<br>=42 000−8 000=34 000 |
| 信用期限变化对企业净收益的影响 | 60 000−（14 400+2 480+23 200）<br>=19 920 | 100 000−（24 750+7 200+34 000）<br>=34 050 |

通过上述计算可以看出，信用期限为60天和75天，其边际净收益均为正，说明企业改变信用期限政策可以使企业的经济效益有所提高，而信用期限为75天时，企业边际净收益提高幅度更大，因此，在本例中，企业应选择信用期限为75天的信用政策方案。

当企业采用不同的信用政策时，如果涉及现金折扣条件，除了要考虑到上述成本与收益影响因素之外，还要考虑到不同的现金折扣条件下客户享受不同现金折扣对企业收益的影响。

**【例10-6】** 某公司目前采用30天按发票金额付款的信用政策，销售收入为1000万元，边际贡献率为30%，平均收现期为40天，坏账损失为1.5%。现在，为了能加速款项的回收，并增加销售收入，公司准备将信用政策调整为“2/20，1/30，$n$/40”，预计调整后销售收入将增加10%，销售增加的收账费用占该部分收入的2%，坏账损失为全部销售收入的2%，平均收现期将缩短5天，有50%的客户将在20天内付款，有30%的客户在30天付款。假定企业的资金成本率为10%。请计算说明该公司是否应该改变信用政策。

**解** 首先考虑改变信用政策后，销售收入增加带来的收益，可以计算为

$$1000\times10\%\times30\%=30(\text{万元})$$

然后计算应收账款机会成本的变化：

$$\frac{1000\times(1+10\%)}{360}\times35\times(1-30\%)\times10\%-\frac{1000}{360}\times40\times(1-30\%)\times10\%$$

$$=7.49-7.78=-0.29(\text{万元})$$

信用政策变化后，收账费用和坏账成本的变化可以计算如下：

收账费用增加 $1000\times10\%\times2\%=2(\text{万元})$

坏账成本将增加 $1100\times2\%-1000\times1.5\%=7(\text{万元})$

再考虑信用政策变化后客户享受现金折扣对企业收益的影响，由于大部分客户要享受现金折扣，将使企业丧失相应的收益，可以计算如下：

$$1000\times(1+10\%)\times(50\%\times2\%+30\%\times1\%)=14.3(\text{万元})$$

综上计算，可以得出信用政策的改变对企业收益的综合影响为

$$30+0.29-2-7-14.3=6.99(\text{万元})$$

也就是说，信用政策的改变将为企业带来 6.99 万元的额外收益，因此，企业应采用新的信用政策。

### 10.3.4　应收账款的日常管理

#### 10.3.4.1　客户企业的信用评估

企业要制定合理的信用政策，首先必须对客户的信用状况进行调查，在此基础上，作出对每个客户企业的信用评估。客户信用状况的评估结果是企业制定信用政策、确定信用标准的前提。进行企业信用评估的方法很多，常用的有以下三种。

1. 5C 评估法

所谓 5C 评估法是指通过重点分析影响企业信用的五个方面，而对客户信用进行评估的方法。这五个方面英文的第一个字母都是 C，故称为 5C 评估法。影响信用的五个方面是：品质（character）、能力（capacity）、资本（capital）、抵押品（collateral）、环境（conditions）。在信用评估中，以上五个方面不但各有其特定含义而且各有侧重。

（1）品质。品质是指债务到期时客户愿意主动履行偿债义务的可能性。客户的品质主要是企业领导人或主管部门负责人的品质。其好坏将直接影响到应收账款的回收速度和数量，品质被认为是影响信用状况最重要的因素。

（2）能力。能力是指客户的偿债能力。通过分析与客户收益有关的各种财务资料，就可以大致预测出该客户在信用期满时的偿债能力。

（3）资本。资本是指客户的一般财务状况。通过分析客户的各项财务比率，如流动比率、资产负债率等，可以了解客户的一般财务状况。

（4）抵押品。抵押品是指客户为获得信用可能提供担保的资产。如果客户能够提供抵押品，企业向他们提供信用的风险就小得多，因此信用标准可适当放宽。

（5）环境。环境是指外部环境，如经济形势和竞争状况。外部环境对客户来说虽然不可控，但会直接或间接地影响到客户的信用状况。

对以上五个因素分别分析后，还要对它们进行综合排列。若五个因素都是良好，说明客户信用状况最佳；反之，若一个因素都不好，说明客户的信用状况最差，其他情况下可以根据五个因素的重要程度依次排列，以此来确定是否应向客户提供商业信用。

2. 信用评级法

信用评级法是直接借用评估机构所发布的信用等级结论，而对客户信用进行评估的方法。

许多国家都有信用评估的专门机构，定期发布企业（客户）的信用等级报告。美国的标准普尔公司和穆迪公司，都是世界著名的信用评级机构，它们的评估结论在世界各国都具有权威性。

信用评级机构在企业（客户）信用等级评定方面，目前主要采用两种标准：第一种是“三等九级制”，即把企业的信用状况分为 A、B、C 三等和 AAA、AA、A、BBB、BB、B、CCC、CC、C 九级。按照国际惯例，AAA 级和 AA 级为信用状况良好；A 级和 BBB 级为信用状况一般；BB 级和 B 级为信用状况较差，CCC 级、CC 级和 C 级为信用状况很差。第二种标准是“三级制”，即把企业的信用状况分为 AAA、AA、A 三个等级，通常 AAA 为信用状况良好；AA 为信用状况一般；而 A 为信用状况较差或很差。

专门的信用评级机构通常评估方法先进，评估调查细致，评估程序合理，从而其结论的可信程度也较高。信用评级法是一种对客户信用评估的较为简捷的方法。

3. 信用评分法

信用评分法是指先对一系列财务比率和信用情况指标进行评分，然后进行加权平均，得出客户综合的信用分数，并以此进行信用评估的一种方法。进行信用评分的基本公式是

$$Y=\sum_{i=1}^{n}\alpha_i x_i \tag{10-4}$$

式中，$Y$ 为某企业的信用评分得分数；$\alpha_i$ 为事先拟定出的对第 $i$ 种财务比率或信用品质进行加权的权数；$x_i$ 为第 $i$ 种财务比率或信用品质的评分；$n$ 为事先确定的影响企业信用状况的财务比率和信用品质的数量。表 10-4 就是对某个企业进行的信用评分结果。

**表 10-4 企业的信用评分表**

| 项目 | 评估状况 | 分数 $x_i$（0～100 分） | 权重 $\alpha_i$ | 加权平均数（$\alpha_i x_i$） |
|---|---|---|---|---|
| 流动比率 | 1.9 | 90 | 0.20 | 18.00 |
| 资产负债率 | 50% | 85 | 0.10 | 8.50 |
| 销售净利率 | 10% | 80 | 0.10 | 8.00 |
| 信用评估等级 | AAA | 95 | 0.25 | 23.75 |
| 付款历史情况 | 良好 | 80 | 0.25 | 20.00 |
| 企业未来预测 | 良好 | 80 | 0.05 | 4.00 |
| 其他因素 | 好 | 90 | 0.05 | 4.50 |
| 合计 | | | 1.00 | 87.75 |

一般来说，信用评分值在 80 分以上，说明企业的信用状况良好；评分值为 60～80 分时，可以认为企业的信用状况一般；分值低于 60 分时，说明该企业的信用状况较差。

### 10.3.4.2 应收账款的日常监督控制

企业发生的应收账款中，有些已经超过了信用期限，有些还在信用期限之内。一般来说，应收账款拖欠的时间越长，款项不能收回的可能性就越大。因此，企业要随时进行应收账款账龄的分析，对款项的回收情况进行严密的监督。对于收账的日常监督控制，可以通过定期编制账龄分析表来进行。

对于尚在信用期限内的款项，由于这种欠款是正常的，因此，只需要进行追踪的监督，及时发现其是否超过信用期限。对于超过信用期限的款项，要针对具体情况进行分析。如果超过信用期限的时间较短，则该款项能够收回的可能性很大，而其中拖欠时间很长的应收账款，则很有可能会形成坏账。对于不同拖欠时间的应收账款，应采取不同的收账政策，而对于可能发生的坏账，应提前做好准备，充分估计其对企业损益的影响。

# 10.4　存货管理

存货是企业在生产经营过程中为销售或者耗用而储备的物资，包括原材料、在产品、产成品、低值易耗品、包装物、商品等。在企业中，存货占流动资金的比重一般都比较大，因此，存货管理和利用程度的好坏，对企业财务状况的影响很大。

保持一定量的存货投资，是企业开展正常生产经营活动的前提，而同时存货的保持需要一定的成本支出，如果存货物资储备量过大，就会发生额外的支出。因此，进行存货管理的主要目的就是要在满足正常生产经营活动的前提下，尽可能使得存货投资最少，存货周转率最高。

## 10.4.1　存货的决策

存货的决策涉及多方面的内容，包括决定进货项目、选择供应单位、决定进货时间和决定进货批量等。其中，决定进货项目和选择供应单位是销售部门、采购部门和生产部门的职责，而财务部门要做的事情是决定进货时间和决定进货批量。按照存货管理的目标，需要在保证正常生产经营活动的前提下，尽可能使得存货的库存量减小，而存货的库存量是由每次的订货批量和订货间隔期决定的，因此，财务部门就必须来确定一个合理的进货批量和进货时间，从而使得存货的总成本最低，这个批量就是经济订货批量或最佳订货批量。确定了订货批量之后，进货的时间也就随之确定了。

存货采购的经济订货批量是使得存货的有关费用最低的订货批量。存货的有关费用主要包括采购进货费用和储存保管费用两部分。存货的采购进货费用主要包括采购人员的差旅费、办公费以及存货运输费用和检验费用，而存货的储存保管费用主要包括存货占用资金的机会成本、仓库人员的工资及办公费、库房的折旧费和修理费以及存货储存期间的合理损耗等。在一定时间内，在材料的采购总量不变的前提下，如果每次的采购批量加大，采购的次数就相应减小，则采购进货费用也就相应地降低，但是，随着采购批量的加大，平均库存量也会加大，从而使得存货的储存保管费用也加大；反之，如果每次的采购批量减小，则采购进货费用就要加大，而储存保管费用就会降低。因此，最佳的订货批量应该是使得存货的采购进货费用与储存保管费用之和最小。下面就通过存货的成本来分析订货批量模型。

### 10.4.1.1　存货的经济订货批量基本模型

存货的经济订货批量基本模型是建立在下列假设基础上的：①企业能够瞬时补充存货，即需要订货时可以立即取得存货；②存货能集中到货，而不是陆续入库；③不允许缺货；④总需求量稳定，且可以预测；⑤存货的单价保持不变，且不考虑现金折扣；⑥企业有足够的现金，不会因为现金短缺而影响进货。

在这些假设前提下，我们以 $A$ 表示存货的年总需求量；$Q$ 表示每次的订货批量；$F$ 表示每次订货的成本；$C$ 表示单位产品每年的储存成本。则可以有

$$每年的订货成本 = F \times \frac{A}{Q}$$

$$每年的储存成本 = C \times \frac{Q}{2}$$

$$每年的存货总成本\ TC = F \times \frac{A}{Q} + C \times \frac{Q}{2}$$

要使得总成本 TC 最小，可以对上述公式进行求导计算，从而可以得到经济订货批量的基本模型公式如下：

$$Q^* = \sqrt{\frac{2AF}{C}} \tag{10-5}$$

在这个公式基础上，还可以演变出经济订货批量基本模型的其他形式，包括每年最佳订货次数公式

$$N^* = \sqrt{\frac{AC}{2F}}$$

存货总成本计算公式

$$TC = \sqrt{2AFC}$$

**【例 10-7】** 某材料计划年度耗用总量为 36 000 千克，每次采购的费用为 40 元，单位储存保管费用为 2 元，则可以计算出该种材料的经济订货批量为

$$Q^* = \sqrt{\frac{2AF}{C}} = \sqrt{\frac{2 \times 36\ 000 \times 40}{2}} = 1200(千克)$$

相应地也可以计算出该种材料的每年最佳订货次数为 30 次，每次的订货间隔期为 12 天，存货的总成本为 3600 元。在本例中，存货的经济订货批量基本模型的库存变化情况如图 10-8 所示。

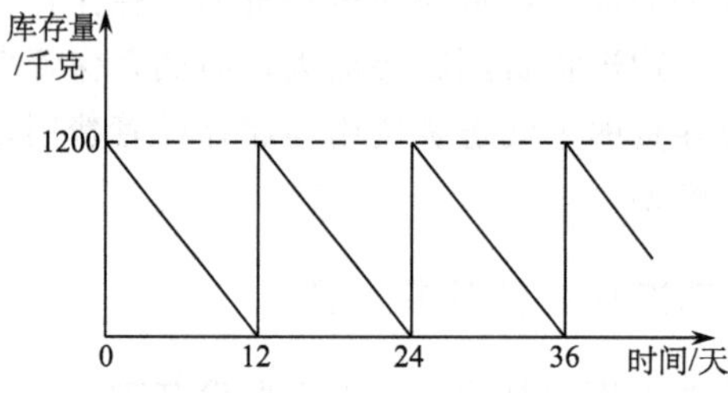


图 10-8 经济订货批量基本模型

10.4.1.2 基本模型的扩展

经济订货批量的基本模型是建立在多个假设条件下的，在实际工作中，这些假设条件很难全部满足。因此，这里需要对基本模型进行一些扩展和改进，使之具有更高的实

用性。

1. 订货提前期

在上述的基本模型中，是假设企业存货是瞬时到货的，即订货后可以立即得到存货。而在一般情况下，从企业订货到存货入库，中间需要一段时间，因此，企业需要在存货尚未消耗完之前就开始订货，以保证不至于出现缺货。在需要提前订货的情况下，企业再次发出订货单时，尚有的存货库存量，称为再订货点，用 $R$ 表示，它应该等于存货的交货时间（$L$）和每日的消耗量（$d$）的乘积，即 $R=L\cdot d$。

**【例 10-8】** 在例 10-7 中，如果企业从订货到存货入库所需要的时间是 4 天，每日存货的需要量是 100 千克，则再订货点就是 400 千克。也就是说，在库存量降至 400 千克时，就需要进行订货。订货提前期对经济订货批量并无影响，可以仍然按照原来瞬时补充库存的情况下的 1200 千克作为订货批量。经济订货批量的再订货点模型如图 10-9 所示。

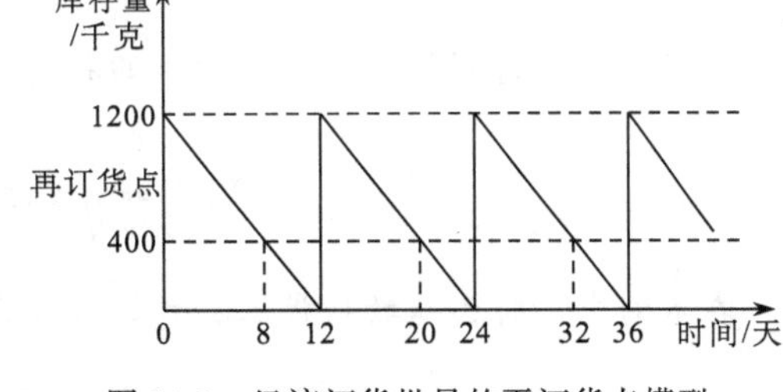


图 10-9　经济订货批量的再订货点模型

2. 存货陆续供应与使用模型

在经济订货批量基本模型中，是假设存货一次到货入库的。而在实际工作中，特别是在产成品入库和在产品转移时，存货往往是陆续供应和陆续耗用的，在这种情况下，就需要再对基本模型进行一些修正。

**【例 10-9】** 仍然用例 10-7 中的有关数据，已知某零件年需求量（$A$）是36 000千克，每次的订货费用（$F$）是 40 元，单位产品的年储存费用（$C$）为2 元，假设供货时每日的送货量（$P$）为 300 千克，每日的消耗量（$d$）为 100 千克，则该陆续供应模型下的存货数量变动可以用图 10-10 表示。

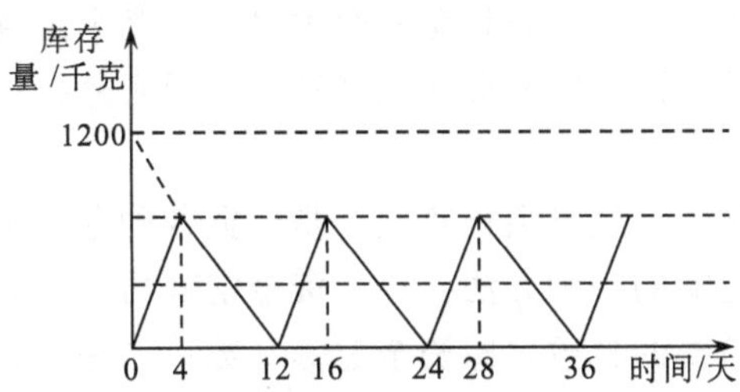


图 10-10　陆续到货的经济订货批量模型

在这个模型中，每次的订货批量为 $Q$，每日的送货量为 $P$，则每次订货的送货期为 $Q/P$。在送货期内零件的消耗量为 $d\times Q/P$。

因此，零件的最高储备量为

$$Q-\frac{Q}{P}\times d=Q\times\left(1-\frac{d}{P}\right)$$

平均库存量为

$$\frac{Q}{2}\left(1-\frac{d}{P}\right)$$

从而，与存货相关的总成本可以计算为

$$\text{TC}=F\times\frac{A}{Q}+C\times\frac{Q}{2}\left(1-\frac{d}{P}\right)$$

同样，通过求导的方式，可以求得存货总成本最小时的经济订货批量

$$Q^*=\sqrt{\frac{2AF}{C}\times\frac{P}{P-d}}$$

也可以继续得到经济订货批量下的存货总成本计算公式

$$\text{TC}^*=\sqrt{2AFC\left(1-\frac{d}{P}\right)}$$

在本例中，将已知数据代入公式，可以得到经济订货批量和订货总成本分别为

$$Q^*=\sqrt{\frac{2\times 36\ 000\times 40}{2}\times\frac{300}{300-100}}=1470(\text{件})$$

$$\text{TC}=\sqrt{2\times 36\ 000\times 40\times 2\times\left(1-\frac{100}{300}\right)}=1960(\text{元})$$

### 10.4.2 存货资金定额的核定

存货是企业流动资产的主要组成部分。在工业企业中，存货资金主要包括占用在生产储备资金、在产品资金和产成品资金各个项目上的资金总和。为了保证企业存货经常必须占用的最低资金需求，必须首先核定各个项目上的资金定额。

核定存货资金定额的方法通常有周转期计算法、因素分析法和比例分析法等。

1. 周转期计算法

周转期计算法，又称为定额日数计算法，是根据各种存货平均每天的周转额和其资金周转日数来确定资金定额的一种方法。存货资金定额的大小取决于两个基本因素：一是资金完成一次循环所需要的日数，即资金定额日数；二是每日平均周转额，即每日平均资金占用额。存货资金定额的计算公式如下：

$$\text{存货资金定额}=\text{每日平均周转额}\times\text{资金定额日数}$$

周转期计算法是核定存货资金定额的基本方法，通常适用于原料及主要材料、辅助材料、燃料、修理用备件、包装物、低值易耗品、在产品、自制半成品、产成品和外购商品项目。

2. 因素分析法

因素分析法是以存货或有关流动资金项目上一年度的实际平均占用额为基础，根据计划年度的生产任务情况以及加速资金周转的要求，进行一定的分析调整，来计算存货

或流动资金定额的一种方法，其计算公式如下：

$$\text{资金定额}=\left(\text{上年资金实际平均占用额}-\text{不合理占用额}\right)\times\left(1\pm\text{计划年度营业额增减}\%\right)\times\left(1-\text{加速流动资金周转}\%\right)$$

这种方法适用于物资品种繁多、用量较少、资金占用较少的原材料和辅助材料等项目的物资资金定额的计算，也可以用来匡算整个企业流动资金定额或存货资金定额的数量。

3. 比例分析法

比例分析法是根据存货资金或流动资金需求量和相关指标因素之间的比例关系，按比例来测算资金数额的方法。以销售收入资金率为例，资金定额的计算公式如下：

$$\text{存货资金定额}=\text{计划年度商品销售收入计划额}\times\text{计划销售收入存货资金率}$$

$$\text{计划销售收入存货资金率}=\frac{\text{上年存货资金平均余额}-\text{不合理占用额}}{\text{上年实际销售收入总额}}\times\left(1-\text{计划年度资金周转加速率}\right)\times100\%$$

这种方法也主要用于辅助材料和修理用备件等资金数额的确定，同样也可以用来匡算全部存货资金或全部流动资金需求量。

### 10.4.3　存货的 ABC 控制法

大多数企业的存货不仅品种多、数量大、规格复杂、资金占用额高，而且每种存货的数量及其所占用的资金量也各有不同。为了简化计算并加强对主要存货的控制，可以采用存货管理的 ABC 控制法。

ABC 控制法由意大利经济学家巴雷特（Ballertine J. G.）于 19 世纪首创，经过不断发展和完善，现已广泛应用于企业存货管理、生产管理和成本管理。运用 ABC 法来进行存货资金的控制，一般可以分以下步骤进行：

第一步，计算每一种存货在一定时间内（一般为 1 年）的资金占用额；

第二步，计算每一种存货资金占用额占全部资金占用额的百分比，并按大小顺序排列，编成表格；

第三步，根据事先规定的标准，将最重要的存货归为 A 类（按照 ABC 法，此类存货的品种数量约占企业全部存货的 5%～15%，而其资金数额约占 60%～80%），将一般存货归为 B 类（按照 ABC 法，此类存货的品种数量约占企业全部存货的 20%～30%，资金数额约占 15%～30%），将不重要的存货归为 C 类，并画图表示出来（图 10-11）；

第四步，对 A 类存货进行重点的规划和控制，对 B 类存货进行次重点的管理，而 C 类存货虽然种类繁多，但占用的资金不多，其对企业的存货状况影响不大，因此，其经济批量只需凭过去的经验确定，而不必花大量的时间和精力去进行规划与控制。

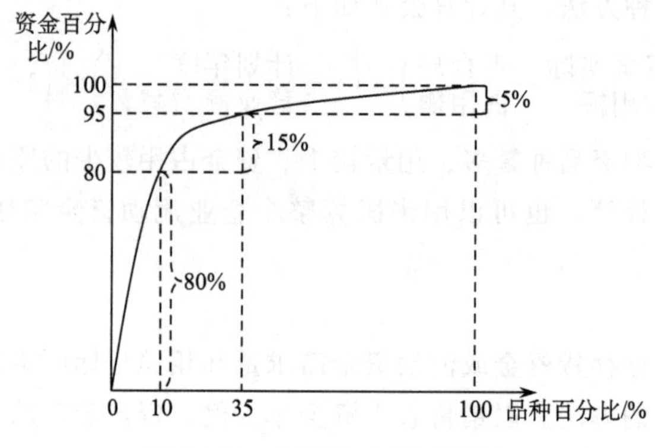


图 10-11　存货的 ABC 管理法

**➢专栏 10-2　JIT 与存货管理**

随着供应链管理的理念和 ERP 技术在企业中的推广应用，企业物流管理的水平不断提高，通过与原材料供应商的计算机联网，把供应商也作为整个供应链管理的一个组成部分，快速及时地进行信息沟通，使企业的 JIT 生产模式与信息网络一体化。网络和信息技术的普遍应用使得 JIT 管理方式更加成熟，同时企业的物流管理水平也得到了大规模的提升。

例如，德国大众汽车公司在存货管理上采用 ABC 管理法。它把所需采购的零配件按使用的频率分为高、中、低三个部分，把所需采购零配件按所含价值量高低也分为高、中、低三个部分，使用频率高并且价值含量也高的零配件属于 A 类存货，需要进行重点的管理，在供应上采用及时供应方式。一般来讲，对于某种需要及时供应的配件，在提前 12 个月的时候，供货方就可以通过联网的计算机得到需求方的需求量信息，而这个需求量的准确性相对较差，误差约为±30%；在提前 3 个月的时候，供货方又可以从计算机上再次得到较为准确的需求量，误差约为±10%；在提前 1 个月的时候，供货方可以得到更准确的需求量信息，误差只有±1%；到供货前的 1 个星期，供货方就可以获得准确的需求量。供应商在供货前几天开始生产，成品直接运输到大众汽车公司的生产线上。

由此可见，通过计算机信息网络和 JIT 技术，供应商不仅为它的用户及时供应所需配件，而且供应商也得到相应的信息。对于需求方的制造厂商而言，这种 JIT 供应模式的应用，大大地降低了企业的原材料和零配件库存，而反过来看，对于供应方制造企业而言，这种及时的信息传递以及 JIT 技术也可以使企业更好地安排生产，并且降低产成品的库存量。据有关方面统计和分析，通过有效的及时供应，德国生产企业库存下降了 4%，运输成本降低了 15%。

## 10.5　流动负债管理

企业在生产经营活动中，除了自有资金之外，都必然要筹措和使用一定比例的负债资金。负债分为流动负债和长期负债两种。除了前面介绍的长期负债筹资方式之外，企业的流动负债实际上也是企业补充流动资金的一种重要方式。企业的流动负债包括短期借款、商业信用、短期融资券等。

### 10.5.1　短期借款

短期借款是指企业向银行或其他金融机构借入的期限短于一年的借款。

#### 10.5.1.1　短期借款的种类

短期借款的种类很多，按照不同的标准，可以作不同的分类。按照短期借款的用途和目的不同，可以分为生产周转借款、临时借款和结算借款等；按照短期借款的还本付息方式不同，可以分为一次性偿还借款和分期偿还借款；按照有无担保，分为抵押借款和信用借款等。

#### 10.5.1.2　短期借款的取得

企业举借短期借款的程序与银行长期借款的程序基本相同。首先必须由企业提出申请，银行收到申请后，要对申请书进行认真的审查，审查通过后由借贷双方签订借款合同。借款合同包含的内容主要有：借款的金额、用途、利率、借款期限、还本付息方式、保证条款以及违约条款等。

合同签订之后，若无特殊原因，双方应按照借款合同办理相应的借款手续，手续完毕之后，银行应在规定的时间向企业提供贷款，企业取得借款。如果银行不能按照合同的约定按期发放贷款，应向企业支付违约金；如果企业不能按照合同约定使用借款，或者不能按时还本付息，也应该向银行偿付违约金。

#### 10.5.1.3　短期借款的信用条件和还本付息方式

企业的短期借款往往会附有一定的信用条件，这些信用条件与企业的长期借款信用条件基本相同，包括信用额度、周转信贷协议、补偿性余额等。

与长期借款的还本付息方式相类似，企业短期借款的本金偿还方式主要有到期一次支付和分期支付两种，借款的利息偿还一般有收款法、贴现法和加息法三种。

#### 10.5.1.4　短期借款筹资的优缺点

与其他长期和短期筹资方式相比，短期借款方式筹资具有一定的优点：①企业取得借款的条件和手续相对比较简便，筹资效率较高；②借款数额及借款时间的弹性较大，便于企业对资金的灵活安排。特别是对于季节性和临时性的资金需求，采用短期借款方式尤为方便。但是，短期借款筹资方式也存在一定的缺点，如筹资的资金成本较高，特别是在有补偿性余额的情况下。另外，短期借款筹资的限制条件一般也较多，发放贷款的银行往往会对借款企业经营和财务状况提出一定的要求。

### 10.5.2 商业信用

商业信用是指在商品交易中由于以延期付款或者预收货款进行购销活动而形成的企业之间的借贷关系，它是企业之间由于商品和货币在时间和空间上分离而形成的直接信用行为。商业信用广泛存在于商品交易中，是企业的一种“自发性筹资”方式。

#### 10.5.2.1 商业信用的形式

企业利用商业信用进行自发筹资的主要形式有应付账款、应付票据和预收账款等。

(1) 应付账款。应付账款是由于赊购商品形成的，是最典型、最常见的商业信用形式。卖方允许买方在购货后一段时间内付款，以此来进行促销，而买方则可以利用卖方给予的这种延期付款优惠来满足短期资金的需求。

(2) 应付票据。应付票据是指买方根据购销合同，向卖方开出承兑商业汇票，从而延期付款的一种商业信用。根据承兑人的不同，商业汇票又分为银行承兑汇票和商业承兑汇票两种。在我国，商业汇票的承兑期限最长不得超过 9 个月。

应付票据可以带息，也可以不带息，带息票据需要加计利息。但带息票据的利率一般要比银行借款的利率低，且不用保持相应的补偿性余额和支付协议费，因此，应付票据的筹资成本相对较低。但是，由于应付票据到期必须支付，若延期需要支付较高的罚金，筹资风险相对较高。

(3) 预收账款。预收账款是卖方先向买方收取货款，但要延期一定时间再交货的一种商业信用形式。这实际上就是卖方先借用买方的一笔款项，然后再用产品抵偿。通常对于紧俏商品或者生产周期长、资金需求量大的产品，可以采用这种形式进行销售。

除了以上三种商业信用形式之外，企业中其他流动负债形式，如应付工资、应交税金、其他应付款等，实际上也都是企业先受益后付款。因此，从广义上讲，这些也都是企业短期筹资的方式，在一定程度上也能够缓解企业短期的资金需求。

#### 10.5.2.2 商业信用条件

与应收账款的信用条件政策相对应，应付账款也存在付款期限和现金折扣等商业信用条件，如“2/10，$n$/30”。由于商业信用条件的存在，使得企业享受应付账款筹资方式时也要付出一定的代价。应付账款的信用代价可以从以下三方面进行分析：

(1) 免费信用。在“2/10，$n$/30”信用条件下，假设 A 企业从 B 公司购入 10 000 元的商品。如果 A 企业在 10 天之内付款，则可以享受 10 天的免费信用期，并获得 200 元的现金折扣，免费信用额为 9800 元。也就是说，如果企业在折扣期限内付款，则可以享受免费的信用，因为企业并没有因为享受信用而付出任何的代价。

(2) 有代价信用。在上例中，如果企业超过折扣期限付款（假设在第 30 天付款），那么就不能享受现金折扣，或者说就放弃了本来可以获得的现金折扣。这种放弃的现金折扣也可以看做是多享受 20 天商业信用所付出的代价，即商业信用的隐含利息成本。因此，超过折扣期限所享受的商业信用就是一种有代价的信用。一般来说，放弃现金折扣的成本可以用下列公式求得：

$$\text{放弃现金折扣的隐含成本}=\frac{\text{折扣百分比}}{1-\text{折扣百分比}}\times\frac{360}{\text{信用期限}-\text{折扣期限}} \tag{10-6}$$

在本例中，该企业放弃现金折扣所承担的隐含利息成本为

$$\frac{2\%}{1-2\%}\times\frac{360}{30-10}=36.7\%$$

从上述计算可以看出，如果企业放弃现金折扣而获得信用，其代价是比较高的。

(3) 展期信用。如果企业放弃现金折扣，并且超过信用期限再付款，则企业利用商业信用的隐含利息成本将会有所降低。推迟付款的时间越长，其利息成本就会越小。例如，在本例中，如果该企业推迟到第 45 天再付款，则其利息成本为

$$\frac{2\%}{1-2\%}\times\frac{360}{45-10}=21\%$$

这样，该企业可以获得展期信用 9800 元，但同时企业也冒着相当大的风险，即可能导致企业的信用地位和信用等级的下降。

#### 10.5.2.3　利用信用条件的政策

在附有信用条件的情况下，由于享受不同的信用时需要付出不同的代价，因此，买方企业应该根据实际情况来作出信用条件的决策，决定享受何种形式的商业信用。

如果能以低于放弃现金折扣的隐含利息成本的利率借入资金，来满足企业的资金需求，企业便应该在折扣期限内支付货款，享受现金折扣；反之，则应该放弃现金折扣。一般来讲，放弃现金折扣的隐含利息成本都较高，因此，除非企业资金供应确实有困难，否则，在一般情况下，应考虑享受现金折扣。

如果企业在折扣期限内将应付账款用于短期投资，可以获得高于隐含利息成本的投资收益率，则应放弃折扣而去追求更高的收益。

如果企业因缺乏资金而需要展期付款，则需要在降低了的隐含利息成本与展期付款所带来的信用损失之间作出选择。因为展期付款可能会招致丧失供应商乃至其他贷款人的信用，或者招致以后更加苛刻的信用条件。因此，在展期付款问题上，企业应作出谨慎的决策。

#### 10.5.2.4　商业信用筹资的优缺点

利用商业信用进行筹资，具有一定的优点：①它是一种自发性的筹资，伴随着商品的交易自然产生并取得，不需要办理任何的手续，使用比较方便；②如果没有现金折扣条件，商业信用的使用并不需付出任何的成本。

但是，商业信用筹资也存在一定的缺陷，主要表现在：筹资的期限短，并且如果存在现金折扣条件，则放弃现金折扣所付出的资金成本较高。

### ➢思考题

1. 简述营运资金的各种筹集政策的基本思路。
2. 如何制定应收账款的信用政策。

3. 确定存货资金定额的周转期计算法的基本思路是什么？

4. 存货管理的ABC控制法的基本思路是什么？

5. 在有现金折扣的情况下，如何计算应付账款筹资的成本？

## ➢练习题

1. 在当前的营运资金政策下，某公司估计今年的销售收入将达到360万元。该公司的产品变动成本率为80%，资金成本率为16%。当前的信用期限为25天，无现金折扣。由于部分客户经常拖欠货款，目前的平均收账期为30天，坏账损失率为1%。该公司的财务主管考虑到目前的市场竞争条件变化，拟改变信用政策，将信用期限提高到40天，改变信用期限后，预计销售收入可以增加36万元，增加部分的销售收入坏账损失率为4%，全部销售收入的平均收现期限为45天。另外，信用期限延长后，相应的应收账款管理成本将增加2000元。请确定企业是否应该改变信用政策。

2. 某公司当前采用的应收账款信用期限为30天，无现金折扣，当前销售收入为800万元，平均收现期45天，公司的边际贡献率为20%，收账费用和坏账损失分别占销售收入的1%。公司为了加速款项的回收并扩大销售量，以充分利用当前的剩余生产能力，准备将信用政策调整为“2/20，1/30，$n$/40”，预计调整后的销售收入可以增加5%，收账费用和坏账损失将分别占销售收入的1%和1.2%，全部销售的平均收现期将缩短10天，其中有30%的客户将在20天内付款，有40%的客户将在30天内付款。公司的资本成本率为16%。要求：计算并确定该公司是否应该改变信用政策。

3. 已知某公司每年对材料A的需求总量为30 000千克，每千克的单位购买价格为100元，单位产品的年储存成本是商品买价的10%，每次的订货成本为60元，每次订货到材料入库的时间为5天，每年按360天计，请计算：

（1）该材料的经济订货批量是多少？

（2）存货水平为多少时，企业应该开始订货？

4. C公司是一家冰箱生产企业，全年需要压缩机360 000台，均衡耗用。全年生产时间为360天，每次的订货费用为160元，每台压缩机持有费率为80元，每台压缩机的进价为900元。根据经验，压缩机从发出订单到进入可使用状态一般需要5天，保险储备量为2000台。要求：

（1）计算经济订货批量；

（2）计算全年最佳订货次数；

（3）计算最低存货成本；

（4）计算再订货点。

5. 某公司目前赊购商品一批，价款共计100万元，供应商给予的现金折扣条件是“2/10，1/60，$n$/80”。要求：

（1）企业若放弃现金折扣，请计算它所需要承担的隐含利息成本是多少？

（2）假设企业除了向银行借款之外，自身无力偿还该货款，而当前银行借款的利息率为11%，请问该企业应采用哪一种最佳付款方式。

# 第 11 章

# 财务预测

**内容提要**

预测是科学决策的前提，财务预测根据历史资料，考虑现实要求和条件，对企业未来的财务活动和财务成果作出科学的预计和测算，帮助企业认识和控制未来的不确定性。本章阐述了财务预测的基本步骤和方法，以及如何编制预计利润表和资产负债表，最后介绍了增长率与资金需求。通过本章学习，要求读者掌握财务预测的主要方法和对资金需求的计算。

## 11.1 财务预测概述

### 11.1.1 财务预测的含义

财务预测，是指对企业未来的收入、成本、利润、现金流量及融资需求等方面的估计和推测，并最终确定企业未来的融资需求。一个好的理财家应该能够充分利用公司的有关信息资料，预测公司的财务需求并作出相应的安排。公司成长由销售增长来决定，销售增长需要相应的资产增长，如果企业已经是满负荷运转，不仅流动资产，而且固定资产都要增长，而资产增长需要相应的融资增长。同时，企业进行对外投资和调整资本结构，也需要筹措资金。企业所需要的这些资金，一部分来自企业内部，另一部分通过外部融资取得。由于对外融资时，企业不但需要寻找资金提供者，而且还需作出还本付息的承诺或提供企业盈利前景，使资金提供者确信其投资是安全的并可获利，这个过程往往需要花费较长的时间，因此，企业需要预先知道自身的财务需求，确定资金的需求量，提前安排融资计划，以免影响资金周转。

财务预测有助于改善企业的投资决策。虽然投资是决定是否要筹资和筹资多少的重要因素，但是根据销售前景估计出的融资需求，并不一定能够得到全部满足。这时，就需要根据可能筹措到的资金来安排销售增长以及有关的投资项目，使投资决策建立在可行的基础上。

### 11.1.2 财务预测的步骤

财务预测一般按以下几个步骤进行：

(1) 销售预测。销售预测是进行财务预测的起点，公司的一切财务需求可以看做是因市场销售引起的。销售量的增减变化，将会引起库存、现金流量、应收与应付账款以及公司其他资产和负债的变化。因此销售预测是公司进行财务预测的基础，销售预测完成后才能开始财务预测。

(2) 估计需要的资产。资产通常是销售量的函数，根据历史数据可以分析出该函数关系。根据预计销售量，可以预测所需资产的总量。某些流动负债也是销售的函数，相应地也可以预测负债的自发增长率，这种增长可以减少企业外部融资的数额。

(3) 估计收入、费用和利润。收入和费用与销售之间也存在一定的函数关系，因此，可以根据销售数据估计收入和费用，并确定净利润。净利润和股利支付率共同决定了留存收益所能提供的资金数额。

(4) 估计所需融资。根据预计资产总量，减去已有的资金来源、负债的自发增长和内部提供的留存收益，得出所需的外部融资数额。

## 11.2 销售预测

销售预测是根据市场上商品供需情况的发展趋势，对企业的产品在未来时期的销售量或销售额进行科学的预计和推测。一个企业销售预测工作做得好与坏，销售预测结果准确与否，直接影响到企业对其未来财务状况的预测，影响到未来资产负债表、利润表以及现金预算的编制。企业的销售预测可以由企业内部的经营管理人员作出，也可请企业外部的有关专家作出，还可由专门的咨询公司进行。销售预测的结果是否准确，主要取决于预测所依据的资料是否充分和可靠以及采用的方法是否科学合理。进行销售预测的方法很多，总体上主要分为定性预测和定量预测两大类：定性预测主要包括市场调查法、专家意见调查法等；定量预测主要包括简单算术平均法、加权算术平均法、一次移动平均法，以及因果关系预测法等。下面就几种常用的方法予以介绍。

### 11.2.1 定性预测法

#### 11.2.1.1 市场调查法

市场调查指了解市场商品供求关系的各项因素及其发展动态，它不仅是企业进行销售预测的一种重要方法，而且是时间序列预测法和因果关系预测法的基础。开展市场调查的主要内容有：国家经济发展方针、政策、市场供求状况、变化动态，有关企业的产品质量、价格、销路、顾客的经济状况、个人爱好、风俗习惯、国内外以及本地区经济发展趋势、科学技术与新产品的发展动向、国际市场的有关情报等。调查的方法主要有：普查、重点调查、抽样调查、函调、面调、召开座谈会、展销会、订货会等。通过调查，将各方面的意见加以综合、分析和判断，预测企业未来的产品销售水平。

#### 11.2.1.2 德尔斐法

德尔斐法指由本企业有丰富经验的经营管理人员或外界的经济专家对企业未来的销

售状况及影响因素以不记名方式进行综合研究，并作出推测和判断的方法。至于谁是专家，则由企业来确定，如果对专家有一致的认同则是最好不过的。判断分析的方式主要有：①由企业领导人或管理当局根据多年来的实践经验作出判断；②由企业管理当局组织专家预测小组，召开各种形式的座谈会，经过充分的调查研究与讨论后作出判断；③或者先向外界若干经济专家分别征求意见，然后把各种不同看法经过综合，再向专家们进行征询，如此反复数次，最后集各家之长作出最终判断，这种方法又称为专家意见调查法。

德尔斐法的最大优点是充分民主地收集专家意见，把握市场的特征。但是，德尔菲法一般只能得到企业或行业的预测结果，用此方法所求得的地区、顾客、产品分类等预测结果就没有那么精确了。

### ➤专栏 11-1　德尔菲法预测产品的销售量

丽邦公司研制出一种新型防水涂料，现在市场上还没有相似产品出现，因此没有历史数据可以获得。但公司需要对可能的销售量作出预测，以决定产量。于是丽邦公司成立预测小组，由业务经理、市场专家和销售人员等 8 位专家组成，预测全年可能的销售量。8 位专家通过对新产品的特点、用途，人们的消费能力和消费倾向作了深入调查，提出了个人判断，经过三阶段反馈后得到结果如下表所示。

**销售量预测表**　　单位：吨

| 专家序号 | 第一阶段预测销售量 | | | 第二阶段预测销售量 | | | 第三阶段预测销售量 | | |
|---|---|---|---|---|---|---|---|---|---|
| | 最低 | 最可能 | 最高 | 最低 | 最可能 | 最高 | 最低 | 最可能 | 最高 |
| 1 | 52 | 60 | 80 | 70 | 80 | 100 | 74 | 82 | 122 |
| 2 | 150 | 180 | 300 | 120 | 150 | 300 | 100 | 120 | 250 |
| 3 | 100 | 150 | 180 | 120 | 150 | 180 | 110 | 150 | 180 |
| 4 | 40 | 90 | 120 | 60 | 100 | 130 | 80 | 100 | 130 |
| 5 | 20 | 40 | 70 | 44 | 80 | 100 | 60 | 100 | 120 |
| 6 | 60 | 100 | 150 | 60 | 100 | 150 | 60 | 120 | 150 |
| 7 | 80 | 120 | 160 | 100 | 140 | 160 | 100 | 140 | 160 |
| 8 | 50 | 60 | 100 | 50 | 80 | 120 | 80 | 100 | 120 |
| 平均值 | 69 | 100 | 145 | 78 | 110 | 155 | 83 | 114 | 154 |

分析过程和预测结果如下：

(1) 在预测时，第三阶段是综合前 2 阶段的反馈做出的，因此一般取后阶段判断为依据。则如果按照 8 位专家第三阶段的平均值计算，则预测这个新产品的平均销售量为：(83＋114＋154) /3＝117。

(2) 将最低销售量、最可能销售量和最高销售量分别按 0.3、0.50 和 0.20 的概率加权平均，则预测平均销售量为：83×0.30＋114×0.5＋154×0.20＝112.7。

(3) 采用中位数的方法计算，可将第三阶段判断按预测值高低排列如下：

最低销售量： 60 74 80 100 110

最可能销售量： 82 100 120 140 150

最高销售量： 120 122 130 150 160 180 250

中间项的计算公式为（$N+1$）/2（$n$＝项数）

最低销售量的中位数为第三项，即 80。

最可能销售量的中位数为第三项，即 120。

最高销售量的中位数为第四项，即 150。

将最低销售量、最可能销售量和最高销售量分别按 0.30、0.50 和 0.20 的概率加权平均，则预测平均销售量为：80×0.30＋120×0.50＋150×0.20＝114。

注意，如果数据的离散性较大，一般使用中位数的方法，以免受个别偏大或偏小判断值的影响；如果数据的离散性比较小，一般使用平均数的方法，以便考虑到每个判断值的影响。

资料：改编自无忧商务网（http://www.5ucom.com/p－367205.html）百万管理资料下载平台 小企业财务分析案例

### 11.2.2 定性预测法

#### 11.2.2.1 简单算术平均法

简单算术平均法是将以前各期的销售资料的算术平均值作为未来时期的销售预测值的一种方法。

**【例 11-1】** 设某企业 1～6 月份的实际销售额分别为 80 万元、78 万元、83 万元、85 万元、90 万元、88 万元，请计算该企业 7 月份的预测销售额。

**解** 该企业 7 月份的预测销售额为

$$\overline{X_0}=(80+78+83+85+90+88)\div 6=84(\text{万元})$$

采用简单算术平均法进行销售预测通俗易懂、简便易行，但该法将不同时期的实际销售资料在预测中的作用同等看待，不太符合实际情况，故其预测值的准确性较差，一般不常用。

#### 11.2.2.2 加权算术平均法

加权算术平均法指对每一个数据在时间序列中的不同地位或不同重要程度给予不同的权数，在此基础上求其加权平均数，以此加权平均数作为下期预测值。其计算公式为

$$\overline{X}=\frac{\sum_{i=1}^{n}W_iX_i}{\sum_{i=1}^{n}W_i} \tag{11-1}$$

式中，$\overline{X}$ 为加权算术平均数，即下期预测值；$W_i$ 为第 $i$ 期权数；$X_i$ 为第 $i$ 期数据。

加权算术平均法比简单算术平均法有一定的优越性，能够较真实地反映时间序列的发展规律。加权算术平均法的关键，也是最困难的一点是权数的确定问题。由于权数的

确定没有统一的标准，所以在确定权数时，要全面考虑各种影响的因素，而且要对权数进行反复的测试和比较。

### 11.2.2.3　一次移动平均法

一次移动平均法是用靠近预测期的各期实际销售额的平均值来预测未来时期的销售额。其计算公式为

$$M_t = \frac{y_t + y_{t-1} + \cdots + y_{t-n+1}}{n} = \frac{1}{n}\sum_{i=t-n+1}^{t} y_i \tag{11-2}$$

式中，$M_t$ 表示第 $t$ 期的移动平均值；$y_i$ 为第 $t-n+1$ 期到第 $t$ 期的实际销售额；$n$ 为移动平均期数。

**【例 11-2】**　某企业 2012 年 12 个月的销售额见表 11-1 所示。当平移期取 3 期 ($n=3$)时，要求计算 2013 年 1 月份的预测销售额。

**表 11-1　2012 年各月销售额**

| 月份 | 销售额/万元 | $n=3$ | $n=5$ | $n=7$ |
|---|---|---|---|---|
| 1 | 100 | | | |
| 2 | 103 | | | |
| 3 | 98 | 100.3 | | |
| 4 | 104 | 101.7 | | |
| 5 | 120 | 107.3 | 105 | |
| 6 | 117 | 113.7 | 108.4 | |
| 7 | 115 | 117.3 | 110.8 | 108.1 |
| 8 | 121 | 117.7 | 115.4 | 111.1 |
| 9 | 125 | 120.3 | 119.6 | 114.3 |
| 10 | 130 | 125.3 | 121.6 | 118.9 |
| 11 | 134 | 129.7 | 125 | 123.1 |
| 12 | 140 | 134.7 | 130 | 126 |

**解**

$$M_3 = \frac{100+103+98}{3} = 100.3$$

$$M_4 = \frac{103+98+104}{3} = 101.7$$

表中其他数据同理可得，取 $n=5$ 和 $n=7$ 时，再分别将其计算结果列入表 11-1 中，这样就可将 2012 年 1 月份的预测销售额定为：$n=3$ 时，134.7 万元；$n=5$ 时，130 万元；$n=7$ 时，126 万元。

由此可知，$n$ 的取值不同对预测值有较大影响。一般 $n$ 取值大，预测值适应新水平的时间长，但落后于可能的发展水平；$n$ 取值小，预测值能较灵敏地反映实际趋势，但适应新水平的时间短。一般来说，$n$ 的取值要考虑资料期的多少，应综合考虑上述因

素，选择一个较适当的 $n$ 值。

11.2.2.4 回归直线法

如果将观察到的历史时期的实际销售量，按时间先后顺序点在坐标图上，形成一个散点图，然后再在各散点之间划一条直线，使该线与各散点之间的垂直距离最小，即其离差的平方和最小，该直线则称为时间—销售量（额）之间的回归线。利用最小平方法（最小二乘法）的原理可将该直线的方程求出，并据此预测企业未来时期的销售水平，这种方法称为回归直线法。

设该直线的方程为

$$y = a + bx$$

将 $n$ 个"$y=a+bx$"式相加，得到

$$\sum y = na + b\sum x$$

并用 $x$ 乘以两边可得到如下方程组：

$$\sum xy = a\sum x + b\sum x^2$$

$$a = \frac{\sum y - b\sum x}{n}$$

$$\sum xy = \frac{\sum y - b\sum x}{n} \cdot \sum x + b\sum x^2$$

$$b = \frac{n\sum xy - \sum x\sum y}{n\sum x^2 - (\sum x)^2} \tag{11-3}$$

$$a = \frac{\sum x^2\sum y - \sum x\sum xy}{n\sum x^2 - (\sum x)^2} \tag{11-4}$$

在销售预测过程中，如果各观察或记录期之间的间隔期相等（如都是一年、一季或一月），则可令 $\sum x = 0$，即若观察或记录期为奇数时，时间间隔系数为

$$\cdots, -3, -2, -1, 0, 1, 2, 3, \cdots$$

若观察或记录期为偶数时，时间间隔系数为

$$\cdots, -5, -3, -1, 1, 3, 5, \cdots$$

此时回归直线 $y=a+bx$ 中的 $a$、$b$ 可简化为

$$a = \frac{\sum y}{n} \tag{11-5}$$

$$b = \frac{\sum xy}{\sum x^2} \tag{11-6}$$

**【例 11-3】** 某企业 2007～2012 年某产品的实际销售量分别为 20 万件、22 万件、

18 万件、25 万件、19 万件和 21 万件。要求：利用回归直线法预测该企业 2013 年的销售量。

**解**　因从 2007～2012 年实际销售量的观察期为偶数，故可列计算如表 11-2 所示。

**表 11-2　某企业 2013 年销售量预测计算表**

| 年度 | 实际销售量 $y$/万件 | 时间系数 $x$ | $xy$ | $x^2$ |
|---|---|---|---|---|
| 2007 | 20 | −5 | −100 | 25 |
| 2008 | 22 | −3 | −66 | 9 |
| 2009 | 18 | −1 | −18 | 1 |
| 2010 | 25 | 1 | 25 | 1 |
| 2011 | 19 | 3 | 57 | 9 |
| 2012 | 21 | 5 | 105 | 25 |
| $n=6$ | $\sum y=125$ | $\sum x=0$ | $\sum xy=3$ | $\sum x^2=70$ |

根据式（11-5）$a=\dfrac{\sum y}{n}$，式(11-6)$b=\dfrac{\sum xy}{\sum x^2}$，将表中计算结果分别代入，得到

$$a=\frac{125}{6}=20.83$$

$$b=\frac{3}{70}=0.043$$

所以，该企业的时间—销售量回归直线方程为

$$y=20.83+0.043x$$

设该企业 2013 年的时间系数 $x=7$，则其 2013 年的销售预测值为

$$y=20.83+0.043\times 7=21.13(\text{万件})$$

### 11.2.2.5　因果关系预测法

企业产品销售水平的高低，往往受到诸多宏观或微观、外部或内部、客观或主观因素的影响。影响企业产品销售水平的主要因素有：国民生产总值、个人可支配收入、人口、相关行业的产品销售量、需求的价格弹性、需求的收入弹性、产品质量、广告推销工作等。因果关系预测法，就是利用有关因素与产品销售量（额）之间的固有因果关系，通过建立一定的数学模型来预测企业未来产品销售水平的一种方法。下面通过两个常见的例子说明这种方法的运用。

**【例 11-4】**　某企业生产销售一种玩具，通过市场调查发现，该企业玩具的市场占有率为 35%，全国玩具行业的全年销售总额预计占国民生产总值的 5%。假定 2013 年的国民生产总值将达到 3250 千万元。试预测该企业 2013 年的产品销售额。

**解**　根据上述资料可建立以下数学模型：

企业产品销售额预测值＝期望的国民生产总值×行业销售占有率

×该企业市场占有率

利用此模型可预测该企业2013年的产品销售额为

$$3250\times5\%\times35\%=56.875(\text{万元})$$

**【例 11-5】** 某企业生产饮料，其市场占有率为15%，去年全国饮料销售总额为5 000 000吨，经调查，影响饮料销售的主要因素是居民的收入水平。假定2013年的居民收入将增长3%，饮料的需求收入弹性为0.6（即需求量变动率与收入变动率之比），试预测该企业2013年的饮料销售量。

**解** 根据上述资料建立数学模型：

企业产品销售量预测值＝上年产品销售总量×（1＋居民收入增长率×需求的收入弹性）×该企业的市场占有率

利用此模型可预测该企业2013年的饮料销售量为

$$5\,000\,000\times(1+3\%\times0.6)\times15\%=763\,500(\text{吨})$$

## 11.3 资金需求量预测

利润与资金需求量经常采用销售百分比法进行预测。利用此法进行财务预测时，先要假设收入、费用、资产、负债与销售收入之间存在着固定的比例关系，然后根据预计销售额和相应的比例，预计资产、负债和所有者权益，再确定出所需的融资数量以及利润。

在实际运用销售百分比法时，一般是借助预计利润表和预计资产负债表进行的。通过预计利润表预测企业留存收益这种内部资金来源的增加额；通过预计资产负债表来预测企业资金需要量总额和外部融资数额。预计财务报表主要是展示企业未来的财务状况和经营成果，它与一般财务报表在形式上和内容上都完全相同，所不同的是报表的资料均为预测数而非实际数。下面说明如何进行利润与资金需求量的预测。

### 11.3.1 预计利润表

预计利润表是运用销售百分比法的原理预测留存收益的一种报表。预计利润表与实际利润表的内容、格式相同。通过预计利润表，既可预测留存收益的数额，也可为预计资产负债表和预测外部融资数额提供依据。预计利润表的编制步骤如下：①收集基年实际利润表资料，计算确定利润表各项目与销售额的百分比；②取得预测年度销售收入的预计数，用该预计销售额乘以基年实际利润表各项目与实际销售额的百分比，计算出预测年度预计利润表各项目的预计数，并编制预计利润表；③测算留存收益的数额。可根据基年税后净利润占基年销售收入的比例，乘以计划销售收入确定计划年度税后净利润的数额。如果计划年度不对投资者分配利润，则税后净利润就是留存收益的增加额；如果计划年度对投资者分配利润，则税后净利润应乘以（1－股利支付率）才是留存收益的增加额。

应注意的是，如果以现金形式进行分配，则按确定的股利支付率计算即可；但如果以非现金形式（如股票股利等形式）进行分配，则股利支付率应进行如下调整：股利支付率×（1－非现金股利分配比例）。下面举例说明：

【例 11-6】　某企业 2012 年实际利润表如表 11-3 所示。

表 11-3　2012 年实际利润表

编制单位：　　2012 年　　单位：万元

| 项　目 | 金　额 |
|---|---|
| 营业收入 | 3 000 |
| 减：营业成本 | 2 280 |
| 销售费用 | 12 |
| 管理费用 | 612 |
| 财务费用 | 6 |
| 利润总额 | 90 |
| 减：所得税 | 27 |
| 净利润 | 63 |

若该企业 2013 年预计销售额为 3 800 万元，要求编制 2013 年预计利润表。

**解**　2013 年预计利润表可测算如表 11-4 所示。

若该企业预定的股利支付率为 50%，则 2013 年预测留存收益为 39.9 万元，即

留存收益＝预计净利润×(1－股利支付率)＝79.8×(1－50%)＝39.9 万元

表 11-4　2013 年预计利润表

编制单位：　　2013 年　　单位：万元

| 项　目 | 2012 年实际数 | 占销售收入的百分比/% | 2013 年预计数 |
|---|---|---|---|
| 营业收入 | 3 000 | 100.00 | 3 800 |
| 减：营业成本 | 2 280 | 76.00 | 2 888 |
| 销售费用 | 12 | 0.40 | 15.2 |
| 管理费用 | 612 | 20.40 | 775.2 |
| 财务费用 | 6 | 0.20 | 7.6 |
| 利润总额 | 90 | 3.00 | 11.4 |
| 减：所得税 | 27 | | 34.2 |
| 净利润 | 63 | | 79.8 |

### 11.3.2　预计资产负债表及外部融资需求

预计资产负债表是运用销售百分比法的原理预测企业外部融资额的一种报表。预计资产负债表与实际资产负债表的内容、格式相同。通过预计资产负债表，可预测资产、负债及留存收益有关项目的数额，进而预测企业所需的外部融资数额。

在分析资产负债表项目与销售之间的关系时，要注意区分敏感项目与非敏感项目，

凡是资产负债表项目的金额变动与销售增减有直接关系（即表现为一定的比例关系）的项目，称为敏感项目；反之，资产负债表项目的金额变动与销售增减没有直接关系的项目称为非敏感项目。因此，现金、银行存款、应收账款、存货等称为敏感资产（敏感项目的构成分类），而应付费用、应付账款等称为敏感负债，其他资产负债表项目（固定资产净值项目比较特殊）都属于非敏感项目。

固定资产净值是否应划为敏感资产与现有固定资产的利用情况有关：如果固定资产已经满负荷运转（百分之百地利用），产销量的增加必然导致机器设备等固定资产的增加，此时固定资产净值应列为敏感资产；如果固定资产并未满负荷运转，而且产销量的增长未超过固定资产生产能力的限度，则产量增加就不需要增加固定资产的投入，此时固定资产净值不应列为敏感资产；如果固定资产未满负荷运转，但产销量的增长已超过固定资产生产能力的限度，则产量增长超过增加固定资产生产能力的限度的部分就要相应增加固定资产的投入，此时固定资产净值就应列为敏感资产。

留存收益也是一个比较特殊的项目，它虽然也随产销量的增长而增长，但两者之间并没有一定的比例关系，所以既不能把它列为敏感项目也不能列为非敏感项目。留存收益指盈余公积和未分配利润两个项目的总和。下面举例说明预计资产负债表的编制。

**【例 11-7】** 假定某企业 2012 年实际销售收入 3 000 万元，2013 年预测销售收入 3800 万元，固定资产净值是敏感项目，留存收益是非敏感项目。2012 年资产负债表如表 11-5 所示。

**表 11-5 资产负债表**

编制单位： 2012 年 12 月 31 日 单位：万元

| 项 目 | 金 额 |
|---|---|
| 资产： | |
| 现金 | 15 |
| 应收账款 | 480 |
| 存货 | 522 |
| 其他应收款 | 2 |
| 固定资产净值 | 57 |
| 资产总额 | 1 076 |
| 负债及所有者权益： | |
| 应付票据 | 100 |
| 应付账款 | 528 |
| 其他应付款 | 21 |
| 长期负债 | 11 |
| 负债合计 | 660 |
| 实收资本 | 50 |
| 留存收益 | 366 |
| 所有者权益合计 | 416 |
| 负债及所有者权益总额 | 1 076 |

要求：根据上列资料，编制该企业2013年预计资产负债表。

**解**　该企业2013年预计资产负债表如表11-6所示。

**表11-6　预计资产负债表**

编制单位：　　2013年12月31日　　单位：万元

| 项　目 | 金额（1） | 2012年销售百分比/%（2） | 2013年预计数（3） |
|---|---|---|---|
| 资产： | | | |
| 现金 | 15 | 0.5 | 19 |
| 应收账款 | 480 | 16.00 | 608 |
| 存货 | 522 | 17.40 | 661.2 |
| 其他应收款 | 2 | — | 2 |
| 固定资产净值 | 57 | 1.9 | 72.2 |
| 资产总额 | 1 076 | | 1 362.4 |
| 负债及所有者权益： | | | |
| 应付票据 | 100 | — | 100 |
| 应付账款 | 528 | 17.60 | 668.8 |
| 其他应付款 | 21 | 0.70 | 26.6 |
| 长期负债 | 11 | — | 11 |
| 负债合计 | 660 | | 806.4 |
| 实收资本 | 50 | — | 50 |
| 留存收益 | 366 | — | 405.9 |
| 所有者权益合计 | 416 | | 455.9 |
| 融资需求 | | | 100.1 |
| 负债及所有者权益总额 | 1 076 | | 1 362.4 |

该企业2013年预计资产负债表的编制过程如下：①按基年资产负债表实际资料，确定敏感项目与销售收入之间的比例关系，即将基期各敏感项目的金额分别除以基期销售收入，计算敏感项目占销售收入的百分比，如表11-6的（2）栏（非敏感项目以“—”表示）。②用2013年预计销售收入3800万元，乘以（2）栏所列的百分比，求得表11-6（3）栏所列的敏感项目金额。（3）栏中非敏感项目除留存收益项目外，按（1）栏数额填列。③确定2012年留存收益增加额及预计资产负债表中的留存收益累计额。留存收益是企业内部资金来源，只要企业有盈利，并且不是全部支付股利，留存收益就会使所有者权益自然增长。留存收益可以满足或部分满足企业的融资要求。这部分资金的多少，取决于收益的多少和股利支付率的高低。本例中2013年留存收益增加额已通过预计利润表计算确定，金额为39.9万元；2013年累计留存收益为405.9万元（366+39.9）。④确定融资需求。加总预计资产负债表的两方，2013年预计资产总额为1362.4万元，负债及所有者权益为1262.3万元（负债806.4+所有者权益455.9），两者差额100.1万元，就是企业需要外部融资的金额。

以上介绍了如何运用预计资产负债表预测融资需求的过程。为简便起见，也可用公式预测外部融资需求。预测公式列示如下：

$$外部融资需求 = (\Delta S)\frac{RA}{S} - (\Delta S)\frac{RL}{S} - \Delta RE = \Delta S(\frac{RA}{S} - \frac{RL}{S}) - \Delta RE$$

式中，$\Delta S$ 为预计年度销售增加额；RA 为基年敏感资产总额；RL 为基年敏感负债总额；$S$ 为基年销售额；ΔRE 为预计年度留存收益增加额。

根据例 11-7 资料，2013 年销售增加额（$\Delta S$）为 800 万元（3800—3000）；2012 年敏感资产总额（RA）为 1074 万元（15＋480＋522＋57）；2012 年敏感负债总额（RL）为 549 万元（528＋21）；2012 年销售额（$S$）为 3000 万元；2013 年留存收益增加额（$\Delta RE$）为 39.9 万元。则运用上述公式可计算如下：

$$\begin{aligned}外部融资需求 &= 800 \times (1074 \div 3000 - 549 \div 3000) - 39.9 \\ &= 800 \times (0.358 - 0.183) - 39.9 = 100.1(万元)\end{aligned}$$

财务预测的百分比法是一种简单实用的方法。它的好处是：使用成本低；便于了解主要变量之间的关系；可以作为复杂方法的补充或检验。但它也有一定的局限性，主要是假定预测年度非敏感项目、敏感项目及其与销售的百分比均与基年保持不变。在实践中，非敏感项目、敏感项目及其与销售的百分比有可能发生变动。这些变动对预测融资需求会产生一定的影响，需要相应地进行调整。

**➢专栏 11-2　为什么公司不愿意披露盈利预测信息**

盈利预测是公司对未来会计期间的经营成果所做的预计和测算，属于预测性财务信息。对于首次发行股票的公司，为了获得较高的发行价格，大多愿意披露公司的好消息。如果能够通过盈利预测描绘公司美好的前景，而受到投资者的欢迎，自愿披露盈利预测应该是公司的自觉行为。国外的研究证实了上市公司自愿披露盈利预测信息的动机和行为，理论上推断，这些动机也可以在我国资本市场得到验证。然而，事实却恰恰相反。IPO 盈利预测改为自愿披露后，公司披露的意愿越来越弱，由强制披露政策下的 97.32%下降到自愿披露政策实施三年后的 7.58%. 为什么这么多公司不愿意披露盈利预测信息？

预测不准的担忧。预测毕竟是建立在一系列的假设和对未来经济形势的判断基础上做出的估计，与实际发生数形成一些差异是正常的。但是，预测数与实际数相差太大，表明管理层的能力有限，声誉受损，反而是一个负面信息。对于过度包装的公司，还可能露出把柄，至少会成为投资者的一种口实。因此，即便在强制披露盈利预测信息的情况下，预测不准也存在风险。现实情况是，在强制披露政策下，盈利预测误差较大，正误差最高接近 400%，负误差最低接近－100%。

股权集中度的影响。自愿信息披露行为受股权集中度的影响，欧美公司股权分散，数量众多的股东对信息披露的要求很高，公司自愿披露的程度就高；而亚洲公司股权相对集中，股东不像西方股东那样对报表披露要求苛刻，自愿披露的程度就低。股权集中度高的最大弊病之一是使得在股权分散的资本市场上有效的制约机制失灵。比如，委托代理理论认为，股东与经理之间的委托代理是一个典型的契约，双方都是理性的经济人，都在追求自身价值的最大化，股东的目标是企业价值最大化，而经理的目标是自身利益即报酬（如在职消费、权力等）的最大化，由于两者的目标不可能达到一致，在信息不对称的情况下，经理就会利用自身的信息优势牺牲股东的利益使自己的利益最大化，股东为了监督经理，必然会产生监督成本，这些成本会不断会降低投资报酬，也可能降低经理的报酬。因此。经理就有降低监督成本的动机，积极自愿地披露信息。此外，在股权高度集中的情况下，经理的人选很多是由大股东选派或直接任命的，并不是严格意义上的职业经理人。这和西方分散的股权之下，有一支真正的专业职业经理人队伍的概念是完全不同的。因此，当我国职业经理人队伍尚未形成、股权集中度很高的环境下，经理层自愿披露信息的动机将大大减弱。

资料来源：秦玉熙．IPO 盈利预测自愿披露意愿减弱的原因．会计研究．2004.11

## 11.4　增长率预测

### 11.4.1　企业增长的实现方式

由于企业要以发展求生存，销售增长是任何企业都无法回避的问题。企业增长的财务意义是资金增长。在销售增长时企业往往需要补充资金，这主要是因为销售增加通常会引起存货和应收账款等资产的增加。销售增长得越多，需要的资金越多。从资金来源上看，企业增长的实现方式有三种：

（1）完全依靠内部资金增长。有些小企业无法取得借款，有些大企业不愿意借款，它们主要是靠内部积累实现增长。内部的财务资源是有限的，往往会限制企业的发展，无法充分利用扩大企业财富的机会。

（2）主要依靠外部资金增长。从外部筹资包括增加债务和股东投资，也可以提高增长率。主要依靠外部资金实现增长是不能持久的。增加负债会使企业的财务风险增加，筹资能力下降，最终会使借款能力完全丧失；增加股东投入资本，不仅会分散控制权，而且会稀释每股盈余，除非追加投资有更高的回报率，否则不能增加股东财富。

（3）平衡增长。平衡增长就是保持目前的财务结构和与此有关的财务风险，按照股东权益的增长比例增加借款，以此支持销售增长。这种增长，一般不会消耗企业的财务资源，是一种可持续的增长方式。

### 11.4.2　销售增长与外部融资的关系

既然销售增长会带来资金需求的增加，那么销售增长和融资需求之间就会有函数关系，根据这种关系，就可以直接计算特定增长下的融资需求。假设它们成正比例，两者之间有稳定的百分比，即销售额每增长 1 元需要追加的外部融资额，可将其称为“外部融资额占销售增长的百分比”，简称“外部融资销售增长比”。假设可动用的金融资产为零，其计算方法如下：

外部融资额 =（经营资产销售百分比 × 新增销售额）
　　−（经营负债销售百分比 × 新增销售额）
　　−［计划销售净利率 × 计划销售额
　　×（1 − 股利支付率）］

新增销售额 = 销售增长率 × 基期销售额

计划销售额 = 基期销售额 ×（1 + 销售增长率）= 基期销售额 + 新增销售额

外部融资额 =（经营资产销售百分比 × 基期销售额 × 销售增长率）
　　−（经营负债销售百分比 × 销售增长率 × 基期销售额）
　　−［计划销售净利率 × 基期销售额 ×（1 + 销售增长率）
　　×（1 − 股利支付率）］

两边同除“基期销售额×销售增长率”可得

外部融资销售增长比 = 经营资产销售百分比 − 经营负债销售百分比
　　− 计划销售净利率 ×［（1 + 销售增长率）
　　÷ 销售增长率 ×（1 − 股利支付率）］　　（11-7）

外部融资需求的多少，不仅取决于销售的增长，还要看股利支付率和销售净利率。股利支付率越高，外部融资需求越大；销售净利率越高，外部融资需求越少。

### 11.4.3　内含增长率与可持续增长率

销售额增加引起的资金需求增长，有两种途径来满足：一是内部保留盈余的增加；二是外部融资（包括借款和股权融资，不包括负债的自然增长）。如果不能或不打算从外部融资，则只能靠内部积累，从而限制了销售的增长。此时的销售增长率，称为内含增长率。

可持续增长率是指不增发新股并保持目前经营效率和财务政策条件下公司销售所能增长的最大比率。可持续增长率的假设条件如下：①公司目前的资本结构是个目标结构，并且打算继续维持下去；②公司目前的股利支付率是一个目标支付率，并且打算继续维持下去；③不愿意或者不打算发售新股，增加债务是其唯一的外部筹资来源；④公司的销售净利率将维持当前水平，并且可以涵盖负债的利息；⑤公司的资产周转率将维持当前的水平。在上述假设条件成立时，销售的实际增长率与可持续增长率相等。

虽然企业各年的财务比率总会有些变化，但上述假设基本上符合大多数公司的情况。大多数公司不能随时增发新股，据国外的有关统计资料显示，上市公司平均 20 年出售一次新股。我国上市公司增发新股亦有严格的审批程序。并且至少要间隔一定年限。改变经营效率（改变资产周转率和销售净利率）和财务政策（增发股份或改变资产负债率和收益留存率），对于理智的公司来说是件非常重大的事情。当然，对于根本就没有明确的经营和财务政策的企业除外。

可持续增长的思想，不是说企业的增长不可以高于或低于可持续增长率。问题在于管理人员必须事先预计并且解决在公司超过可持续增长率之上的增长所导致的财务问题。如果不增发新股，超过部分的资金只有两个解决办法：提高资产收益率，或者改变财务政策。提高经营效率并非总是可行的，改变财务政策是有风险和极限的，因此超常增长只能是短期的。尽管企业的增长时快时慢，但从长期来看总是受到可持续增长率的制约。

限制销售增长的是资产，限制资产增长的是资金来源（包括负债和股东权益）。在不改变经营效率财务政策的情况下，限制资产增长的是股东权益的增长率。下面介绍根据期初股东权益计算的可持续增长率。

可持续增长率＝股东权益增长率

＝股东权益本期增加/期初股东权益

＝本期净利×本期收益留存率/期初股东权益

＝期初权益资本净利率×本期收益留存率

＝（本期净利/本期销售）×（本期销售/期末总资产）×（期末总资产/期初股东权益）×本期收益留存率

＝销售净利率×总资产周转率（次数）×收益留存率×期初权益期末总资产乘数　　(11-8)

可持续增长率也可以全部用期末数和本期发生额计算，而不使用期初数。

$$\text{可持续增长率} = \text{销售收入增加} / \text{基期销售收入}$$

$$= \frac{\text{利润留存率} \times \text{销售利润率} \times (1 + \text{负债} / \text{股东权益})}{\text{总资产} / \text{销售收入} - [\text{利润留存率} \times \text{销售利润率} \times (1 + \text{负债} / \text{股东权益})]}$$

将分子和分母同时乘以（销售收入/总资产）：

$$\text{可持续增长率}$$

$$= \frac{\text{利润留存率} \times (\text{净利润} / \text{销售收入}) \times (\text{总资产} / \text{股东权益}) \times (\text{销售收入} \times \text{总资产})}{1 - \text{利润留存率} \times (\text{净利润} / \text{销售收入}) \times (\text{总资产} / \text{股东权益}) \times (\text{销售收入} \times \text{总资产})}$$

### 11.4.4 可持续增长率与实际增长率的联系

实际增长率和可持续增长率经常不一致。通过分析两者的差异，可以了解企业的经营业绩和财务政策有何变化，高速增长的资金从哪里来，能否持续下去。

可持续增长率是企业当前经营效率和财务政策决定的内在增长能力，实际增长率是本年销售额比上年销售额的增长百分比。

在不增发新股的情况下，它们之间有如下联系：

（1）如果某一年的经营效率和财务政策与上年相同，则实际增长率、上年的可持续增长率以及本年的可持续增长率三者相等。这种增长状态，在资金上可以永远持续发展下去，可称之为平衡增长。当然，外部条件是公司不断增加的产品能为市场所接受。

（2）如果某一年的公式中的四个财务比率有一个或多个数值增长，则实际增长率就会超过上年的可持续增长率，本年的可持续增长率也会超过上年的可持续增长率。由此可见，超常增长是“改变”财务比率的结果，而不是持续当前状态的结果。企业不可能每年提高这四个财务比率，也就不可能使超常增长继续下去。

(3) 如果某一年的公式中的四个财务比率有一个或多个数值比上年下降，则实际销售增长率就会低于上年的可持续增长率，本年的可持续增长率也会低于上年的可持续增长率。这是超常增长之后的必然结果，公司对此事先要有所准备。如果不愿意接受这种现实，继续勉强冲刺。现金周转的危机很快就会来临。

(4) 如果公式中的四个财务比率已经达到公司的极限水平，单纯的销售增长无助于增加股东财富。销售净利率和资产周转率的乘积是资产净利率，它体现了企业运用资产获取收益的能力，决定企业的综合效率。收益留存率和权益乘数的高低是财务政策选择问题，取决于决策人对收益与风险的权衡。因此，企业的综合效率和承担风险的能力，决定了企业的增长速度。

实际上一个理智的企业在增长率问题上并没有很大的回旋余地，尤其是从长期来看更是如此。一些企业由于发展过快而陷入危机甚至破产，另一些企业由于增长太慢遇到困难甚至被其他企业收购，这说明不当的增长足以毁掉一个企业。

## ➢思考题

1. 什么是销售预测？销售预测的方法有哪些？
2. 简述财务预测的销售百分比法。
3. 企业增长的实现方式有哪些？
4. 简述内含增长率与可持续增长率的含义。
5. 简述可持续增长率与实际增长率的联系。

## ➢练习题

1. 某企业 2012 年 1～6 月份的实际销售额资料如表 11-7 所示。

**表 11-7 某企业 1～6 月销售额**

| 月 份 | 1 | 2 | 3 | 4 | 5 | 6 |
|---|---|---|---|---|---|---|
| 销售额/元 | 24 000 | 26 000 | 22 000 | 24 000 | 25 000 | 26 500 |

要求：①以 6 个月的实际销售额为依据，用简单平均法预测该企业 7 月份的销售额；②用一次移动平均法预测该企业 7 月份的销售额，移动期数为 3；③用回归直线法预测该企业 7 月份的销售额。

2. 某公司根据历史资料统计的经营业务量与资金需求量的有关情况如表 11-8 所示。

**表 11-8 经营业务量与资金需求量的对应关系表**

| 月 份 | 1 | 2 | 3 | 4 | 5 | 6 |
|---|---|---|---|---|---|---|
| 经营业务量/万件 | 10 | 8 | 12 | 11 | 15 | 14 |
| 资金需求量/万元 | 20 | 21 | 22 | 23 | 30 | 28 |

要求：用回归直线法预测公司在经营业务量为 13 万件时的资金需求量。

3. 假设某公司经营资产销售百分比为 66.67%，经营负债销售百分比为 6.17%，计划销售净利率为 4.5%，股利支付率为 30%。

要求：①如果上年销售收入为 3000 万元，本年计划销售收入为 4000 万元，计算外部融资额；②如果上年销售收入为 3000 万元，本年计划销售收入为 3 500 万元，计算外部融资额；③如果该公司预计销售增长 5%，计算外部融资销售增长比；④如果预计明年通货膨胀率为 10%，公司销量增长 5%，则销售额的名义增长为 15.5%，计算外部融资销售增长比。

# 第 12 章

# 企业并购与重组

**内容提要**

并购是企业做大做强和提升竞争力的重要途径。在过去的一百多年里，并购造就了埃克森美孚、美国钢铁、AT&T、波音麦道等杰出的巨型企业。但是，企业并购所产生的“大”未必就是好的，一些合并不但没有实现预期的效果，甚至走上解体的道路。变幻莫测的世界经济环境给全球企业带来了巨大的生存压力，无论是美国、欧洲还是亚洲，在残酷的竞争压力下，陷入困境进而经营失败的企业不在少数。本章着重介绍企业并购的过程及其财务分析、目标企业价值评估以及反并购策略，财务危机的含义以及财务危机的预测，陷入财务危机企业的债务重组或者破产重组，以及重组失败企业的清算。通过学习，读者应掌握并购与控股领域的有关概念，进行初步的财务分析，了解企业陷入财务危机的原因、重组的手段以及清算的程序。

## 12.1 企业并购概述

近年来，全球范围内的企业并购活动不断发生，且并购规模越来越大。从结果上看，并购使得各国的市场集中度都得到了大幅提高，出现了巨型的跨国公司，对一国的经济起到了巨大的推动作用。然而，从实际情况来看，强强联合的结果也不尽令人满意。尽管并购可以使企业规模在短时间内迅速膨胀，但这并不意味着企业的工作效率和竞争力也一定能提高。据有关机构调查，20 世纪 90 年代以来约有 3/4 的并购中所产生的收益不足以弥补其成本。在并购活动最为频繁的美国，约 1/3 并购所形成的大公司因经营不善而在经历了短暂的联合经营之后，又拆解成多家规模较小的公司。其根本原因就在于，很多企业只重视并购的过程，而忽视并购完成后在人事、战略和文化方面的整合工作。

### 12.1.1 企业并购的概念与种类

兼并（merger）通常是指一家企业以现金、证券或其他形式购买其他企业的产权，使其他企业丧失法人资格或改变法人实体，并取得对这些企业决策控制权的经济行为。收购（acquisition）是指企业用现金、债券或股票购买另一家企业的部分或全部资产或股权，以获得该企业的控制权，被收购企业可仍以法人实体存在。二者统称为并购或者合并。在以后的讨论中把并购一方称为买方或并购企业，被并购一方称为卖方或目标企业。

企业并购按照不同的分类标准可划分为以下类型：

（1）按并购双方所属的行业划分，并购可分为横向并购、纵向并购、混合并购。横向并购是对处于同一行业、生产或经营同一产品的企业进行的并购。纵向并购是对生产工艺或经营方式上有前后关联的上下游企业进行的并购，是生产、销售的连续性过程中互为购买者和销售者的企业之间的并购。混合并购则包括了横、纵向并购。

（2）按出资方式划分，并购可分为承担债务式、现金购买式和股份交易式并购。承担债务式并购指在被并购企业资不抵债或资产债务相等的情况下，并购方以承担被并购方全部或部分债务为条件，取得被并购方的资产所有权和经营权。现金购买式并购指并购方筹集足额的现金购买被并购方全部资产，或者并购方以现金通过市场或协商购买目标公司的股票或股权。股份交易式并购有两种情况：一是以股权换股权，即并购公司向目标公司的股东发行自己公司的股票，以换取目标公司的大部分或全部股票，达到控制目标公司的目的；二是以股权换资产，即并购公司向目标公司发行并购公司自己的股票，以换取目标公司的资产，并购公司在有选择的情况下承担目标公司的全部或部分债务。

另外，还有一些其他的分类方式，例如，按并购涉及被并购企业的范围划分，并购分为整体并购和部分并购；按并购双方是否友好协商划分，并购分为善意并购和敌意并购；按并购交易是否通过证券交易所划分，并购分为要约收购与协议收购等。

杠杆收购（leverage buy-out，LBO）是源于美国的一种特殊的企业兼并形式：买方企业投入少量现金并通过财务杠杆加大负债比例，以较少的股本投入融得数倍的并购资金，从而实现对目标企业“以小搏大”的收购，经过重组增值后再予以出售或自行经营的一种资本运作方式。杠杆收购主要是风险较高的外部融资，无论间接融资还是直接融资，都严重依赖于资本市场，但国内资本市场目前尚不成熟，可供选择的金融工具并不多，再加上相关政策、法规不完善，又缺少操作规范和经验，国内运作杠杆收购比较复杂，难度很大。

### 12.1.2　企业并购的动机

并购是企业实现资本扩张的重要手段，是企业间存量资源合理流动、增量资产合理使用的有效途径。企业并购的动机主要包括以下几个方面。

（1）追求协同效应。如果 A 公司和 B 公司合并为 AB 公司，而 AB 公司的价值超过 A 公司、B 公司价值的简单算术和，即 AB＞A＋B，那么，这种合并就产生了协同效应。协同效应包括三个方面：①财务协同。一般情况下，合并后企业整体的偿债能力比合并前各单个企业的偿债能力强，而且还可降低资本成本；企业还可利用税法包含的亏损递延条款（即允许亏损企业免交当年所得税，且其亏损可向后递延以抵消以后年度盈余）和一些国家税法对不同的资产规定的不同税率等规定，通过并购行为合理降低税收；另外，并购完成后，股价可能上涨。②经营协同。由于经济的互补性及规模经济，两个或两个以上的企业合并后可提高其生产经营活动的效率，这就是所谓的经营协同效应。规模经济效益具体表现在两个层次：一是生产规模经济，即企业通过并购可调整其资源配置使其达到最佳经济规模的要求，有效解决由专业化引起的生产流程的分离，从而获得稳定的原材料来源渠道，降低生产成本，扩大市场份额；二是企业规模经济，即通过并购将多个工厂置于同一企业领导之下，可带来一定规模经济。③人才技术协同。因为有些人才不愿意丧失在原有企业的地位，所以通过并购可以获得许多高级技术人才和管理人才；另外通过并购还能附带取得目标公司的专利和技术秘密，与自己的科研成果结合后将发挥更大的技术优势。

(2) 规避风险。企业通过经营相关程度较低的不同行业可以分散风险、稳定收入来源、增强企业资产的安全性，和投资组合的原理类似，把鸡蛋放在不同的篮子里。多元化经营可以通过内部积累和外部并购两种途径实现，但在多数情况下，并购途径更为有利。尤其是当企业面临变化了的环境而调整战略时，并购可以使企业低成本地迅速进入被并购企业所在的增长相对较快的行业，并在很大程度上保持被并购企业的市场份额以及现有的各种资源，从而保证企业持续不断的盈利能力。例如目前我国许多企业的海外并购项目，可以降低本土化风险，较快地浸入当地的目标行业。

(3) 谋求特殊资源。特殊资源可能是一些对企业发展至关重要的专门资源，例如土地或生产必不可少的原材料。企图获取某项特殊资源往往是并购的重要动因。如某工业企业的原材料市场供应不足，或该原材料的价格始终波动很大，这时该企业就可能并购一个原材料供应商，以保证稳定的货源供应。另外，并购还可能有其他多种的动因，例如，降低代理成本、企业增长、政府政策、追随顾客、管理层利益驱动等。

### 12.1.3 企业并购的程序

企业并购的程序主要包括以下步骤：

(1) 目标企业价值评估。并购决策建立在对目标企业进行价值评估的基础之上。一旦并购企业确定了可能成为其兼并目标的公司，下一步所需做的工作就是确定一个它愿意支付的收购价格。根据这个价格，并购方再决定通过何种支付方式去完成并购。目标公司的价格确定参见本章第 2 节内容。

(2) 并购财务决策。主要包括对于并购收益、并购成本以及并购活动对于并购双方企业的每股收益和股票市价的影响等进行相关的分析。

(3) 并购融资。目前我国并购的融资方式和途径除了内部留存资金来源外，还有金融机构信贷、增资扩股、发行企业债券、卖方融资、股权置换、杠杆收购等方式。公司如何选择融资方式一般会综合考虑筹资成本、政府税收、企业风险、股利政策、信息传递、资本结构等各种因素。

(4) 并购风险分析。企业并购是高风险经营，所涉及的风险包括营运风险、法律风险、反收购风险等。有些情况下，被收购的企业对收购行为往往怀有敌意，会不惜一切代价进行反收购，这无疑会对收购方构成相当大的风险。除此之外，还有其他许多风险，例如，由于贸然决策导致并购失败，这就是经济学上的信息不对称风险；在我国，相当一部分企业的收购兼并行为，都是由政府部门强行撮合而实现的，难以达到预期效果，从而使并购在一开始就潜伏着体制风险等。总之，并购风险非常复杂和广泛，企业应谨慎对待，尽量避免风险，最终实现并购的成功。

(5) 并购后的整合。当并购发生法律效力后，从法律上讲，该项并购活动已经结束，但对于并购企业来说，并购活动最重要、最困难的任务才刚刚开始，主要问题是难以融合两种文化、经营理念和管理风格。企业并购的真正目的就在于取得目标企业资产后，对目标企业资产进行彻底的改造，按照本企业的经营管理办法进行资产重组，将其纳入本企业的经营轨道，使这些资产发挥其收益的潜能，为本企业的目标服务。如果在并购后不能实施有效的整合，则很可能不但承担并购带来的损失，而且甚至影响自身的安危。企业并购后整合的内容一般包括战略整合、制度整合、经营整合、组织机构整合、文化整合等方面。

### ➢专栏 12-1　国美电器帝国风云

2006 年 7 月 25 日，国美电器在北京鹏润大厦举办新闻发布会。国美电器董事长黄光裕与永乐家电董事长陈晓共同宣布，国美电器与永乐家电正式合并。此次合并将采用 52.68 亿港元“股票＋现金”的形式，由国美电器对永乐家电实施收购。同年 11 月 1 日，国美电器宣告收购成功，11 月 22 日，新国美电器集团在北京正式成立。新集团拥有国美、永乐、鹏润三大品牌，门店总数超过 800 多家，员工人数多达 20 万名，年销售额超过 800 多亿元，营销网络覆盖全国 200 多个城市，结束了国美电器、苏宁电器、永乐电器分列中国家电零售业三强的局面，与拥有 350 余家门店、年销售额 300 多亿元的苏宁，以及拥有 200 家门店、150 亿元年销售额的五星（百思买）拉开很大档次。

借助收购永乐电器，国美电器增加了营业店面，扩大了家电零售业的市场占有率，拉大了国美电器同国内其他家电零售商之间的规模差距，提高了中国家电市场的集中度，在市场竞争中成功保持住了行业领先地位，这似乎为其增进经济效益和公众心理效应打下了美好的契机。

“国美收购永乐”案谢幕之后，中国家电零售业内的反应仍未平息。在中国家电零售业中，市场价值最大的零售业“老二”苏宁在面对新国美集团和百思买公司的竞争冲击下，也在资本市场上大做文章，筹措资金，开设新的零售连锁店。2007 年年初，市场上传出了苏宁电器拟收购大中电器的传闻。但在 2007 年 12 月 12 日晚间苏宁发布公告称与大中的收购终止。苏宁无法收购大中与大中的临时变卦有关。所谓“双方一直未能在核心条款上达成一致意见”可能归根结底就是收购价格的问题。苏宁的竞争对手国美给予了大中更加优厚的收购条件，为此，大中电器将转而投入国美的“怀抱”。

之后，时隔不到两日，国美就与大中电器的股东签署收购协议，以 36 亿元人民币价格收购了大中电器的全部注册股本，此价格比苏宁高出 6 亿元。按照协议，国美将接管大中在全国所有的门店，同时将派整合团队进驻大中。此次收购采用了较为曲折的模式：由国美旗下附属公司天津咨询向兴业银行北京分行贷款 36 亿元，该笔款项提供给战圣投资用于收购大中电器全部股权。随后，天津咨询将获得战圣投资授予的独家购股权，以向战圣投资收购大中电器的全部或任何部分注册股本。对国美而言收购大中的策略意义应大于财务意义。如果不是国美而是苏宁并购大中成功，那么苏宁在北京地区的市场份额将跃居第一，这应该是国美最不愿意看到的竞争格局，因此积极参与并最终成功收购大中，国美在北京地区的规模优势才能继续领先于苏宁。

## 12.2 目标企业价值评估

在并购活动中，关键就在于找到恰当的交易价格。对目标企业价值进行合理的评估是并购成败的关键。对目标企业估价过高，会引起并购成本过高，严重时会引起企业的财务危机甚至导致企业破产；估价过低其结果往往是并购失败，丧失企业发展机遇。对目标企业进行价值评估，并购目标企业价值要得到准确客观的判断，重中之重是要选择科学、适用的评估方法。价值评估的方法有许多，不同的评估方法其切入点和着力点各有差异，往往侧重于某一方面，适用于某一种情况。因此，当选择评估方法时，需要针对企业具体情况选择相应的评估方法，在必要时要运用多种方法交叉使用。

价值评估使用的模型通常称为定价模型，它的功能是把预测数据转换为企业价值。在实务中使用大量的不同模型，这些模型有的很简单，有的非常复杂，名目繁多。它们大体上可以分为以下三种类型：经济利润模型、相对价值模型和现金流量折现模型。

### 12.2.1 现金流量折现模型

现金流量折现模型的基本思想是增量现金流量原则和时间价值原则，也就是任何资产（包括企业或股权）的价值是其产生的未来现金流量的现值。现金流量折现法（discounted cash flow）是用贴现现金流量的方法确定最高可接受的并购价格，是一种最基本的并购估值方法，常常被认为是最有效的。其计算公式为

$$\mathrm{TV_a}=\sum_{t=1}^{n}\frac{\mathrm{CF}_t}{(1+r)^t}+\frac{V_n}{(1+r)^n} \tag{12-1}$$

$$V_n=\frac{\mathrm{CF}_{n+1}}{r-g} \tag{12-2}$$

式中，$\mathrm{TV_a}$ 表示支付价格；$\mathrm{CF}_t$ 表示在 $t$ 时期内目标企业现金流量；$V_n$ 表示 $t$ 时刻目标企业的终值；$r$ 表示折现率；$g$ 表示增长率；$t$ 表示预测期内某一年度。

（1）现金流量的确定。上式中的现金流量是目标公司被并购后预期每年产生的净现金流入。它的数值要大于目标公司独立经营时创造的现金流入，原因在于协同作用带来的成本的减少和多余资产出售带来的收入的增加。现金流量的计算公式如下：

现金流量＝扣除一切费用和成本的净收入
＋非现金支出(固定资产折旧、无形资产和递延资产)
＋资产出售的收入－资本性支出

（2）折现率的确定。在现金流量折现模型中，资本成本用平均资本成本（WACC)。

**【例 12-1】** 假设在考虑了协同效应后，并购目标公司后每年增加的净现金流量见表 12-1 所示。经过估算，并购公司用于此项投资的资本成本为 18.15%。目标公司第五年年底的期末价值为 121 百万元。

要求：计算目标公司价值。

表 12-1　净现金流量　　单位：百万元

| 年　份 | 第一年 | 第二年 | 第三年 | 第四年 | 第五年 |
|---|---|---|---|---|---|
| 现金流量 | 5 | 8 | 9 | 10 | 11 |

**解**　目标公司价值为

$$TV_a=\frac{5}{1.1815}+\frac{8}{1.1815^2}+\frac{9}{1.1815^3}+\frac{10}{1.1815^4}+\frac{11+121}{1.1815^5}=78(\text{百万元})$$

因此，目标公司的价格应是 7800 万元。如果并购公司能以此价格或低于此价格并购目标公司，那么对于并购公司是有利的。

以净现金流量加上扣税后的全部利息作为收益口径进行企业价值评估，对应的是企业实体价值，是企业股权价值与债务价值之和，是企业全部资产的总体价值。它的好处在于：这种方式的现金流量是一种偿债前现金流量，因此不需要单独考虑与债务相关的现金流量，这种方法将节省大量的工作量。所以在实务中大多以实体现金流量作为收益口径评估企业价值。

### 12.2.2　经济利润模型

经济利润是指从超过投资者要求的报酬率中得来的价值，也称经济增加值。

经济利润＝期初投资资本×(期初投资资本报酬率－加权平均资本成本)
＝期初投资资本×期初投资资本报酬率－期初投资资本×加权平均资本成本
＝息前税后营业利润－资本费用

经济利润不同于会计利润，两者主要区别在于经济利润扣除了股权资本费用，而不仅仅是债务费用；会计利润仅扣除债务利息，而没有扣除股权资本成本。

企业价值评估的经济利润模型，其公式如下：

企业价值＝投资资本＋预计经济利润的现值

该模型的基本思想是：如果每年的息前税后利润正好等于债权人和股东要求的收益，即经济利润等于零，则企业的价值没有增加，也没有减少，仍然等于投资资本。

经济利润模型越来越受到重视，逐步成为最受推崇的模型，不仅受到理论家的赞同，而且许多有影响的咨询公司也在实务中使用这类模型。

### 12.2.3　相对价值模型

相对价值模型是运用一些基本的财务比率评估一家企业相对于另一家企业的价值。相对价值模型以市盈率模型为代表。根据目标企业的收益和市盈率确定其价值。步骤如下：

第一步，分析、选择目标企业的估价收益指标。收益率法使用的收益指标在性质上是目标企业在被收购以后持续经营可能取得的净利润。估价收益指标可采用以下三种利润之一：①采用目标企业最近一年的税后利润；②采用最近三年税后利润的平均值；③按并购企业的资本收益率计算出的、目标企业被并购后的税后利润。但应注意的是，对目标企业历史利润的选用，应该考虑下列因素，并进行适当调整：第一，目标企业是否存在滥用会计政策操纵利润的行为；第二，是否存在非常项目和特殊业务对净利润的影响；第三，是否存在由于不合理的关联交易造成的利润变化。

第二步，选择标准市盈率。通常可选择的标准市盈率有如下几种：在并购时点目标企业的市盈率、与目标企业具有可比性的企业的市盈率或目标企业所处行业的平均市盈率。

第三步，计算目标企业的价值。利用选定的估价收益指标和标准市盈率，就可以比较方便地计算出目标企业的价值。其公式如下：

$$目标企业的价值=估价收益指标\times标准市盈率$$

**【例 12-2】** A公司拟横向兼并同行业的B公司，假设双方公司的长期负债利率均为10%，所得税税率均为50%。按照A公司现行会计政策对B公司的财务数据进行调整后，双方的基本情况如下：

(1) 该行业同类上市公司的市盈率为18，B公司最近一年的税后利润为25万元，选用目标企业最近一年的税后利润作为估价收益指标，则

$$B公司的价值=25\times18=450(万元)$$

(2) 该行业同类上市公司的市盈率为18，B公司近三年税后利润的平均值为22万元，选用目标企业近三年税后利润的平均值作为估价收益指标，则

$$B公司的价值=22\times18=396(万元)$$

(3) A公司的资本收益率为17.5%；B公司资本额为500万元，利息和所得税合计为48.75万元；市盈率仍为18。假设目标企业并购后能够获得与并购企业同样的资本收益率，以目标企业并购后税后利润作为估价收益指标，计算B公司的价值。则

$$并购后B公司的资本收益=500\times17.5\%=87.5(万元)$$

$$并购后B公司的税后利润=87.5-48.75=38.75(万元)$$

$$B公司的价值=38.75\times18=697.5(万元)$$

相对价值模型最大的优点在于简单、直观、便于理解、运用灵活。尤其是当被评估公司未来的收益难以作出详尽的预测时，运用其他方法进行评估受到限制，而相对价值模型受到的限制相对较小。此外，站在实务的角度上，相对价值模型往往更为常用，或通常作为运用其他价值评估方法所获得评估结果的验证或参考。

但是相对价值模型评估企业价值也存在一定的局限性：因为评估对象和参考企业所面临的风险和不确定性往往不尽相同，因而要找到与评估对象绝对相同或者类似的可比企业难度较大；另外，对价值比率的调整是运用市场法极为关键的一步，这需要丰富的实践经验和较强的技术能力。

# 12.3　并购财务分析

并购活动会对并购双方的财务指标产生明显影响。这里从企业盈余和并购成本—收益分析等方面阐述并购活动对双方的意义及影响。

## 12.3.1　并购对企业盈余的影响

当并购开始后，若采用换股方式，则换股比例会影响到双方股东的收益、并购企业股票的市场价格和股票的账面价值。站在目标企业的角度，它希望在与并购方的讨价还价中提高股东的长期利益，而并购企业也希望通过并购提升本公司股票的市场价格。

**【例 12-3】**　A 公司打算向 B 公司的股东发行新股以换取 B 公司的股票或资产。两公司最初的有关财务数据见表 12-2。

**表 12-2　并购前 A、B 两公司财务数据**

| 项　目 | A 公司 | B 公司 |
|---|---|---|
| 税后利润/元 | 6 000 000 | 2 000 000 |
| 股本额/股 | 2 000 000 | 1 000 000 |
| 每股税后净利（EPS）/元 | 3.00 | 2.00 |
| 每股价格/元 | 27.00 | 14.00 |
| 市盈率/倍 | 9 | 7 |

现在，A 公司提出的以每股 16 元价格换取 B 公司的股票，即比 B 公司股票的市场价格每股高 2 元，且 A 公司用本公司的股票交换。要求：分析每股税后净利的变化。

**解**　A 公司用本公司的股票交换，则换股比例为：$16\div27=0.592\ 593$，即每 0.592 593股 A 公司的股票可换 1 股 B 公司的股票。这样，A 公司总共需发行的新股数量为

$$16\div27\times1\ 000\ 000=592\ 593(\text{股})$$

假设在并购后两公司税后利润不变，则新的每股税后利润可以按如下计算：

$$\text{税后利润}=6\ 000\ 000+2\ 000\ 000=8\ 000\ 000(\text{元})$$

$$\text{股本数}=2\ 000\ 000+592\ 593=2\ 592\ 593(\text{股})$$

$$\text{每股税后利润}=8\ 000\ 000\div2\ 592\ 593=3.09(\text{元})$$

对于 A 公司而言，并购后的每股税后净利比并购前提高了 0.09 元，显然 A 公司的老股东受益，而对 B 公司而言，情况则恰恰相反。在被并购之前，其每股税后利润为 2.00 元，并购后每股税后利润为

$$16\div27\times3.09=1.83(\text{元})$$

显然比被并购前减少。假如 B 公司的换股价格提高到每股 20 元，则换股比例为 20∶27,即每 0.740 741 股的 A 公司的股票可换 1 股 B 公司的股票。这样，A 公司需发行的新股票数为

$$20 \div 27 \times 1\ 000\ 000 = 740\ 741(\text{股})$$

若按这个比例换股，则在并购后，假定税后利润仍各自不变，则每股税后利润为

$$8\ 000\ 000 \div (2\ 000\ 000 + 740\ 741) = 2.92(\text{元})$$

这样，A公司的每股税后净利比并购B公司前减少了0.08元，而B公司在被A公司并购后，每股税后净利为

$$20 \div 27 \times 2.92 = 2.16(\text{元})$$

比并购前的2.00元有所提高。因此，A公司股东的收益被稀释，而B公司股东受益。

在例12-3中，按不同的并购价格计算，B公司的市盈率分别为16÷2.00=8以及20÷2.00=18。前者低于A公司9倍的市盈率，故A公司股东受益，B公司股东收益被稀释；后者正好相反，按B公司被并购价格计算的市盈率高于A公司的市盈率，故A公司股东收益被稀释，B公司股东每股税后净利增加。实际上，只要按并购价格计算的目标企业的市盈率高于并购企业按市价计算的市盈率，并购企业股东的收益就会被稀释；反之，被并购企业股东的收益被稀释。只有当被并购企业市盈率与并购企业市盈率相等时，并购企业股东收益才不会被稀释。

在例12-3中，若并购价格定为每股18元，即B公司的市盈率为18÷2.00=9，与A公司相等。在这种情况下，A公司需发行的新股数量为

$$18 \div 27 \times 1\ 000\ 000 = 666\ 667(\text{股})$$

发行后每股税后净利为

$$8\ 000\ 000 \div (2\ 000\ 000 + 666\ 667) = 3.00(\text{元})$$

### 12.3.2 未来收益状况预测

如果在并购时，仅仅考虑并购企业股东目前的收益是否会被稀释，许多并购行为就不会发生了。一个并购行为是否值得，还应估计将来收益增长的潜力。因为并购方一般都预期被收购公司经过改组，重新调整生产经营之后，利润会较并购前有较明显的增长。并且在并购之后，并购方总的资产规模扩大，有可能会产生规模经济效益，单位产品成本降低，一般情况下会使利润大幅增加。因此，许多公司愿意以高于市价的价格并购另一个公司。虽然股东当前的收益被稀释了，但从长远看，每股税后利润还是会获得提高。一个公司在计划并购时，应计算出在不同换股比例情况下，收益被稀释的程度以及被稀释的收益能在多长时间内被弥补回来。只有作出不同的假设，预测出不同并购价格对股票市盈率带来的影响，才能做到谈判时心中有数。

### 12.3.3 并购的成本收益分析

#### 12.3.3.1 并购盈利的估算

在分析一个公司是否值得并购之前，重要的一点是考虑并购是否有利可图。其原理之一，是看是否产生协同效应，即1加1是否大于2。假设A公司打算并购B公司，那

么 A 公司必须考虑并购后的盈利。其估算方法如下：设两公司合并后价值为 $PV_{AB}$，A 公司价值为 $PV_A$，B 公司价值为 $PV_B$，A 公司的并购盈利 $G$ 为

$$G = PV_{AB} - (PV_A + PV_B) \tag{12-3}$$

如果 $G>0$，即 $PV_{AB}>PV_A+PV_B$ 时，并购活动有利可图。若并购是用现金支付的，并购成本 $C$ 等于所支付现金额减去 B 公司价值。即

$$C = 现金 - PV_B$$

这样，A 公司并购 B 公司的净现值（NPV）为

$$NPV = G - C = PV_{AB} - (PV_A + PV_B) - (现金 - PV_B) \tag{12-4}$$

下面，举例说明如何估计并购盈利。

**【例 12-4】** 假设 A 公司的市价总值是 200 万元，B 公司的市价总值是 20 万元，并购后 $PV_{AB}$ 是 232 万元，要求：计算并购盈利。

**解** 并购盈利 $G$=2 320 000−2 000 000−200 000=120 000（元）

如果双方约定，A 公司并购 B 公司须支付 25 万元，并购成本 C=250 000−200 000=50 000（元）。这样，A 公司的净现值 NPV 为

$$\begin{aligned} NPV &= PV_{AB} - (PV_A + PV_B) - (现金 - PV_B) \\ &= 120\ 000 - 50\ 000 = 70\ 000(元) \end{aligned}$$

#### 12.3.3.2 用现金并购的成本估算

如果目标企业股票的市场价格在并购消息宣布后（或有谣言传出后）不发生变化，并购所需现金较容易估计。不过，在通常情况下，一旦并购消息传出，目标企业的股价会上涨。因此，用现金并购的成本计算公式应改写为

$$\begin{aligned} 成本 &= (现金 - MV_B) + (MV_B - PV_B) \\ &= 并购溢价 + 目标企业市场价值和本身价值的差额 \end{aligned} \tag{12-5}$$

式中，MV 为市场价值；PV 为“内在的”或“公司本身的”价值。出现差额的原因并不是目标企业的市场价值背离了其本身价值，而是目标企业的潜在投资者对该公司单独存在和被并购以后的预期发生了变化。如果该公司将被并购，则其股票市价往往会超过其“内在价值”。在有竞争的资本市场上，事实也确实如此。在这种情况下，使得并购公司在估计并购成本时必须考虑更多的因素。

**【例 12-5】** A 公司欲并购 B 公司，在并购消息宣布前，两公司有关情况如表 12-3 所示。

**表 12-3　A、B 两公司主要指标**

| 项　目 | A 公司 | B 公司 |
|---|---|---|
| 每股市价/元 | 80 | 20 |
| 股份数/股 | 100 000 | 40 000 |
| 公司总市值/元 | 8 000 000 | 800 000 |

A 公司打算支付 96 万元的现金给 B 公司。如果 B 公司当时的市场价格正好反映其作为一个独立存在的公司的“内在价值”，即 $MV_B=PV_B$，要求：计算并购成本。

**解** 并购成本 $C=$（现金$-MV_B$）$+$（$MV_B-PV_B$）

$=$（960 000$-$800 000）$+$（800 000$-$800 000）

$=$160 000（元）

但是，在并购消息传出后，B 公司的股票价值被高估了 3 元，并购成本为

$$
\begin{aligned}
C &= (\text{现金} - MV_B) + (MV_B - PV_B) \\
&= (960\,000 - 800\,000) + [800\,000 - (800\,000 - 3 \times 400\,00)] \\
&= 280\,000(\text{元})
\end{aligned}
$$

如果 B 公司的“内在价值”被市场低估，其市场价值低于内在价值，从 A 公司角度看，B 公司是“便宜货”。若并购成功，A 公司股东将受益，B 公司股东将受损。许多并购行为之所以发生，就是因为并购企业的管理层相信目标企业的价值被市场低估。但实际上，无论市场投资者还是并购企业的管理者，都很难在一个有效市场上发现一个内在价值被低估的公司。并且，从目标企业的角度看，当对方提出的并购价偏低时，它的股东是不会同意卖出手中的股票的。

从上述分析可以看出，并购的价格在一定范围内（最低是目标企业的“内在价值”，最高是市场对其被并购后的估价）是可以讨价还价的。尤其当 B 公司亏损时，A 公司一方面可以压价，另一方面还可以得到税收抵扣的好处，有关公司和个人可用某一年度的经营亏损来抵消一定年限的利润。例如假设 B 公司为亏损企业，A 公司并购 B 公司以后，可以利用 B 公司的亏损冲抵 A 公司的计税利润额，从而减少所得税的支出。

#### 12.3.3.3 用换股方式并购的成本估算

用换股的方式并购，其成本的估算更复杂一些。如在上面例 12-5 中，假设 A 公司不是用 96 万元现金，而是用 12 000 股股票（960 000÷80）进行并购，在并购消息宣布前，溢价为

$$12\,000 \times 80 - 800\,000 = 160\,000(\text{元})$$

这样，B 公司股东在换股后，在 A 公司所占比例为

$$X = \frac{12\,000}{100\,000 + 12\,000} \times 100\% = 10.7\%$$

假设在并购消息宣布后，B 公司市场价值上涨了 40 万元，那么

$$
\begin{aligned}
PV_{AB} &= PV_A + PV_B + 400\,000 \\
&= 8\,000\,000 + 800\,000 + 400\,000 = 9\,200\,000(\text{元})
\end{aligned}
$$

在这种情况下，A 公司并购 B 公司所增加的费用为

$$X \cdot PV_{AB} - PV_B = 10.7\% \times 9\,200\,000 - 800\,000 = 184\,400(\text{元})$$

表 12-4 所示的是并购消息发布后，并购双方在谈判后的有关情况。

**表 12-4　A、B 两公司的有关指标**

| 项目 | A 公司 | B 公司 |
| --- | --- | --- |
| 股份比例 | 0.893 | 0.107 |
| 市价总值/元 | 8 203 000 | 984 400 |
| 股份数/股 | 100 000 | 40 000 |
| 每股价格/元 | 82.03 | 24.61 |

根据表 12-4 的数据，可以较容易地计算出额外增加的并购成本

$$12\ 000 \times 82.03 - 800\ 000 = 184\ 400(\text{元})$$

或

$$40\ 000 \times 24.61 - 800\ 000 = 184\ 400(\text{元})$$

## 12.4　企业反收购策略

从目标企业是否愿意被收购的角度来看，收购的方式可分为善意收购和敌意收购。若为敌意收购，一般情况下，被收购企业都会采取种种策略进行反收购防御。成为敌意的目标企业一般有如下特点：①与企业资产重置成本或潜在盈利能力相比，股价过低；②具有大量的剩余现金、大量有价值的证券投资组合以及大量未使用的负债能力；③具有出售后不损害现金流量的附属公司或其他财产；④现管理层持股比例较小。这些因素的组合，会使该企业变得更有吸引力。

### 12.4.1　反收购的财务防御

为了减少目标企业的吸引力，从财务的角度考虑，可以采取如下措施：①公司在受到收购威胁时可回购股份，其基本形式有两种：一是公司将可用的现金分配给股东，这种分配不是支付红利，而是购回股票；二是换股，即发行公司债、特别股或其组合以回收股票，通过减少在外流通股数抬高股价，迫使收购者提高每股收购价。但此法对目标企业颇危险，因负债比例提高，财务风险增加。②力争促使持股比例相对集中于支持管理层的股东或控股企业手中。③增加对现有股东的股利发放率。④营运中产生的剩余现金流量要尽量投入具有正净现值的项目，或回报给股东，或用于收购其他企业，尤其是收购者不希望要的企业。⑤对于脱离母公司后并不影响现金流量的正常运作的附属公司，应该让其脱离；或为了避免大量的现金流入，应让其独立。⑥通过重组或分立的方法，实现那些被低估资产的真实价值。

上述各种措施虽然可降低企业被并购的吸引力，但同时企业也放弃了财务方面的某些灵活性以及对抗风险的能力。

### 12.4.2　事前防御的管理策略

（1）建立合理的持股结构。合理的持股结构是反收购的第一道防线。为了防止上市

公司的股份过于分散，企业常常采用交叉持股的股票分配形式，即关联企业、关系较密切的企业之间相互持有部分股权。一旦其中一家企业遭到收购，相互持股企业之间相互牵制，从而大大增加了反收购一方的实力。但这种方式也往往使企业耗费较多的资金在相互持股上，从而影响企业的现金流量。

（2）适时修改公司章程。常用的反收购公司章程主要包括以下几个方面的条款：①董事会轮选制。企业可在章程中规定企业董事会成员的改选只能在一定的时间才能进行，同时每次只能改选一部分成员，这一规定将使收购方即使完成了收购也难以同时达到控制企业的目的。②超级多数规定。企业可在章程中规定，涉及重大事项，如企业的分立与合并、改选董事长等均需经绝大多数有表决权的股东同意方可通过。这一规定将增加收购企业控制企业决策权的难度，使收购者即使取得了数量上的控制权，也难以在实际上达到掌握企业权力的目的。③公平价格条款。公平价格条款规定收购方必须向少数股东支付目标公司股票的公平价格。所谓公平价格，通常以目标公司股票的市盈率作为衡量标准，而市盈率的确定是以公司的历史数据并结合行业数据为基础的。

（3）"金色降落伞"策略。目标企业董事会可决议：如果目标企业被并购，且高层管理者被革职时，他们可以得到巨额退休金（或遣散费），以提高收购成本。有的还规定，如果被收购企业的员工被解雇，收购方还应支付员工遣散费，即所谓的"银色降落伞"策略。但金色降落伞策略的弊病也是显而易见的，支付给管理层的巨额补偿反而有可能诱导管理层低价将企业出售。

（4）"毒丸计划"策略。其目的是降低收购者的收购收益或增加收购者的风险。"毒丸计划"包括"负债毒丸计划"和"人员毒丸计划"两种。前者是指目标公司在收购威胁下大量增加自身负债，降低企业被收购的吸引力。例如，发行债券并约定在公司股权发生大规模转移时，债券持有人可要求立刻兑付，从而使收购公司在收购后立即面临巨额现金支出，降低其收购兴趣。"人员毒丸计划"的基本方法则是公司的绝大部分高级管理人员共同签署协议，在公司被以不公平价格收购，并且这些人中有一人在收购后被降职或革职时，则全部管理人员将集体辞职。这一策略不仅保护了目标公司股东的利益，而且会使收购方慎重考虑收购后更换管理层对公司带来的巨大影响。企业的管理层阵容越强大、越精干，实施这一策略的效果将越明显。当管理层的价值对收购方无足轻重时，"人员毒丸计划"也就收效甚微了。

### 12.4.3 事中防御的管理策略

（1）诉诸法律。目标企业可根据有关法律条款，寻找收购方的纰漏，并以此为由进行法律诉讼，一旦提起诉讼，收购方就不能继续执行收购要约。这样，一是可以逼迫收购方提高收购价以免被起诉；二是可以避免收购方先发制人，提起诉讼，延缓收购时间，以便另寻善意收购者；三是可以在心理上重振目标公司管理层的士气。目标公司提起诉讼的理由主要有三条：第一，反垄断。部分收购可能使收购方获得某一行业的垄断或接近垄断地位，目标公司可以此作为诉讼理由。第二，披露不充分。目标公司认定收购方未按有关法律规定向公众及时、充分或准确地披露信息等。第三，犯罪。除非有十分确凿的证据，否则目标公司难以以此为由提起诉讼。

(2)“白衣骑士”。“白衣骑士”是指将遭受敌意收购的目标企业为了避免遭到敌意收购者的控制而自己寻找的善意收购者。面对敌意的收购者，与目标企业有良好关系的“白衣骑士”愿意为目标企业的股份支付更高的价格以对付收购者。面对“白衣骑士”的挑战，收购者若不以更高的价格收购，则注定要失败。因此，收购价格必然水涨船高继续上涨，引发新一轮竞争。最后，要么敌意收购者承认收购失败，退出竞争，要么必须付出更高的收购成本才能达到目的。

(3) 帕克曼策略。帕克曼一词取名于 20 世纪 80 年代一部流行的录像游戏。在这一游戏中，每一个没有吞下敌手的一方反遭到自我毁灭。这里是指作为并购对象的目标企业为挫败并购者的企图而采取的一种策略。即目标企业威胁要进行反并购，并开始购买收购企业的股票，以达到保护自己的目的。这种进攻不但风险大，而且反收购者本身需有较强的资金实力和外部融资能力。

(4) 焦土战术。这是公司在遇到收购袭击而无力反击时，所采取的一种两败俱伤的做法。例如，增加大量与经营无关的资产，大大提高公司负债，使收购者因考虑收购后严重负债问题而放弃收购；或是将公司中引起收购者兴趣的资产出售，使收购者的意图难以实现，这种方法又称为“皇冠上的珍珠”。从资产价值、盈利能力和发展前景诸方面衡量，在混合公司内经营最好的企业或子公司被喻为“皇冠上的珍珠”。这类公司通常会诱发其他公司的收购企图，成为兼并的目标。目标企业为保全其他子公司。可将“皇冠上的珍珠”这类经营好的子公司卖掉，从而达到反收购的目的。作为替代方法，也可把“皇冠上的珍珠”抵押出去。

反收购防御的手段层出不穷，除上述手段外，还可利用政治等手段，如迁移注册地、增加收购难度等。以上种种反收购策略各具特色，企业应根据并购双方的力量对比和并购初衷选用一种或几种策略的组合。

## 12.5 企业财务危机概述

企业一旦发生财务危机，不仅危及自身的生存和发展，同时会给债权人、投资者造成严重损失，甚至因连锁反应而造成社会的动荡不安。1997 年下半年，一场金融风暴横扫东南亚十多个国家和地区，使数目惊人的大批企业陷入财务危机的阴霾之中。韩国、泰国、马来西亚和印度尼西亚等国的经济损失近 6000 亿美元，按美元计算人均收入一下倒退了十几年。对这场波及范围广泛、破坏力巨大的金融危机，其根源就在于企业的负债比率过高、资产流动性和偿债能力太差，因而造成银行的不良资产过多，从而导致了这场 50 年来最严重的国际金融危机。紧随其后，美国能源巨擘安然公司、全球五大之一的安达信会计师事务所、与沃尔玛同样级别的卡玛特零售巨头相继由于财务危机而轰然倒塌。由于内部管理不善、宏观经济的恶化、法律风险等原因，企业都可能面临经营失败，一般最终都体现为财务失败，其标志是亏损、现金流量匮乏，最终无力偿还到期债务而破产。因此，财务危机问题长期困扰着资本持有者们，他们积极寻求一些预测手段，避免错误的投资带来的巨大损失。

### 12.5.1 财务危机的含义

企业从财务状况正常到财务危机发生，可能是因为遇到了突发性的债务危机或其他不可预测的问题，也可能是因为逐渐的财务状况恶化所引起的。换言之，企业陷入财务危机有两种类型：一种是突发性财务危机，如英国巴林银行因交易员里森的重大违规交易导致其陷入破产。这类财务危机具有突然爆发、没有任何先兆信息和不可预测的特点。另一种是渐进性财务危机，其发生是一个逐步的过程，如闻名美国东西海岸的连锁店格兰特公司20世纪70年代破产案，在其破产之前的若干年，随着公司的财务状况逐年恶化，主要财务指标一直在不断恶化，如应收账款周转速度下降、负债比例提高、利润率下跌，结果其债券价格和股票价格急剧下降。这类财务危机具有逐步发生、存在先兆和可以预测的特点。多数陷入财务危机的企业都属于后者，变化是渐进的。

从经济学上讲，企业财务危机是一个动态变化过程，并不存在一个点，可以将企业截然分成陷入危机和不陷入危机两类。一般而言，最恶化的状况称为财务困境、财务危机、财务困难，或者财务失败。不同的说法各有研究内容的侧重。最严重的财务危机结果就是法律破产。

无论在理论上还是在实践中，对财务危机的定义一直存在争议。不过，从国外的研究结果来看，在以下几个方面已基本形成共识：财务危机都是从现金流量而不是盈利的角度来下定义的，差别只在于是否将违约视为陷入财务危机的标志；当企业对债权人的承诺无法实现或难以遵守时，就意味着财务危机的发生。财务危机不等于破产，破产清算仅仅是处理财务危机的方法之一。

将破产作为财务危机标志是西方学术界的普遍做法，但在我国股票市场上至今尚未出现一家破产公司，况且在目前阶段上市资格仍然是一种“壳”资源，即使上市公司面临破产，也会有其他公司将其接受（即所谓的买“壳”上市），不太可能出现申请破产的情况。因此，通常可将*ST股票作为标志来界定中国上市公司是否陷入财务危机。

### 12.5.2 企业陷入财务危机的原因

企业陷入财务危机的原因是由于经济困境、行业衰退和管理不善所造成的。其中，管理不善是企业陷入财务危机的主要原因。

管理不善主要体现在这几个方面：①不适当的发展速度。由于对市场缺乏了解、分析而把企业的发展速度定得过快，会造成投资过多而销售渠道不畅的情况，并因此导致经营失败。②财务管理能力差。财务管理是企业成败的核心问题。如果有关人员的管理能力低下，必定会给企业带来失败。③销售人员推销能力差。销售额的高低是企业资金来源的关键。如果销售人员的推销能力差，企业的财源就会被断送，企业的失败就在所难免。④生产成本过高。生产成本高低会直接影响单位产品售价。一般来说，生产成本越高，单位产品售价越高。而单位产品售价越高，产品的价格优势就越少，从而严重影响到销售收入，乃至企业的成败。

经济困境和行业衰退也是企业陷入财务危机的重要外部原因。经济衰退是导致企业失败的客观原因。例如，如果宏观经济出现衰退，销售渠道受阻，销售收入减少，从而无法补偿成本费用支出，并由此导致企业财务困难，直至失败。另外，国家为紧缩银根，抑制通货膨胀，会提高银行利率。而上扬的银行利率会使企业筹资成本增加，利润减少，并因此导致财务状况恶化，直至企业失败。

### 12.5.3 企业财务危机的预测

在市场中生存的企业时刻面临着各种各样的危机和风险，能越早地发现危机的征兆，就能越有效地防范与解决问题。所以，建立一个有效的财务失败预测系统就显得非常必要了。一个好的预测系统应具备如下特点：首先，当可能危害企业财务状况的关键因素出现时，系统应能预先发出警告；其次，当财务危机征兆出现时，该系统还能及时寻找导致企业财务状况恶化的原因，使经营者制定有效措施，避免严重的财务危机真正发生；最后，该系统应能详细地记录危机的发生缘由、解决措施、处理结果，进而弥补企业现有财务管理及经营中的缺陷，避免类似财务危机再次发生。

#### 12.5.3.1 一元分析法

一元分析法是通过单个财务比率走势变化来预测财务危机。按综合性和预测能力大小，预测企业财务失败的比率主要有：①债务保障率＝现金流量/债务总额；②资产收益率＝净收益/资产总额；③资产负债率＝负债总额/资产总额；④资金安全率＝资产变现率/资产负债率，其中，资产变现率＝资产变现金额/资产账面金额。

一元分析法的运用应格外注意比较的标准和对造成指标异常因素的调整，标准的选取在很大程度上影响企业财务状况的评价。企业良好的现金流量、净收益和财务状况应该表现为企业长期的、稳定的状况，所以跟踪考察企业时，应对上述比率的变化趋势予以特别注意。一般地，失败企业有较少的现金而有较多的应收账款，或者表现为极不稳定的财务状况。

#### 12.5.3.2 多元分析法

多元分析法是利用两个或两个以上财务比率的共同变化结果对企业的发展趋势作出预测和判断，它类似于回归分析中的统计分析法。运用多元分析法预测企业前景的基本步骤是：①选取一组样本进行统计分析，确定所需要的判别变量和判别标准；②用另外一组独立样本对选出的判别变量和判别标准进行检验；③如果选出的判别变量和判别标准经检验可有效地进行预测，可将它们用于预测实践，如果选出的判别变量和判别标准不能通过检验，则从第一步重新开始。

运用多元分析法需要解决下述几个问题：①选择哪些变量？②采用什么模型？是线性还是非线性模型？③对每一变量给予多大的权数？迄今为止，对这些问题还没有任何有效的经济学理论予以解答，在实务中应用的各种预测模型，都是模型构造者根据经验和实际摸索的结果建立的。

在企业失败预测中，最著名的就是美国的爱德华·阿尔曼建立的“Z-Score”模型。早在 20 世纪 60 年代，阿尔曼在经过大量的实证考察和分析研究的基础上，他选择了五种基本财务比率，并根据按序排列的判别函数，为每一种比率确定了其对企业失败的影

响程度（即各种比率的系数），以此作为预测企业失败的基本模型，即所谓的“Z-Score”模型，其基本表达式为

$$Z=0.012X_1+0.014X_2+0.033X_3+0.006X_4+0.999X_5 \quad (12\text{-}6)$$

式中，$Z$ 表示判别函数值；$X_1=$（净营运资金/资产总额）×100；$X_2=$（留存收益/资产总额）×100；$X_3=$（息税前利润/资产总额）×100；$X_4=$（普通股和优先股市场价值总额/负债账面价值总额）×100；$X_5=$销售收入/资产总额。

公式中前四个变量用百分比表示，最后一项用小数表示。该模型实际上是通过五个变量（五种财务比率），将反映企业偿债能力的指标、获利能力指标和营运能力指标有机联系起来，综合分析预测企业财务失败或破产的可能性。在“Z-Score”模型中，阿尔曼提出了判断企业破产的临界值：如果企业的 $Z$ 值大于 2.675，则表明企业的财务状况良好，发生破产的可能性较小；若 $Z$ 值小于 1.81，则企业存在很大的破产危险；如果 $Z$ 值为 1.81～2.675，阿尔曼称之为“灰色地带”，的确，进入这个区间的企业财务状况是极不稳定的。一般来说，企业的 $Z$ 值越低，发生破产的可能性越大；反之亦然。利用这一模型和判别标准，阿尔曼对 66 家公司（其中 50%的公司已破产）进行分析测算，其准确程度达 95%左右。又如，在 1975 年 10 月破产的美国 Grant 公司，其破产前的 $Z$ 值呈下降趋势，从 1971 年到 1975 年的 $Z$ 值分别为 3.582、3.154、2.850、2.398、1.260，即 1974 年和 1975 年的判别函数值 $Z$ 值均低于临界值 2.675，也就是说，在 1974 年，Grant 公司就濒临破产。在实务中可利用 Z-Score 模型，判别企业的信用状况。如果信用受评人的 $Z$ 值较低，表明其信用等级低、信用风险大，因此应尽量避免对其提供商业信用。

### ➤专栏 12-2　华夏证券的陨落

2008 年 11 月 17 日，北京市第二中级人民法院召开了首次华夏证券股份公司破产债权人大会。会上通报，初步确定的华夏证券应偿还债权总额为 66 亿余元。至此，继中国科技证券、中关村证券、天勤证券之后，华夏证券成为第四家被北京法院受理的破产证券公司。

华夏证券破产主要是因为大规模的实业投资、挪用客户保证金、对外融资和增资扩股行为，使得财务成本越积越高，最终形成巨额亏损。

2004 年 6 月，华夏证券被曝光挪用客户保证金 16 亿元。一位曾在华夏证券管理层工作的员工透露“这和管理层的想法有着密不可分的关系，当时管理层的思路是让券商‘一业为主，多种经营’。最初的投资资金来自银行贷款，后来由于政策原因银行提前收贷，但投资的实业不可能马上停下来，在这种情况下才开始挪用保证金。”

2004 年 9 月，由北京市审计局派出的审计组，开始对华夏证券前董事长周济谱和前总裁赵大建进行专项审计。2005 年 3 月 4 日，审计报告分别递交北京市政府和中国证监会。这份公开的审计报告认定：对华夏证券 2001 年 7 月至 2004 年 6 月期间经营的巨大亏损，华夏证券前总裁赵大建应负主要责任。

2005 年 3 月 4 日北京市审计局出具公开审计报告《华夏证券股份有限公司原董事长周济谱同志及原总经理赵大建同志 2001 年 7 月至 2004 年 6 月任职期间经济责任审计

报告（征求意见稿）》，列举了多项审计问题。

• 重仓股亏损较大。截至2004年6月30日，华夏证券自营证券与受托投资管理业务总计持有太极集团6087.29万股，占该股票总股本的24.09%；持有青海明胶1325.09万股，占该股票流通股的20.72%；持有火箭股份9487.11万股，占该股票流通股的46.12%。上述三只股票浮动亏损计8.6亿元。

• 受托投资违规。截至2004年6月30日，受托投资管理业务累计亏损16.89亿元，持有股票浮动亏损7.43亿元。受托投资管理业务违规签订140笔保底收益率，收益率在3.85%—12%不等，金额69.84亿元。受托资金合同主要审批人为赵大建。

• 融资业务成本高。为维持资金链，截至2004年6月30日，以委托投资国债、国债托管、融券回购等名义从个人、银行、企事业单位融入资金190笔，余额50.11亿元。从2002年至2004年6月30日，共计支付融资利息7.4亿元，融资成本较高，年利率在4.5%～10%。

• 经纪业务违规。截至2004年6月30日，华夏证券占用客户交易结算资金余额为16.06亿元。违规卖空国债、企业债标准券开展融资回购业务，涉及金额6.88亿元。下属三家营业部违规修改电脑数据，违规以经纪人提成为名异户返佣，少交营业税，共计189个资金账户，返佣2214.7万元。通过资金账户为客户套取现金，累计3557.52万元。

• 财务核算造假。2002年12月，华夏证券通过将21家上市公司法人股转让给下属公司，虚增本年度利润5.15亿元。2003年虚增利润4.5亿元。

资料来源：改编自 http://finance.ifeng.com/roll/20081203/232804.shtml

## 12.6 企业重组

在市场经济竞争激烈的情况下，企业应能够随着外部各种因素的变化而不断改变自身的经营方式，善于管理，才能在竞争中立于不败之地。但有时由于各种因素的影响，企业可能出现一些暂时性的财务困难，致使资金周转不灵，难以按期偿还债务。在此情况下，作为债权人，一种选择是可以通过法律程序，要求债务人破产，以清偿债务；另一种选择是通过互相协商，对陷入财务危机但仍有转机和重建价值的企业根据一定程序进行重新整顿，通过这种手段，濒临破产企业中的一部分，甚至大部分能够重新振作起来，摆脱破产厄运，继续生存下去。企业失败的重组方式包括债务重组和破产重整，下面分别予以介绍。

### 12.6.1 债务重组

债务重组是指债权人按照其与债务人达成的协议或法院的裁决，同意债务人修改债务条件的事项。当企业只是面临暂时性的财务危机时，债权人通常更愿意选择此方式，以避免因进入正式法律程序而发生的庞大费用和冗长的诉讼时间。一般来说，债务人可以采取如下方式清偿债务：

（1）以低于债务账面价值的现金清偿债务。

（2）以非现金资产清偿债务指债务人转让其非现金资产给债权人以清偿债务。债务人常用于偿债的资产主要有：存货、短期投资、固定资产、长期投资、无形资产等。

（3）债务转为资本是指债务人将债务转为资本，同时债权人将债权转为股权的债务重组方式。对于股份制企业来说，这种方式在法律上有一定的限制。例如，按照我国《公司法》规定，公司发行新股必须具备一定的条件。

（4）修改其他债务条件，如延长债务偿还期限、延长债务偿还期限并加收利息、延长债务偿还期限并减少债务本金或债务利息等。

（5）混合重组方式。例如，以转让资产、债务转为资本方式的组合清偿某项债务。再如，以转让资产清偿某项债务的一部分，并对该项债务的另一部分通过修改其他债务条件进行债务重组。

例如，银行免除某困难国有企业积欠的利息，只收回本金。作为债权人的银行对该债务企业作出了让步。又如，甲企业欠乙企业 140 万元货款，付款截止期为 2008 年 5 月 30 日。由于经营方面的原因，甲企业发生财务困难，无法在 5 月 30 日偿还乙企业的货款。为缓解甲企业暂时的财务困难，乙企业同意与甲企业进行债务重组，达成的协议如下：甲企业的还款期推迟到 12 月 31 日，货款减为 90 万元。在这个例子中，甲企业将来可以低于现行债务的金额偿还债务，乙企业在债务重组中作出了让步。

债务重组可以为债务人和债权人双方都带来一定的好处。首先，这种做法避免了履行正式手续所需发生的大量费用，所需要的律师、会计师的人数也比履行正式手续时要少得多，使重组费用降至最低点；其次，债务重组可以减少重组所需的时间，使企业在较短的时间内重新进入正常经营的状态，避免了因冗长的正式程序使企业迟迟不能进行正常经营而造成的企业资产闲置和资金回收推迟等浪费现象；再次，债务重组使谈判有更大的灵活性，有时更易达成协议；最后，债务重组可使债权人最大限度地回收债权。另外，有时债务的延期或到期债务的减免还会为财务发生困难的企业赢得时间，使其调整财务，避免破产。

但是债务重组也存在着一些弊端，主要表现为：当债权人人数很多时，可能难于达成一致；没有法院的正式参与，债务重组协议的执行缺乏法律保障。

### 12.6.2 破产重整

#### 12.6.2.1 我国破产立法概况

1986 年 12 月 2 日，第六届全国人大常委会第 18 次会议通过了《中华人民共和国企业破产法（试行）》（下称旧《破产法》），该法适用于全民所有制企业。我国的破产法诞生后，对经济体制改革与市场经济建设起到重要的促进作用。但因受立法时社会条件的局限，存在立法思想陈旧、体系杂乱、重整等重要制度缺失、政府不当行政干预过重、国有企业的政策性破产与法律冲突、法律规范缺乏可操作性等问题，已不适应社会需要。在我国市场经济体制已经逐步确立后，制定统一的、市场化的新破产法已势在必行。2006 年 8 月 27 日，第十届全国人大常委会第 23 次会议通过了《中华人民共和国企业破产法》，自 2007 年 6 月 1 日起施行，旧《破产法》同时废止。

#### 12.6.2.2　公司破产重整的含义

重整是指经由利害关系人的申请，在法院的主持和利害关系人的参与下，对已具破产原因或具破产可能而又有复兴再生希望的债务人进行生产经营上的整顿和债权债务关系上的调整，使之摆脱经营和财务困境、重获经营能力的特殊法律程序，本质上属于破产预防体系的重要组成部分。我国重整制度的适用范围为企业法人，由于其程序复杂、费用高昂、耗时很长，故实践中主要适用于大型企业，中小型企业则往往采用更为简化的和解程序。

重整概念广泛地出现在企业经营管理、证券市场实务以及经济学研究中，但目前在我国它本身并不是一个法律用语，而且在应该使用“重整”术语的场合，却更多地使用“重组”、“整顿”等概念。在重整和重组的关系中，重组的内涵与外延要比重整大得多，重整只是重组的一种特别形式。重整制度是《破产法》价值取向发展中的一次突破。

#### 12.6.2.3　重整制度的特征

我国重整制度的特征主要包括以下几个方面：

(1) 重整申请时间提前，启动主体多元化。提出破产与和解申请，以债务人已发生破产原因为前提，而重整申请则在债务人有发生破产原因的可能时即可提出。不仅债务人、债权人可提出重整申请，债务人的股东也可在一定条件下提出。根据《破产法》第 134 条的规定，国务院金融监督管理机构也可以向人民法院提出对金融机构进行重整的申请。

(2) 重整措施多样化。重整企业可运用多种重整措施，达到恢复经营能力、清偿债务、避免破产的目的，除延期或减免偿还债务外，还可采取向重组者无偿转让全部或部分股权，核减或增加注册资本，向特定对象定向发行新股或债券，将债权转为股份，转让营业或资产等方法。重整的目的在于维持公司之事业，而不限于公司本身，故必要时还可采取解散原有公司，设立第二公司，或公司分立、与其他公司合并等方法。

(3) 担保物权受限。在重整程序中，物权担保债权人的优先受偿权受到限制，这是其与破产法上其他程序的重大不同之处。限制担保物权的目的，是为保证债务人不因担保财产的执行而影响生产经营，无法进行重整。

(4) 重整程序具有强制性。只要债权人会议各表决组及股东组以法定多数通过重整计划，经法院批准，对所有当事人均具有法律效力。而且，在未获全部表决组通过的情况下（但至少有一组通过），如重整计划草案符合法定条件，债务人或者管理人可以申请人民法院予以批准。法院可在保证反对者的既得利益不受损害等法定条件下强制批准重整计划，以避免因部分利害关系人的反对而无法进行重整。

(5) 债务人可负责制定、执行重整计划。除非债务人存在破产欺诈、无经营能力等情况，根据《破产法》规定，在重整期间，经债务人申请、法院批准，债务人可以在管理人的监督下制定重整计划草案，在重整计划批准后自行管理财产和营业事务。这可以消除债务人对重整的抵制因素，保障其合理的既得利益，促使其在发生债务危机时尽早申请重整，以减少债权人的损失。而且，相对于由律师、注册会计师等出任的管理人，债务人更为熟悉企业的经营与业务，由其负责重整计划的执行，成功的可能性较大。

### 12.6.3 企业清算

企业清算根据清算的原因不同可分为解散清算和破产清算。公司章程规定的营业期限届满或公司章程规定的其他解散事由出现等均会导致企业解散清算。破产清算是因经营管理不善造成严重亏损，不能偿还到期债务而进行的清算。与破产清算比较而言，解散清算的特点主要表现在清算程序的不同，这里着重介绍破产清算。

根据我国《破产法》的有关规定，企业破产清算的基本程序大致可分为三个阶段：一是破产申请阶段；二是和解阶段；三是破产清算阶段，现就破产申请阶段和破产清算阶段的主要操作程序概括如下。

#### 12.6.3.1 破产和破产清算

我国《破产法》第 2 条对破产界限作了规定："企业法人不能清偿到期债务，并且资产不足以清偿全部债务或者明显缺乏清偿能力的，依照本法规定清理债务。企业法人有前款规定情形，或者有明显丧失清偿能力可能的，可以依照本法规定进行重整。"从此规定看，企业破产的最后界限是不能清偿到期债务。从法律上理解，破产有两层含义：其一是资不抵债时发生的实际上的破产；其二是指债务人因不能清偿到期债务而被法院依法宣告破产。此时债务人资产可能低于负债，也可能等于或超过负债。于是可能出现债务人资产虽然超过负债，却因无法获得足够的现金或无法以债权人同意的其他方式偿还到期债务不得不破产的情况。

在实务中，人们通常把"资不抵债"作为破产确认的界限。其实资不抵债与破产是不能完全画等号的，其原因就在于它忽略了企业信用能力在企业债务清偿中的作用。某些企业虽然已经资不抵债，但如能采取补救措施，如利用其信誉借新债还旧债，企业就可以摆脱危机，避免破产。某些企业虽然资大于债，但只要在约定期内能够用于偿债的款项小于负债，债务人又没有足够的信用借新债进行周转，那么，债务人不破产便无法还债，这时也达到了破产界限。因此，资不抵债只是破产的一个基本物质条件，而不是充分条件。

"资不抵债"与"不能清偿到期债务"的区别，也可以说是事实上的破产与法律上的破产的区别。一般地说，"资不抵债"只表明已经具备了可能被宣告破产的事实，但在法律上是否被宣告破产，则不能按这个标准来确定。因为一个企业的"资产"到底值多少钱，应以市场价值而不是账面价值为标准。资产市场价值的确认通常需要通过清仓查库、查证验账、估价折算等，这个过程要花费大量的时间，而且也难保准确无误，能够迅速、准确掌握的标准就是一条——能否清偿到期债务。只要企业能清偿到期债务，就可以继续经营；反之则应宣告破产。因此，认定债务人破产的充分必要条件是不能清偿到期债务。

### 12.6.3.2　破产的法律程序

当企业符合法定破产条件后，应按照以下程序执行，直至注销破产企业。

（1）破产案件的申请与受理。根据我国《破产法》的规定，当债务人不能清偿到期债务时，债权人和债务人均有权提出破产申请。目前，多数企业的破产申请是由破产企业（即债务人）提出。企业破产案件由债务人所在地人民法院管辖。人民法院受理破产案件后，应当立即通知债务人自收到案件受理通知之日起，停止支付债务，并保护好企业财产，不得非法处理企业的账册、印章，不得隐匿、私分、无偿转让、非正常压价出售企业的财产。

（2）破产宣告。根据《破产法》规定，企业不能清偿到期债务，并且有以下情形之一的，由人民法院裁定，宣告企业破产：①企业经上级主管部门同意后，申请宣告破产；②债权人申请宣告债务人破产，债务人不能取得担保，自破产申请之日六个月内清偿债务，也不能与债权人会议达成和解协议；③正在进行和解的企业，经人民法院裁定终结该企业的整顿；④和解与整顿期满，企业不能按照和解协议清偿债务。

（3）组建清算组。按照《破产法》的规定，人民法院应当自宣告企业破产之日起 15 日内成立清算组，接管破产企业。清算组的组成人员一般包括财政部门、企业主管部门、国有资产管理部门、审计部门、劳动部门、国土管理部门、社会保障部门、人民银行、工商管理部门等部门的人员。

（4）分配破产财产。破产财产是指依照破产程序在破产债权人之间进行分配的企业财产。破产财产由下列财产构成：①宣告破产时破产企业经营管理的全部财产；②破产企业在破产宣告后至破产程序终结前所取得的财产；③应当由破产企业行使的其他财产权利，如专利权、著作权等。

由于破产财产分配是破产程序中非常重要的环节，涉及相关方面的利益关系，因此后面重点阐述。

（5）终结破产程序。清算组在破产财产分配完毕之后，应编制有关清算工作的报告文件，向法院报告清算工作，并提请人民法院终结破产程序。破产程序终结后，未清偿的债务便不再清偿。破产程序的终结有三种情况：①债务人与债权人会议达成和解协议。企业经过整顿，能够根据和解协议清偿债务，人民法院应当终结该企业的破产程序并且予以公告；②破产财产不足以支付破产费用，人民法院应当宣布破产程序终结；③破产财产分配完毕，由清算组提请人民法院终结破产程序。

破产程序终结后一年内，如果发现破产企业在法院受理破产案件前六个月至破产宣告日的期间内，有非法处理财产的行为，应由人民法院追回财产，仍按上述顺序分配。

（6）注销破产企业。清算组在接到法院终结破产程序的裁定后，应及时办理破产企业的注销登记手续，并将办理情况及时通告人民法院。破产企业注销登记后，人民法院应当宣告清算组撤销解散，至此，破产清算工作宣告结束。

### 12.6.3.3 破产财产的分配

1）破产债权

破产债权是破产宣告前的、对破产人发生的、依法申报确认的，并须由破产财产中获得公平清偿的可强制执行的财产请求权。破产债权主要包括下列各项：

(1) 有财产担保的债权，其数额超过担保物价款的，未受清偿的部分，作为破产债权。

(2) 破产企业未履行合同的对方当事人，因清算组解除合同受到损失的，以损失赔偿额作为破产债权。

(3) 债务人企业作为票据（汇票、本票、支票）发票人或背书人被宣告破产，而付款人或承兑人不知其破产事实而付款或承兑，因此产生的债权为破产债权。

(4) 被保证人被宣告破产，债权人可以作为破产债权人参加破产程序，以其全部债权额作为破产债权申报并参加破产分配，还可就破产清偿不足的部分继续向保证人追偿。破产企业的保证人代替破产企业清偿债务的，保证人有权以其清偿数额作为破产债权向人民法院申报并且参加破产分配。

(5) 破产宣告时对破产企业未到期的债权，视为已到期债权，在破产程序中予以清偿，但是应当减去未到期的利息。

2）破产财产的处置

破产企业的财产全部清点核实之后，在处置之前首先应当由具有法定资格的资产评估机构进行资产评估，评估结果应得到企业财产所有人（如国有资产的管理部门）确认。然后，以评估价值作为依据确定底价，以拍卖方式为主依法转让，转让价格由市场确定，所得价款用于破产分配。人民法院受理破产案件前六个月至破产宣告之日的期间内，破产企业如存在下列行为，清算组有权向人民法院申请追回财产，追回的财产，并入破产财产分配：①隐匿、私分或者无偿转让财产，包括企业上级主管部门无偿调拨财产；②非正常压价出售财产；③对原来没有财产担保的债务提供财产担保；④对未到期的债务提前清偿；⑤积极放弃自己的债权。

3）破产费用

破产费用是指在破产程序中为破产债权人共同利益而从破产财产中支付的费用。破产费用主要包括：①破产财产的管理、变卖和分配所需要的费用，如聘用工作人员看管破产财产、运输、办公、破产财产估价、变卖和分配破产财产等活动中所发生的费用；②破产案件的诉讼费，如清算组代表破产企业起诉或应诉所需要的费用以及破产程序本身所需要的各种费用；③临时接管人、破产清算人的劳动报酬以及聘任工作人员的费用等；④为债权人的共同利益而在破产程序中支出的其他费用。

清算组在接管破产企业后，应迅速对破产财产进行大致估价，并对破产费用作出预算，如果破产财产不足以支付破产费用，应宣告破产程序终结，这时债权人可能一无所获。

4）破产财产的分配

清算组应当根据对破产企业的清算结果制作破产财产明细表、资产负债表，并提出破产财产的分配方案。破产企业的财产中，首先要剔除已作为担保物的财产，用以优先偿付有担保债权。其次随时支付各种破产费用，破产费用支付后，剩余破产财产应按以下顺序清偿：①破产人所欠职工的工资和医疗、伤残补助、抚恤费用，所欠的应当划入职工个人账户的基本养老保险、基本医疗保险费用，以及法律，行政法规规定应当支付给职工的补偿金；②破产人欠缴的除前项规定以外的社会保险费用；③普通破产债权。

在前一顺序的债权得到全额偿还之前，后一顺序的债权不予分配。破产财产不足以清偿同一顺序的清偿要求时，按照同一比例向债权人清偿。破产企业的董事、监事和高级管理人员的工资按照该企业职工的平均工资计算。银行的贷款在破产清偿中不享有优先地位。清算后各项剩余财产的净值，不论实物或现金，均应按投资各方的出资比例或者合同、章程的规定分配。其中，有限责任公司除公司章程另有规定外，按投资各方出资比例分配。股份有限公司按照优先股股份面值对优先股股东优先分配，其后的剩余部分再按照普通股股东的股份比例进行分配。如果企业剩余财产尚不足全额偿还优先股股金，则按照各优先股股东所持比例分配。如果是国有企业，则其剩余财产应全部上缴财政。

5）清算损益

企业清算中发生的财产盘盈、财产变价净收入、因债权人原因确实无法归还的债务，以及清算期间的经营收益等计入企业清算收益。企业清算终了，清算收益大于清算损失、清算费用的部分，依法缴纳所得税。

**【例 12-6】**　某企业破产清算日资产负债表如表 12-5 所示。

**表 12-5　某企业资产负债表**　　单位：万元

| 项　目 | 金　额 | 项　目 | 金　额 |
|---|---|---|---|
| 银行存款 | 60 | 应缴税金 | 120 |
| 应收账款 | 400 | 应付账款 | 3 000 |
| 存货 | 800 | 负债合计 | 3 120 |
| 固定资产 | 1 600 | 实收资本 | 600 |
| 递延资产 | 40 | 未分配利润 | −820 |
| 资产合计 | 2 900 | 负债及权益合计 | 2 900 |

在破产清算过程中，发生以下业务：①在登记破产债权时，有 80 万元的应付账款债权人未来登记，当做放弃债权处理。②企业欠 A 公司的应付账款为 160 万元，应收 A 公司的应收账款为 120 万元，两者相互抵消后，差额为 40 万元。③有担保的应付账款为 1200 万元，用厂房担保，厂房的账面价值为 1400 万元。④应收账款收回 340 万元，损失 60 万元；存货变卖收入 560 万元，损失 240 万元；固定资产变卖收入 1320 万元，损失 280 万元；递延资产 40 万元全部核销作为损失。⑤支付各项费用 100 万元。

要求：确定破产财产的分配顺序以及金额。

**解**

破产费用＝100（万元）

破产损失＝60＋240＋280＋40＝620（万元）

破产财产＝2900－1400＋（1400－1200）－120＝1580（万元）

破产债权＝3120－80－120－1200＝1720（万元）

可用于偿还或分配的财产＝1580－100－620＝860（万元）

破产债权偿还率＝860÷1720×100％＝50％

破产财产的分配，首先用于支付破产费用和抵偿破产损失，剩余的可用于偿还或分配财产，再按照债务清偿的顺序，全额支付应交税金120万元，支付税金后剩余的财产740万元，剩余的破产债权为1600万元。将剩余的财产在破产债权中按照比例分配。剩余的破产债权清偿率为46％（740÷1600）。企业的实收资本则全部不能归还。

## ➢思考题

1. 促使企业之间发生并购的原因是什么？
2. 企业价值评估有哪些方法？
3. 并购活动对收购方企业的财务影响有哪些？
4. 企业反收购策略有哪些？
5. 企业陷入财务危机的原因有哪些？
6. 财务危机基本预测方法有哪些？
7. 简述我国破产重整制度。
8. 企业处于何种状况下会采取债务重组？
9. 破产债权包括哪些内容？
10. 如何避免破产财产的流失？

## ➢练习题

1. 某公司和甲企业流通在外的普通股分别为3000万股和600万股，现有净利分别为6000万元和900万元，市盈率分别为15和10。该公司拟采用增发普通股的方式收购甲企业，并计划支付给甲企业高于其市价20％的溢价。要求：

（1）计算股票交换比率和该公司需增发的普通股股数；

（2）如果两企业并购后的收益能力不变，新公司市盈率不变，则合并对原企业股东每股收益有何影响？股票市价交换比率为多少？该合并对哪一方有利？能否发生？

（3）如果两企业并购后的收益能力不变，新公司市盈率上升为16，则其每股市价为多少？

（4）如果合并后新公司市盈率不变，使并购前后每股收益相等的股票交换比率，股票市价交换比率和增发的股数分别为多少？

2. A公司拟收购B公司，收购方式为用增发普通股，相关信息如表12-6所示。

**表12-6 A、B两公司指标**

| 项　　目 | A公司 | B公司 |
| --- | --- | --- |
| 现有收益/元 | 40 000 000 | 10 000 000 |
| 已外发普通股/股 | 20 000 000 | 8 000 000 |
| 每股收益/元 | 2.00 | 1.25 |
| 市盈率/倍 | 12 | 8 |

A 公司计划支付给 B 公司高于其市价 20%的溢价。要求计算：

(1) 股票交换率为多少？需要增发多少股票？

(2) 收购后新 A 公司的每股收益为多少？

(3) 收购后新 A 公司市盈率若为 15 倍，则每股市价为多少？

3. A 公司欲并购 B 公司，在并购消息宣布前，两公司有关情况见表 12-7 所示。

**表 12-7　A、B 两公司主要指标**

| 项　目 | A 公司 | B 公司 |
|---|---|---|
| 每股市价/元 | 70 | 10 |
| 股本数/股 | 100 000 | 80 000 |
| 公司总市值/元 | 7 000 000 | 800 000 |

要求计算下面三种情况下的并购成本：

(1) A 公司打算支付 91 万元的现金给 B 公司。假定 B 公司当时的市场价格正好反映其作为一个独立存在的公司的内在价值。

(2) A 公司打算支付 91 万元的现金给 B 公司。并购消息传出后，B 公司的股票价值被高估了 4 元。

(3) A 公司打算用换股方式并购 B 公司，假设 A 公司用 13 000 股股票进行并购。

4. 某目标企业预计未来 5 年的预期收益额为 300 万元、350 万元、380 万元、360 万元、390 万元，并根据企业的实际情况推断，从第 6 年开始，企业的年收益额将维持在 390 万元水平上，假定本金化率为 12%，要求：估测企业的价值。

5. 某企业破产清算日主要的资产及负债项目情况如下：银行存款为 150 万元，应收账款为 800 万元，存货为 1600 万元，固定资产为 3200 万元，递延资产为 50 万元，资产合计为 5800 万元，实收资本为 1200 万元，应缴税金为 250 万元，应付账款为 6000 万元，未分配利润为－1650 万元。

在破产清算过程中，发生以下业务：①在登记破产债权时，有 160 万元的应付账款债权人未来登记，当做放弃债权处理。②企业欠 A 公司的应付账款为 320 万元，应收 A 公司的应收账款为 240 万元，两者相互抵消后，差额为 80 万元。③有担保的应付账款为 2400 万元，用厂房担保，厂房的账面价值为 2800 万元。④应收账款收回 600 万元，损失 200 万元；存货变卖收入 1120 万元，损失 480 万元；固定资产变卖收入 2640 万元，损失 560 万元；递延资产 50 万元全部核销作为损失。⑤支付各项费用 300 万元。

要求：确定破产财产的分配顺序以及金额。

6. 案例分析：A 铸材公司是国有企业，该公司成立之初，全部资产为 620 万元。A 铸材公司成立后，在激烈的市场竞争中，经营决策屡屡失误，加之公司内部管理混乱，至 2009 年公司即负债 80 万元，2010 年负债 620 万元，2011 年负债 800 万元，2012 年负债达 1300 万元，已出现严重的不能清偿到期债务的现象，经 B 市经委同意，A 铸材公司于 2013 年 3 月向某人民法院提出破产申请。

某人民法院受理本案后对本案如何处理争议较大，主要有两种观点：

一种观点认为，应宣告破产。理由是，A 铸材公司因经营管理不善，严重亏损，负债累累，而且政府有关部门拒绝资助以帮助清偿债务，该公司已丧失清偿到期债务的能力，故依法宣告破产。

另一种观点认为，A 铸材公司不能宣告破产，应由 B 市经委承担连带清偿责任。理由是，A 铸材公司从 2011 年起，实际上已处于半停产状态，经营管理较为混乱，人心浮动，资不抵债，不能清偿到期债务，处于负债经营的状态。但该公司隐瞒企业经营状况，在大大超出其履行能力的情况下，继续与他人进行经济行为，其行为有明显的欺诈性，导致其他企事业单位遭受重大损失。作为上级主管部门的 B 市经委对此明知，却放任其行为，听之任之，理应对此承担责任。故不应宣告破产。

要求：根据《破产法》的规定，人民法院应如何审理申请人 A 铸材公司的破产申请？

## 参考文献


金德环．2007．投资学．北京：高等教育出版社

卢家仪，蒋冀．2004．财务管理．北京：清华大学出版社

漆江娜，黄元生．1994．企业财务管理．广州：中山大学出版社

全国会计专业技术资格考试专家小组办公室．2001．财务管理．北京：中国财政经济出版社

王海粟．2005．企业价值评估．上海：复旦大学出版社

王化成．2007．公司财务管理．北京：高等教育出版社

王少豪．2005．企业价值评估：观点、方法与实务．北京：中国水利水电出版社

詹姆斯·范霍恩 C．2000．财务管理与政策教程．宋逢明等译．北京：华夏出版社

詹姆斯·范霍恩 C，小约翰·瓦霍维奇 M．2002．现代企业财务管理．郭浩译．北京：经济科学出版社

张家伦．2001．财务管理学．北京：首都经济贸易大学出版社

中国注册会计师协会．2005．财务成本管理．北京：经济科学出版社

中国注册会计师协会．2007．财务成本管理．北京：经济科学出版社

中国资产评估协会．2007．资产评估．北京：经济科学出版社

Brealey R A，Myers S C．1996．Principles of Corporate Finance（5th Ed.）．New York：McGraw-Hill Companies，Inc

Ross S A，Westerfield R W，Jaffe J F．2004．公司理财．吴世农，沈艺峰，王志强等译．北京：机械工业出版社

# 附　　录

## 附表 1　复利终值系数表（FVIF）

| n/i（%） | 1 | 2 | 3 | 4 | 5 | 6 | 7 |
|---|---|---|---|---|---|---|---|
| 1 | 1.0100 | 1.0200 | 1.0300 | 1.0400 | 1.0500 | 1.0600 | 1.0700 |
| 2 | 1.0201 | 1.0404 | 1.0609 | 1.0816 | 1.1025 | 1.1236 | 1.1449 |
| 3 | 1.0303 | 1.0612 | 1.0927 | 1.1249 | 1.1576 | 1.1910 | 1.2250 |
| 4 | 1.0406 | 1.0824 | 1.1255 | 1.1699 | 1.2155 | 1.2625 | 1.3108 |
| 5 | 1.0510 | 1.1041 | 1.1593 | 1.2167 | 1.2763 | 1.3382 | 1.4026 |
| 6 | 1.0615 | 1.1262 | 1.1941 | 1.2653 | 1.3401 | 1.4185 | 1.5007 |
| 7 | 1.0721 | 1.1487 | 1.2299 | 1.3159 | 1.4071 | 1.5036 | 1.6058 |
| 8 | 1.0829 | 1.1717 | 1.2668 | 1.3686 | 1.4775 | 1.5938 | 1.7182 |
| 9 | 1.0937 | 1.1951 | 1.3048 | 1.4233 | 1.5513 | 1.6895 | 1.8385 |
| 10 | 1.1046 | 1.2190 | 1.3439 | 1.4802 | 1.6289 | 1.7908 | 1.9672 |
| 11 | 1.1157 | 1.2434 | 1.3842 | 1.5395 | 1.7103 | 1.8983 | 2.1049 |
| 12 | 1.1268 | 1.2682 | 1.4258 | 1.6010 | 1.7959 | 2.0122 | 2.2522 |
| 13 | 1.1381 | 1.2936 | 1.4685 | 1.6651 | 1.8856 | 2.1329 | 2.4098 |
| 14 | 1.1495 | 1.3195 | 1.5126 | 1.7317 | 1.9799 | 2.2609 | 2.5785 |
| 15 | 1.1610 | 1.3459 | 1.5580 | 1.8009 | 2.0789 | 2.3966 | 2.7590 |
| 16 | 1.1726 | 1.3728 | 1.6047 | 1.8730 | 2.1829 | 2.5404 | 2.9522 |
| 17 | 1.1843 | 1.4002 | 1.6528 | 1.9479 | 2.2920 | 2.6928 | 3.1588 |
| 18 | 1.1961 | 1.4282 | 1.7024 | 2.0258 | 2.4066 | 2.8543 | 3.3799 |
| 19 | 1.2081 | 1.4568 | 1.7535 | 2.1068 | 2.5270 | 3.0256 | 3.6165 |
| 20 | 1.2202 | 1.4859 | 1.8061 | 2.1911 | 2.6533 | 3.2071 | 3.8697 |
| 25 | 1.2824 | 1.6406 | 2.0938 | 2.6658 | 3.3864 | 4.2919 | 5.4274 |
| 30 | 1.3478 | 1.8114 | 2.4273 | 3.2434 | 4.3219 | 5.7435 | 7.6123 |
| 40 | 1.4889 | 2.2080 | 3.2620 | 4.8010 | 7.0400 | 10.2857 | 14.9745 |
| 50 | 1.6446 | 2.6916 | 4.3839 | 7.1067 | 11.4674 | 18.4202 | 29.4570 |

| n/i（%） | 8 | 9 | 10 | 11 | 12 | 13 | 14 |
|---|---|---|---|---|---|---|---|
| 1 | 1.0800 | 1.0900 | 1.1000 | 1.1100 | 1.1200 | 1.1300 | 1.1400 |
| 2 | 1.1664 | 1.1881 | 1.2100 | 1.2321 | 1.2544 | 1.2769 | 1.2996 |
| 3 | 1.2597 | 1.2950 | 1.3310 | 1.3676 | 1.4049 | 1.4429 | 1.4815 |
| 4 | 1.3605 | 1.4116 | 1.4641 | 1.5181 | 1.5735 | 1.6305 | 1.6890 |
| 5 | 1.4693 | 1.5386 | 1.6105 | 1.6851 | 1.7623 | 1.8424 | 1.9254 |
| 6 | 1.5869 | 1.6771 | 1.7716 | 1.8704 | 1.9738 | 2.0820 | 2.1950 |
| 7 | 1.7138 | 1.8280 | 1.9487 | 2.0762 | 2.2107 | 2.3526 | 2.5023 |
| 8 | 1.8509 | 1.9926 | 2.1436 | 2.3045 | 2.4760 | 2.6584 | 2.8526 |
| 9 | 1.9990 | 2.1719 | 2.3579 | 2.5580 | 2.7731 | 3.0040 | 3.2519 |
| 10 | 2.1589 | 2.3674 | 2.5937 | 2.8394 | 3.1058 | 3.3946 | 3.7072 |
| 11 | 2.3316 | 2.5804 | 2.8531 | 3.1518 | 3.4785 | 3.8359 | 4.2262 |
| 12 | 2.5182 | 2.8127 | 3.1384 | 3.4985 | 3.8960 | 4.3345 | 4.8179 |

续表

| n/i (%) | 8 | 9 | 10 | 11 | 12 | 13 | 14 |
|---|---|---|---|---|---|---|---|
| 13 | 2.7196 | 3.0658 | 3.4523 | 3.8833 | 4.3635 | 4.8980 | 5.4924 |
| 14 | 2.9372 | 3.3417 | 3.7975 | 4.3104 | 4.8871 | 5.5348 | 6.2613 |
| 15 | 3.1722 | 3.6425 | 4.1772 | 4.7846 | 5.4736 | 6.2543 | 7.1379 |
| 16 | 3.4259 | 3.9703 | 4.5950 | 5.3109 | 6.1304 | 7.0673 | 8.1372 |
| 17 | 3.7000 | 4.3276 | 5.0545 | 5.8951 | 6.8660 | 7.9861 | 9.2765 |
| 18 | 3.9960 | 4.7171 | 5.5599 | 6.5436 | 7.6900 | 9.0243 | 10.5752 |
| 19 | 4.3157 | 5.1417 | 6.1159 | 7.2633 | 8.6128 | 10.1974 | 12.0557 |
| 20 | 4.6610 | 5.6044 | 6.7275 | 8.0623 | 9.6463 | 11.5231 | 13.7435 |
| 25 | 6.8485 | 8.6231 | 10.8347 | 13.5855 | 17.0001 | 21.2305 | 26.4619 |
| 30 | 10.0627 | 13.2677 | 17.4494 | 22.8923 | 29.9599 | 39.1159 | 50.9502 |
| 40 | 21.7245 | 31.4094 | 45.2593 | 65.0009 | 93.0510 | 132.782 | 188.884 |
| 50 | 46.9016 | 74.3575 | 117.391 | 184.565 | 289.002 | 450.736 | 700.233 |

| n/i (%) | 15 | 16 | 17 | 18 | 19 | 20 | 25 | 30 |
|---|---|---|---|---|---|---|---|---|
| 1 | 1.1500 | 1.1600 | 1.1700 | 1.1800 | 1.1900 | 1.2000 | 1.2500 | 1.3000 |
| 2 | 1.3225 | 1.3456 | 1.3689 | 1.3924 | 1.4161 | 1.4400 | 1.5625 | 1.6900 |
| 3 | 1.5209 | 1.5609 | 1.6016 | 1.6430 | 1.6852 | 1.7280 | 1.9531 | 2.1970 |
| 4 | 1.7490 | 1.8106 | 1.8739 | 1.9388 | 2.0053 | 2.0736 | 2.4414 | 2.8561 |
| 5 | 2.0114 | 2.1003 | 2.1924 | 2.2878 | 2.3864 | 2.4883 | 3.0518 | 3.7129 |
| 6 | 2.3131 | 2.4364 | 2.5652 | 2.6996 | 2.8398 | 2.9860 | 3.8147 | 4.8268 |
| 7 | 2.6600 | 2.8262 | 3.0012 | 3.1855 | 3.3793 | 3.5832 | 4.7684 | 6.2749 |
| 8 | 3.0590 | 3.2784 | 3.5115 | 3.7589 | 4.0214 | 4.2998 | 5.9605 | 8.1573 |
| 9 | 3.5179 | 3.8030 | 4.1084 | 4.4355 | 4.7854 | 5.1598 | 7.4506 | 10.6045 |
| 10 | 4.0456 | 4.4114 | 4.8068 | 5.2338 | 5.6947 | 6.1917 | 9.3132 | 13.7858 |
| 11 | 4.6524 | 5.1173 | 5.6240 | 6.1759 | 6.7767 | 7.4301 | 11.6415 | 17.9216 |
| 12 | 5.3503 | 5.9360 | 6.5801 | 7.2876 | 8.0642 | 8.9161 | 14.5519 | 23.2981 |
| 13 | 6.1528 | 6.8858 | 7.6987 | 8.5994 | 9.5964 | 10.6993 | 18.1899 | 30.2875 |
| 14 | 7.0757 | 7.9875 | 9.0075 | 10.1472 | 11.4198 | 12.8392 | 22.7374 | 39.3738 |
| 15 | 8.1371 | 9.2655 | 10.5387 | 11.9737 | 13.5895 | 15.4070 | 28.4217 | 51.1859 |
| 16 | 9.3576 | 10.7480 | 12.3303 | 14.1290 | 16.1715 | 18.4884 | 35.5271 | 66.5417 |
| 17 | 10.7613 | 12.4677 | 14.4265 | 16.6722 | 19.2441 | 22.1861 | 44.4089 | 86.5042 |
| 18 | 12.3755 | 14.4625 | 16.8790 | 19.6733 | 22.9005 | 26.6233 | 55.5112 | 112.455 |
| 19 | 14.2318 | 16.7765 | 19.7484 | 23.2144 | 27.2516 | 31.9480 | 69.3889 | 146.192 |
| 20 | 16.3665 | 19.4608 | 23.1056 | 27.3930 | 32.4294 | 38.3376 | 86.7362 | 190.050 |
| 25 | 32.9190 | 40.8742 | 50.6578 | 62.6686 | 77.3881 | 95.3962 | 264.6978 | 705.641 |
| 30 | 66.2118 | 85.8499 | 111.065 | 143.371 | 184.675 | 237.376 | 807.794 | 2620.00 |
| 40 | 267.864 | 378.721 | 533.869 | 750.378 | 1051.67 | 1469.77 | 7523.16 | 36118.9 |
| 50 | 1083.66 | 1670.70 | 2566.22 | 3927.36 | 5988.91 | 9100.44 | 70064.9 | 497929.2 |

## 附表 2　复利现值系数表（PVIF）

| n/i（%） | 1 | 2 | 3 | 4 | 5 | 6 | 7 | 8 | 9 |
|---|---|---|---|---|---|---|---|---|---|
| 1 | 0.9901 | 0.9804 | 0.9709 | 0.9615 | 0.9524 | 0.9434 | 0.9346 | 0.9259 | 0.9174 |
| 2 | 0.9803 | 0.9612 | 0.9426 | 0.9246 | 0.9070 | 0.8900 | 0.8734 | 0.8573 | 0.8417 |
| 3 | 0.9706 | 0.9423 | 0.9151 | 0.8890 | 0.8638 | 0.8396 | 0.8163 | 0.7938 | 0.7722 |
| 4 | 0.9610 | 0.9238 | 0.8885 | 0.8548 | 0.8227 | 0.7921 | 0.7629 | 0.7350 | 0.7084 |
| 5 | 0.9515 | 0.9057 | 0.8626 | 0.8219 | 0.7835 | 0.7473 | 0.7130 | 0.6806 | 0.6499 |
| 6 | 0.9420 | 0.8880 | 0.8375 | 0.7903 | 0.7462 | 0.7050 | 0.6663 | 0.6302 | 0.5963 |
| 7 | 0.9327 | 0.8706 | 0.8131 | 0.7599 | 0.7107 | 0.6651 | 0.6227 | 0.5835 | 0.5470 |
| 8 | 0.9235 | 0.8535 | 0.7894 | 0.7307 | 0.6768 | 0.6274 | 0.5820 | 0.5403 | 0.5019 |
| 9 | 0.9143 | 0.8368 | 0.7664 | 0.7026 | 0.6446 | 0.5919 | 0.5439 | 0.5002 | 0.4604 |
| 10 | 0.9053 | 0.8203 | 0.7441 | 0.6756 | 0.6139 | 0.5584 | 0.5083 | 0.4632 | 0.4224 |
| 11 | 0.8963 | 0.8043 | 0.7224 | 0.6496 | 0.5847 | 0.5268 | 0.4751 | 0.4289 | 0.3875 |
| 12 | 0.8874 | 0.7885 | 0.7014 | 0.6246 | 0.5568 | 0.4970 | 0.4440 | 0.3971 | 0.3555 |
| 13 | 0.8787 | 0.7730 | 0.6810 | 0.6006 | 0.5303 | 0.4688 | 0.4150 | 0.3677 | 0.3262 |
| 14 | 0.8700 | 0.7579 | 0.6611 | 0.5775 | 0.5051 | 0.4423 | 0.3878 | 0.3405 | 0.2992 |
| 15 | 0.8613 | 0.7430 | 0.6419 | 0.5553 | 0.4810 | 0.4173 | 0.3624 | 0.3152 | 0.2745 |
| 16 | 0.8528 | 0.7284 | 0.6232 | 0.5339 | 0.4581 | 0.3936 | 0.3387 | 0.2919 | 0.2519 |
| 17 | 0.8444 | 0.7142 | 0.6050 | 0.5134 | 0.4363 | 0.3714 | 0.3166 | 0.2703 | 0.2311 |
| 18 | 0.8360 | 0.7002 | 0.5874 | 0.4936 | 0.4155 | 0.3503 | 0.2959 | 0.2502 | 0.2120 |
| 19 | 0.8277 | 0.6864 | 0.5703 | 0.4746 | 0.3957 | 0.3305 | 0.2765 | 0.2317 | 0.1945 |
| 20 | 0.8195 | 0.6730 | 0.5537 | 0.4564 | 0.3769 | 0.3118 | 0.2584 | 0.2145 | 0.1784 |
| 25 | 0.7798 | 0.6095 | 0.4776 | 0.3751 | 0.2953 | 0.2330 | 0.1842 | 0.1460 | 0.1160 |
| 30 | 0.7419 | 0.5521 | 0.4120 | 0.3083 | 0.2314 | 0.1741 | 0.1314 | 0.0994 | 0.0754 |
| 40 | 0.6717 | 0.4529 | 0.3066 | 0.2083 | 0.1420 | 0.0972 | 0.0668 | 0.0460 | 0.0318 |
| 50 | 0.6080 | 0.3715 | 0.2281 | 0.1407 | 0.0872 | 0.0543 | 0.0339 | 0.0213 | 0.0134 |

| n/i（%） | 10 | 11 | 12 | 13 | 14 | 15 | 16 | 17 | 18 |
|---|---|---|---|---|---|---|---|---|---|
| 1 | 0.9091 | 0.9009 | 0.8929 | 0.8850 | 0.8772 | 0.8696 | 0.8621 | 0.8547 | 0.8475 |
| 2 | 0.8264 | 0.8116 | 0.7972 | 0.7831 | 0.7695 | 0.7561 | 0.7432 | 0.7305 | 0.7182 |
| 3 | 0.7513 | 0.7312 | 0.7118 | 0.6931 | 0.6750 | 0.6575 | 0.6407 | 0.6244 | 0.6086 |
| 4 | 0.6830 | 0.6587 | 0.6355 | 0.6133 | 0.5921 | 0.5718 | 0.5523 | 0.5337 | 0.5158 |
| 5 | 0.6209 | 0.5935 | 0.5674 | 0.5428 | 0.5194 | 0.4972 | 0.4761 | 0.4561 | 0.4371 |
| 6 | 0.5645 | 0.5346 | 0.5066 | 0.4803 | 0.4556 | 0.4323 | 0.4104 | 0.3898 | 0.3704 |
| 7 | 0.5132 | 0.4817 | 0.4523 | 0.4251 | 0.3996 | 0.3759 | 0.3538 | 0.3332 | 0.3139 |
| 8 | 0.4665 | 0.4339 | 0.4039 | 0.3762 | 0.3506 | 0.3269 | 0.3050 | 0.2848 | 0.2660 |
| 9 | 0.4241 | 0.3909 | 0.3606 | 0.3329 | 0.3075 | 0.2843 | 0.2630 | 0.2434 | 0.2255 |
| 10 | 0.3855 | 0.3522 | 0.3220 | 0.2946 | 0.2697 | 0.2472 | 0.2267 | 0.2080 | 0.1911 |
| 11 | 0.3505 | 0.3173 | 0.2875 | 0.2607 | 0.2366 | 0.2149 | 0.1954 | 0.1778 | 0.1619 |
| 12 | 0.3186 | 0.2858 | 0.2567 | 0.2307 | 0.2076 | 0.1869 | 0.1685 | 0.1520 | 0.1372 |

续表

| $n/i$ (%) | 10 | 11 | 12 | 13 | 14 | 15 | 16 | 17 | 18 |
|---|---|---|---|---|---|---|---|---|---|
| 13 | 0.2897 | 0.2575 | 0.2292 | 0.2042 | 0.1821 | 0.1625 | 0.1452 | 0.1299 | 0.1163 |
| 14 | 0.2633 | 0.2320 | 0.2046 | 0.1807 | 0.1597 | 0.1413 | 0.1252 | 0.1110 | 0.0985 |
| 15 | 0.2394 | 0.2090 | 0.1827 | 0.1599 | 0.1401 | 0.1229 | 0.1079 | 0.0949 | 0.0835 |
| 16 | 0.2176 | 0.1883 | 0.1631 | 0.1415 | 0.1229 | 0.1069 | 0.0930 | 0.0811 | 0.0708 |
| 17 | 0.1978 | 0.1696 | 0.1456 | 0.1252 | 0.1078 | 0.0929 | 0.0802 | 0.0693 | 0.0600 |
| 18 | 0.1799 | 0.1528 | 0.1300 | 0.1108 | 0.0946 | 0.0808 | 0.0691 | 0.0592 | 0.0508 |
| 19 | 0.1635 | 0.1377 | 0.1161 | 0.0981 | 0.0829 | 0.0703 | 0.0596 | 0.0506 | 0.0431 |
| 20 | 0.1486 | 0.1240 | 0.1037 | 0.0868 | 0.0728 | 0.0611 | 0.0514 | 0.0433 | 0.0365 |
| 25 | 0.0923 | 0.0736 | 0.0588 | 0.0471 | 0.0378 | 0.0304 | 0.0245 | 0.0197 | 0.0160 |
| 30 | 0.0573 | 0.0437 | 0.0334 | 0.0256 | 0.0196 | 0.0151 | 0.0116 | 0.0090 | 0.0070 |
| 40 | 0.0221 | 0.0154 | 0.0107 | 0.0075 | 0.0053 | 0.0037 | 0.0026 | 0.0019 | 0.0013 |
| 50 | 0.0085 | 0.0054 | 0.0035 | 0.0022 | 0.0014 | 0.0009 | 0.0006 | 0.0004 | 0.0003 |

| $n/i$ (%) | 19 | 20 | 25 | 30 | 35 | 40 | 45 | 50 |
|---|---|---|---|---|---|---|---|---|
| 1 | 0.8403 | 0.8333 | 0.8000 | 0.7692 | 0.7407 | 0.7143 | 0.6897 | 0.6667 |
| 2 | 0.7062 | 0.6944 | 0.6400 | 0.5917 | 0.5487 | 0.5102 | 0.4756 | 0.4444 |
| 3 | 0.5934 | 0.5787 | 0.5120 | 0.4552 | 0.4064 | 0.3644 | 0.3280 | 0.2963 |
| 4 | 0.4987 | 0.4823 | 0.4096 | 0.3501 | 0.3011 | 0.2603 | 0.2262 | 0.1975 |
| 5 | 0.4190 | 0.4019 | 0.3277 | 0.2693 | 0.2230 | 0.1859 | 0.1560 | 0.1317 |
| 6 | 0.3521 | 0.3349 | 0.2621 | 0.2072 | 0.1652 | 0.1328 | 0.1076 | 0.0878 |
| 7 | 0.2959 | 0.2791 | 0.2097 | 0.1594 | 0.1224 | 0.0949 | 0.0742 | 0.0585 |
| 8 | 0.2487 | 0.2326 | 0.1678 | 0.1226 | 0.0906 | 0.0678 | 0.0512 | 0.0390 |
| 9 | 0.2090 | 0.1938 | 0.1342 | 0.0943 | 0.0671 | 0.0484 | 0.0353 | 0.0260 |
| 10 | 0.1756 | 0.1615 | 0.1074 | 0.0725 | 0.0497 | 0.0346 | 0.0243 | 0.0173 |
| 11 | 0.1476 | 0.1346 | 0.0859 | 0.0558 | 0.0368 | 0.0247 | 0.0168 | 0.0116 |
| 12 | 0.1240 | 0.1122 | 0.0687 | 0.0429 | 0.0273 | 0.0176 | 0.0116 | 0.0077 |
| 13 | 0.1042 | 0.0935 | 0.0550 | 0.0330 | 0.0202 | 0.0126 | 0.0080 | 0.0051 |
| 14 | 0.0876 | 0.0779 | 0.0440 | 0.0254 | 0.0150 | 0.0090 | 0.0055 | 0.0034 |
| 15 | 0.0736 | 0.0649 | 0.0352 | 0.0195 | 0.0111 | 0.0064 | 0.0038 | 0.0023 |
| 16 | 0.0618 | 0.0541 | 0.0281 | 0.0150 | 0.0082 | 0.0046 | 0.0026 | 0.0015 |
| 17 | 0.0520 | 0.0451 | 0.0225 | 0.0116 | 0.0061 | 0.0033 | 0.0018 | 0.0010 |
| 18 | 0.0437 | 0.0376 | 0.0180 | 0.0089 | 0.0045 | 0.0023 | 0.0012 | 0.0007 |
| 19 | 0.0367 | 0.0313 | 0.0144 | 0.0068 | 0.0033 | 0.0017 | 0.0009 | 0.0005 |
| 20 | 0.0308 | 0.0261 | 0.0115 | 0.0053 | 0.0025 | 0.0012 | 0.0006 | 0.0003 |
| 25 | 0.0129 | 0.0105 | 0.0038 | 0.0014 | 0.0006 | 0.0002 | 0.0001 | 0.0000 |
| 30 | 0.0054 | 0.0042 | 0.0012 | 0.0004 | 0.0001 | 0.0000 | 0.0000 | 0.0000 |
| 40 | 0.0010 | 0.0007 | 0.0001 | 0.0000 | 0.0000 | 0.0000 | 0.0000 | 0.0000 |
| 50 | 0.0002 | 0.0001 | 0.0000 | 0.0000 | 0.0000 | 0.0000 | 0.0000 | 0.0000 |

## 附表 3　年金终值系数表（FVIFA）

| n/i（%） | 1 | 2 | 3 | 4 | 5 | 6 | 7 |
|---|---|---|---|---|---|---|---|
| 1 | 1.0000 | 1.0000 | 1.0000 | 1.0000 | 1.0000 | 1.0000 | 1.0000 |
| 2 | 2.0100 | 2.0200 | 2.0300 | 2.0400 | 2.0500 | 2.0600 | 2.0700 |
| 3 | 3.0301 | 3.0604 | 3.0909 | 3.1216 | 3.1525 | 3.1836 | 3.2149 |
| 4 | 4.0604 | 4.1216 | 4.1836 | 4.2465 | 4.3101 | 4.3746 | 4.4399 |
| 5 | 5.1010 | 5.2040 | 5.3091 | 5.4163 | 5.5256 | 5.6371 | 5.7507 |
| 6 | 6.1520 | 6.3081 | 6.4684 | 6.6330 | 6.8019 | 6.9753 | 7.1533 |
| 7 | 7.2135 | 7.4343 | 7.6625 | 7.8983 | 8.1420 | 8.3938 | 8.6540 |
| 8 | 8.2857 | 8.5830 | 8.8923 | 9.2142 | 9.5491 | 9.8975 | 10.2598 |
| 9 | 9.3685 | 9.7546 | 10.1591 | 10.5828 | 11.0266 | 11.4913 | 11.9780 |
| 10 | 10.4622 | 10.9497 | 11.4639 | 12.0061 | 12.5779 | 13.1808 | 13.8164 |
| 11 | 11.5668 | 12.1687 | 12.8078 | 13.4864 | 14.2068 | 14.9716 | 15.7836 |
| 12 | 12.6825 | 13.4121 | 14.1920 | 15.0258 | 15.9171 | 16.8699 | 17.8885 |
| 13 | 13.8093 | 14.6803 | 15.6178 | 16.6268 | 17.7130 | 18.8821 | 20.1406 |
| 14 | 14.9474 | 15.9739 | 17.0863 | 18.2919 | 19.5986 | 21.0151 | 22.5505 |
| 15 | 16.0969 | 17.2934 | 18.5989 | 20.0236 | 21.5786 | 23.2760 | 25.1290 |
| 16 | 17.2579 | 18.6393 | 20.1569 | 21.8245 | 23.6575 | 25.6725 | 27.8881 |
| 17 | 18.4304 | 20.0121 | 21.7616 | 23.6975 | 25.8404 | 28.2129 | 30.8402 |
| 18 | 19.6147 | 21.4123 | 23.4144 | 25.6454 | 28.1324 | 30.9057 | 33.9990 |
| 19 | 20.8109 | 22.8406 | 25.1169 | 27.6712 | 30.5390 | 33.7600 | 37.3790 |
| 20 | 22.0190 | 24.2974 | 26.8704 | 29.7781 | 33.0660 | 36.7856 | 40.9955 |
| 25 | 28.2432 | 32.0303 | 36.4593 | 41.6459 | 47.7271 | 54.8645 | 63.2490 |
| 30 | 34.7849 | 40.5681 | 47.5754 | 56.0849 | 66.4388 | 79.0582 | 94.4608 |
| 40 | 48.8864 | 60.4020 | 75.4013 | 95.0255 | 120.800 | 154.762 | 199.635 |
| 50 | 64.4632 | 84.5794 | 112.797 | 152.667 | 209.348 | 290.336 | 406.529 |

| n/i（%） | 8 | 9 | 10 | 11 | 12 | 13 | 14 |
|---|---|---|---|---|---|---|---|
| 1 | 1.0000 | 1.0000 | 1.0000 | 1.0000 | 1.0000 | 1.0000 | 1.0000 |
| 2 | 2.0800 | 2.0900 | 2.1000 | 2.1100 | 2.1200 | 2.1300 | 2.1400 |
| 3 | 3.2464 | 3.2781 | 3.3100 | 3.3421 | 3.3744 | 3.4069 | 3.4396 |
| 4 | 4.5061 | 4.5731 | 4.6410 | 4.7097 | 4.7793 | 4.8498 | 4.9211 |
| 5 | 5.8666 | 5.9847 | 6.1051 | 6.2278 | 6.3528 | 6.4803 | 6.6101 |
| 6 | 7.3359 | 7.5233 | 7.7156 | 7.9129 | 8.1152 | 8.3227 | 8.5355 |
| 7 | 8.9228 | 9.2004 | 9.4872 | 9.7833 | 10.0890 | 10.4047 | 10.7305 |
| 8 | 10.6366 | 11.0285 | 11.4359 | 11.8594 | 12.2997 | 12.7573 | 13.2328 |
| 9 | 12.4876 | 13.0210 | 13.5795 | 14.1640 | 14.7757 | 15.4157 | 16.0853 |
| 10 | 14.4866 | 15.1929 | 15.9374 | 16.7220 | 17.5487 | 18.4197 | 19.3373 |
| 11 | 16.6455 | 17.5603 | 18.5312 | 19.5614 | 20.6546 | 21.8143 | 23.0445 |
| 12 | 18.9771 | 20.1407 | 21.3843 | 22.7132 | 24.1331 | 25.6502 | 27.2707 |

续表

| n/i (%) | 8 | 9 | 10 | 11 | 12 | 13 | 14 |
|---|---|---|---|---|---|---|---|
| 13 | 21.4953 | 22.9534 | 24.5227 | 26.2116 | 28.0291 | 29.9847 | 32.0887 |
| 14 | 24.2149 | 26.0192 | 27.9750 | 30.0949 | 32.3926 | 34.8827 | 37.5811 |
| 15 | 27.1521 | 29.3609 | 31.7725 | 34.4054 | 37.2797 | 40.4175 | 43.8424 |
| 16 | 30.3243 | 33.0034 | 35.9497 | 39.1899 | 42.7533 | 46.6717 | 50.9804 |
| 17 | 33.7502 | 36.9737 | 40.5447 | 44.5008 | 48.8837 | 53.7391 | 59.1176 |
| 18 | 37.4502 | 41.3013 | 45.5992 | 50.3959 | 55.7497 | 61.7251 | 68.3941 |
| 19 | 41.4463 | 46.0185 | 51.1591 | 56.9395 | 63.4397 | 70.7494 | 78.9692 |
| 20 | 45.7620 | 51.1601 | 57.2750 | 64.2028 | 72.0524 | 80.9468 | 91.0249 |
| 25 | 73.1059 | 84.7009 | 98.3471 | 114.413 | 133.334 | 155.620 | 181.871 |
| 30 | 113.283 | 136.308 | 164.494 | 199.021 | 241.333 | 293.199 | 356.787 |
| 40 | 259.057 | 337.882 | 442.593 | 581.826 | 767.091 | 1013.70 | 1342.03 |
| 50 | 573.770 | 815.084 | 1163.91 | 1668.77 | 2400.02 | 3459.51 | 4994.52 |

| n/i (%) | 15 | 16 | 17 | 18 | 19 | 20 | 25 | 30 |
|---|---|---|---|---|---|---|---|---|
| 1 | 1.0000 | 1.0000 | 1.0000 | 1.0000 | 1.0000 | 1.0000 | 1.0000 | 1.0000 |
| 2 | 2.1500 | 2.1600 | 2.1700 | 2.1800 | 2.1900 | 2.2000 | 2.2500 | 2.3000 |
| 3 | 3.4725 | 3.5056 | 3.5389 | 3.5724 | 3.6061 | 3.6400 | 3.8125 | 3.9900 |
| 4 | 4.9934 | 5.0665 | 5.1405 | 5.2154 | 5.2913 | 5.3680 | 5.7656 | 6.1870 |
| 5 | 6.7424 | 6.8771 | 7.0144 | 7.1542 | 7.2966 | 7.4416 | 8.2070 | 9.0431 |
| 6 | 8.7537 | 8.9775 | 9.2068 | 9.4420 | 9.6830 | 9.9299 | 11.2588 | 12.7560 |
| 7 | 11.0668 | 11.4139 | 11.7720 | 12.1415 | 12.5227 | 12.9159 | 15.0735 | 17.5828 |
| 8 | 13.7268 | 14.2401 | 14.7733 | 15.3270 | 15.9020 | 16.4991 | 19.8419 | 23.8577 |
| 9 | 16.7858 | 17.5185 | 18.2847 | 19.0859 | 19.9234 | 20.7989 | 25.8023 | 32.0150 |
| 10 | 20.3037 | 21.3215 | 22.3931 | 23.5213 | 24.7089 | 25.9587 | 33.2529 | 42.6195 |
| 11 | 24.3493 | 25.7329 | 27.1999 | 28.7551 | 30.4035 | 32.1504 | 42.5661 | 56.4053 |
| 12 | 29.0017 | 30.8502 | 32.8239 | 34.9311 | 37.1802 | 39.5805 | 54.2077 | 74.3270 |
| 13 | 34.3519 | 36.7862 | 39.4040 | 42.2187 | 45.2445 | 48.4966 | 68.7596 | 97.6250 |
| 14 | 40.5047 | 43.6720 | 47.1027 | 50.8180 | 54.8409 | 59.1959 | 86.9495 | 127.913 |
| 15 | 47.5804 | 51.6595 | 56.1101 | 60.9653 | 66.2607 | 72.0351 | 109.687 | 167.286 |
| 16 | 55.7175 | 60.9250 | 66.6488 | 72.9390 | 79.8502 | 87.4421 | 138.109 | 218.472 |
| 17 | 65.0751 | 71.6730 | 78.9792 | 87.0680 | 96.0218 | 105.931 | 173.636 | 285.014 |
| 18 | 75.8364 | 84.1407 | 93.4056 | 103.740 | 115.266 | 128.117 | 218.045 | 371.518 |
| 19 | 88.2118 | 98.6032 | 110.285 | 123.414 | 138.166 | 154.740 | 273.556 | 483.973 |
| 20 | 102.444 | 115.380 | 130.033 | 146.628 | 165.418 | 186.688 | 342.945 | 630.165 |
| 25 | 212.793 | 249.214 | 292.105 | 342.603 | 402.042 | 471.981 | 1054.79 | 2348.80 |
| 30 | 434.745 | 530.312 | 647.439 | 790.948 | 966.712 | 1181.88 | 3227.17 | 8729.99 |
| 40 | 1779.09 | 2360.76 | 3134.52 | 4163.21 | 5529.83 | 7343.86 | 30088.7 | 120392.9 |
| 50 | 7217.72 | 10435.6 | 15089.5 | 21813.1 | 31515.3 | 45497.2 | 280255.7 | 1659760.7 |

## 附表 4　年金现值系数表（PVIFA）

| n/i（%） | 1 | 2 | 3 | 4 | 5 | 6 | 7 | 8 | 9 |
|---|---|---|---|---|---|---|---|---|---|
| 1 | 0.9901 | 0.9804 | 0.9709 | 0.9615 | 0.9524 | 0.9434 | 0.9346 | 0.9259 | 0.9174 |
| 2 | 1.9704 | 1.9416 | 1.9135 | 1.8861 | 1.8594 | 1.8334 | 1.8080 | 1.7833 | 1.7591 |
| 3 | 2.9410 | 2.8839 | 2.8286 | 2.7751 | 2.7232 | 2.6730 | 2.6243 | 2.5771 | 2.5313 |
| 4 | 3.9020 | 3.8077 | 3.7171 | 3.6299 | 3.5460 | 3.4651 | 3.3872 | 3.3121 | 3.2397 |
| 5 | 4.8534 | 4.7135 | 4.5797 | 4.4518 | 4.3295 | 4.2124 | 4.1002 | 3.9927 | 3.8897 |
| 6 | 5.7955 | 5.6014 | 5.4172 | 5.2421 | 5.0757 | 4.9173 | 4.7665 | 4.6229 | 4.4859 |
| 7 | 6.7282 | 6.4720 | 6.2303 | 6.0021 | 5.7864 | 5.5824 | 5.3893 | 5.2064 | 5.0330 |
| 8 | 7.6517 | 7.3255 | 7.0197 | 6.7327 | 6.4632 | 6.2098 | 5.9713 | 5.7466 | 5.5348 |
| 9 | 8.5660 | 8.1622 | 7.7861 | 7.4353 | 7.1078 | 6.8017 | 6.5152 | 6.2469 | 5.9952 |
| 10 | 9.4713 | 8.9826 | 8.5302 | 8.1109 | 7.7217 | 7.3601 | 7.0236 | 6.7101 | 6.4177 |
| 11 | 10.3676 | 9.7868 | 9.2526 | 8.7605 | 8.3064 | 7.8869 | 7.4987 | 7.1390 | 6.8052 |
| 12 | 11.2551 | 10.5753 | 9.9540 | 9.3851 | 8.8633 | 8.3838 | 7.9427 | 7.5361 | 7.1607 |
| 13 | 12.1337 | 11.3484 | 10.6350 | 9.9856 | 9.3936 | 8.8527 | 8.3577 | 7.9038 | 7.4869 |
| 14 | 13.0037 | 12.1062 | 11.2961 | 10.5631 | 9.8986 | 9.2950 | 8.7455 | 8.2442 | 7.7862 |
| 15 | 13.8651 | 12.8493 | 11.9379 | 11.1184 | 10.3797 | 9.7122 | 9.1079 | 8.5595 | 8.0607 |
| 16 | 14.7179 | 13.5777 | 12.5611 | 11.6523 | 10.8378 | 10.1059 | 9.4466 | 8.8514 | 8.3126 |
| 17 | 15.5623 | 14.2919 | 13.1661 | 12.1657 | 11.2741 | 10.4773 | 9.7632 | 9.1216 | 8.5436 |
| 18 | 16.3983 | 14.9920 | 13.7535 | 12.6593 | 11.6896 | 10.8276 | 10.0591 | 9.3719 | 8.7556 |
| 19 | 17.2260 | 15.6785 | 14.3238 | 13.1339 | 12.0853 | 11.1581 | 10.3356 | 9.6036 | 8.9501 |
| 20 | 18.0456 | 16.3514 | 14.8775 | 13.5903 | 12.4622 | 11.4699 | 10.5940 | 9.8181 | 9.1285 |
| 25 | 22.0232 | 19.5235 | 17.4131 | 15.6221 | 14.0939 | 12.7834 | 11.6536 | 10.6748 | 9.8226 |
| 30 | 25.8077 | 22.3965 | 19.6004 | 17.2920 | 15.3725 | 13.7648 | 12.4090 | 11.2578 | 10.2737 |
| 40 | 32.8347 | 27.3555 | 23.1148 | 19.7928 | 17.1591 | 15.0463 | 13.3317 | 11.9246 | 10.7574 |
| 50 | 39.1961 | 31.4236 | 25.7298 | 21.4822 | 18.2559 | 15.7619 | 13.8007 | 12.2335 | 10.9617 |

| n/i（%） | 10 | 11 | 12 | 13 | 14 | 15 | 16 | 17 | 18 |
|---|---|---|---|---|---|---|---|---|---|
| 1 | 0.9091 | 0.9009 | 0.8929 | 0.8850 | 0.8772 | 0.8696 | 0.8621 | 0.8547 | 0.8475 |
| 2 | 1.7355 | 1.7125 | 1.6901 | 1.6681 | 1.6467 | 1.6257 | 1.6052 | 1.5852 | 1.5656 |
| 3 | 2.4869 | 2.4437 | 2.4018 | 2.3612 | 2.3216 | 2.2832 | 2.2459 | 2.2096 | 2.1743 |
| 4 | 3.1699 | 3.1024 | 3.0373 | 2.9745 | 2.9137 | 2.8550 | 2.7982 | 2.7432 | 2.6901 |
| 5 | 3.7908 | 3.6959 | 3.6048 | 3.5172 | 3.4331 | 3.3522 | 3.2743 | 3.1993 | 3.1272 |
| 6 | 4.3553 | 4.2305 | 4.1114 | 3.9975 | 3.8887 | 3.7845 | 3.6847 | 3.5892 | 3.4976 |
| 7 | 4.8684 | 4.7122 | 4.5638 | 4.4226 | 4.2883 | 4.1604 | 4.0386 | 3.9224 | 3.8115 |
| 8 | 5.3349 | 5.1461 | 4.9676 | 4.7988 | 4.6389 | 4.4873 | 4.3436 | 4.2072 | 4.0776 |
| 9 | 5.7590 | 5.5370 | 5.3282 | 5.1317 | 4.9464 | 4.7716 | 4.6065 | 4.4506 | 4.3030 |
| 10 | 6.1446 | 5.8892 | 5.6502 | 5.4262 | 5.2161 | 5.0188 | 4.8332 | 4.6586 | 4.4941 |
| 11 | 6.4951 | 6.2065 | 5.9377 | 5.6869 | 5.4527 | 5.2337 | 5.0286 | 4.8364 | 4.6560 |
| 12 | 6.8137 | 6.4924 | 6.1944 | 5.9176 | 5.6603 | 5.4206 | 5.1971 | 4.9884 | 4.7932 |

续表

| n/i (%) | 10 | 11 | 12 | 13 | 14 | 15 | 16 | 17 | 18 |
|---|---|---|---|---|---|---|---|---|---|
| 13 | 7.1034 | 6.7499 | 6.4235 | 6.1218 | 5.8424 | 5.5831 | 5.3423 | 5.1183 | 4.9095 |
| 14 | 7.3667 | 6.9819 | 6.6282 | 6.3025 | 6.0021 | 5.7245 | 5.4675 | 5.2293 | 5.0081 |
| 15 | 7.6061 | 7.1909 | 6.8109 | 6.4624 | 6.1422 | 5.8474 | 5.5755 | 5.3242 | 5.0916 |
| 16 | 7.8237 | 7.3792 | 6.9740 | 6.6039 | 6.2651 | 5.9542 | 5.6685 | 5.4053 | 5.1624 |
| 17 | 8.0216 | 7.5488 | 7.1196 | 6.7291 | 6.3729 | 6.0472 | 5.7487 | 5.4746 | 5.2223 |
| 18 | 8.2014 | 7.7016 | 7.2497 | 6.8399 | 6.4674 | 6.1280 | 5.8178 | 5.5339 | 5.2732 |
| 19 | 8.3649 | 7.8393 | 7.3658 | 6.9380 | 6.5504 | 6.1982 | 5.8775 | 5.5845 | 5.3162 |
| 20 | 8.5136 | 7.9633 | 7.4694 | 7.0248 | 6.6231 | 6.2593 | 5.9288 | 5.6278 | 5.3527 |
| 25 | 9.0770 | 8.4217 | 7.8431 | 7.3300 | 6.8729 | 6.4641 | 6.0971 | 5.7662 | 5.4669 |
| 30 | 9.4269 | 8.6938 | 8.0552 | 7.4957 | 7.0027 | 6.5660 | 6.1772 | 5.8294 | 5.5168 |
| 40 | 9.7791 | 8.9511 | 8.2438 | 7.6344 | 7.1050 | 6.6418 | 6.2335 | 5.8713 | 5.5482 |
| 50 | 9.9148 | 9.0417 | 8.3045 | 7.6752 | 7.1327 | 6.6605 | 6.2463 | 5.8801 | 5.5541 |

| n/i (%) | 19 | 20 | 25 | 30 | 35 | 40 | 45 | 50 |
|---|---|---|---|---|---|---|---|---|
| 1 | 0.8403 | 0.8333 | 0.8000 | 0.7692 | 0.7407 | 0.7143 | 0.6897 | 0.6667 |
| 2 | 1.5465 | 1.5278 | 1.4400 | 1.3609 | 1.2894 | 1.2245 | 1.1653 | 1.1111 |
| 3 | 2.1399 | 2.1065 | 1.9520 | 1.8161 | 1.6959 | 1.5889 | 1.4933 | 1.4074 |
| 4 | 2.6386 | 2.5887 | 2.3616 | 2.1662 | 1.9969 | 1.8492 | 1.7195 | 1.6049 |
| 5 | 3.0576 | 2.9906 | 2.6893 | 2.4356 | 2.2200 | 2.0352 | 1.8755 | 1.7366 |
| 6 | 3.4098 | 3.3255 | 2.9514 | 2.6427 | 2.3852 | 2.1680 | 1.9831 | 1.8244 |
| 7 | 3.7057 | 3.6046 | 3.1611 | 2.8021 | 2.5075 | 2.2628 | 2.0573 | 1.8829 |
| 8 | 3.9544 | 3.8372 | 3.3289 | 2.9247 | 2.5982 | 2.3306 | 2.1085 | 1.9220 |
| 9 | 4.1633 | 4.0310 | 3.4631 | 3.0190 | 2.6653 | 2.3790 | 2.1438 | 1.9480 |
| 10 | 4.3389 | 4.1925 | 3.5705 | 3.0915 | 2.7150 | 2.4136 | 2.1681 | 1.9653 |
| 11 | 4.4865 | 4.3271 | 3.6564 | 3.1473 | 2.7519 | 2.4383 | 2.1849 | 1.9769 |
| 12 | 4.6105 | 4.4392 | 3.7251 | 3.1903 | 2.7792 | 2.4559 | 2.1965 | 1.9846 |
| 13 | 4.7147 | 4.5327 | 3.7801 | 3.2233 | 2.7994 | 2.4685 | 2.2045 | 1.9897 |
| 14 | 4.8023 | 4.6106 | 3.8241 | 3.2487 | 2.8144 | 2.4775 | 2.2100 | 1.9931 |
| 15 | 4.8759 | 4.6755 | 3.8593 | 3.2682 | 2.8255 | 2.4839 | 2.2138 | 1.9954 |
| 16 | 4.9377 | 4.7296 | 3.8874 | 3.2832 | 2.8337 | 2.4885 | 2.2164 | 1.9970 |
| 17 | 4.9897 | 4.7746 | 3.9099 | 3.2948 | 2.8398 | 2.4918 | 2.2182 | 1.9980 |
| 18 | 5.0333 | 4.8122 | 3.9279 | 3.3037 | 2.8443 | 2.4941 | 2.2195 | 1.9986 |
| 19 | 5.0700 | 4.8435 | 3.9424 | 3.3105 | 2.8476 | 2.4958 | 2.2203 | 1.9991 |
| 20 | 5.1009 | 4.8696 | 3.9539 | 3.3158 | 2.8501 | 2.4970 | 2.2209 | 1.9994 |
| 25 | 5.1951 | 4.9476 | 3.9849 | 3.3286 | 2.8556 | 2.4994 | 2.2220 | 1.9999 |
| 30 | 5.2347 | 4.9789 | 3.9950 | 3.3321 | 2.8568 | 2.4999 | 2.2222 | 2.0000 |
| 40 | 5.2582 | 4.9966 | 3.9995 | 3.3332 | 2.8571 | 2.5000 | 2.2222 | 2.0000 |
| 50 | 5.2623 | 4.9995 | 3.9999 | 3.3333 | 2.8571 | 2.5000 | 2.2222 | 2.0000 |

## 附表 5　正态分布下的累积概率

| d | 0.00 | 0.01 | 0.02 | 0.03 | 0.04 | 0.05 | 0.06 | 0.07 | 0.08 | 0.09 |
|---|---|---|---|---|---|---|---|---|---|---|
| 0.0 | 0.5000 | 0.5040 | 0.5080 | 0.5120 | 0.5160 | 0.5199 | 0.5239 | 0.5279 | 0.5319 | 0.5359 |
| 0.1 | 0.5398 | 0.5438 | 0.5478 | 0.5517 | 0.5557 | 0.5596 | 0.5636 | 0.5675 | 0.5714 | 0.5753 |
| 0.2 | 0.5793 | 0.5832 | 0.5871 | 0.5910 | 0.5948 | 0.5987 | 0.6026 | 0.6064 | 0.6103 | 0.6141 |
| 0.3 | 0.6179 | 0.6217 | 0.6255 | 0.6293 | 0.6331 | 0.6368 | 0.6406 | 0.6443 | 0.6480 | 0.6517 |
| 0.4 | 0.6554 | 0.6591 | 0.6628 | 0.6664 | 0.6700 | 0.6736 | 0.6772 | 0.6808 | 0.6844 | 0.6879 |
| 0.5 | 0.6915 | 0.6950 | 0.6985 | 0.7019 | 0.7054 | 0.7088 | 0.7123 | 0.7157 | 0.7190 | 0.7224 |
| 0.6 | 0.7257 | 0.7291 | 0.7324 | 0.7357 | 0.7389 | 0.7422 | 0.7454 | 0.7486 | 0.7517 | 0.7549 |
| 0.7 | 0.7580 | 0.7611 | 0.7642 | 0.7673 | 0.7704 | 0.7734 | 0.7764 | 0.7794 | 0.7823 | 0.7852 |
| 0.8 | 0.7881 | 0.7910 | 0.7939 | 0.7967 | 0.7995 | 0.8023 | 0.8051 | 0.8078 | 0.8106 | 0.8133 |
| 0.9 | 0.8159 | 0.8186 | 0.8212 | 0.8238 | 0.8264 | 0.8289 | 0.8315 | 0.8340 | 0.8365 | 0.8389 |
| 1.0 | 0.8413 | 0.8438 | 0.8461 | 0.8485 | 0.8508 | 0.8531 | 0.8554 | 0.8577 | 0.8599 | 0.8621 |
| 1.1 | 0.8643 | 0.8665 | 0.8686 | 0.8708 | 0.8729 | 0.8749 | 0.8770 | 0.8790 | 0.8810 | 0.8830 |
| 1.2 | 0.8849 | 0.8869 | 0.8888 | 0.8907 | 0.8925 | 0.8944 | 0.8962 | 0.8980 | 0.8997 | 0.9015 |
| 1.3 | 0.9032 | 0.9049 | 0.9066 | 0.9082 | 0.9099 | 0.9115 | 0.9131 | 0.9147 | 0.9162 | 0.9177 |
| 1.4 | 0.9192 | 0.9207 | 0.9222 | 0.9236 | 0.9251 | 0.9265 | 0.9279 | 0.9292 | 0.9306 | 0.9319 |
| 1.5 | 0.9332 | 0.9345 | 0.9357 | 0.9370 | 0.9382 | 0.9394 | 0.9406 | 0.9418 | 0.9429 | 0.9441 |
| 1.6 | 0.9452 | 0.9463 | 0.9474 | 0.9484 | 0.9495 | 0.9505 | 0.9515 | 0.9525 | 0.9535 | 0.9545 |
| 1.7 | 0.9554 | 0.9564 | 0.9573 | 0.9582 | 0.9591 | 0.9599 | 0.9608 | 0.9616 | 0.9625 | 0.9633 |
| 1.8 | 0.9641 | 0.9649 | 0.9656 | 0.9664 | 0.9671 | 0.9678 | 0.9686 | 0.9693 | 0.9699 | 0.9706 |
| 1.9 | 0.9713 | 0.9719 | 0.9726 | 0.9732 | 0.9738 | 0.9744 | 0.9750 | 0.9756 | 0.9761 | 0.9767 |
| 2.0 | 0.9772 | 0.9778 | 0.9783 | 0.9788 | 0.9793 | 0.9798 | 0.9803 | 0.9808 | 0.9812 | 0.9817 |
| 2.1 | 0.9821 | 0.9826 | 0.9830 | 0.9834 | 0.9838 | 0.9842 | 0.9846 | 0.9850 | 0.9854 | 0.9857 |
| 2.2 | 0.9861 | 0.9864 | 0.9868 | 0.9871 | 0.9875 | 0.9878 | 0.9881 | 0.9884 | 0.9887 | 0.9890 |
| 2.3 | 0.9893 | 0.9896 | 0.9898 | 0.9901 | 0.9904 | 0.9906 | 0.9909 | 0.9911 | 0.9913 | 0.9916 |
| 2.4 | 0.9918 | 0.9920 | 0.9922 | 0.9925 | 0.9927 | 0.9929 | 0.9931 | 0.9932 | 0.9934 | 0.9936 |
| 2.5 | 0.9938 | 0.9940 | 0.9941 | 0.9943 | 0.9945 | 0.9946 | 0.9948 | 0.9949 | 0.9951 | 0.9952 |
| 2.6 | 0.9953 | 0.9955 | 0.9956 | 0.9957 | 0.9959 | 0.9960 | 0.9961 | 0.9962 | 0.9963 | 0.9964 |
| 2.7 | 0.9965 | 0.9966 | 0.9967 | 0.9968 | 0.9969 | 0.9970 | 0.9971 | 0.9972 | 0.9973 | 0.9974 |
| 2.8 | 0.9974 | 0.9975 | 0.9976 | 0.9977 | 0.9977 | 0.9978 | 0.9979 | 0.9979 | 0.9980 | 0.9981 |
| 2.9 | 0.9981 | 0.9982 | 0.9982 | 0.9983 | 0.9984 | 0.9984 | 0.9985 | 0.9985 | 0.9986 | 0.9986 |
| 3.0 | 0.9987 | 0.9987 | 0.9987 | 0.9988 | 0.9988 | 0.9989 | 0.9989 | 0.9989 | 0.9990 | 0.9990 |
| 4.0 | 1.0000 | 1.0000 | 1.0000 | 1.0000 | 1.0000 | 1.0000 | 1.0000 | 1.0000 | 1.0000 | 1.0000 |
| 5.0 | 1.0000 | 1.0000 | 1.0000 | 1.0000 | 1.0000 | 1.0000 | 1.0000 | 1.0000 | 1.0000 | 1.0000 |